让 我 们  一 起 追 寻

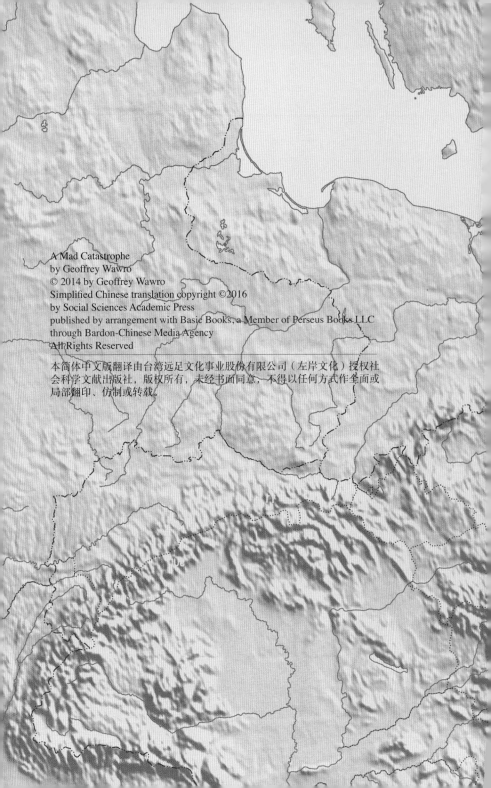

哈布斯堡的灭亡

The Outbreak of World War I and
the Collapse of the Habsburg Empire
/ 第一次世界大战的爆发和奥匈帝国的解体 //

〔美〕杰弗里·瓦夫罗／著　　黄中宪／译
（Geoffrey Wawro）

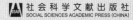
社会科学文献出版社
SOCIAL SCIENCES ACADEMIC PRESS (CHINA)

献给 Judith Aileen Winslow Stoughton Wawro

目　录

插图目录

地图目录

致　谢

　　一个世纪前，我的奥匈帝国籍祖父母，从加利西亚的塔尔　xiii
诺波尔（Tarnopol）附近一个到处是尘土的小村子，远渡重
洋，登上美国的埃利斯岛（Ellis Island）。当年，大概就是这
种令人提不起劲的偏远聚落（我去过那里），使罗思（Roth）
或茨威格笔下的维也纳骑兵纵情于饮酒、掷骰子、绝望或三者
兼而有之。如果我的祖父母瓦西尔·瓦夫罗（Vasil Wawro）、
安娜·瓦夫罗（Anna Wawro），更晚（不管多晚）才愤然离开
加利西亚，这两个勤奋的乌克兰农民恐怕已遭第一次世界大战
吞噬。瓦西尔将于一九一四年受动员，向奥匈帝国第十五团报
到后，大概立即投入惨烈的伦贝格（Lemberg）之役。读过此
书后，很难想象这样的他竟能活下来，因为他所属的第三军部
署于前头，俄军攻击时首当其冲。俄国的第三、第八集团军于
一九一四年八月从安娜的村子一侧通过，安娜当时若还待在那
里，即身陷沦陷区。加利西亚自古就是"衣不蔽体、挨饿之
国"，粮食始终不足，战时更为短缺。安娜可能会挨饿，或死
于战场附近威胁老百姓性命的营地病。本书的灵感大半来自我
对祖父母和他们了不起的美国儿子、我的父亲 N. 威廉·瓦夫
罗（N. William Wawro）的记忆。他们已长眠于康涅狄格州某
墓地多年，但他们逃亡和在美国奋斗的故事，留给后代子孙许
多回忆。

　　在母亲朱迪丝·瓦夫罗（Judith Stoughton Wawro）九十大
寿时，我献上《哈布斯堡的灭亡》。多年来她给了我许多的爱

和帮助，晚近，每当德州酷暑正炙时，她总热情地欢迎我们住进她新英格兰的家，以她让人瞠目结舌的愉悦、效率、慈爱照顾我和我的两个儿子温斯洛、马蒂亚斯。也多亏母亲帮忙，我去看了祖父母在东西里西亚老家的村子，她在维也纳大胆租了辆车，一路载着我走过坑坑洞洞的道路，抵达兹巴拉日（Zbaraz），途中我们一起喝了很淡的啤酒，经历贿赂、遭窃和其他波折（包括在布科维纳某个交叉路口被一辆军用吉普车撞上，差点一命呜呼）。我们一起找到村子，和先人的描述没两样的村子，还找到有许多瓦夫罗族人在场的一块墓地：有活着的瓦夫罗族人（全都长得很像我父亲），有死了的（刻在墓碑上的 Baвpo，即西里尔语的瓦夫罗）。

读过我先前著作之致谢词的读者，会记得我读研究所时曾和母亲一起开车穿过波希米亚和摩拉维亚，走访一八六六年战场的那段惊奇之旅。后来的几趟远行，我们也游历过本书所提的某些战场，从坦嫩贝格（Tannenberg）到普热梅希尔（Przemysl）再到伦贝格诸战场。有一幕她的影像，深印我脑海，无法忘掉。当时她坐在我们租来的欧普汽车乘客座，仔细瞧着有颗粒的旧哈布斯堡参谋部地图复印件，耐心拿它们与今日的地图相对照，然后在我于乡间小路猛然转向，吼道"妈，我第一百遍告诉你，赫拉德茨－克拉洛韦就是柯尼希格雷茨！"时，她装出没听到的样子。

这些当然只是她诸多贡献里最晚近的部分。父亲于一九七八年早逝（一场让她也差点丧命的事故）后，母亲即承担起养活一大家子的整个重担，把我们七个小孩全拉扯长大。一如管理争吵闹事之部落的奥斯曼贤臣，她以无比的公正宽容管教我们，如今她掌理一个大体上和乐融融的三代大家族。我们刚办过一次家族聚会，庆祝她九十大寿，而每个家族成员流露出的爱意、钦敬，正鲜明说明她的善良、机敏和领导才能。身为七兄弟姊妹中的老幺，我大概是这么多年来最倚赖她的孩子，而她一直是我的支柱，不只给我精神支持，还给我（如上所述）军事史学家所梦寐以求的实质协助。她爱旅行、冒险，并让身边的人也热爱此道。我因研究需要而得走访充满浪漫冒险情怀的地方时，她每个地方也都想亲自去看一看。　　XV

　　我于两个夏季前在维也纳完成此书的研究工作。那远不如先前几次研究行程那么开心；我年纪大了；在美国有小孩；孤单一人生活（没有二十年前富布莱特委员会安排给我的活泼、爱交际的室友同住）；而且我白天在丑陋郊区的维也纳新档案机关做研究，那里与维也纳市中心庄严的旧巴洛克式研究场所截然不同。我每天回下榻的公寓，郁郁寡欢地绕奥加唐公园（Augarten）慢跑，用我的简易型瓦斯炉煮顿难下咽的晚餐，然后盯着墙壁发呆。有天晚上，正当我翻弄桌上的笔记，品味这生活的苦闷时，笔记本电脑响起信息提示音，原来是我妈。她看懂我电邮里的弦外之音，安装了 Skype（对一个仍把计算机称作"文字处理器"的女人来说，这可不是件小事），打给我。此后，直到我回国，她几乎每晚都这么善解人意地打来，解我一人独居异乡之苦。

　　玛丽安（Marianne Cook）多年来一直是我最好的朋友。她为本书手稿做最后修订，且在我得了流感时，暗笑书中主人翁康拉德·冯·赫岑多夫（Conrad von Hötzendorf）将军对流感的过度反应，然后在我出现症状后才几小时，她就带着维生素 C、锌、感冒症状缓解剂、开特力运动饮料，甚至她实验室的狗艾比，出现在我床边。好心的她把艾比留在我身边一星期，排解我隔离期间的孤单。她就是这么体贴的一个人，多年来带给我许多开心的回忆。此外，本书中涉及的多趟旅行，有好几趟有玛丽安与我同行。她明显偏爱克罗地亚的岛屿和葡萄园，但还是跟我来了一趟难忘的上山之行，上到黑山的最高峰，走了一趟惊险破表的下山之行（走狭窄的奥地利军用道路），下到壮阔的科托尔湾（Bay of Kotor）。在达拉斯若没有玛丽安的陪伴，我真不知怎么过活。

我的两个儿子温斯洛和马蒂亚斯，也惠我良多。他们精力充沛、充满朝气、兴趣多变，而他们冲动、不服输的青少年特质，总让我想起奥匈帝国某个动辄吵架的司令部，使我一下子感到难堪，一下子又放声大笑。温斯洛和马蒂亚斯都已不是小孩，因而也成为我的好友，能讨论我的和他们的工作、人生许多奥妙之处。我深信我偶尔表现出的（可归因于单调荒凉的加利西亚故乡的）疲乏无聊，对他们的帮助，就和他们纯真的欢乐、热情对我的帮助一样大。

来自北得克萨斯大学的研究协助，使我得以在欧洲多所档案机关做研究，参观本书中所提及位于波兰、乌克兰、塞尔维亚的战场。多年以前，我拿到奥克兰大学的一笔研究奖金和旅行补助费，为本书做的研究工作，有一部分就靠这笔款子进行。乌克兰（今加利西亚）的道路过去始终崎岖不平，如今依然如此，因此，我在那里时，倚赖 Jarek Vitiv 与 Igor Holyboroda 的车子和他们带路。他们两人耐心地开车载着我（以农民迈大步轻松跑的速度），跑遍伦贝格与拉瓦鲁斯卡的所有战场。在杜布罗夫尼克（Dubrovnik）、斯顿（Ston）和佩列沙茨半岛（Peljesac Peninsula），Ivo Nanac（耶鲁、萨格勒布两所大学的毕业生）以及他的妻子 Andrea Feldman 对玛丽安和我非常好，让我们对巴尔干半岛历史和克罗地亚葡萄酒有更深的认识。

维也纳大学的 Lothar Höbelt，在我早期某趟研究行程期间让我住在他家，更晚近时，大力协助我在档案机构的研究工作。Lothar 也非常好心地介绍我认识奥地利军事博物馆的馆长 Christian Ortner。透过 Christian，我得以结识该博物馆照片档案室的 Peter Enne 和 Werner Scherhaufer。这两位先生让我一连数日使用他们的办公室，以选出许多照片供此书使用。我要一并感谢几位在基尤（Kew）、万塞讷（Vincennes）、维也纳、帕克学院（College Park）诸地的许多档案保管员，助我从事此书撰写前的研究工作。

我为此书到伦敦做研究时，David Noble、Caroline Noble 夫妇，还有 Jun Hiraga，非常好心地让我住在他们家。在巴黎的万塞讷做研究时，我受到外甥 Marc Bataillon 的慷慨招待。在离家较近的地方，我的好友，北得克萨斯大学的军事史中心副主任，Michael Leggiere，以他在该中心的辛勤工作和他的开朗、友谊，对我帮助良多。我还要感谢我的兄弟姊妹：Peter，David，Mark，Jill，George，以及已故的 Robin。在大家庭里长大是件难得的幸事，而我某些兄弟姊妹听到我这么说时，肯定会（假装）惊愕地盯着我。

我的经纪人，William Morris Endeavor 公司的 Tina Bennett，助我完成本书的写作提案，她一直是个很有眼光的爱书人和很有见地的顾问。《多瑙比亚》（*Danubia*）一书的作者 Simon Winder 也在初期协助塑造这份提案，他坚持要我回档案馆更深入钻研东部战线一事，对这方面的帮助尤为关键。我的主编，Basic Books 公司的 Lara Heimert，挡住了我想插入趣闻轶事来阐明观点的冲动，从而大大提升了本书的质量。若没有 Lara 高明的插手，这本书的篇幅会增加一倍，但质量则会减半。我还要感谢该公司的 Alex Littlefield、Katy O'Donnell 和 Melissa Veronesi，在本书编辑、制作上的出色付出。Phil Schwartzberg 为本书制作了精致的地图，面对种种冷僻的地名，仍耐心完成工作。最后，我要感谢主动揽下本书样稿审阅工作的大学者：Sir Michael Howard、IvoBanac、Niall Ferguson、Dennis Showalter、Norman Stone、Christopher Clark、Brendan Simms 和 Sean Mcmeekin。感谢美国国防部驻俄罗斯联邦专员 Peter B. Zwack 准将在莫斯科拨冗读了此书，自多年前我们在海军战争学院初次相遇，他就一直是我的读者，而且——由于他是奥匈帝国名门之后——是个有见地且细心的读者。

前　言

　　一八六六年秋，一位奥地利某将领的侍从武官，在维也纳市中心萨赫饭店（Hotel Sacher）的熟食店，动手打了一名俄国外交官。那一年，普鲁士、奥地利这两个向来相互支持的国家，打了七个星期的战争，最后以那年七月的柯尼希格雷茨（Königgrätz）之役，普鲁士将奥地利打得无力再起，实质性地结束了这场冲突。而在这场为时不长的战争中，俄国一直作壁上观，看它的两个大国级对手厮杀。就是因为这个俄国官员暗暗嘲笑奥地利兵败普奥战争，令这位侍从武官大为恼火，于是对他挥拳动粗。

　　萨赫饭店那场扭打升级为国际事件，引发俄奥即将一战的揣测。即便后来的发展表明这些传言是假，却间接表示奥匈帝国虽溃败于柯尼希格雷茨，但该帝国和其哈布斯堡王朝统治者仍有可能打算独力与俄国在战场上一较高下。

　　但到了一九一四年，已不再有这可能。那时，奥地利是与匈牙利合组的二元君主国的一部分，已沦为巴尔干强权，只能与意大利争夺“最小大国”的蔑称，且和奥斯曼帝国一样有可能从大国俱乐部被彻底除籍。这一令人瞠目结舌且快速的转变究竟是如何发生的，就和奥地利最后一场战争（从头至尾一场惨烈、鲁莽的大败）的过程一样有趣。

　　要探索第一次世界大战的根源，必然要从维也纳开始。吞噬欧洲和世界的大火，就在那里点燃，然后往四面八方扩散。这场惨绝人寰之战争的远因、近因，都可归于哈布斯堡家族的奇特世界观和其难以驾驭的中欧领地。第一次世界大战的近因，公认是哈布斯堡大公弗朗茨·斐迪南（Franz Ferdinand）在一九一四年六月遭波斯尼亚的塞尔维亚人加夫里洛·普林齐普（Gavrilo Princip）暗杀后爆发的七月危机。奥匈帝国怀疑有俄国当靠山的塞尔维亚政府是这一暗杀阴谋的帮凶，在此一猜疑的推波助澜下，紧张情势于七月节节升高，终于在八月爆发战争。一战的远因包括帝国主义——欧洲列强、美国、日本——对以亚洲和非洲境内为主的新市场、原材料、海军基地的争夺；另一个远因是相抗衡之同盟体系的存在——英法俄的三国协约和德奥意的三国同盟。

这些同盟体系本身就充满危险因子，一旦配上侵略性的战争计划、靠强制征兵建立的大军、现代军备（无畏级战舰、急射野战炮、高爆弹、机枪），危险性更暴增。事实上，始于一八九〇年代的欧洲军备竞赛，也是促成第一次世界大战的有力推手。一九〇五年，德国出炉施里芬计划（Schlieffen Plan），以迅速动员德国、奥匈帝国军队用于攻势作战，并招来法国、俄国推出同样咄咄逼人的战争计划作为响应。一八九〇年代即开始的陆海强大军事工程，赋予这些计划坚实的武力后盾，使本已诡谲凶险的一九一四年更为诡谲凶险。

在此期间弥漫欧洲的普遍反动心态，也是一战爆发的推手。欧洲的心脏地带被喜怒无常、心态保守的君主国（俄、德、奥匈、意）宰制。没有自由主义政府作为安全阀，这些政权惴惴不安地看待当时的新政局、新文化、新作风。誓言废除君主制的社会主义党，一九〇六年成为德国国会里的最大党，促使至少一名德国将领呼吁打"一场痛快的战争以终结到处可见的混乱"。俄国、奥匈帝国和意大利境内的保守派持

类似看法，英国、法国的保守派亦然。战争将使当权者可以名　　**xxi**
正言顺戒严、痛击工会、镇压"颠覆性"政党；也将强化国
家战力，扫除社会中的废物，削弱物欲和色欲，重振爱国精
神。对于这场隐隐然即将降临的惨烈战争，最后将造成一千六
百万人死亡、两千一百万人受伤的战争，他们竟如此天真以
对，至今仍令人费解。

这场涂炭生灵之战争的爆发，奥匈帝国扮演了令人难以置
信的角色。如今常有人主张，由于盟友奥匈帝国的虚弱，德国
才刻意且吊诡地加速这场战争的爆发。身兼政治家和史学家两
种角色的丘吉尔，指出此荒谬而危险的状态，即"欧洲的荣
耀与安全竟系于其最薄弱的环节上"[1]。身处于现代"民族主义
时代"，奥地利正逐渐解体。奥匈帝国是个基本上属封建性质
的大国，有十余个民族生存其上的帝国版图，乃是十六世纪时
拙劣拼凑而成，然后受到想建立联邦、自治或独立的辖下诸民
族攻击，这帝国跟跟跄跄走进二十世纪。

德国对奥匈帝国未来发展的不安，乃是第一次世界大战的
主要原因之一。丘吉尔则在其讲述第一次世界大战东部战线历
史的著作中，称这可能是唯一原因："这一恶性且致命的衰
退，使人类的和平与文明取决于交替肆虐哈布斯堡君主国的解
体过程和短暂复苏时期。"[2]一九〇五与一九一一年德国人为摩
洛哥问题几乎与法国、英国开战，却见到奥地利人最后临阵退
缩，于是在一九一四年七月危机爆发时，德国人把这视为在这
君主国还未因其内部分裂对立而垮掉时，或尚未遭周遭的泛斯
拉夫强权俄国、塞尔维亚吞并前，使奥匈帝国振衰起敝的最后
和最佳机会。

《哈布斯堡的灭亡》谈奥匈帝国一蹶不振的衰退和此衰退

对欧洲文明的冲击。这是第一次世界大战中大体上遭史学界忽略的一个区块。大部分史学家都提到奥匈帝国的衰弱，但未深究其衰落。还有些史学家将奥匈帝国视为不折不扣的强权来分析其军事关系与对外关系，好似任何不寻常之处都是本该如此。本书说明奥匈帝国在一八六六年打了（且输了）它最后一场欧洲大战后几十年的衰落，阐述它如何跟跟跄跄走过一九一二至一九一四那关键数年，借此填补这块遭冷落的区域。在那关键数年里，巴尔干半岛骚动不安，维也纳观望、犹疑、再观望，然后疯狂跳入一场没有胜算的大战。

如果说奥匈帝国决定加入这场战争已够鲁莽，那么该帝国一九一四年的攻势（第一次世界大战研究里另一个受史学界冷落的区块），则更为鲁莽，且是该帝国所做出最为冒进的举动。一九一四年奥匈入侵塞尔维亚、俄国之举早已规划多年，而其一塌糊涂的惨败，则坐实了战前还只是在怀疑层次的奥匈之无能。一九一四年八月在塞尔维亚、俄罗斯的战事，确立了此后直至一战结束的格局：过度扩张的德国、忙得喘不过气的俄国、高举双手而斗志全消的奥匈帝国。

奥匈是掀起第一次世界大战的主要推手，在第一次世界大战的结局上，也起了同样关键的作用。一九一四年的作战计划，十年前就已确立。德国要以气势万钧、攻击侧翼的"右勾拳"穿越比利时消灭法、英军队（施里芬计划的第一阶段），奥地利则要又快又有效率地动员部署于波兰南部与乌克兰西部（哈布斯堡王朝名之为加利西亚的边境地带）的四个奥匈野战集团军，发动凶狠的正面攻击，以削弱、破坏俄国的"蒸汽压路机"（六百万大军）。这一计划指望奥地利的行动挡住行动缓慢的俄国人，为德国打赢西部战线争取时间，然后搞定西部战线的德国挥师三百万向东，与两百万奥地利军队联手，和俄国决一死战。制定计划者认为俄国撑不过这波攻击。俄军兵力庞大，但受制于教育水平低和从外套、靴子、药物到步枪、炮弹等所有物资的短缺，战力有限。塞尔维亚人则被认为不值一虑。奥匈帝国军队将以八个师组成的"最小巴尔干兵团"（Minimal Balkan Group）挡住他们，另外四十个师则对付俄军。解决俄军之后，奥匈才会动手击败贝尔格莱德，将其瓜分。

德国人为何未能在西线获胜，我们知之甚明。有多部探讨 xxiii 马恩河（Marne）战役、伊普尔（Ypres）战役的书籍，还有小毛奇（〔Helmuth von Moltke the Younger〕设计并督导德国作战计划之落实的主要人物之一）对施里芬计划和其运用的分析，告诉了我们原因。但一九一四年东部战场是怎样的情况？对那里的战事，我们的了解非常粗浅。仍抱着大国身份不放的奥地利，派了二十个师（而非八个师）攻打塞尔维亚，为何仍落败？东部战线与俄军的交手是什么样的情况？历史著作谈到一九一四年八月奥匈帝国在克拉希尼克（Krásnik）和科马鲁夫振奋人心的大捷，但接下来，在下一页，就令人一头雾水地描写奥地利人从这两地慌乱的撤退，把波兰和乌克兰全留给俄国人，并要求德国派大军来救，从而使德国人打赢西部战线的任何希望注定成为空想。

奥匈帝国焦虑不安于自己大国地位的没落，且不肯面对现实，仍装出大国的身段。这两种特质既是第一次世界大战的主因之一，也是其战败的根源。一战随着哈布斯堡王储和其妻子在萨拉热窝遭开枪暗杀而揭开序幕。但这一暗杀原本不该引发一场世界大战。为何会引爆一战，不只与德国的侵略心态大有关系，也与奥匈帝国在一战期间明显可见的那种愚蠢行事大有关系。就在哈布斯堡王朝的外交官拟好立场刻意强硬而将使战争变得无可避免的最后通牒时，奥地利军方完全未针对开战做任何准备。事实上，一九一四年七月危机正炽时，奥地利的将领和政治家在度假——为国家受伤害而愤慨不已的大国领导人竟还能悠哉度假——这着实令人匪夷所思。战争爆发时，奥地利人在维也纳的驱策下抱着同样松散的心态出征，派出一支在运输工具、火炮、炮弹、机枪、步枪、战术等各个重要方面都不堪一击的军队。

奥匈帝国领导人才的不足，至少是同样严重。弗朗茨·约瑟夫一世（Franz Joseph I）皇帝，有着慈爱的眼神和羊排络腮胡，乃今日奥地利观光业的宠儿，但在一九一四年却是个恶性十足的人物。这位皇帝虽不如捷克作家雅罗斯拉夫·哈谢克（Jaroslav Hašek）在其小说《好兵帅克》（*The Good Soldier Svejk*）中所说的那么老迈昏庸（"让两个奶妈一天喂奶三次，糊涂得大概不知道正有战争在打"），却有多年处于惊人的衰老状态。他洋洋自得地霸着皇位，不肯让作为皇储的他那五十岁的侄子弗朗茨·斐迪南（Franz Ferdinand）接位，却又不愿善尽皇帝的职责。在一九一四年前的那些年里，哈布斯堡君主国走到每个重要的十字路口时，这个昏聩的老人都使这个君主国困在路中央，束手无策。

相对于这位八十四岁的老皇帝，六十一岁的参谋总长弗朗茨·康拉德·冯·赫岑多夫（Franz Conrad von Hötzendorf）将军，是"青年土耳其党人"（Young Turk）一员。康拉德被视为杰出战略家，并被认为若他日后碰上大而笨拙的俄罗斯，还有塞尔维亚，都将克敌制胜，但结果并非如此。他的实际表现为何和外界期望背道而驰，乃是另一个有趣且受冷落的故事。因为康拉德，第一次世界大战的东部战场单调乏味，毫无精彩可言。即使就一九一四年的宽松标准来看，他的领导统御和决策都糟得离谱，几星期内就毁掉了奥匈帝国军队。

奥匈帝国的不成器，也拖垮其盟邦德国。不管德国曾对打赢这场大战抱有什么希望，这希望都随着一九一四年奥地利颜面尽失的惨败而破灭。奥地利那几场败仗留下焖烧的土地——敌我争夺的波兰、加利西亚、塞尔维亚——加重了德国的负担，使德国欲在任何重要的战线上赢得胜利，都变得更为困难。若在战争初启时，奥匈帝国的战场表现得不这么糟，即使只是尚可，德国在这点上都会轻松许多。本书为一场通常被人从西边视角来看的战争增添了东边的面貌，有助于说明维也纳和柏林为何落入没有胜算的消耗战，终至落败。

导　论

从未有哪个帝国垮得如此之快。靠英国的财政援助和海上
武力，将拿破仑打得一败涂地的强大的奥地利帝国，一八六六
年却败于普奥战争。在遭实力劣于自己的德国彻底击溃前夕，
奥地利还让外界觉得几乎是所向无敌。奥地利的哈布斯堡王朝
是统治欧洲的第二大帝国（仅次于俄罗斯），辖有出身、民族
身份各异的多种族群。多年来，哈布斯堡王朝还主宰德意志邦
联（German Federation）。这是由三十六个独立邦国组成的联
盟，版图从北边的新教普鲁士延伸到南边的天主教巴伐利亚，
且靠共同的文化和语言结合在一块。在这些奉哈布斯堡王朝为
共主的邦国中，普鲁士王国的工业化程度最高，野心最大。当
普鲁士意图除掉邦联的盟主，在觊觎奥地利位于阿尔卑斯山以
南的最后据点的意大利支持下，夺取邦联的领导权时，奥地利
即集结效忠于它的跟班（大部分德意志邦国），对普鲁士宣战。

没人认为奥地利会败。专家，例如在转攻经济之前靠写军
事评论为生的恩格斯，都预料奥地利会胜。奥地利军队的不禁
打，让战场记者瞠目结舌。奥地利人看着他们一度壮盛的军队
七月败于柯尼希格雷茨（Königgrätz），八月遭逐出意大利，看
着普鲁士政治家俾斯麦和参谋总长老毛奇解散奥地利所领导的
德意志邦联，将邦联的大部分邦国并入普鲁士名下，准备围攻
维也纳，奥军不得不在多瑙河河岸投降。

一八六六年之败所带来的心理创伤之大，不容一笔带过。
"奥地利构想"——在哈布斯堡王朝统治下，不管是德意志

人、意大利人、波兰人、捷克人或匈牙利人，各民族得其所哉，就和在其他任何体制的安排（包括民族国家）下得其所哉一样——就此整个灰飞烟灭。自一七九〇年代法国大革命以来，维也纳一直在对大势所趋的民族国家走向做无望取胜的顽抗。法国大革命把意大利、波兰之类原本遭外来大国（包括奥地利）瓜分、占领的民族，组合为由自己民族当家做主的新国家。为拿破仑战争画下句点的一八一五年维也纳会议，将这些新民族国家，包括意大利王国和华沙公国，交回给奥地利、普鲁士或俄罗斯统治。此后，维也纳把辖下任何民族脱离其帝国的举动——德意志人投入德国怀抱、意大利人投入意大利怀抱或匈牙利人投入匈牙利怀抱——都视为危及奥地利存亡和统治正当性的叛国行径。

就是这一解体之虞，使一八六六年的战败变得凶险。哈布斯堡弗朗茨·约瑟夫一世皇帝的威信，大部分来自其控制意大利大港威尼斯和其腹地以及其身为德意志邦联盟主的身份。位于意大利的这个异国据点和勤奋的德意志民族属地，为奥地利的多民族性格提供了保证。如果哈布斯堡王朝能在这里守住，则在其他任何地方都能守住。威尼西亚（Venetia）一落入意大利王国之手（一八六六），德意志诸邦一落入普鲁士（一八七一年改名德意志）之手，这位奥地利皇帝即不得不退而倚赖帝国辖下以斯拉夫人、匈牙利人、罗马尼亚人为居民主体的诸州（crown lands），而在日益标榜民族主体性的"民族主义时代"，这些州未来绝对会出乱子。

柯尼希格雷茨之役后，奥地利辖下诸民族（德意志人、捷克人、克罗地亚人、匈牙利人、罗马尼亚人、波兰人及其他六个民族），更强烈质疑"奥地利构想"。奥地利诗人弗朗茨·格里尔帕策（Franz Grillparzer）自忖道，"我出生时是德意志人，但现在还是吗？"在国界另一头已出现一个德意志大国时，一小群德意志人还有必要留在多民族的奥地利吗？德奥合并之说——将于二十世纪上半叶大力推动、最终受到唾弃的目标——这时已开始发酵。在中欧东部、其他非德意志的诸民族里，对自我身份的省思同样深刻。奥地利要这些民族放弃独立和民族发展，换取在德裔奥地利人的指导下，合并于某奥地利官员所谓的"民族的平底锅"里。但平底锅在柯尼希格雷茨付之一炬，鉴于奥地利战败和国力衰退，各个小民族开始重新思考未来要走的路。

　　其中，匈牙利人在重新思考未来之路时，想法最为大胆。匈牙利的最大族群马扎尔人是突厥语族，九世纪时与匈奴人一起骑马离开乌拉尔山脉，定居于多瑙河中游平原。身处于斯拉夫人、罗马尼亚人居多的土地上，马扎尔人始终没有安全感。这时，眼见奥地利衰弱，他们开始趁机扩大势力。柯尼希格雷茨之役后，匈牙利的政界领袖出现于维也纳，强烈要求三十六岁的哈布斯堡弗朗茨·约瑟夫一世皇帝接受一桩浮士德似的交易：只要他承认匈牙利王国的存在，晚至一八四八年仍起事反抗维也纳统治的匈牙利，将会尽释前嫌，倾其庞大人力（匈牙利王国除了有马扎尔人，还有人数较少的克罗地亚人、斯洛伐克人、德意志人、乌克兰人、罗马尼亚人）为哈布斯堡君主国效力。

　　弗朗茨·约瑟夫皇帝生性拘谨审慎，不爱睡他皇宫中的羽毛褥垫，反倒睡在铁制行军床上，每天早上天一亮就起床，前去（短暂）探望跟了他二十年的情妇，然后埋头处理他德语官员呈上来的大量文件。他那漂亮（且可望而不可即）的妻

3

子伊丽莎白，极为同情匈牙利人，而她的这份同情可能和匈牙利人一样，都想摆脱她丈夫的掌控。在伊丽莎白的推动下，弗朗茨·约瑟夫同意匈牙利人的所有政治要求。他的新外长弗里德里希·冯·博伊斯特（Friedrich von Beust），也劝他这么做。博伊斯特是萨克森侨民，对奥地利历史或文化所知甚少。同时兼任奥地利首相的博伊斯特，极力促使皇帝接受匈牙利的所有要求，认为速速解决匈牙利问题，将使其他问题跟着一并解决：一八六七年博伊斯特向匈牙利首相久洛·安德拉希（Gyula Andrássy）使眼色，"你管好你的人，我们会管好我们的人。"

当时人惊讶于哈布斯堡如此积极地讨好匈牙利人，因为匈牙利人虽然声称人数众多，但只占哈布斯堡君主国人口的七分之一，所以对他们的要求尽可以一笑置之。但一八六六年战败后，弗朗茨·约瑟夫想尽快解决问题，且认为同意帝国治理的二元化——两个首都（维也纳与布达佩斯）、两种"国民"（德意志人与匈牙利人）、两个君主（由他兼任奥地利皇帝和匈牙利国王）——可确保君主国的长治久安。

至少从理论上看，从奥地利创造出奥匈帝国，有其道理存在。匈牙利人将不再寻求脱离哈布斯堡君主国，而是将他们的心力用于压制想脱离君主国者。将帝国分割为由德意志人治理的内莱塔尼亚（Cisleithania）和匈牙利人治理的外莱塔尼亚（Transleithania）——两者以蜿蜒流经维也纳与匈牙利肖普朗城（Sopron）之间的浑浊的莱塔河（Leitha River）为界——是把东边的民族问题转包给匈牙利人处理，这在表面上简化了君主国的民族问题，以让德裔奥地利人可在"二元"制度下专心治理西边的民族问题。

但处理问题的手段较温和的德裔奥地利人，因为优柔寡断而比较不会蛮干，但匈牙利人则是强硬、坚决、蛮干到底。一八六七年达成折中方案，创造出奥匈帝国后，匈牙利人大力推动强硬的"马扎尔化"运动。他们的民族平底锅只有一道口味：红灯笼辣椒。德意志人把"国民"标签视为只是让他们得以顺理成章要求内莱塔尼亚的斯拉夫人用德语与哈布斯堡官员打交道，进而以高高在上的姿态对待他们的许可证；匈牙利人则把他们的"国民"身份，视为可放手消灭外莱塔尼亚其他民族的通行证：斯拉夫人和罗马尼亚人将被禁止上他们的教堂、受他们的学校教育、讲他们的语言、维持他们的文化，借此"剥夺掉这些人的民族身份"。在匈牙利王国境内将弗朗茨·约瑟夫称作"皇帝"，等于犯了叛国罪，最好是称之为"国王"；不然，"君主"、"最高统治者"，也可以。

5

有个一九〇二年来过奥匈帝国的法国人论道，在这帝国里，样样东西，包括钞票，都是"二元并立"。奥匈帝国的克朗纸钞的正反两面以不同文字印行：奥地利那一面以德文和内莱塔尼亚其他八种语言（波兰语、意大利语、捷克语、塞尔维亚语、克罗地亚语、斯洛文尼亚语、罗马尼亚语、乌克兰语）的文字标出币值；匈牙利那一面，则只以马扎尔语标出币值。这位法国人论道："真是令人吃惊，因为对匈牙利官方来说，在匈牙利，其他民族连存在都谈不上。"这样的民族傲慢自然只得到敢怒不敢言的顺服。"面对这一内部的民族消灭运动，这里的非匈牙利人只能噤声，一动不动，尽管他们占人口多数！"这位法国人如此说道。[1]

弗朗茨·约瑟夫亟欲为其衰老的帝国找到振奋人心的新使命，不久就开始为一八六七年的大让步懊悔。[2]由于匈牙利的自由党党员把东奥地利境内抗拒马扎尔化的神父、领袖、作家或政治人物全部逮捕入狱，导致折中方案不但未缓和，反倒激化哈布斯堡君主国里的民族对立。自一八六七年宣布"斯拉夫人做不好治理工作，得受统治"之后，匈牙利首相久洛·安德拉希和此后直至一九一八年为止的历任首相，都以铁腕手段贯彻对斯拉夫人的统治。³到了一八八〇年代，已有数百万奥匈帝国人民要移民美国，而留下未走的人，则把生路寄托在奥匈帝国境外——斯拉夫人寄望俄罗斯或塞尔维亚，罗马尼亚人寄望罗马尼亚。

折中方案的初衷乃是为了解决奥地利的问题，结果反倒使一八六六年恶劣的战略处境更为恶化，因为已遭外敌环伺的奥地利，这时多了个难以根除的内敌。到了一九〇〇年，已有哈布斯堡官员把匈牙利称作"内敌"。一九〇五年，弗朗茨·约瑟夫皇帝和其侄子暨皇储弗朗茨·斐迪南大公已在秘密计划入侵匈牙利，关闭匈国议会，将匈牙利人重新纳入维也纳掌控。

6　　入侵匈牙利不是易事。直至一八六七年为止，奥地利帝国都依照历来军人不驻在本籍的方式，将匈牙利团部署于帝国各地，借此淡化民族情感，防止布达佩斯集军政大权于一身。但折中方案赋予匈牙利人自建军队——地方防卫军——的权力。严格来讲，匈牙利的地方防卫军只是和奥地利地方防卫军差不多的国民警卫队，而且匈牙利人仍得向奥匈帝国以德语为指挥语言、德意志文化挂帅的"皇帝与国王"联军，提供数个团的强征入伍兵。但由于弗朗茨·约瑟夫从未明确规定拨予帝国正规军和匈牙利地方防卫军的强征入伍兵比例，于是，一八六七年后的几十年里，匈牙利议会趁机壮大说匈牙利语的地方防卫军兵力，让说德语的军队逐渐萎缩。

奥匈帝国陆军部想把匈牙利地方防卫军的新兵调入帝国正

规军，且提出完全合理的理由——每一年从莱塔河以东招募的兵员，不到四成五是匈牙利人——但遭到匈牙利议会不断阻挠。[4]奥匈帝国预算得经奥地利、匈牙利两国议会批准，因此匈牙利人常常削减或否决会壮大或使正规军现代化的军费，因为他们把正规军——受德意志人训练、可能入侵匈牙利、撕毁折中方案的"马木留克人"（Mamelukes，"奴隶兵"）——视为威胁。匈牙利人不以让联军经费断炊为满足，还打算摧毁其士气；布达佩斯的政治人物要求展开一次有计划且持续不断的行动，以"将正规军中的匈牙利裔成员民族化"，也就是使他们脱离德意志指挥体系和德意志文化，使他们讲匈牙利语。[5]

在这一内斗下，奥匈帝国陆军军力大衰。一九〇〇年，联军只拿到四亿三千九百万克朗的经费，只及英国国防支出的三成五，俄国的四成，德国的四成一，法国的四成五。英国把过半资源投注于皇家海军，但其花在陆军六个师的钱，仍比奥匈帝国花在其四十八个师的钱还要多。[6]一个如此看重其大国地位的帝国，军费支出竟少到这种程度，着实令人震惊。

或许有人会以为，德国人出于军事、政治考虑应该会反对奥匈军力如此衰退，其实不然。毕竟匈牙利人是他们在维也纳的盟友，自一八六六年就受柏林指导，以力促维也纳采取亲德政策。这是一八六七年后奥地利面临的另一个显著难题：匈牙利人得到二元制安排，大部分得归功于德国的支持。德国首相俾斯麦担心普鲁士打赢一八六六年普奥战争和一八七〇至一八七一年普法战争后奥法组成"复仇联盟"，于是在一八七〇年加大其对奥地利境内匈牙利人的支持。柏林和布达佩斯同意，哈布斯堡王朝若想推翻一八六六年的裁定，想以"天主教联盟"盟主身份重新进入德意志民族政治圈，决意削弱（新教）

7

俾斯麦对德国辖下天主教地区的掌控，该王朝将反受其害。[7]匈牙利人需要德国支持折中方案（没有德国的支持，维也纳说不定早已动手教训布达佩斯），而俾斯麦给予该支持，是因为奥匈折中方案似乎有一石两鸟之效。它将该帝国一分为二，借此从内部牵制奥地利再起，但又确保奥匈帝国，至少帝国西半部，仍保有其德意志的特性和文化，从而使维也纳仍是德国盟邦。俾斯麦担心一八六六年战败而国力衰弱的奥地利走上反普鲁士路线，或受到奥地利境内捷克人、波兰人、克罗地亚人等斯拉夫民族泛斯拉夫激情的伤害而彻底支持布达佩斯，从而创造出成事不足败事有余的二元政治。对奥地利不利，就是对德国有利（短期来说），在柯尼希格雷茨之役后情势紧张的那些年，那是俾斯麦的最高准则。[8]

匈牙利人始终借由反对奥地利来表达其对德国的忠诚：匈牙利人有计划地反对奥匈外交部重拾"旧奥地利"政策（即独立政策），对奥、俄修好之事扯后腿。匈牙利人也竭力阻止奥地利人脱离一八八二年所创立的奥德意三国同盟。意大利人毫不掩饰其对奥地利南蒂罗尔（South Tyrol）、的里雅斯特（Trieste）、达尔马提亚（Dalmatia）的觊觎，但凡是军事预算里含有为奥地利受威胁的土地构筑防御工事或派驻部队的经费，该预算都会遭匈牙利人否决。有位法国官员推断道，奥地利人被二元制困住，被外交部里为德国利益服务而非为奥地利利益服务的"普鲁士–马扎尔小集团"困住，动弹不得。[9]

一度大受吹捧的奥地利陆军，一九〇〇年后渐渐衰败。一八六六年时它是世上最庞大的陆军之一，一九一四年时已落入末段班，只有三十五万五千兵力，野战炮、炮弹、机枪（现代战争的新宠儿）少得可怜。这些令人泄气的数据，在一九一二至一九一三年的巴尔干战争期间，取得超乎统计学上的意义。一八六六年遭逐出德意志区域和意大利后，奥匈帝国转而拥抱巴尔干强权（Balkanmacht）这个新角色，冀望借此重振声威。柯尼希格雷茨之役后，弗朗茨·约瑟夫皇帝把目光转向南边，打算开辟一条穿越塞尔维亚与马其顿直抵萨洛尼卡（Salonika）与爱琴海的奥地利走廊。重振雄风的奥匈帝国将承继奥斯曼帝国的欧洲诸省，从地中海的新港口发散支配力和势力。为此，维也纳于一八七八年占领了波斯尼亚－黑塞哥维那，一九〇八年将其吞并，冒着与俄国、塞尔维亚开战的危险强行画出其势力范围。这时，一九一二至一九一三年，弗朗茨·约瑟夫一脸惊骇地看着自认比奥地利更名正言顺继承土耳其在欧洲之领土的塞尔维亚，把土耳其人和保加利亚人先后赶出曾是奥斯曼帝国的省份，且横亘在通往萨洛尼卡之路上的科索沃、马其顿。外界认为维也纳会大举干预这些战争，以免贝尔格莱德利用土耳其人的溃败大幅扩张其势力；维也纳的确这么做了，但未成功。塞尔维亚人在马其顿恣意搜掠，肆无忌惮地穿过奥地利所治理的新帕扎尔区（Sanjak of Novipazar），以夺取阿尔巴尼亚的斯库塔里（Scutari，阿尔巴尼亚语称斯库台/Shkodër）和都拉佐（Durazzo，阿尔巴尼亚语称都拉斯/Durrës）两港，其狂妄行径令弗朗茨·约瑟夫皇帝怒不可遏，于是下令动员五个军，以让塞尔维亚人心生恐惧，自行撤退。结果什么事都没发生：匈牙利议会不肯为这一冒险行动提供资金，而充斥着亲塞尔维亚之斯拉夫人的奥地利议会，以长达一个月的冗长辩论瘫痪议事，也拒绝为此行动的拨款放行。

无计可施的皇帝转而找上华尔街的库恩勒布公司（Kuhn 9 Loeb and Co.），借到两千五百万美元支应军队动员所需资金，

结果许多新兵向所属的奥匈帝国团报到时，唱着塞尔维亚国歌，嘴里骂着自己的君主。在奥地利的捷克诸省，后备军人的妻子、母亲卧轨，以阻止火车将他们的丈夫、儿子载往前线。拥有高度发展之文化的捷克人，已成为这个君主国最薄弱的一环。十七世纪时遭撤除的政治特权从未被恢复，加上在波希米亚、摩拉维亚两省境内屈居于德意志人之下，捷克人对此怨恨甚深。在二十万塞尔维亚部队迅速占领巴尔干半岛西部时，一万两千名士气荡然的奥地利人渗入波斯尼亚，根本谈不上吓阻效果。维也纳一地的麻烦，使这一行动的效果更打了折扣。在危机最严重的关头，参谋总长被迫（因不够强势积极）辞职，不久，奥匈帝国陆军部长跟进辞职——他被指控拿他打算赏予军事合同的商行的股票做投机买卖。接任者才刚出炉，即发生举国震惊的雷德尔丑闻（Redl Affair）——有消息传出四十七岁的阿尔弗雷德·雷德尔（Alfred Redl）上校，自一九〇五年起一直将德、奥的军事机密卖给俄国人。

奥地利出兵阻止塞尔维亚扩张的行动失败，帝国似乎危如累卵。奥匈帝国参谋部研究塞尔维亚在两次巴尔干战争中的吞并行动，推断塞尔维亚靠着新取得的领土、人力和资源将迅即大增贝尔格莱德的实力，以使塞尔维亚陆军兵力随之增长一倍，由二十万增加为四十万，换言之，将比承平时期哈布斯堡王朝的建制兵力还多。即将离职的参谋总长布拉修斯·舍穆瓦（Blasius Schemua）惨然推断道，奥匈帝国连考虑和俄国、塞尔维亚一战都没资格——"我们的军力不再顶得住这两国"，这肯定是对一九一三年情势最轻描淡写的描述。[10]

一九一四年前夕维也纳一地的激昂言词，让人想起一八五九年和一八六六年哈布斯堡王朝对来自皮埃蒙特（Piedmont）、

普鲁士之威胁的痛斥。这时塞尔维亚被说成南斯拉夫的"普 12
鲁士"或"皮埃蒙特",一个矢志于巴尔干半岛实现其天定命
运的新兴地区性强权,一如皮埃蒙特统一意大利、普鲁士统合
德意志民族。塞尔维亚民族主义分子的领土野心很大,想把奥
匈帝国的波斯尼亚－黑塞哥维那、克罗地亚、达尔马提亚、斯
洛文尼亚、南匈牙利,也就是所有讲塞尔维亚－克罗地亚语的
地方,都纳入其版图。雪上加霜的是,奥匈帝国内部人民普遍
同情塞尔维亚人。奥匈帝国的斯拉夫人被德意志人、匈牙利人
当成二等公民,把塞尔维亚的民族统一视为他们自身民族统一
的先声。弗朗茨·斐迪南大公怒冲冲说道:"我们君主国得从
昏睡中醒来,以强势昂扬之姿前进,不如此,会完蛋。"

到了一九一三年,没有哪个国家比德国更希望一个强势的
奥匈帝国。英、法、俄已于一九〇七年达成反德的三国协约,
德国人夹在这三国的现代化海陆军之间,只剩奥匈帝国这个真
正的盟友。没有奥地利,德国的处境将不堪设想,因此柏林开
始规划一场欧洲大战,以击溃塞尔维亚和俄国,扶助维也纳。
在一九一二年十二月于波茨坦召开的作战会议中,德国皇帝建
议以塞尔维亚在巴尔干半岛攻城略地为借口,立即向塞尔维
亚、俄罗斯、法国开战。德皇于波茨坦会议前向奥匈帝国武官
保证,"德国随时可出剑,包在我们身上。"

但一如以往,奥地利人无法指望匈牙利人相助。一九一三
年维也纳竭力要求匈牙利投票赞成扩编海陆军、扩建通往俄国
的战略性铁路、增建野战炮兵连,但匈牙利人再度拒绝。凡是
有利于联军的事,或就新建铁路来说,凡是可能让奥地利经济
受惠,而非让匈牙利经济受惠的新铁路,匈牙利人都不会投票
赞成。

虽然匈牙利固执己见——或可能因为这样——但到一九一四年时柏林已准备好豁出去大干一场。法、俄两国排定的强军计划，要到一九一六年后才会完成。德国的强军计划则已快完成。奥匈帝国于一九〇五和一九一一年两次摩洛哥危机期间都 13 不愿参战，此刻德国得想办法逼它代德国出手。巴尔干半岛无疑就是理想地点。奥地利的报界哀叹奥国于巴尔干战争期间的无能，正是德国所乐见。一九一四年六月中期，《奥地利评论报》（Österreichische Rundschau）把塞尔维亚的扩张说成是"第二场柯尼希格雷茨之役"，忧心忡忡地指出："一八六六年，我们被赶出德意志邦联和意大利；这一次我们被赶出巴尔干半岛。"[11]

这一趋势必须止住，而当两星期后萨拉热窝响起致命的枪响，杀害哈布斯堡王储和其妻子时，德国领袖心中窃喜。他们觉得哈布斯堡王储遇害和一名波斯尼亚－塞尔维亚刺客被捕，必然会使胆怯的奥地利人不得不开战。

第一章　欧洲病夫

"奥地利是欧洲的窝囊废，"有份维也纳报纸于一九一三
年二月如此嘲笑道，"没人喜欢我们，只要有灾难，我们都躲
不过。"只有"欧洲病夫"——刚被饥饿的新强权夺走位于北
非和巴尔干半岛之省份的衰老奥斯曼帝国——能和奥地利争夺
"世上最大窝囊废"这个头衔。[1]事实上，哈布斯堡王朝和奥斯
曼人正在比赛谁先沉沦到最底下，把欧洲病夫的头衔抢到手
上。何谓欧洲病夫？最有可能在世人有生之年衰亡的大国是
也。

奥地利的积弱不振，肇因于其境内龃龉不断且对统治当局
心怀不满的诸民族。"奥地利"一词意味着清一色的德意志民
族，但这个辽阔的帝国，其领土远非只有以维也纳、格拉茨
（Graz）、萨尔茨堡、因斯布鲁克（Innsbruck）的说德语的核
心地区。一九一三年，奥地利是欧洲第二大国（仅次于俄
国），欧洲第三人口大国（次于俄国和德国）。但五千两百万
奥地利人中，只有一千两百万是德意志人，问题就出在这里。
一九一三年，奥地利的最大族群是斯拉夫人。这个西起瑞士边
界、东抵俄国边界的君主国，有八百五十万捷克人和斯洛伐克
人、五百五十万克罗地亚人和塞尔维亚人、五百万波兰人、四
百万乌克兰人、一百三十万斯洛文尼亚人，斯拉夫人占奥地利
人口五成；此外还有人数几乎和德意志人相当的匈牙利人
（一千万），占人口一成九。

这些匈牙利人九世纪就从中亚移居至此，说着独特语言马

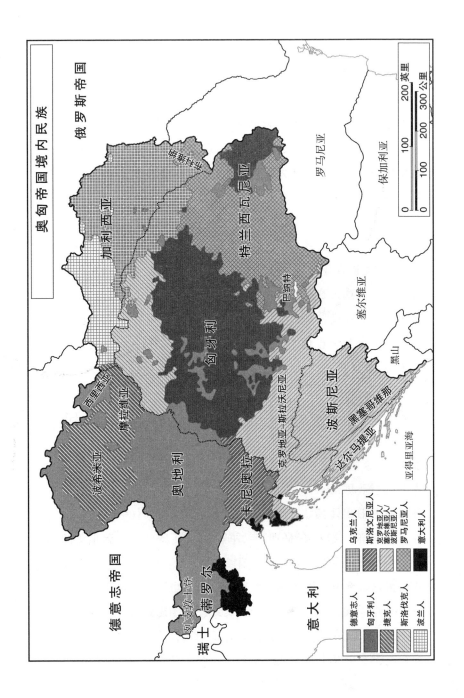

奥匈帝国境内民族

俄罗斯帝国

德意志帝国

瑞士联邦

意大利

罗马尼亚

保加利亚

塞尔维亚

黑山

亚得里亚海

加利西亚

布科维纳

特兰西瓦尼亚

匈牙利

巴纳特

西里西亚

摩拉维亚

波希米亚

奥地利

卡尼奥拉

克罗地亚-斯拉沃尼亚

波斯尼亚

黑塞哥维那

达尔马提亚

列支敦士登

蒂罗尔

0   100   200 英里
0 100 200 300 公里

德意志人
匈牙利人
捷克人
斯洛伐克人
波兰人

乌克兰人
斯洛文尼亚人
克罗地亚人
塞尔维亚人
波斯尼亚人
罗马尼亚人
意大利人

扎尔语，孤处于与己大不相同的诸民族之间。他们始终没有安全感，担心遭德意志人支配或遭斯拉夫人吞没。这使匈牙利人产生霸道心态，决意把周遭的人全"马扎尔化"，以壮大他们的小族群，消弭族群竞争。首当其冲者是奥地利的罗马尼亚人。他们有三百多万人（占帝国人口的百分之六），与匈牙利人一起居住于喀尔巴阡山盆地，匈牙利人不断逼他们放弃自己的语言和文化，改说马扎尔语。

　　维也纳若有强有力的领导阶层且行事公正，或许能缓和这些问题，但弗朗茨·约瑟夫皇帝始终予人软弱、敷衍的印象。他唯一一次御驾亲征，是一八五九年攻打法国人，战败收场，然后，在下一场战争，一八六六年的普法战争，他把兵权交给一位看起来能征善战结果是个庸才的将领，于是再败。这使弗朗茨·约瑟夫变得悲观，失去自信。他不想听不中听的话，不想让需要做出棘手抉择的问题缠身，于是一八六六年后他身边全是一些受他信任的唯唯诺诺之徒和愚忠之人，例如效力他已久的朋友暨参谋总长弗里德里希·贝克（Friedrich Beck）将军。这群人执行皇帝唯一不变的政策，即推迟问题，但绝不解决问题。诚如温斯顿·丘吉尔所说，他们是

弗朗茨·约瑟夫一世漫步于霍夫堡宫中

"奇怪的一个小集团，古代的一帮幸存者，具有明显的维多利亚时代人作风，坚贞不移"，但与时代脱节得可悲。[2]为防哪个人试图与现代搭上线，弗朗茨·约瑟夫不给他们有此机会：他要维也纳与布达佩斯的哈布斯堡王廷施行欧洲最严格死板的礼仪，任何人都没有机会向皇帝进言，除非皇帝先找那人谈话。"那就像没有音乐的音乐喜剧，"有位美国旅人论道。[3]

一八五九年对法之战和一八六六年对普鲁士之战，改变了哈布斯堡君主国的地位。在那之前，它是个不折不扣的强国，18　与英格兰、法国、俄国并列四强，比普鲁士或意大利还要强大。但在这两场战争中，奥地利将领白白浪费掉机会，仗仗皆输。自此，这个君主国虽不至于成为世人的笑柄，却也相去不远。

一八五九年的战败，激励维也纳深刻自省弊病。弗朗茨·19　约瑟夫的信心动摇。他首度同意成立议会，即一八六○年的帝国议会，然后拿不定该采取哪种政体。在一八六○年代，奥地利开始认真处理民族主义问题（该给国内的非德裔民族多大的权力和多大程度的代议民主），而直到一九一八年底，奥国才摆脱这问题的缠扰。其处理方法之一，乃是"集权"，即由首都将帝国权力一把抓，并透过一高压的说德语的行政系统在各省贯彻帝国权力。另一个方法是建立"联邦"，即放宽皇帝和首都官员对地方的控制，让各省以本地人、本地语言管理自己。在一八六○年代，这大体上意味着不只透过贵族——即这一君主国的"百户"，例如奥地利的温迪施格雷茨（Windischgrätz）氏族、匈牙利的埃斯特哈吉家族（Esterházys）、波希米亚的施瓦岑贝格家族（Schwarzenbergs）——来治理，还透过地方议会和各地的民族社团（包括波希米亚与摩拉维亚的捷克人、匈牙利的马扎尔人、萨格勒布的克罗地亚人、加利西亚的波兰人、的里雅斯特的意大利人、卢布尔雅那的斯洛文尼亚人）来治理。

多年来，皇帝和其统治集团在联邦、集权两种方法之间焦虑不安地摆荡，忽而此法，忽而彼法，但不管是哪种方法，都未能奏效。集权之路引发非德意志民族的众怒。在工业化、自由主义发端的近代，要透过贵族施行联邦制，已走不通，而若要透过"青年捷克党"（Young Czechs）之类的中产阶级民族社团来施行联邦制，必然导致地方脱离自立和解体。在奥匈帝国的十七个主要地区中，只有六个地区由单一民族组成；其他地区都是潜伏着民族冲突的火药库，例如波希米亚境内，捷克人和德意志人为语言、就业、地位的问题在城镇、乡村互斗。[4]弗朗茨·约瑟夫三十岁时（他活到八十六岁且至死才退位），奥地利就已无法运作，已如同一只太胖、太笨重而飞不起来且行动太迟缓、太无自卫能力而无法在地面存活的渡渡鸟。

一八六〇年代的普鲁士首相奥托·冯·俾斯麦，立即注意到这点。自一八五〇年代俾斯麦说"中欧不再容许两强并立"之时起，他就看奥地利很不顺眼。一八六六年他把矛头对准弗朗茨·约瑟夫，要求自拿破仑战争结束起即由维也纳宽松领导的德意志诸邦改奉普鲁士为主子。弗朗茨·约瑟夫以其一贯乱无章法的作风，权衡妥协开战的利弊得失，最后决定开战以"保住奥地利的颜面"。他不够深谋远虑，总是为虚无缥缈的 20 "面子"而战，而非为具体可见的利益而战——一九一四年时他又这么干。一八五九、一八六六年时，一如一九一四年时，若以战争之外的手段来保住颜面，会远更符合帝国的利益，将既能保住奥地利的大国身份，同时又能免除两个历来交好之国的毁灭性冲突。

毛奇将军的普鲁士陆军，一八六六年六月以迅雷不及掩耳之势入侵奥地利，在几次交手中连连击败奥地利陆军，并于七月三日在波希米亚易北河边的柯尼希格雷茨要塞，打出最辉煌的战果。普军挺进波希米亚时，一支意大利军队入侵威尼西亚，拿下该省，兵威逼近的里雅斯特。奥地利输得一塌糊涂：开战前，奥国外交官未能以让步打消普鲁士或意大利的进攻；开战后，奥国将领未能抓住良机打赢两战线。

拿破仑战争期间，奥地利军队是反拿破仑阵营的中流砥柱，但一八六六年竟如此落败，其震撼无疑如石破天惊。罗马教廷外长听到普军在柯尼希格雷茨大胜、奥军溃败的消息，惊讶地说道："世界垮了。"此后的政局发展更令人震惊。英国保守党领袖本杰明·迪斯雷利（Benjamin Disraeli），一八七一年二月向下议院议员演说时，说出了欧洲其他地区人民的心声，判定俾斯麦将把三十六个德意志邦国一统于普鲁士统治之下，"彻底打破了均势"，并说此举如同一场"德意志革命"，其政治意义比前一个世纪的法国大革命还要重大。拿破仑战争结束时，成立了由奥地利领导的德意志邦联，以免德意志民族的财富、工业、剧增的人口被单一强权所把持。随着那些资源突然落入普鲁士之手，欧陆的均势彻底翻转。一个以柏林为中心且雄心勃勃的新强权，一统了俄国与法国之间原本小国林立、四分五裂的局面，且决意大展身手，让世人刮目相看。[5]

21　　奥地利比欧洲其他任何强权更努力解决一八七一年德意志革命带来的冲击。"没有哪个外交传统未遭扫除，"迪斯累利于普鲁士打赢普法战争后严正表示，"新的世局，新的势力，新且未知的东西，有待处理的危险。"但新世局不利于奥地利。随着其他强权认知到奥地利在柯尼希格雷茨的战败和其不知为何未能插手普法战争借以收复一八六六年失土一事所代表的意义，维也纳在国际上长久享有的尊重渐渐消失。有位奥地利将领低声说，"我们已沦落到和土耳其同级"，证实了哈布斯堡帝国和奥斯曼帝国是一对欧洲病夫。[6]

法国大使馆在评估过一八七八年奥匈帝国的情况后，推断只有维也纳、格拉茨两地周边的地区仍属"可靠的德意志人地区"。其他地方全都受到其他民族的包围——匈牙利为马扎尔人所包围，的里雅斯特为意大利人所包围，克罗地亚和达尔马提亚为克罗地亚人所包围，卡林西亚（Carinthia）和卡尼奥拉（Carniola）为斯洛文尼亚人所包围，波希米亚和摩拉维亚为捷克人所包围，加利西亚和布科维纳为波兰人、乌克兰人、罗马尼亚人所包围。法国人论道，在"由诸民族像镶嵌画拼接成"的奥匈帝国里，犹太人脱颖而出，成为"奥地利境内唯一可靠的族群"。在俄国，犹太人受到严重歧视和集体迫害，而在奥地利，犹太人则受到较大的包容，是奥匈帝国里少数几个积极支持哈布斯堡家族的族群之一。法国大使馆于一八七八年记载道："他们的人口在东方成长的速度，远大于其在总人口所占比例下应有的速度，且透过放高利贷掠夺广大农民；在城市，他们控制报业、需要专门知识的行业、银行。"犹太人在乡村放款和在城里经商有成，在奥地利境内激起俄国式反犹浪潮，但还未满五十岁的奥匈皇帝并不怎么把他最忠贞的子民受到的攻击放在心上。法国人写道："他有同情心且很受喜爱，为人却乏善可陈；他没有中心思想，在不同制度间摆荡；他没有真正的朋友或心腹；他什么人都不信任，也未得到谁的信任，甚至连他自己都怀疑。"[7]

这一对弗朗茨·约瑟夫的扼要陈述非常贴切，而一八六六

22　年战败后，他未思索太久，就决定了一个解决德国、意大利统一所带来之危机的办法。军事上，他师法普鲁士（但只及于皮毛）。一八六六年战败的奥地利陆军，原靠贵族军官和长期服役的农民兵打仗，因而，一开始打了几次败仗后，奥地利军队就陷入没有受过训练之后备士兵或军官可用的困境。奥匈皇帝的新陆军部长弗朗茨·库恩（Franz Kuhn）将军，施行义务役制度，要奥匈帝国所有男子都得当三年兵，且用考试遴选军官。不到五年，这一君主国的军事贵族即大部分离开军队，且一去不复返，以抗议库恩取消他们原有的特权（主要是不必接受考试或其他任何"能力评定"的特权）。若非一八五九、一八六六年的惨败令弗朗茨·约瑟夫颜面尽失，这个自命不凡且因循旧制的皇帝绝不会同意这样的改革。不幸的是，不到五年，大部分最优秀的中层军官也离开军队，因为一八七〇年代是镀金时代（Gilded Age），最有能力的人都会离开苦哈哈的军队，到金融界找发财机会。哈布斯堡王朝的军官圈子，渐渐走上它一九一四年时将呈现的面貌：只有穷苦的中下阶层子弟报考军官。他们的父亲看上一流军事院校——例如维也纳的工学院（Technical Academy）或位于维也纳新城的军校——所提供的免费教育机会，于是把儿子送去从军。[8]

　　从组织上讲，一八六六年后的哈布斯堡陆军实行类似普鲁士的军区制。整个君主国，从西边的因斯布鲁克到东边的伦贝格（乌克兰语称利沃夫/Lviv），从北边的布拉格到南边的拉古萨（Ragusa，杜布罗夫尼克），划分为十五个军区，每个兵团均从本地征得其四个营的兵员，并入最近的军。这套制度极为合理，但奥地利此前从未想过施行，因为在民族主义时代，奥地利当局认为跨国性民族不可靠。若让他们留在本籍所在地区，他们可能与心有不满的当地人勾搭在一起，把枪口转向皇帝，因此，一八六六年战败之前，奥地利团每三年就在君主国各地搬风换位——捷克人到布达佩斯，匈牙利人到布拉格，克罗地亚人到威尼斯，德意志人到克拉科夫，乌克兰人到维也纳，诸如此类。这一"不驻在本籍"的做法，在承平时期是作为反革命措施施行，但在战时那使奥地利的军队动员变复杂，因而一八八〇年代时已大部分废除。但这一新的军区制度 23 并非全无问题。有位奥地利将领于一九一四年二月写信给另一位将领："请用脑筋较灵光的参谋换掉我那批参谋。"对方回道："不行，将就着用你那批较不聪明的人。"这位将领希望找德意志人组成他的参谋班子，却奉命拿塞尔维亚人凑合着用。[9]

从战术上看，哈布斯堡陆军也试图效仿普鲁士。奥地利的规划人员扬弃突击战术（一八六六年被普鲁士火力撕碎的连纵队密集队形冲锋战术），换成普鲁士的火力战术。一八七五年受邀至特鲁特诺夫（Trautenau）古战场参观奥地利军事演习的一位法国军官报告道，奥地利教官以如下讲话为演习开场："大家都知道一八六六年在此发生的事；我们的任务乃是清除并永远忘掉让我们流了那么多血却只得到些许成就的那些观点和战术。我们用散开的单位，速射的火力，取代那些老办法。"[10]

这个新战法无懈可击，但却从未真正施行。哈布斯堡王朝在取得最新科技和训练出能有效使用最新科技且足敷需求的人员上，总是慢半拍。如果未大量征募兵员，且训练他们估算射程、瞄准射击，士兵就无法发出快速且分散的火力；届时士兵将得组成受军官、士官指导的密集队形，成为敌人的现成靶子，如一八六六年时所见。在一八九〇年代的科技革命（连发枪、机枪、急射炮）之前，奥匈帝国弗朗茨·约瑟夫皇帝就表现出一种令人痛心的倾向，即总是做错事或至少未能把对的事贯彻到底的倾向。他相信为他效命甚久的参谋总长弗里德里希·贝克的意见，批准大体上流于形式的演习。一八六六年后，他有多年时间公开拥护他的骑兵队（陆军中最后一块只有贵族能参与的领域），对于一八六六年他最能干的骑兵队队长利奥波德·埃德尔斯海姆（Leopold Edelsheim）欲扬弃长矛和马刀、代之以卡宾枪和手枪的作为，一律反对。[11]

政治上，这位皇帝的作为同样是成事不足，败事有余。为解决一八六六年战败导致的政治危机，他与国内最难缠的对手匈牙利人，坐下来谈，提出了匈牙利人千载难逢的好交易。他提议，只要匈牙利人忠于哈布斯堡王朝，他愿把五成二的奥地利领土和四成的奥地利人口，交给只占这君主国人口一成九的匈牙利人掌管。作为只占有这一半奥地利领土的匈牙利人来说，他们只需负担帝国中央政府税收的三成。[12]

马扎尔人于一八六七年实质上脱离了一元化的奥地利帝国，在外莱塔尼亚重振将与维也纳没有直接关联的"匈牙利王国"。根据这位奥地利皇帝的实际头衔，他是匈牙利国王（也是波希米亚、克罗地亚、加利西亚和帝国其他地区的国王），但在一八六七年折中方案之前，这些头衔始终被视为百分之百的虚衔，因为它们名下的领土只是省份，而非王国。但这时这位皇帝则不得不认识到，匈牙利王位比其他王位都重要，连奥地利王位都比不上。布达佩斯能向维也纳提出各种要求，但维也纳不得向布达佩斯提出任何要求。自一五二六年维也纳取得匈牙利这块领土开始，奥皇就是匈牙利国王，属于他名下的奥地利建筑和固定物，一直都以 k. k. 这一缩写来表明为他所有。k. k. 为 kaiserlich königlich 的首字母组合词，意为皇帝暨国王的。但这局面不再：一八八九年，匈牙利人要求在两个 k 之间加上一个 u（"和"），使两 k 不再如胶似漆地紧挨在一块。匈牙利人认为 kaiserlich und königlich（皇帝的和国王的），比 kaiserlich königlich，更彰显奥地利与匈牙利的分隔，更合他们的意。[13]

连这样的枝微末节都要这么讲究区分，令维也纳大为惊骇。这位皇帝原以为透过一八六七年的折中方案，他已用匈牙利的自治换取到统一的奥地利大国，以为让匈牙利人在其内政上完全当家做主，他们会真诚参与"共同的"或"联合的"k. u. k. 陆军部、外交部、通商部、财政部。匈牙利人似乎过河拆桥，背弃双方的协议：他们从这个联合君主国得到很大的好处（五分之二的奥匈帝国人口，却只需负担帝国每年税收的三分之一），却一再阻挠军事、外交政策、财政、通商方面统归中央指导，此举别说是不知感恩，根本形同暗中扯后腿。住在维也纳美景宫（Belvedere Palace）的弗朗茨·斐迪南大公愤愤说道，奥地利会垮，不是会垮在敌对大国手里，而是会垮在"内敌——犹太人、共济会员、社会党人、匈牙利人"手里。[14]

弗朗茨·约瑟夫开始把越来越多的心力放在应付维也纳、布达佩斯这两个互争高下的首都上，以确保哈布斯堡王朝的存续和举足轻重的地位。这不是件易事，因为哈布斯堡王朝，即使就较放任开放时代的宽松标准来看，都不具威严。一八八九年，弗朗茨·约瑟夫的独子暨皇储，三十岁的鲁道夫大公，爱上某男爵未成年的女儿，然后在他位于维也纳森林的狩猎用的住屋梅耶林（Mayerling）里，开枪杀了她再自杀。这一杀人、自杀事件，不仅使不苟言笑的弗朗茨·斐迪南大公在不久后成为新皇储，也切断了皇帝和皇后之间本就没什么往来的联系。这时，皇后正在维也纳之外四处旅行，直到一八九八年遇刺身亡，才结束这一云游四海的习惯。

皇室成员发生丑闻时，采取措施控管其对皇族威信或形象的伤害，乃是当时的一贯做法。人人都知道这皇帝有个情妇——女演员卡塔丽娜·施拉特（Catharina Schratt）——跟了他三十年，但没人在报纸上谈论此事。皇帝的弟弟路德维希·维克托（Ludwig Viktor）一九〇四年两度在公共澡堂与男伴一起被捕（第一次在维也纳，第二次在意大利）时，该丑闻遭掩盖。没有一家奥匈帝国报纸提及此事；想将此事曝光的报纸则遭罚款、没收。路德维希·维克托本人被诊断得了"忧郁症"，被关在他的乡间宅邸，不得出门。[15]在柯尼希格雷茨之役中，中产阶级出身的将领，败得和贵族出身的将领一样惨。于是，经过此一败仗之后，弗朗茨·约瑟夫开始安插诸大公（哈布斯堡家族的亲王）出任每个指挥要职，以捍卫帝权，但这些人都未有出色的表现。法国大使馆于一八九七年品评其中居首的两位大公时论道："弗里德里希，欠缺将领的基本要素；欧根，苦干实干，但没有天赋。"[16]而这两位哈布斯堡家族成员是整个家族里最优秀之人。哈布斯堡王朝无疑存活了下来，但这个身为大国的君主国已开始步上死亡之路。

匈牙利是让哈布斯堡家族丧命的病毒。一八六七年后匈牙利的阻挠，啃蚀哈布斯堡王朝的权力基础与行政根基。一八七八年，叛乱席卷奥斯曼帝国的波斯尼亚和黑塞哥维那，维也纳认为正可趁机从土耳其手里夺走这两个省份，并入奥地利，进而达成一八六六年奥地利遭意大利和德国驱逐后，奥匈帝国一直追求的新使命——使奥地利称霸巴尔干半岛。不幸的是，连占领这两省都遭匈牙利人反对，更别提将它们并吞，因为匈牙利人担心波斯尼亚、黑塞哥维那境内百万左右的斯拉夫人加入后，会使本已是少数民族的匈牙利人在这君主国里更为少数。在柏林会议上，俾斯麦想把土耳其这两个省送给奥匈帝国，以在俄国于一八七七至一八七八年对土战争扩大领土后，重新平衡欧洲诸大国的势力，结果发现这一可笑的情况："我听过有人不肯吃他们的鸽子，除非有人把鸽子射杀，替他们烤好，但我从没听过有人非要人把他的嘴掰开，把鸽子强行塞进他喉咙，他才肯吃。"[17]

在内莱塔尼亚境内，也没有一个联合起来对付马扎尔人的亲哈布斯堡集团。弗朗茨·约瑟夫在位期间，这位皇帝始终依违于德意志自由主义中间派和斯拉夫封建体制联邦派之间。从一八七九年至一八九七年为止，皇帝把内莱塔尼亚的政事交给爱德华·塔弗（Eduard Taaffe）伯爵的"铁环"（Iron Ring）内阁处理。这个内阁的最高目标，乃是使帝国的诸多民族处于"轻微不满的平衡状态"中。[18]但这个让皇帝享有某种程度控制权的办法，在民族主义与大众通信发端的现代，却变得较无效。到了十九世纪末期，为了一些次要但被民族社团和报纸大做文章的问题（例如某小镇小学的教学用语），奥地利几度更换内阁；若在十九世纪初期，则不大可能出现这样的情况。在奥地利十七个省里，德语始终是规定的学校教学用语，而地方语言的学习只列为选修课；这一安排在过去得到接受，这时却激怒日益要求自身权益的捷克人、斯洛文尼亚人等民族。捷克裔历史学家弗兰基谢克·帕拉茨基（Frantisek Palacky），一八四八年主张"如果未曾有奥地利帝国，也该把它造出"，以防俄国宰制。这一为帝国张扬的言谈，五十年后引来讪笑。奥地利诸民族不想要奥地利或俄罗斯，他们要的是自由。

27   在奥匈帝国，一八九七年是生存出现危机的一年。为帝国二元制给予匈牙利人的优惠暗暗不满多年的捷克人，终于起事反对内莱塔尼亚的官方德意志文化，要求让捷克语享有同等地位。新任奥地利首相卡西米尔·巴德尼（Casimir Badeni），让捷克语与德语在说捷克语的波希米亚、摩拉维亚两省境内享有同等地位，想借此平息捷克人的怨气（并巩固塔弗的旧"铁环"）。从此，官员得通晓这两种语言，但捷克人已从学校教育习得德语，因此受此一改革影响者只有德意志人。在这之前，只有少数德意志人特意去学捷克语。结果是一场不折不扣的内战，愤怒的德意志人打断维也纳帝国议会的运作，推倒议员座席，丢掷墨水瓶，在布拉格和波希米亚、摩拉维亚两地的其他城镇动用暴力。[19]德意志民族主义者从萨克森跨越边界，嘴里唱着德国爱国歌曲《看守莱茵河》（*Wacht am Rhein*）和《德意志之歌》（*Deutschland über Alles*），誓言阻止他们的"奥地利兄弟"失势。

    有位外交官写下令人震惊的心得，说："德意志元素，始终是奥地利境内最强的胶黏物，如今却已成为促成奥地利分解的最有力东西。"[20]德意志人担心自己的地位在奥地利衰微，于是强烈捍卫他们的语言和文化，背弃传统自由主义政党，改投向民族主义政党的怀抱，例如格奥尔格·冯·舍纳勒尔（Georg von Schönerer）所创立，极力主张民族主义"比忠于王朝重要"的泛德意志主义者党（Pan-Germans）。[21]就连德意志族奥地利人都破天荒开始主张将哈布斯堡君主国分割为数个民族国家。舍纳勒尔谈到他的"德意志心"，把德国（而非奥地利）皇帝称作"我们的皇帝"。巴德尼当政时，帝国议会的德意志族下议院议员，每听到有人提到霍亨索伦一名时即欢呼叫好，表明其对声势蒸蒸日上的普鲁士统治家族的支持，摆明其对哈布斯堡王朝的不以为然。这类的颠覆性看法，扼杀了哈布斯堡王朝长久以来的多民族特质。

维也纳市长卡尔·卢埃格尔（Karl Lueger）所领导的基督教社会党（Christian Social Party）的壮大，反映了新的思想状态。[22]奥地利的泛德意志主义者党，在一八九〇年俾斯麦下台后和舍纳勒尔因多项丑闻被起诉后势力衰退，却在巴德尼当首相期间，在卢埃格尔掌旗之下声势复振。舍勒纳尔提及德意志帝国时总是语多赞赏，因而他在奥地利始终无法打入主流社会。卢埃格尔完全不玩这一套，表态效忠于哈布斯堡王朝，但保留民粹元素：反犹和鄙视居奥地利人口过半数的斯拉夫人。维也纳曾以其超越民族或地域的开阔心胸而自豪，维也纳人喜欢在日常言谈中穿插来自帝国各地民族的语言，但这时，在德意志沙文主义者眼中，这意味着堕落性的言语混杂。既是地道的德意志人，在咖啡馆里还可以用意大利语将送饮料来的侍者称作 piccolo？还可以随兴用波兰语的 chai 来点茶？还能在日常言谈中讲到"另一个"时随意用匈牙利语来表达，例如在 Geb'n wir auf die maschikSeite（"我们到另一边去吧"）中所见？德意志人还可以用意第绪语将糟糕的商业交易称作 meschunge？[23]奥地利蓬勃的犹太文化尤其是受攻击的靶子。随着反犹心态（"傻瓜的社会主义"）高涨，意第绪语衰落。《犹太问题》（Die Judenfrage）之类的书籍，指出犹太人阴谋推翻、摧毁哈布斯堡君主国：内莱塔尼亚境内的报社，有三分之二在犹太主编手中，而据反犹主义者的说法，在匈牙利境内，情况更严重，"犹太裔马扎尔人"主宰报业、需专门知识的行

28

业、艺术、商业、工业，担任"舆论的参谋"。[24]

随着唯我独尊的德意志民族主义在奥地利政局里得势，对多元性的包容乃至赞赏，成为明日黄花。感受到德意志人这一压力的斯拉夫人——在捷克人帮他们打头阵下——强力申明他们本身的利益，扬言要瓦解内莱塔尼亚的德意志行政体系和德意志氛围。奥地利领袖苦恼地绞拧双手，却没什么因应作为，巴德尼则认为这些内部仇恨和帝国军事安全两者有着谁都看得出却遭忽视的关联："多民族国家发动战争，必会危及自身。"[25]

随着皇帝渐老，角色更显重要的弗朗茨·斐迪南大公认为奥地利的匈牙利民族是最大的隐患。他惊骇于弗朗茨·约瑟夫一九〇三年向匈牙利人做出的新一轮重大"民族让步"，认为那无异于向君主国已然受损的军力发出致命的一击。

哈布斯堡王朝军队在奥匈帝国所发挥的社会、政治作用，乃是其他任何地方所未见。在这君主国里，每个男子都有义务服兵役，因此军队隐隐然是一所"国家学校"，透过这学校将帝国的十余个民族去民族化，教他们学德语、尊敬皇帝（皇帝玉照到处悬挂）、看重自己身为多民族"奥地利人"的身份。匈牙利人所攻击的，就是这一趋同化异的作用，为此他们大删军事预算（即使在帝国面临危机和科技变迁迅速的时期亦然），并为说马扎尔语的匈牙利地方防卫军，而非为正规军，竭尽所能挑选最好的新兵。[26]自一八八九年起，匈牙利一直粗暴拒绝让帝国每年的征兵员额与内、外莱塔尼亚两地的人口增长同步调升，因此，多年来，k.u.k. 陆军兵力逐渐萎缩。就在帝国人口已超过五千万时，陆军仍根据先前人口普查得出的三千七百万人口征募新兵。一九〇〇年，在奥地利每一百三十二名男子中有一人当兵，相较之下，在法国是每六十五名男子中有一人当兵，在德国是每九十四名男子中有一人当兵，在俄罗斯是每九十八名男子中有一人当兵。这使帝国陆军的兵力只有法国或德国的一半，俄罗斯的四分之一。就连意大利在每十万居民里强征、训练的男丁人数都高于奥地利。

匈牙利不同意增加新兵征募员额或预算，使得火炮——在急射枪炮和化学爆裂物时代最有威力的作战武器——数量无法增加。在这方面，奥地利人也落后，每三百三十名士兵才拥有一门（落伍的）火炮，相较之下，德国和法国是每一百九十五名士兵有一门火炮。[27]这一不足将在一九一四年时产生重大影响，届时奥匈帝国才赫然发现本国火炮的质和量都逊于对手。

最后，一九○三年，匈牙利人终于大发慈悲同意每年征兵员额增加两万四千名，但附带令人咋舌的条件：从此，凡是在匈牙利境内征集的奥匈帝国部队，都要挂匈牙利旗帜，从而打击了"联军"概念；在匈牙利参谋部和匈牙利团服务的奥地利军官则会被"遣返"奥地利，好似把奥地利当成外国；匈牙利语将从此是设在匈牙利境内之奥匈帝国军校和军事法庭的官方语言；匈牙利地方防卫军将终于获准拥有自己的火炮。一八六七年起，维也纳一直不愿给予匈牙利上述最后一项特权，以确保其与匈牙利人内战时占上风。更让奥地利难堪的是，从此之后，奥地利纳税人不只得支付他们自己奥匈部队的经费，还得支付四分之一匈牙利部队（一百九十六个匈牙利步兵营中的五十二个、一百零八个匈牙利炮兵连中的二十八个、一百零八个匈牙利骑兵中队中的二十八个）的费用，为此奥地利人每年得多付四千万克朗，而且这笔花费往后肯定会逐年增加。而由于匈牙利为二元帝国负担的军事开销如此低，奥地利

30

人更觉辱上加辱；匈牙利的人口是巴尔干小王国罗马尼亚三倍之多，每年为奥匈共同军承担的费用却和罗马尼亚差不多。[28]

凡是客观的观察家都把奥匈帝国军力的衰落归咎于匈牙利，维也纳的统治者也不例外。一九〇三年让步之后，身处于昏庸、易受骗之帝国核心政治圈外的人士，开始打算对付匈牙利这个绊脚石。四十二岁的弗朗茨·斐迪南大公，一九〇五年在奥地利众多的作战计划之外悄悄添加了一个 U 计划（U 指 Ungarn，即德语的匈牙利）。如果匈牙利人继续阻挠奥地利重振哈布斯堡君主国，奥地利将透过铁路和多瑙河将大军送入匈牙利，占领布达佩斯，扶立一哈布斯堡军事行政长官。弗朗茨·斐迪南大公认为，位于外莱塔尼亚的五个奥匈军中，只有一个军，即在布达佩斯周遭征集的第四军，会在内战时为匈牙利而战；其他四个军，由克罗地亚人、罗马尼亚人、斯洛伐克人、乌克兰人、塞尔维亚人组成，会为皇帝而战。据法国大使馆的说法，一九〇〇年代初期，奥匈帝国避掉一场"类似一八四八年"时奥地利部队入侵匈牙利以敉平该地革命的内战，乃是因为匈牙利人知道打仗他们会输，而奥地利人则担心意大利人会趁奥匈内战的机会入侵主权归属有争议的哈布斯堡王朝

31 领土，例如的里雅斯特、特伦蒂诺（Trentino）和南蒂罗尔。[29]

一九〇三年的军事让步，羞辱奥地利太甚，以致弗朗茨·约瑟夫的首相、陆军部长、参谋总长都递出辞呈（全遭挽留）。法国大使馆谈到"奥地利皇帝全然怠惰、愚昧、绝望的心灵"：除此之外还有什么可以解释为何会与匈牙利达成这一"糟透的协议"？"皇帝把他君主国最大、最富裕、人口最多的那一半视若无物，"法国大使馆惊叹道，"若不收回这一做法，后果将不堪设想。"[30]语言与旗帜上的这一让步，让每个人都推

断下一次匈牙利人会以此为先例，要求完全废除德语。而捷克人受到这一让步的鼓舞，要求让他们军队以捷克语为指挥用语，挂他们自己的波希米亚旗，对此要求，皇帝——没道理地——连讨论都不愿。捷克民族主义者软土深掘；从此，军官点名时，捷克籍新兵大胆打破既有规矩，答以 zde（有），而非 hier。

向来靠德语维持团结的多民族军队，崩解速度愈来愈快。原本所有军官均得说一口流利德语，所有新兵都得记住八十个指挥用的德语词。皇帝所做出最令人震惊的让步，乃是替这份协议锦上添花，让匈牙利语在匈牙利的军校和军事法庭享有崇高地位；从此匈牙利军官可以不必学德语、说德语，能把这件苦差事丢给他们的士官。弗朗茨·约瑟夫的陆军部长对此一姑息作为写了篇尖刻（但匿名）的评论，人在科诺派斯特（Konopischt）之波希米亚乡间宅邸的弗朗茨·斐迪南大公得知后击节赞赏："写得好！立刻发布。一切后果由我承担。"[31]这时，维也纳的军方领袖用触及层面甚广的"军队问题"一词来指称，因为一切（语言、旗帜、歌曲、武器装备）似乎都没个准，匈牙利人终于拿到自行添置火炮的权利。更糟糕的，诚如弗朗茨·约瑟夫的亲信顾问卡尔·巴尔道夫（Karl Bardolff）上校所指出的，与匈牙利人进行的这些累人的谈判，每一场都暴露了奥地利陆军有多落后于其他欧洲国家：受过训练的奥地利步兵连编制较小，奥地利每个营所拥有的机枪较少，奥地利的火炮较少。[32]由于资金、兵员太缺，有个奥匈新军区，位于杜布罗夫尼克（Dubrovnik）的第十六军区，配属的部队不是新征集的营，而是厨子、乐师、店员和从其他十五个军勉强拨出的士兵。一九一〇年，匈牙利人试图阻挠奥匈帝国建造两艘无畏级战舰的计划，最后在皇帝答应于匈牙利的阜

32

姆（Fiume，克罗地亚语称里耶卡/Rijeka）造船厂建造第三艘
战舰后才软化立场。[33]

一九〇七年，弗朗茨·约瑟夫皇帝终于找到向匈牙利人施
压的办法，或者说他认为他已找到办法。他会发布敕令，让奥
地利、匈牙利境内的所有男子都享有投票权，借此让非匈牙利
人，也就是外莱塔尼亚境内可能亲奥的人民，享有权力。但匈
牙利人无视皇帝的敕令长达三年，然后，在匈牙利一九一〇年
的议会选举时，拒绝实行该法令，且只让外莱塔尼亚境内有
钱、受过教育的马扎尔人享有投票权。内莱塔尼亚则立即依照
敕令，让所有男子享有投票权，结果招来一场皇帝所始料未及
的灾难。社会民主党拿下帝国议会五百一十六席中的八十六
席，蛮不讲理的斯拉夫人、德意志人集团拿下其他席次，使议
会从此瘫痪于他们的吵闹争执。原先分裂为中间派、联邦派两
派的帝国议会，从此以阶级和族群为分界线分为不同阵营。社
会民主党抨击皇室、富人、教会的特权。大部分下议院议员加
入院内二十多个"民族社团"的其中一个。到了一九一三年，
每年与匈牙利代表团会晤一次以协调政策和批准预算的奥地利
代表团，已沦为胜选政党酬庸支持者的东西，有七名德意志
人、七名波兰人、四名捷克人、五名社会民主党人、七名基督
教社会党人、三名克罗地亚人、三名斯洛文尼亚人、两名乌克
兰人、两名意大利人等，直到将四十个名额填满为止。[34] 在外
莱塔尼亚，代表团的成员没这么多元，因为一族独大的马扎尔
人，以"抵触匈牙利国策根本原则"为由，压下罗马尼亚人
和其他弱势民族要求在学校或官方机构讲自己语言的努力。沙
文主义的马扎尔人，例如阿尔贝特·阿波尼（Albert Apponyi）
伯爵，自豪地谈到文化上的"殖民化政策"。[35]

33

一九〇七年在为扩大选举权后选出的第一届帝国议会主持的开议仪式时，弗朗茨·约瑟夫恳请议员"把他们对帝国的职责更加放在心上"，把他们各自所属的民族放在其次，但在民族主义时代，这样的呼吁几乎无异于对牛弹琴。[36]由于禁不住奥地利德意志人施压，皇帝已于一八九九年废除巴德尼的开明语言法，而新爆发的德意志人–斯拉夫人暴力活动，一九〇八年十一月迫使皇帝的内阁阁员集体请辞。接着布拉格戒严，该城两万捷克、德意志暴民相互攻击长达两天，在基本上实行族群隔离制的查理大学（Charles University），捷克人大举涌出说捷克语的院系，德意志人大举冲出说德语的院系。三百人丧命，六百人受伤——承平时期骇人的伤亡。[37]接着，在莱巴赫（Laibach，斯洛文尼亚语称卢布尔雅那/Ljubljana）、特罗保（Troppau，捷克语称奥帕瓦/Opava）、维也纳、布隆（Brünn，捷克语称布尔诺/Brno），为教育问题发生类似冲突，愤怒的奥地利斯拉夫民众扯下哈布斯堡旗，高唱俄罗斯、塞尔维亚国歌。维也纳的美国大使馆从国际观点评断这场最新的内部危机，认为那"表明族群情感已在奥地利多个地方走到极端"。奥匈帝国因无力解决丛生的问题而逐渐崩解，皇帝不得不将其最可靠的士兵，波斯尼亚穆斯林，安置在卢布尔雅那之类城镇的街头和广场上，以防德语学校、剧场、社团遭攻击。诚如奥地利小说家罗伯特·穆西尔（Robert Musil）所说，在非德意志人区域，德意志人机构已成为眼中钉，这些城镇"有过去，甚至有张脸，但眼睛和嘴巴不搭，或下巴和头发不搭"。[38]

于是，人尽皆知的奥匈帝国行政系统取代代议机构，负起治理这君主国之责。[39]为吸收人数日增的大学毕业生，国家行政机关广设耗掉不少税收的职位。罗伯特·穆西尔在家乡克拉根福特下船登岸后，参观了"省级总部、中小学校与大学、兵营、法院大楼、监狱、主教府邸、会议室与剧场，并由掌理它们所需的人陪同"。那是个"庞大的帝国行政机器"，主要

34 由"数百年前移植到斯拉夫土地上的德意志自治市镇居民构成"，而这些移居者在这君主国各处兴旺滋长。[40]这一赞助的开销——每年花在行政官员上有二十亿克朗，大约是这位皇帝的军事支出的五倍——彻底压垮国家预算，一九一三年光是哈布斯堡文职机关就耗去超过四分之一的国家总税收。一九一一年十二月，弗朗茨·约瑟夫的陆军部长在向奥匈两代表团讲话时透露，光是匈牙利一地（不断抗议哈布斯堡陆军规模过大之地），就雇用了三十二万名公务员，换句话说匈牙利的行政官员人数，比整个奥匈帝国陆军的士兵还要多。[41]即将降临的全民战争将需要有效的民众治理，而奥匈帝国本身的条件无法应付这一挑战。一九一四年总绾奥地利兵符的弗朗茨·康拉德·冯·赫岑多夫将军，在战前痛批奥匈帝国"备忘录、许可条、公章、请愿书、议事录、报告"的自挖墙脚文化。[42]地位、头衔、级别、形式始终被看得比效率还重要，导致这一帝国乱无章法、屡屡出错，而在平时这危害就颇大，战时则会毁掉国家。

哈布斯堡王朝希望其陆军的运作会比行政系统更有效率，并消弭帝国里日益严重的民族差异，结果却事与愿违。在这个原本自豪于其"超民族性"的包容和活力的军队里，懂得多种语言之人，例如一九〇六年出任参谋总长、能讲奥匈帝国十五种语言中之七种的康拉德，乃是异数，而非常态。在匈牙利，马扎尔语之外的语言遭禁。在奥地利，外国武官注意到，多民族理想实际上很少实现；理论上，举斯洛文尼亚团为例，团里

的士兵彼此交谈会用斯洛文尼亚语，但长官指挥他们时用德语。因此，士兵学会几十个德语短语，但在这样的团里，军官被认为该说流利的斯洛文尼亚语，以便说明复杂事物，与其士兵打成一片。事实上，德意志籍军官占大多数的军官团，会极度倚赖《军用斯洛文尼亚语手册》（*Military Solvenian：A Handbook*）之类的速查卡，里面有"闭嘴"、"除非找你谈否则别开口"、"在我办公室等我"、"马厩里不准抽烟"、"还是不懂?"之类的实用短语。团军官得懂他们部下的语言，或至少得懂这些实用的短语，但参谋不必。这导致演习时出现可笑场景（战时就没那么好笑）：参谋快马驰抵前线部队，用德语厉声质问（"敌人在哪里，兵力如何?"），前线部队一脸茫然地盯着参谋。[43]

对一个建立在地区合作、族群合作理念上的帝国来说，这些语言争议表明情势非常不妙。大部分奥匈军官除了懂德语，其实只懂本族语言（陆军本身的统计数据显示，不到一成军官会讲斯洛文尼亚、乌克兰或罗马尼亚之类语言），因而把他们说成是他们的鲁里坦尼亚（Ruritania）世界的热情积极公民，乃是种迷思。无法精通如此多种重要语言，令军官苦恼，同样令军官苦恼的，是败坏士气的政治作为。例如，根据未成文规定，共同军里的匈牙利籍军官，对其他语言的掌握可以不必到流利的程度，因为皇帝急欲取得马扎尔人的"输诚效忠"。这使未能免除这要求且痛恨得利用闲暇时苦记捷克语或波兰语语法或乌克兰字母的奥地利军官怒不可遏。[44]捷克人在陆军军官里所占比例甚高，但很少出将领；他们也常因彼此用捷克语交谈，乃至在咖啡馆里用捷克语对女士讲话，会被上级叱责。这种会以用捷克语写明信片为由惩罚军官的军队，显然已失去该军队过去所一贯拥有的超民族性活力。[45]

语言只是哈布斯堡军队所面临的诸多难题之一。决意遏制维也纳独大的匈牙利，使帝国陆军自一八六七年起一直维持如此小的规模，从而使军官对士兵的比例高得离谱。一九一三年时三十三万五千人的陆军有两万名军官，军官对士兵的比例高居诸大国之冠，而且这些军官的素质在变。首先他们逐渐老化，也就是说有一些已显老态的指挥官和一个由享有丰厚退休金的退役人员组成而吃掉大量现役陆军经费的庞大组织。哈布斯堡陆军把那些过度膨胀的退役人员团体称作 pensionopolis。[46] 例如，一九一○年，有三十三名现役三星将领，更有人数是这三倍的退役三星将领。两星将领的情况同样糟：九十一名现役，三百一十一名退役。就一星将领来说，退役是现役的四倍之多。

剩下的真正现役军官，诚如莫里茨·冯·奥芬贝格 (Moritz von Auffenberg) 将军在一九一○年谈奥匈军官团的报告所表明的，情况同样令人惊愕。至一八六六年为止，奥匈陆军的最高阶军官均由贵族充任，下层军官则均由乡绅和靠己力翻身的有钱农民子弟——奥芬贝格所谓的"保守、冷静、安稳的上流社会人士"——充任。这些人是能把一排排农民出身的步兵团结在一块，并让他们心甘情愿忍受艰苦行军、接受死伤的那类人。但二十世纪的新军官，已跟着社会其他行业一起变动。奥芬贝格发现，贵族已"几乎完全不投身军旅"，且乡绅和有钱农民子弟所占比例也在衰退（据奥芬贝格估算，降到四成或更低）。这时，大部分军官是"铁路职员、旅店老板、店员、基层小官员、老师、商店老板"出身。他们缺乏旧式军官的"吃苦耐劳、勇气、冲劲"，当旧式军官统领大部分是农民出身的军队时，好似天生就属于那军队。但这时，陆

36

军里有农村出身的兵，也有城里来的兵，把他们交给庶民军官
带领，庶民军官很容易受到正撕裂君主国的民族主义政治主张
的影响，且不大挺得住敌人的猛攻。即便有八成军官和过半数
的士官是德意志人，但也不利于军队战斗力，因为这些德国军
士官普遍才能平庸，面对军中人尽皆知的低薪和升迁缓慢，甘
之如饴。狄俄尼索斯·加布伦茨（Dionysus Gablenz），一八六
六年普奥战争时唯一从普鲁士人手里拿下一场胜仗的那位奥地
利将军之子，一九一四年，六十岁时官拜少校，仍在特莱西恩
施塔特（Theresienstadt，捷克语称泰雷津/Terezin）的要塞行
政当局服役（如果那叫作服役的话）。

　　奥匈帝国的入伍兵中的大部分非德意志人，不管是战时还
是平时，都不会听命于这些军官太久。[47]奥匈帝国军官对士兵
所讲语言的精熟程度受到大力赞扬，但在这点上，奥芬贝格也
觉得没什么特别。他认为由于当时的"民族沙文主义"，奥匈　　37
帝国所需要的军官，远不只是个结结巴巴说捷克语或斯洛文尼
亚语的德意志籍军官，而是需要会说德语且能激励自族士兵的
捷克籍或斯洛文尼亚籍军官，但这样的人才老早就离开军职，
投入其他行业。

　　奥芬贝格也慨叹军中缺少富裕中产阶级出身且受过教育的
军官，这类人全涌向金融业和需要专门知识的行业，"追逐富
与贵"。自一八五九、一八六六年两场战败之后，奥匈帝国陆
军已失去其社会威望，且未再找回，而要和现代"易得手的
钱财"和"物质主义精神"相对抗，注定没有胜算。在平时，
中尉要升到上尉，平均要花上十六年，而到了上尉这个官阶，
普通军官大概会退役，且还是单身，没有女朋友（择偶条件
高的女人不会嫁这种男人），靠微薄退休金过日子，把大部分

储蓄挥霍在养马、制服、赌博、上妓院、上舞厅，以及为上述消费欠下的债上面。有幸于熬了二十五年后升上少校者，一年薪水将只有三千六百克朗（五百美元），连小学老师、电车车长乃至水电工都还不如。而这些人还算命好，只需烦恼升迁缓慢和微薄薪水的问题（匈牙利代表团将薪水冻结在一八六〇年代水平，使有意从军者打退堂鼓）。那些没这么好命者，则在更早时就因伤、病或违反军纪而被迫离开军队，过着苦不堪言的穷日子。

奥芬贝格于一九一〇年报告道，奥匈帝国军官团里的这些社会性变化，产生了一种"强烈且危险的自满心态，而且只有在土耳其陆军军官身上才能找到比这更自满的心态"。还存有一种不悦，即对奥地利军中食堂的不悦。奥芬贝格以陆军督察身份走访了数十个军中食堂后指出，"走进食堂，你会发现餐桌上连葡萄酒都没有"。在场众人个个为葡萄酒的昂贵发愁。过去，"快乐战士精神"将晚上喝醉、狂笑的奥地利军官团结在一块，此刻，那一精神已成明日黄花。[48]

38　　　佥省挂帅的哈布斯堡陆军里，还存有贪污歪风。一九一〇年奥芬贝格揭露这一歪风，而在他拿军火承包商的股票搞内线交易后，他本人也因贪污于一九一五年受罚。"为了提升社会地位、改善经济状况、逃离卑微的边境岗位，什么事都做得出来……沮丧、愤怒、怀疑、烦乱，使我们的军官作奸犯科，"他如此论道。奥芬贝格尖锐地谈到陆军军官教育程度的低下，"他们大部分人连一场像样的交谈都做不来"。[49]那些擅于交际者发动猛烈的地盘争夺战，以使自己更接近维也纳和该地有钱有势者的圈子。

虽然一八六六年败于普鲁士之手，却也使奥地利参谋部咸鱼翻身。直到一八六六年为止，职责为情报搜集、动员、拟定作战计划的参谋一职，都被视为可鄙、死气沉沉的职务；走参谋这条路，不会使人更快出人头地，只会妨碍人出人头地。但普鲁士毛奇将军的优秀参谋部，在德意志统一战争中所拿下的数场漂亮的胜利，已使各国陆军（包括奥地利的陆军）相信应该扩编参谋部员额，并赋予他们权力。这样的转变并不容易，即使对普鲁士来说都是如此。一八六六年柯尼希格雷茨之役时，毛奇向某军军长下了一道命令，军长回道，"这好倒是很好，但毛奇将军是谁？"他当然知道毛奇将军是谁，只是装作不知道，以免参谋部连他鸡毛蒜皮的小事都要管。

　　一度困扰普鲁士陆军的那种人事政治，这时在奥匈帝国扎根。参谋官与团军官钩心斗角，而军方的新作风更加剧这暗斗。哈布斯堡参谋部以让军队更能打、"更普鲁士"为名，持续增加团参谋官的人数，于是到一九一〇年时，每个团有十或更多参谋官，每个营有两个参谋官。但野战部队认为此举意在扩大权倾一时的参谋总长的影响力和职务任命权，而非使野战部队更有战斗力。派系分立，人尽皆知。曾任弗朗茨·约瑟夫皇帝之参谋总长达二十五年（一八八一至一九〇六）的弗里德里希·贝克将军，乃是唯一被这位老皇帝称作"我朋友"之人。老狐狸贝克透过这一深厚交情集大权和庞大财富于一身，因而被人畏称为"副皇帝"。[50]贝克变得日益懒散，生活舒适讲究吃喝，却坚持不肯退休，靠下属代劳他的职务。其中最可靠的下属，乃是人称"贝克的皇储"，将在一九一四年时扮演成事不足败事有余之角色的奥斯卡·波蒂奥雷克（Oskar Potiorek）将军。在日益萎靡的贝克终于被逼退休时，派系现象更为严重，因为新的派系不择手段谋取贝克超过二十五年来所积聚的权力（贝克被弗朗茨·斐迪南大公逼退时，难过的皇帝给了贝克一份工作清闲而报酬优厚的闲差作为补偿）。[51]

弗朗茨·斐迪南大公身为武装部队督察长和皇储，经营一有力派系，但弗朗茨·约瑟夫皇帝和其副官（军事办公室主任）阿瑟·博尔弗拉斯（Arthur Bolfras）将军，也有自己的派系。贝克自一八六六年起一直是皇帝的亲信，因此皇帝和博尔弗拉斯自然打算让"贝克的皇储"波蒂奥雷克接任参谋总长。但弗朗茨·斐迪南不想看到贝克下台后透过代理人继续呼风唤雨，于是想到了他在一九〇一年匈牙利境内的帝国军事演习时遇过的弗朗茨·康拉德·冯·赫岑多夫将军。[52]派系分分合合，叫人眼花缭乱。一九〇六至一九一一年担任奥匈帝国陆军部长的弗朗茨·舍奈赫（Franz Schönaich）将军，利用陆军部结党营私，提拔自己门生。他与皇帝和博尔弗拉斯结盟对付康拉德，但也对付弗朗茨·斐迪南大公和其超级干练的军事文书署署长亚历山大·布罗施·冯·阿雷瑙（Alexander Brosch von Aarenau）上尉（后来升少校，再升上校，这在这些有权有势的小圈圈里升迁不慢）。

一九一一年的舍奈赫危机，使这些派系对立之事曝光。那一年，两派系达成一重大交易：皇帝愿意将舍奈赫解职，换取斐迪南大公将康拉德解职，他因鼓吹战争、高谈匈牙利之不是而令皇帝极为反感。斐迪南大公瞧不起舍奈赫对匈牙利人不够强硬，动不动就让步以安抚匈牙利人的不满。法国大使馆眼中"冷漠、乏味、时时紧张且性情不定"的波蒂奥雷克，极力想夺下参谋总长之位，他具有足以和这个"舍奈赫圈子"联手对付康拉德的资深地位和分量。法国人指出，"他极想坐上参谋总长的宝座"。这一次，波蒂奥雷克的愿望未能实现，但他继续耍阴谋施诡计，直到一九一四年一次大战爆发为止，乃至爆发之后。[53]

为遏制持续侵权的斐迪南大公，凸显帝国大政仍由他当家做主，这位老迈的皇帝坚持每年由他，而非由弗朗茨·斐迪南，发布升迁令和交付任务。奥匈帝国军官抱着嫉妒心态看谁拿到"最好的驻地"和职位，谁被流放到偏远落后的地方。参谋官把野战军官斥为"前线野兽"，而这些"野兽"则痛批参谋官在灰屋（'das graueHaus'位于维也纳的参谋部总部）无休无止的阴谋诡计。在贝克、康拉德领导下，受冷落的"前线野兽"老年化，饱受呵护的参谋官则年轻化。一九一二年，有位军官哀叹军队里他所谓的"令人苦恼的不搭调现象"，即既有欧洲最老的野战军官，又有最年轻的参谋。[54]奥芬贝格于一九一○年建议打开灰屋的窗子，好让"光线、空气、清新微风进去，吹走维也纳的派系、爱泡咖啡馆者、整天窝在办公室的头头"。[55]布罗施上校于一九一三年示警道，康拉德（斐迪南大公的早期门生）已在参谋部作战局建立自己的派系。这时的参谋部作战局被人称作 Feldherrngestüt，即将领的种马场。如果康拉德不让某军官到那个机关历练，那人绝无机会出掌军或集团军。一如他之前的贝克，"康拉德权力已太大，凌驾整个军官团，且安插自己人填补最好的职缺，从而摧毁了士气"。"在咖啡馆这个流言蜚语的渊薮生出"的中伤传言，引发派系对立。

有斐迪南大公这条人脉当护身符的布罗施上校，在一战前的几年里不断暗地诉说康拉德的不是，也抱怨钱的事。有钱军官享有崇高的社会地位，收入不足以温饱的军官，服役和退役期间都得忍受穷苦生活，两者间的反差使整个军官团气氛紧

41 张。执掌陆军部某部门的乌尔班将军（General Urban），虽在一九一一年拿了全额退休金退役，却在一九一三年重回陆军部任职，"因为发现在外面过不了好日子"。[56]

在这气氛下，唯利是图和贪污之风大行其道。布罗施上校在美景宫任职许久之后，弗朗茨·斐迪南安排他前往博岑（Bozen，意大利语称博尔扎诺/Bolzano）享有盛名的第二皇家步兵团，然后布罗施从博岑写信给奥芬贝格，感叹"即使人在温泉疗养镇，还是无法放轻松"。他为已计划好与妻子搭船前往希腊、西西里一事发愁："我要怎样用我那一点小钱玩个尽兴？"他们夫妇俩挑"并不是海上航行之最佳季节"的冬天搭船出游，因为"那时搭船、在船上吃住较便宜"。安全舒适的客轮，例如汉堡－亚美加利公司或奥地利洛伊德公司的客轮，票价较贵，因此他选择了票价便宜的老爷船以省下更多钱，那艘船"又小又挤，在波涛汹涌的大海上颠得人想吐"。布罗施得意地说道，他把价钱砍到九十五克朗，因为"军官和其眷属可打五折！"这一趟出游省下的钱还不只这些，因为这次出游将使他离开博岑，从而可以不必参加为军官、士官、退伍老兵办的多场嘉年华舞会，可让薪水微薄的他少花一些钱。要在军中闯出一番事业，必得有团长资历，而布罗施能掌管这个著名的团和为其军中资历镀金的驻地，得归功于他的人脉，但他显然错过了取得他所谓维也纳之"肥缺"的机会。[57]

在哈布斯堡军队四处找钱或省钱以维持生计时，哈布斯堡帝国巍巍颤颤走在灭亡边缘。一八六七年折中方案的经济、军事条款，每十年得重订，而一九〇七年的重订争辩比以往更为激烈。这些条款已与男性普选权这个令人忧心的问题牢牢挂钩，无法分割。为使老迈的帝国更有活力，皇帝已同意让奥地

利、匈牙利境内的成年男子都享有投票权，但只有奥地利这一
边落实这道法令。匈牙利人向来不屑维也纳所发出令其困扰的
指示，这一次亦不例外，仍只让其百分之七的人口享有选举
权，摆明不把他们的人民和君主放在眼里。直到迟迟未有动作
的皇帝终于扬言要用武力（而非只是下命令）在匈牙利落实 42
男性普选权时，马扎尔人才在一九〇七年重订折中方案，让这
一体制得以再走十年。马扎尔人要能继续主宰匈牙利，有赖于
使该王国内的斯拉夫人、罗马尼亚人，在其现有体制下——占
匈牙利人口五成五的匈牙利人占去议会席位（四百零五个）
的九成八——不敢妄动。就连厚脸皮的弗朗茨·约瑟夫皇帝，
这时都觉得这一中世纪的安排让其在国际上颜面挂不住。牛津
大学学者塞顿-华森（R. W. Seton-Watson）一九〇八年出版
的《匈牙利的民族问题》（*Racial Problems in Hungary*）一书，
详述布达佩斯对外莱塔尼亚境内非匈牙利裔人民的种种不当对
待，在国际上引发轩然大波，令弗朗茨·约瑟夫大为不快。为
挽回颜面，说服匈牙利议员照奥地利人已做的（和奥地利人
所希望匈牙利照做的）行事，皇帝破天荒于一九〇八年秋将
其皇廷搬到布达佩斯，以就近督导选举改革的落实。

　　七十八岁的皇帝兼国王从伊舍（Ischl）坐了十小时颠簸
的火车来到布达佩斯，欲解决男性选举权的问题，结果吃了闭
门羹。马扎尔人靠选举舞弊保住其独大地位，匈牙利的"自
由党人"认为没理由改变现状，即使皇帝兼国王下令亦然。
于是，一九〇八年匈牙利的选举权"改革"成了这副模样：
占人口超过四分之一的文盲，只有十分之一有投票权（其他
十分之九则无权投票）；高中毕业生（全以马扎尔语受教育
者），每次投票可领两张选票；大学毕业生和有钱纳税人可投

三次票。投票也非秘密不公开，但选票得公开示众，以使
"投票人不至于在秘密投票的掩护下违反自己的承诺"。有了
这些规定在手，说马扎尔语的乡绅和有专门知识的专业人员，
将可以几乎毫无阻碍地永葆其在匈牙利的支配地位，无视较弱
势之匈牙利人、斯拉夫人、罗马尼亚人的心声。[58]

简而言之，匈牙利人要把哈布斯堡帝国拖到悬崖之外。在
识字率、自由化、民族意识都日益高涨的时代，这个帝国唯一
43 的指望是逐渐放松"支配性民族"的控制权。奥地利人愿意，
匈牙利人不愿意。他们不给予男性普选权，甚至以延展折中方
案为人质，勒索到较低的税率，从而使奥地利人负担六成四的
"共同"税，匈牙利人只负担三成四。对匈牙利人享有特权深
恶痛绝的奥地利纳税人，愈来愈认清自己在替匈牙利的建设出
钱。在匈牙利境内征集的部队，高达四分之一由奥地利纳税人
在养。原来一直由奥地利境内 Skoda 厂制造的火炮，从此将改
在匈牙利迪欧斯捷尔（Diosgyör）的新厂制造。

一战爆发的前几年，匈牙利人对联合君主国一直是口惠而
实不至。一九〇三至一九〇五年担任首相的国民自由党
（National Liberals）党魁伊斯特万·蒂萨（István Tisza），一九
一〇年将这老政党改头换面，将其改名为国民劳动党
（National Party of Work），一九一〇年再当首相。蒂萨表面上
支持折中方案，但对于维也纳欲加强奥匈合并的程度，乃至欲
使奥、匈公平分摊合并成本的举动，一律抵制。[59]意大利时事
评论家把弗朗茨·约瑟夫打趣称作"匈牙利皇帝"，倒也颇有
道理，影射这个君主国的大权实际掌握在布达佩斯手上。[60]

在为选举权和延展折中方案而争辩期间，奥地利欲将波斯
尼亚-黑塞哥维那这个面积不大的东部地区彻底纳入掌控，奥

地利、匈牙利两者影响力的日益悬殊，随之清楚地呈现在世人眼前。一九〇八年，由于青年土耳其党革命撼动君士坦丁堡政局，由于亲俄的塞尔维亚王朝觊觎位于奥匈帝国与摇摇欲坠的奥斯曼帝国之间的波斯尼亚－黑塞哥维那，维也纳认为该将其于三十年前柏林会议上单纯只是占领的这些土地并吞。这激发了匈牙利人另一波暴露其居心的阻挠，布达佩斯不会同意将波斯尼亚－黑塞哥维那并入君主国，不管是并入奥地利，还是并入匈牙利。匈牙利人会坚持实行又一个没什么实际用处的折中办法。这些新省份将被视为"哈布斯堡王朝的世袭领地"，但统治它们者，其实不会是皇帝，而是奥匈帝国的财政部长。[61] 财政部长将会把大部分时间花在厘清如何与其下属沟通上，因为皇帝已同意波斯尼亚与奥匈帝国部长的往来公函一律以德文书写，与匈牙利办公室的往来公函一律以匈牙利文书写，与克罗地亚官员的公函往来一律以克罗地亚文书写。[62] 这些荒谬的安排，意在使皇帝在巴尔干半岛取得的这些新土地，永远处于"特别行政区"这个不上不下的状态里；布达佩斯既担心吞并波斯尼亚－黑塞哥维那使内莱塔尼亚更为强大，也担心外莱塔尼亚境内的斯拉夫人因此变多，特别是担心多了后可能与匈牙利的克罗地亚人、塞尔维亚人联手对付马扎尔人的南斯拉夫人。[63]

44

弗朗茨·斐迪南大公这样不苟言笑、办事有条不紊的人，当然看到军事、政治上受到这种种掣肘的愚蠢之处。一九一三年，这位五十岁的皇储誓言，等他当上皇帝，会将波斯尼亚－黑塞哥维那并入奥地利；他指出依长远来看至为荒谬之事，即不断操纵这些省份（和软弱皇帝）的匈牙利实质上欲"使奥地利与巴尔干半岛隔绝"，他还说巴尔干半岛是"奥地利未来前途所在"。他要往南扩张，使这个君主国的势力直抵萨洛尼卡，要吸并土耳其放弃的领土，要在地中海开辟新港口，要使这个君主国成为推动罗马尼亚、保加利亚、希腊乃至塞尔维亚这些巴尔干新王国贸易与发展的引擎。[64]

但这一计划，一如其他所有计划，若要能实现，有赖于匈牙利的配合，而到了一九一三年，匈牙利人已几乎完全退出奥匈帝国体制。他们连奥匈帝国国歌——海登的《主佑君皇》（*Gotterhalte*）——的歌词，都不愿唱出口，因为国歌里有他们所痛恨的字 Kaiser（皇帝）。他们会哼着曲子，或不出声，乃至发出嘘声。由于匈牙利人坚持以日益烦琐的文书工作和礼仪，来将两首都、两议会（一在维也纳，一在布达佩斯）、弥合两政府之歧见的两代表团联结在一块，所以向来不彰的奥地利行政效率每况愈下。在最好的情况下，这一体制都如某外国观察家所说的，是个欠缺最高权威的"不完整联邦制"。[65]在最坏的情况下，这一体制则如外国另一观察家所说的，是个由匈牙利掌管的"恐怖、勒索"体制，"弗朗茨·约瑟夫始终屈服于匈牙利人的要求；这时，一个较强势、较睿智的君主，大概会反击人口和比利时一样少的这个小国。"[66]

45

这个想反击的较强势之人是弗朗茨·约瑟夫的侄子弗朗茨·斐迪南大公。一八八九年鲁道夫大公自杀后，二十六岁的弗朗茨·斐迪南熬过结核病的荼毒，然后于一八九八年获指定为奥匈皇储和皇位接班人。他的干劲、独立、好斗性格为人所津津乐道；他爱打猎成痴，一生射杀了二十七万五千只野兽；他挑妻子时，不挑旁人为他选的哈布斯堡家族的堂姐妹，而是挑中担任女官的伯爵千金苏菲·霍泰克（Sophie Chotek），从而引发一场"贵庶通婚"的轩然大波。贵庶通婚代表斐迪南大公的子女将来无权继承皇位。[67]斐迪南大公是哈布斯堡家族某大公和那不勒斯某公主所生，没有幽默感且一板一眼，人缘不佳，尤其不讨弗朗茨·约瑟夫皇帝的喜欢。事实上，每个人原都认定皇帝会再娶，再生个儿子，使弗朗茨·斐迪南继承不了大位——直到一八九八年大家才不再这么认为。但皇帝钟情于施拉特女士，从未想过再娶，所以这个君主国注定要由弗朗茨·斐迪南接掌。

弗朗茨·约瑟夫把折中方案视为君主国不容怀疑的根基，弗朗茨·斐迪南却视之为得割除的肿瘤。就像缠着老狗不放的小狗，弗朗茨·斐迪南一九〇四年在下美景宫（Lower Belvedere Palace）建立自己的军事文书署，把它当成影子政府来经营，署里设了职能如同陆军部部长、外交部部长、内政部部长的职务，而充任这些职务者大部分是曾和弗朗茨·约瑟夫意见冲突者。[68]弗朗茨·约瑟夫满足于坚守哈布斯堡君主国的二元结构时，弗朗茨·斐迪南却想把君主国彻底拆除再重建。皇储与皇帝，一年轻一老迈，两者差异悬殊，不由使众人开始思索退位之事：老态龙钟的皇帝主动下台，让位给法国大使馆所谓的"原生液——坚毅、精力充沛的皇储，如果还未太迟，这人或许能挽救这君主国"。[69]一九〇七年，皇帝命弗朗茨·斐迪南前去布达佩斯庆祝折中方案施行四十周年时，斐迪南答应得很不情不愿："我得告诉陛下真相，即对于这一庆祝活动，外界其实充斥着不同的想法，折中方案施行四十周年庆的此时，正值这些人居支配地位的时期，而这些人，我只能称之为叛徒，他们不断鼓动抵制任何东西，王朝、帝国、陆军诸如此类的任何东西。"[70]

鉴于皇帝老迈，鉴于斐迪南大公雄心勃勃、斐迪南幕僚长布罗施·冯·阿雷瑙熟练的权力斗争手腕，忠于弗朗茨·约瑟夫的大臣和官员愈来愈不得不两边下注。布罗施于一九〇六至一九一一年担任弗朗茨·斐迪南的副官，一九一一年，即老皇帝去世的五年前，就开始筹划帝位接班之事。布罗施的计划郑重宣告要将奥地利的投票权引进匈牙利，要终结马扎尔化的不当行径，要解决各地行政用语的问题，要把波斯尼亚－黑塞哥维那的身份地位正常化，要把奥匈联军摆在坚实的基础上，要把奥匈改名为"奥地利君主国"，并只有一面国旗：黑黄底色，上有哈布斯堡双鹰。最重要的，弗朗茨·斐迪南承诺消除维也纳一贯予人的"胡乱应付了事"印象。[71]总的来说，他要执行"公平高压政策"，取代弗朗茨·约瑟夫吃力不讨好的偏匈牙利政策。维也纳讽刺作家卡尔·克劳斯（Karl Kraus）对哈布斯堡家族没有好感，但对弗朗茨·斐迪南却也只保有勉为其难的尊敬。在他眼中，斐迪南不同于弗朗茨·约瑟夫，"从不迎合维也纳人善变、低俗、虚情假意的天性，甚至连博取民心都无意为之"。这位大公是"福丁布拉斯型的人物，不是哈姆雷特型的人物"，是这个君主国赖以"成为秩序井然之国、赖以拨乱反正"的最后、最大指望。[72]

弗朗茨·斐迪南或许是这个君主国的最大指望（除了他，没有可让人寄予重望的出色人物），但他的宏图大计不可能实现：民族问题太棘手，这位大公本身充斥着种种矛盾。比起弗朗茨·约瑟夫，他的确较能干，有较明确的奋斗目标——谁不是如此？——但他没有调和相龃龉之诸民族的计划，而且身边除了净是逢迎拍马之徒，还有个信教惊人虔诚，拿天主教信仰的虔诚程度作为将领、部长之选拔标准的妻子。他是恃强凌弱之人（逢迎上意的奥地利体制使他得以恃强凌弱），而且他把自己愚昧的成见化为方针，如一九〇九年他评论奥地利大使门

斯多夫伯爵（Count Mensdorff）与英国官员诺埃尔·巴克斯顿　48
（Noel Buxton）的某场交谈时所表明的："门斯多夫十足无能。
他娶了匈牙利人，已忘了自己是奥地利人。巴克斯顿，一如所
有英格兰人，盲目且愚蠢。你可以把这些观感告诉康拉德
将军。"[73]

弗朗茨·斐迪南大公和弗朗茨·约瑟夫皇帝

就像缠着老狗不放的小狗，弗朗茨·斐迪南大公在下美景宫创设了影子政府，与弗朗茨·约瑟夫皇帝在霍夫堡的政府公开争夺帝国控制权。"我们不只有两个议会，还有两个皇帝，"有位奥地利高官在这一争权白热化时如此抱怨道。

照片来源：National Archives

有这样的上级，难怪奥匈帝国参谋总长弗朗茨·康拉德·冯·赫岑多夫将军，以爱说大话、行事鲁莽不计后果而著称。但山中无老虎，猴子称大王。弗朗茨·斐迪南在一九一三年接任哈布斯堡武装部队督察长后，逐步侵夺皇帝仅存的权力。那一年，他和康拉德撤换掉奥匈帝国十六个军的军长，拔掉皇帝的人，换上自己的人马。[74]报界以隐晦、拐弯抹角的口吻将斐迪南大公称作"能干官署"或"极高层"。每个大国的大使馆都在申布伦（Schönbrunn）夏宫和霍夫堡冬宫安插了线人，以了解皇帝在接受何种药物治疗、体重多少、平常疾病的病情。渐渐地，皇帝完全不去霍夫堡，整年留在申布伦夏宫，以免去搬迁之苦。[75]大部分观察家认为他随时会死。弗朗茨·斐迪南的崛起和老皇帝大权的旁落，使这个本已四分五裂的帝国的内部对立更为严重。"我们不只有两个议会，还有两个皇帝"，有位高官不悦地说道。[76]人称"美景宫之斯芬克斯"（Sphinx of the Belvedere）的斐迪南大公，乃是一九〇六年阿洛伊斯·莱克萨·冯·埃伦塔尔（Alois Lexa von Aerenthal）出任奥匈帝国外交部部长和一九一二年利奥波德·冯·贝希托尔德（Leopold von Berchtold）伯爵接任埃伦塔尔外长职务这两项人事案的推手。[77]一九一一年在斐迪南大公力促下出任陆军部长的莫里茨·冯·奥芬贝格将军，哀叹皇帝不愿"解决匈牙利问题"，不愿挽救萎靡不振的陆军士气。[78]弗朗茨·康拉德·冯·赫岑多夫将军也支持斐迪南大公的政策，一九〇六年他五十四岁时获晋升为参谋总长。[79]

康拉德失望于有五千万人口的君主国，其外交、财政、军事却受制于一千万匈牙利人，且从未掩饰这份失望之情。就像曾说过"陆军的主要职责不是保卫祖国防御外敌，而是防御所有内敌"的弗朗茨·斐迪南,康拉德深信这个君主国的使命乃是"团结欧洲的西斯拉夫人和南斯拉夫人",一起防止俄国、德国或匈牙利的称霸。[80]一如埃伦塔尔,他深信在巴尔干半岛采取前进政策,乃是激励奥匈帝国衰颓的民心和吓阻君主国之敌人蠢动所必需。

为使帝国的巴尔干策略不致流于纸上谈兵,康拉德于一九〇六年后重拟了奥匈帝国作战计划。针对为入侵匈牙利而拟定的 U 计划,增补了三个可能情况:I 计划(I 指意大利)、B 计划(B 指巴尔干)、R 计划(R 指俄罗斯)。I 计划以奥地利的名义伙伴意大利为对象,严格来讲自一八八二年结成德、奥、意三国同盟起,意大利就是奥地利的盟邦,但谁都很清楚意大利骨子里与奥地利为敌。意大利人与法国人常为北非殖民地发生争端,意大利人加入三国同盟,只是为了在发生这类争端时取得外交掩护。比起取得利比亚或突尼斯,他们更想得到奥地利的里雅斯特、达尔马提亚、特伦托(Trento)周边的蒂罗尔地区。因此,被外交界称作"结盟之敌人"的奥地利、意大利两国,很有可能兵戎相向。

维也纳拟定俄罗斯、巴尔干半岛作战计划,则一点也不让人惊讶。若与俄罗斯开战,八九不离十肇因于奥匈帝国与塞尔维亚的冲突,因此康拉德的 B 计划、R 计划在两个战线都采取守势,并保留一个可能足以决定战局的四个军的梯队作为预备队,以备需要时介入其中某个战线。如果俄罗斯人缩手,塞尔维亚会被击溃;如果俄罗斯人坚持不退,会在加利西亚打成僵局,然后在波兰受到奥、德联军包围。至少,计划如此想定。[81]

第二章 犯错与愚蠢之间

51 俄罗斯人比大部分人更敏锐嗅闻到奥匈帝国的腐败味。在一九〇四至一九〇五年的日俄战争中遭击溃后，俄罗斯人对腐败有了颇为深切的体会。先前俄罗斯人一意往东亚扩张，从而与日本兵戎相向，这时则看准时机把目光转回欧洲。沙皇尼古拉二世受到泛斯拉夫主义（认为所有斯拉夫人该团结为一并由俄罗斯领导的一种意识形态）鼓舞，誓言推进巴尔干半岛，扶植塞尔维亚之类的斯拉夫王国，并吞通往君士坦丁堡和达达尼尔海峡的陆桥，收复往日的东正教首府，透过土耳其海峡连接黑海和地中海。若如愿，俄国将一雪败于亚洲的耻辱，逃出黑海的"牢笼"，以欧洲最强国之姿宣告他们的到来。[1]

  俄国在这一战略转向中选择塞尔维亚作为其重要盟友，对奥匈帝国来说大为不妙。塞尔维亚易受摆布且亲奥地利的奥布廉诺维奇（Obrenovic）王朝，一九〇三年遭亲俄且走强势民族主义路线的彼得·卡拉乔尔杰维奇（Peter Karageorgevic）推翻。国王彼得和其首相尼科拉·帕希奇（Nikola Pasic），看出欧洲两大病夫（奥斯曼帝国、哈布斯堡帝国）都积弱不振。

52 一八七八年的柏林会议，在旧政策（扶持奥斯曼帝国）和新政策（承认从该帝国的巴尔干半岛诸省脱离自立的新国家，如希腊、罗马尼亚、塞尔维亚、保加利亚）之间达成痛苦的妥协，由于会议本身没有一以贯之的原则，从而为各种改变打开了大门。塞尔维亚觉得可以放手蚕食周边仍属奥斯曼帝国领土的省份，包括马其顿、新帕扎尔区（Sanjak of Novipazar）、科索沃、阿尔巴尼亚，甚至觉得可以放手将波斯尼亚－黑塞哥维那、匈牙利、克罗地亚、达尔马提亚境内受奥地利统治的两百一十万塞尔维亚人纳入管辖。[2]塞尔维亚人决意借与俄罗斯结盟之势往马其顿、阿尔巴尼亚境内扩张，开辟一条穿越新帕扎尔区抵达黑山和海滨的走廊，并开始摧毁哈布斯堡君主国，即塞尔维亚人所戏称为"由借来之羽毛制成的华丽俗气之鸟"。[3]

那些借来的羽毛，有许多拔自塞尔维亚的旧版图。一八六七年奋力脱离土耳其统治独立建国，以贝尔格莱德为首都的塞尔维亚，领土涵盖了十四世纪时遭土耳其人消灭的旧塞尔维亚帝国将近一半之版图。塞尔维亚人决意于二十世纪重建该帝国，为此，他们要收复马其顿（塞尔维亚古都史高比耶的所在地区）、科索沃（黑鸟平原的所在，十四世纪时塞尔维亚在黑鸟平原输掉一场大战役，从此沦为亡国之民，受土耳其统治），还要竭尽所能夺取奥匈帝国领土。[4]这时塞尔维亚自称"巴尔干的普鲁士"，打算一统所有南斯拉夫人，建立一更大的塞尔维亚王国，一如俾斯麦一统德意志人。一九〇三年巴尔干半岛上有一千万南斯拉夫人，但其中只有三百五十万居住在塞尔维亚或黑山境内，其他南斯拉夫人住在奥斯曼帝国或奥匈帝国境内。塞尔维亚想把他们全纳入自己辖下，且准备为此一战。[5]

弗朗茨·约瑟夫和弗朗茨·斐迪南察觉到这危险：如果塞尔维亚人真的一统所有南斯拉夫人，他们会建立一个由塞尔维亚主导的"南斯拉夫"，进而把奥匈帝国挤出巴尔干半岛。这一由贝尔格莱德治理的"南斯拉夫"，会把奥地利的军事占领区和土耳其即将不保的诸省，全纳入一信仰基督教的斯拉夫人势力底下[6]，情况就和一八六〇年代皮埃蒙特人把奥地利人赶出

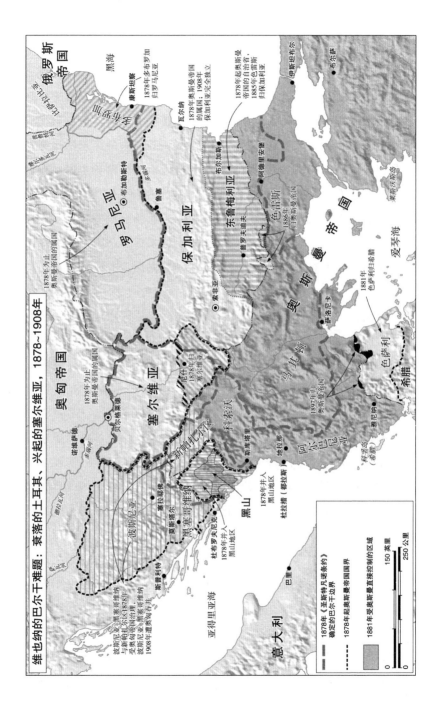

维也纳的巴尔干难题：衰落的土耳其、兴起的塞尔维亚，1878~1908年

意大利、普鲁士人把奥地利人赶出德国类似。这时弗朗茨·斐 54
迪南大公开始把塞尔维亚人称作多瑙河的皮埃蒙特，并于一
九〇六年说服皇帝任命阿洛伊斯·列克萨·冯·埃伦塔尔伯爵
为外长，冀望借此让在前两任平庸外长领导下死气沉沉的哈布
斯堡外交部展现冲劲。[7]前两任外长有气无力地推动奥、俄两国
在巴尔干半岛的友好协议，新外长埃伦塔尔则想打掉既有的协
议，从头开始。奥匈帝国无力重组巴尔干半岛，但他不觉得这
是个问题。诚如妙语如珠的维也纳人卡尔·克劳斯所写的，
"政策是用来隐藏你真正实力的东西"。[8]奥地利是个弱国，但会
摆出强国的样子。

　　在日俄战争期间担任驻圣彼得堡大使后，埃伦塔尔即认定
俄罗斯人无力反对奥地利在巴尔干半岛实行的新侵略性政策。
他从未想到情况可能与其认定的背道而驰：在东亚吃了败仗
后，俄罗斯人禁不起在欧洲也吃败仗。埃伦塔尔的认定完全未
考虑到奥匈帝国军力的薄弱，却洋洋自得于自己的真知灼见，
于是放手在巴尔干半岛施行强硬政策，决意击退俄罗斯人，把
哈布斯堡王朝的诸民族团结起来支持重振雄风的王朝，威吓塞
尔维亚人，提醒德国人奥匈帝国仍有能力管理其（缩水的）
势力范围。埃伦塔尔主张，已该是时候把对波斯尼亚－黑塞哥
维那三十年犹疑不决的占领转变为大胆的吞并。吞并波斯尼亚
将让奥地利有机会拿下其更大的标的：萨洛尼卡。萨洛尼卡曾
是马其顿王国的最大城市，后来成为罗马帝国与拜占庭帝国的
富裕港口，二十世纪时仍是巴尔干半岛上最有战略价值的要
地。埃伦塔尔打算拿下该城，借由一条贯穿马其顿地区与新帕
扎尔区的走廊将其与哈布斯堡帝国连接，控制这个爱琴海港口
通往中东与亚洲的贸易路线，利用这港口来打开的里雅斯特、

阜姆（Fiume，克罗地亚语称里耶卡/Rijeka）这两个位于亚得里亚海滨的奥地利"落后地区"。

埃伦塔尔和其恩师弗朗茨·斐迪南大公，打算用这些新吞并的土地（从波斯尼亚往南直到萨洛尼卡），使哈布斯堡君主

55 国改头换面。对外部形势来说，阻止兴建从维也纳至萨洛尼卡之东部铁路的土耳其人、塞尔维亚人，将被冷落到一旁。诚如弗朗茨·斐迪南的代言人所说，奥地利将成为"欧洲衔接黎凡特地区与中东的桥梁"。[9] 对内，匈牙利将被拿走克罗地亚一地，然后用新征服的巴尔干地区强化克罗地亚的国力，并在奥地利与克罗地亚联手下，打造新体制，使有着狼子野心的匈牙利不再那么猖狂。极无效率的二元君主国将成为较有效率的三元君主国，分别以维也纳、布达佩斯、萨格勒布为首都。如果匈牙利人继续阻挠，将会被奥地利人和克罗地亚人以二比一的投票否决。[10]

小小的塞尔维亚卡住这些宏图大计。过去，塞尔维亚人臣服于奥地利，但现在，有了俄罗斯这个坚实的靠山，他们能强势申明他们的民族利益，而不大需要担心遭奥匈帝国势不可挡的入侵。过去受共和法国和帝制英国束缚的俄罗斯人，一九〇七年时已和这两个大国结成三国协约。这一革命性的外交转变，使塞尔维亚信心大增，使奥匈帝国不得不投靠维也纳眼中唯一可靠的盟邦德国。但德国并不可靠。柏林已实行名叫"世界政策"（Weltpolitik）的新战略，在十九、二十世纪之交开始打造远洋舰队，以挑战法国、英国的海外帝国。德国有庞大人口（六千八百万）、强大陆军（平时有八十万兵力，战时有三百万兵力）、强大工业（欧洲最强大工业），但即便如此，其国力大概还是无法既击败英法且腾出足够力量来助奥地利对

抗俄国。除非奥匈帝国打造一支足以吓阻塞尔维亚人、俄罗斯人的强大陆军，否则德国可能得在东部战线和巴尔干战线上独自对抗庞大敌军。

明眼人都看得出，在军事上投注巨资，既是二十世纪的时代需求，也是刻不容缓的要务，但维也纳无意思考此事。一八六六年起，作战方式和科技突飞猛进，欧洲每个国家的军队都得妥为因应，否则就等着败亡。第一项长足的进展——所有男性均得服兵役的制度——几乎造成财政破产，因为过去从未超过三十万人的军队，这时膨胀到平时的将近百万和战时的数百万。不管是实行在狭窄战线上集结大量兵力以突破敌方防线的法国原则，还是实行将兵力分散在广阔战线上以从侧翼包抄的德国原则，都需要庞大兵力来攻打靠征兵组成的敌人大军和现代的大规模防御工事。但奥地利人欠缺经费和政治意志来征召平民并予以武装；一九一四年第一次世界大战前夕，受训练的奥地利人仍只占总人口的百分之零点二九，相较之下在法国是百分之零点七五，在德国是百分之零点四七，在意大利是百分之零点三七，在俄国是百分之零点三五。照理光根据这点，维也纳就该有自知之明，绝勿与别的大国开战。若动员所有后备兵力来打一场大战，奥地利受过训练的兵力不到两百三十万，而光是俄国一国的兵力就会是这些的三或四倍之多，国民人数比奥匈帝国少一千万的法国，兵力也会是这些的两倍之多。[11]

即使是屈居末座的奥地利兵力，若要为其配备武器，也得花上庞大资金。在竞争非常激烈的欧洲军事领域，火炮已大幅升级。新的钢材浇铸技术、凿刻来复线技术，使加农炮和榴弹炮能把炮弹投得更远更准。美国内战期间火炮的最大射程是两千码，这时，标准火炮（例如英国的十八磅炮）能把炮弹射

56

到七千码外。由于有弹簧和液压制退复进系统来吸收炮的后坐力，使炮于射击后固定在原位以供下次发射，所以这些火炮的射速也变快。法国著名的七十五毫米加农炮每分钟能发射十五至三十发瞄准目标的炮弹或榴霰弹。化学高爆炸药，例如三硝基甲苯（TNT），取代一八六〇年代的旧黑色火药炮弹，且杀伤力惊人。这些炮弹配上较好的引信，以炮弹碎片、弹丸、震波杀死大量人员。

较轻型武器在此前几十年里也得到大幅改良。用弹盒供弹的连发枪，每分钟发射十二发子弹，使战场变成枪林弹雨，迫使所有步枪手都成为奥地利陆军手册所说的"走动的军火库"，时时吃力背着装有两百颗子弹的粗帆布背包。然后，一八八〇年代出现靠气压装置自动装填子弹的机枪，每分钟能射出六百发子弹，它们使军队火力倍增。单单一支六人机枪队，就能发出等于一个师的步枪火力，每个营配两挺机枪，每个师十二个营，火力惊人。

对这些新式急射武器（步枪、机枪、野战炮）投资的同时，也需要在补给勤务上投入前所未见的庞大资金。一八一三年莱比锡的普鲁士滑膛枪兵，打一场仗平均发射二十发子弹；日俄战争时，步兵通常发射两百发或更多发。士兵最多只能随身携带两百发子弹，而在激战时两百发子弹十五分钟内就会打完，因此陆军需要扩大补给勤务。可为每名士兵补给三百发子弹的营、连弹药车，得推进到射击前线的部队，以维持杀敌火力。[12]每个步兵师都得带着一百二十辆这些弹药车投入战场，以便有额外的六十万发步枪弹和五万发机枪弹可供使用。

射速和步枪一样快的新式急射火炮，带来同样的成本负担和后勤难题。十九世纪的战时，军队一周所产炮弹只有七千枚，第一次世界大战时军队每天的炮弹产量则得达到那一数目的十倍，乃至二十倍之多。原因不难理解：一八一三年时莱比锡的一门普鲁士加农炮，每天平均发射六十一发炮弹，但一九〇五年时，沈阳的一门俄国加农炮每天发射五百零四发炮弹，促使法国人于一九一四年时配予每门火炮六百发炮弹。若把这些炮弹全运到前线，火炮会被层层堆栈的板条箱淹没，因此，每个炮兵连（制式的野战炮兵团编制有十四个炮兵连，每个连配六门火炮），需要十二辆弹药车，其中六辆密集布设在火炮周边，另外六辆则跟在部队后面，厕身于越拉越长、俨然要将二十世纪陆军吞没的辎重队里。[13] 弹药车也不是现代军队唯一的新式随行装备；新火炮摧枯拉朽的威力，迫使师级部队添备更多车辆来运载反制器物，包括沙包（每个师七千袋）、木头、梯子、铲。[14]

要与这些令人胆寒的新武器抗衡，向来没有远虑的奥匈帝国得淘汰、更换其已过时的装备（来自一八七〇年代的黑色火药步枪和青铜炮），得耗费巨资买进更多一切必要的装备。维也纳还得更新其铁路、公路，以便将部队更快运到前线。在奥地利所打的最近一场大战中（一八六六），动员规模相对较小的陆军，都花上折磨人的五十五天。[15] 而针对下一场战争，德国打算以仅仅四十二天时间，完成从动员、部署军队到消灭英法军队，再将其陆军全部移到东边以击败俄国这整个计划。德国人希望奥地利的行动和其一样迅速利落。

凡是身形庞然、所费不赀的东西，弗朗茨·约瑟夫皇帝都敬而远之。弗朗茨·康拉德·冯·赫岑多夫将军雀跃于所有新发明的东西（"拿破仑绝认不出这个有着铁路、公路、电报、电话、汽车、热气球、罐头食品的世界"），弗朗茨·约瑟夫

58

却对这些东西厌恶至极。一九〇六年军事演习时，有辆还在试验阶段的装甲车轰轰驶过弗朗茨·约瑟夫的住所旁，惹得这位属于维多利亚时代的皇帝老大不高兴，严正表示"这种东西绝不会有军事用处"。[16]

一九〇八年，弗朗茨·约瑟夫在精力过人的埃伦塔尔敦促下，往并吞波斯尼亚－黑塞哥维那之路摇摇摆摆前进，心里对能否成功没什么把握。即使有埃伦塔尔支配巴尔干、地中海的新战略护体，这项任务看来仍会是一场空；这时那里有六十七万四千塞尔维亚人、五十四万八千穆斯林、三十三万四千克罗地亚人，只靠令人瞠目结舌的九千五百名奥地利官员来治理（当年土耳其人只派了一百八十名官员来治理）。这些居民绝大部分认为在奥地利统治下没什么好处，因为匈牙利人坚持奥匈帝国的共同经费不得拨用于这些落后省份的发展。这一地区的维持费用，一律得在当地筹措，也就是得由已然非常贫穷的当地人负担，从而等于使他们必然敌视维也纳。奥地利人在这些新省份推动土地改革的脚步也很缓慢；穆斯林地主基本上将基督徒农奴（kmet）囚禁在他们的大庄园里，但奥地利人迟迟不愿改革这一制度，以免引起富有的穆斯林反感，以免使奥地利人所认定会投向贝尔格莱德而非维也纳怀抱的塞尔维亚籍农奴获得权力。而维也纳不愿助农奴脱离苦海一事，使农奴必然只会投向贝尔格莱德的怀抱。[17]

一九〇八年七月君士坦丁堡的青年土耳其党革命，使奥匈帝国不得不有所回应。面对一个带侵略性的新土耳其政权，而非过去那个懒散的苏丹国，维也纳知道它对占领区的掌控和日后夺取马其顿、萨洛尼卡的任何举动，都会遭到青年土耳其党的质疑。这个改革党由两位二十九岁的土耳其陆军军官领导，即穆斯塔法·凯末尔（Mustafa Kemal）和恩维尔帕夏（Enver Pasha）。凯末尔（日后的"阿塔图尔克"）生于萨洛尼卡；恩维尔的父亲在马其顿谋生，母亲是阿尔巴尼亚人。这两位军官都认为萨洛尼卡百分之百属于土耳其，两人都矢志统一土耳其，不愿见土耳其衰亡。美国外交官罗伯特·兰辛（Robert Lansing）论道，这个新土耳其"重生于世，带有民族雄心"。可想而知，土耳其会要求立即归还波斯尼亚－黑塞哥维那、该地五十万已要求施行青年土耳其党体制的穆斯林，以及土耳其在欧洲的其他省份，不愿让它们落入奥地利之类的基督教国家手里。[18]在埃伦塔尔看来，并吞波斯尼亚－黑塞哥维那，似乎不只是缓解土耳其的威胁，也是缓解塞尔维亚对奥匈帝国在萨拉热窝等地之统治正当性日益尖锐的抨击，最有效的手段。[19]但这一拟议中的缓解手段，危害奥匈帝国与英国的关系，因为英国不希望削弱大有可为的青年土耳其党政权。这一手段也可能使奥匈帝国与俄国兵戎相向，因为俄国这时坚定支持彼得·卡拉乔尔杰维奇国王的"大塞尔维亚"计划。[20]

奥匈帝国领导阶层思索并吞之举时，也惴惴不安地看了一眼自己欲振乏力的军队。若爆发大战，奥匈帝国将只能集结出四十八个步兵师，来对抗俄国的九十三个师、法国的八十八个师、意大利的四十六个师、塞尔维亚的十一个师。有位法国军官于一九一三年拉长调子说道，哈布斯堡陆军的四十万兵力，"对一个有五千万人口的帝国来说，实在不多"。有位德国军官持同样见解："够打一场对付塞尔维亚的战役，但不够打一场欧洲大战。"[21]

奥匈帝国的火炮数量更为不足，每个师只配四十二门炮，相较之下，俄国一个师有四十八门炮，德国一个师有八十门

60

炮。莫里茨·冯·奥芬贝格将军于一九一一年出任陆军部长时，发现在火炮对步兵的比例上，奥地利在诸大国里敬陪末座。奥芬贝格称火炮是奥匈帝国陆军的"罩门"，由于这一弱点和其他弱点，他不愿介入隐隐即将爆发的巴尔干战争。[22]一八七〇至一八七一年的普法战争，确凿无疑证明钢炮优于青铜炮，但一九一四年时奥地利人仍购买青铜炮，因为青铜炮较耐用，而较耐用正合匈牙利会计人员的意，但不合奥地利将领的意。

建设新炮兵团得花二十五万美元购买十六门新野战炮，财政拮据的奥匈帝国于是继续使用旧炮兵团，也就是说他们的炮兵连混用四十五种不同的炮，需要用到数十种不同的炮弹。这使炮弹较难以大量生产，在打长期战争时则几乎必然免不了"炮弹危机"。[23]就重炮来说，整个哈布斯堡陆军只有五十六门重型榴弹炮。英国武官于一九一三年从维也纳写道："这支陆军火炮不足，但火炮昂贵。"这时候，大家都很清楚奥地利财政拮据，为何有此现象也就无须多作解释。在最近几场奥地利军事演习中，这位英国武官惊讶于"火炮比例之低"，推断"如果他们想在真格的战争中做他们在这些演习里所常想做的事，肯定会受到重创"。奥芬贝格评估过所有层面后论道，"你绝不会用有利这个字眼来形容我们的状况"。[24]

奥地利人也未善加利用他们本身的实力。康拉德口头上认同新的火力战术——"现代战争靠火力拼搏"——但他的战法仍固守火力时代之前的战法。康拉德在所有事物上都是半吊子，在这领域亦然。他分析了一九〇三年的英国布尔战争（在这场战争中，持急射武器的布尔战士从壕沟里歼灭来犯的大量英军），断定这类现代战术乃是总动员时奥匈帝国陆军所可能征募的"男学生、农民、店老板、工厂与办公室工作者、工匠"所无法学会的。康拉德偏爱较老式的战术，也就是将使奥匈帝国陆军在大战开打仅仅四个月就全军覆灭的那些战术。他明知这些战术大概不管用，却不以为意。他要找到办法来使火炮、训练都越来越不足的奥匈帝国陆军，在外人眼中仍是支健全的军队。外国武官开始谈论这支陆军如何的不堪一击。

与一八六六年消灭哈布斯堡陆军的那些战术相近的突击战术，似乎提供了某种并不甚理想的解决之道。[25]康拉德主张，得逼奥地利士兵进攻。取代蓝色旧军服的蓝灰色新伪装服，将能在某种程度上防止遭到敌军射击，但要真正免遭敌人火力攻击，部队得迅速变换位置（尽管有大批车辆和其他累赘），得在紧要时刻取得数量优势（尽管敌人有防御火力），得从侧翼包抄敌人（尽管面对百万敌军，连要找到其侧翼都很难）。就这么简单，或者说康拉德似乎这么认为。外国武官则没这么笃定。卡尔·施瓦岑贝格（Karl Schwarzenberg）亲王在参加了一九〇五年奥匈帝国军事演习后（在布尔战争和日俄战争的惨烈杀戮后），目睹组成密集队形的奥地利"红"军进攻站在地面上的奥地利"蓝"军，两方都未用铲子挖战壕，他大为惊讶。红军上刺刀冲锋；蓝军则排成整齐横队，直挺挺站着。施瓦岑贝格转向身旁打过不久前之日俄战争的日本武官，问："你怎么看？"日本武官思索片刻，然后说："不挖壕固守的，死路一条。"[26]

有位奥地利将领把这些弊病归因于奥地利缺乏实战经验。这个君主国自一八六六年起未打过真格的战争，基本上已与现实脱节。哈布斯堡王朝的军事演习，从未测试军官结合步、

62

骑、炮兵以火力和运动夺取阵地的能力，反倒要他们在地图上找出重要地点（高地、树林、村子），然后要他们着手先拿下它们，而这一要求始终意味着要他们以一身花俏装饰的骑兵中队和冲刺的步兵纵队，不顾种种障碍，一径往前猛冲，完全不停下来侦察敌人和开火。[27]一九一二年，英国武官证实奥匈帝国的军演的确十足背离"战争情况"。小规模战斗经事先安排好，然后派士兵到每个排定的"场景"里。奥地利骑兵队在一场"突击"中——排成横队的骑兵挥舞着马刀，好似时为一八一二年，而非一九一二年——拿下一桥头堡。奥地利步兵以密集连纵队形攻击，上刺刀往一百五十米外的敌人冲，真要打起仗来，跑不到一半距离，就遭全歼。

"奥地利陆军的根本原则，似乎是在完全不开火的情况下尽可能逼近敌人，"这位英国武官惊奇地说道。奥地利炮兵的做法与此背道而驰，但用在炮兵身上又是错得离谱，"不等敌人进入射程，乃至不等目标出现，就狂轰猛炸把炮弹打完"，无法与步兵友军合作，且还可能误杀友军。步兵、炮兵各打各的，主要是因为奥匈帝国陆军的火炮不够多，若要先从远距离炮轰敌军，再从更近距离炮击敌军以支持步兵冲锋，就如这位英国军官所说的，"有可能使步兵在火炮移动的过程中失去支持"。军事演习也未模拟战斗的消耗和为此所必须权衡的得失。在真正的战争中，军官得在多个目标中择一，在不滥用兵力下达成目标。[28]

一九〇八年秋，在本国军力仍停滞不前的情况下，奥匈帝国还是并吞了波斯尼亚与黑塞哥维那。奥匈帝国用一千一百万美元和归还新帕扎尔区打发掉土耳其人，但接下来，俄罗斯不满自己和塞尔维亚未得到补偿，引发一场差点引爆战争的危

机。[29]埃伦塔尔原承诺协助俄国海军取得进入达达尼尔海峡
（自克里米亚战争起俄罗斯人一直不得进入的海域）的权利，
以换取俄国同意上述吞并，但后来食言，使俄罗斯人受到粗暴
的外交欺骗和挫败。埃伦塔尔也让塞尔维亚人受到类似的挫
败。他信誓旦旦地表示，随着希腊并吞克里特岛和保加利亚宣
布独立，违反了一八七八年《柏林条约》，该条约已形同废
文，那么奥地利也就无须再遵守该条约要它只能占领而不能吞
并波斯尼亚的规定。埃伦塔尔主张，这时，欲"敉平波斯尼
亚－黑塞哥维那境内的政治动荡"必须将其并吞。[30]奥地利要
达成其"崇高的文化、政治目标"，就得逼贝尔格莱德解散其
位于波斯尼亚境内作战动员的正规军和游击队，以及（令塞
尔维亚人更觉侮辱的）得逼贝尔格莱德公开表示，愿"在不
要求赔偿或无条件的情况下"与维也纳保持"友好关系"。[31]布
加勒斯特引爆危机之后，有位美国外交官称它是"一场引人
注目的政治游戏"。塞尔维亚人原以为，哈布斯堡的吞并行
动，违反一八七八年条约，会激起国际众怒，使奥地利如这位
美国人所说的"彻底失去列强的支持"，乃至与一个亟欲捍卫
"力弱但勇敢之塞尔维亚"之权利的诸国同盟交战。[32]

　　埃伦塔尔奋力逃出困境，但并非毫发无伤。英国外长爱德
华·格雷（Edward Grey）爵士痛心于埃伦塔尔的"捣乱行
径"，美国驻维也纳大使馆忧心忡忡指出，埃伦塔尔个人追求
"伟大"之举，乃是在"玩火，差点使欧洲陷入一场最终会蔓
延多广却无人能预料的战争"。[33]塞尔维亚就希望战争扩大，因
此曾求援于俄国。但俄国败于日俄战争之后国力仍未恢复，俄
国的主要盟邦法国则无意为巴尔干半岛打一场大战。[34]

　　一九○九年三月德国发给俄国一份照会，即化解了这场危

63

机。德国于照会中要圣彼得堡务必放手让维也纳对付塞尔维亚，不得干预，"否则情况会一发不可收拾"。[35]俄国身为大国，且是泛斯拉夫主义的旗手，却再度受到羞辱，似乎在与德意志族两强国的意志较量中败下阵来。康拉德愚蠢地以为是他的局部动员，而非德国的介入，扭转了局势。丘吉尔拉长调子说："他代表了那个最危险的结合体，即专注于外交政策的参谋总长。"[36]在萨拉热窝，和康拉德一样狂热的战争贩子迈克尔·阿佩尔（Michael Appel）主张，出兵惩罚塞尔维亚和黑山将带来双重好处，既除去奥地利最急迫的外部威胁，又使奥地利得以振奋人心地压制内部威胁："一旦击败位于贝尔格莱德、尼什（Nis）、采蒂涅（Cetinje）的那些家伙并将他们解除武装，我们将往布达佩斯和布拉格进兵，使他们也乖乖听话。"[37]但阿佩尔，一如康拉德，太不自量力。有气魄而无资源，成不了事，奥芬贝格认为奥匈帝国陆军在每个方面都太弱，打不了战争。政府会计人员看到一九〇八年局部动员的开销，就惊得目瞪口呆：一亿八千万克朗（三千六百万美元），相当于该年军事预算的一半，等于建造四艘新无畏级战舰的成本。

就康拉德来说，他只是惊讶于德国既然已发出最后通牒，奥地利就无须担心得分兵对付俄罗斯，但埃伦塔尔却未利用这机会入侵、瓜分塞尔维亚。但因此次大胆行动有功而获皇帝赠予伯爵之位的埃伦塔尔，没被表面的胜利冲昏头，他清楚理解到这场危机所暴露的一个重要事实：俄罗斯人退缩，完全是因为德国的威胁，而非奥地利的威胁。俄罗斯人会（在德国胁迫下）接受奥地利并吞波斯尼亚－黑塞哥维那，但不会允许奥地利入侵塞尔维亚。诚如某美国外交官所说的，埃伦塔尔"能得手，主要归因于虚张声势和德国的支持与影响力"。但德国人不会开出空白支票，对奥地利在巴尔干半岛的冒险行径照单全收。[38]

但空白支票已在准备。德皇和弗朗茨·约瑟夫于一九〇八年十一月会面，以强化同盟关系。一九〇九年，奥匈帝国与德国两国军方举行自一八九六年以来的首场参谋会谈。上一次两国参谋碰面议事时，主要谈俄罗斯问题，而在这场新的参谋会谈上，毛奇告诉康拉德，他很遗憾一九〇八年未爆发战争，"那时的情势会比几年后的情势更有利于奥地利与德国"。[39]新情势——和德国人所制订用以利用那些新情势的计划——的确不同以往。一八九六年参谋会谈后，德国人的打算，原只是在西边挡住法国，在东边与奥地利人联手对俄国发动压倒性攻势。一九〇五年，在施里芬计划——因德国参谋总长阿尔弗雷德·冯·施里芬（Alfred von Schlieffen）而得名——影响下，一切改观。德国人的攻守计划彻底翻转，改成要以本身少许的基本兵力和大部分奥地利陆军挡住动员缓慢的俄国人，把德国九成兵力集中对付法国人。照计划想定，德国人于不到六星期击败法国人后，会移师东部战线解决俄国人。[40]

作战计划如此变动，令奥匈帝国大觉不妙，毕竟奥匈帝国战时动员全部兵力，也将只有俄国兵力的四分之一。但康拉德接受这一改变，态度出奇泰然。一九〇六年出任参谋总长之前，康拉德写了一本战术性著作《论战术和步兵的战斗教育》（*Studies on Tactics and The Battle Education of Infantry*），一举成名。在这本书中，他主张战斗成败取决于心理素质更甚于身体素质。他说，"不怕苦且勇敢"，一往无前且不惜牺牲性命的部队，即使面对人数更多且挖壕固守的步兵和炮兵，都会打赢。[41]大部分奥地利军官同意他这看法；布尔战争、日俄战争、巴尔干战争已证明刺刀冲锋战术已过时，但在奥地利陆军，一如在欧洲其他陆军里，相信这一战术者仍大有人在。有位奥地利军官于一九一四年五月写道："这一原始工具（刺刀）振奋士气的作用，绝不容轻描淡写带过；刺刀是进攻精神的最佳体现，它将士兵的信心与其欲击败敌人的念头绑在一块。"[42]

对政局不满的奥匈帝国士兵，恐怕会是欧洲最不可能为国牺牲性命的士兵之一，但康拉德不以为意。更糟的，他从未催促德国人告知其作战计划细节，他也从未把自己的作战计划详情告诉德国人。两国陆军只是粗略交代各自的战略目标（击败法、英、俄和征服巴尔干半岛），却未在如何达成那些目标上达成一致见解。双方都太想保住自己行动上的独立自主，因而只达成以下共识：奥地利人会在俄罗斯完全动员之前猛攻俄国，德国人会将数量未定的兵力部署于东边，以为奥地利人将兵力调到东部战线争取时间。

康拉德知道届时他需要时间，因为他打算于进兵俄国途中灭掉塞尔维亚，一个他未告知德国人的计划。康拉德推断，从波斯尼亚与南匈牙利突然奔出的二十个奥匈帝国师，就足以击溃塞尔维亚人。他一味认定，直到他攻破贝尔格莱德，把目光转向东边为止，剩下的奥匈帝国陆军和兵力未定的一支德国陆军，都会在波兰、加利西亚守住战线。这一刻意的含糊，将带给奥地利人灾难。即使在平时，俄国陆军都拥兵一百五十万，那么在战时动员后，会壮大到六百万或更多。奥地利平时有四十万现役军人，战时最多扩增为两百万，且都装备不良，若碰上俄罗斯大军如洪水般袭来，只会灭顶。[43]

埃伦塔尔始终认定，若奥地利在巴尔干采取强势政策，将吓阻俄罗斯，镇住贝尔格莱德，使奥匈帝国的克罗地亚人、塞尔维亚人、斯洛文尼亚人不再鼓吹建立南斯拉夫王国。结果情势发展与此背道而驰：塞尔维亚报界激愤于波斯尼亚－黑塞哥维那遭吞并，每天痛批哈布斯堡王朝，塞尔维亚政府则鼓励组织爱国会社，例如在塞尔维亚和波斯尼亚－黑塞哥维那有二百二十个分部的民族自卫社（Narodna Odbrana）。[44]一九〇九年，埃伦塔尔的外交部向五十三名克罗地亚人提出诉讼，指控他们与贝尔格莱德往来，阴谋叛国。诉讼案的主要证人是奥地利历史学家海因里希·弗里德永（Heinrich Friedjung），这一轰动一时的审判因此被称作"弗里德永审判"（Friedjung Trial）。弗里德永、埃伦塔尔和后来的康拉德三人，在这场审判中被确证为叛国证据的那些文件，后来查明是埃伦塔尔的外交部所伪造。这一令人难堪的大挫败，让人窥见已开始席卷这个多瑙河君主国的恐慌。卡尔·克劳斯的讽刺性报纸《火炬》（Die Fackel），以怀疑口吻愤愤说道："一言以蔽之，奥地利历史就是如此，发生了那么多事，却其实什么都没发生。"这场审判是个"地震，但没有叶子从树上震落"；它代表了"犯错与愚蠢之间的搏斗"。埃伦塔尔的所作所为"不是制定政策，而是破坏政策"。弗里德永的角色很可悲："他操着一口最漂亮的城堡剧院（译按：奥地利国家剧院）式的德语，圆润洪亮，抑扬有致；他讲话的口吻像是奥托卡尔（Ottokar）——'这个奥地利是个好地方'。"克劳斯提到在维也纳葡萄酒馆里演奏的欢乐音乐，推断"葡萄酒馆音乐骗不了世人，世人还是会了解这场审判的真正含义"。[45]

埃伦塔尔有一更大策略来强化其在巴尔干的前进政策，"弗里德永审判"则是这一更大策略的一环，但塞尔维亚人不接受这一策略。一九一〇年六月，有名塞尔维亚籍刺客朝哈布斯堡王朝的波斯尼亚省长开枪，未击中。一群塞尔维亚陆军军官，以化名阿皮斯（Apis）的德拉古廷·迪米特里耶维奇（Dragutin Dimitrijevic）为核心，组织了名叫"不统一毋宁死"（Union or Death）的秘密会社，以更利于实现他们的目标。这个以"黑手会"（Crna Ruka）更为人所知的秘密会社，呼吁巴尔干半岛上的所有塞尔维亚人，包括生活在奥匈帝国境内的塞尔维亚人，集合起来。[46] 阿皮斯于一九〇三年时主导杀害塞尔维亚奥布廉诺维奇王朝的末代国王，这时则鼓吹对奥地利人展开"革命性行动，而非文化性行动"。事实表明，他是维也纳不能等闲视之的威胁。

在波斯尼亚－黑塞哥维那境内，前景更为黯淡。皇帝已同意让被并吞的居民成立议会，东正教塞尔维亚人、穆斯林波斯尼亚人、天主教克罗地亚人，均得根据本身族群在各省里的相对数量，选出代表参与。皇帝承诺议会将是实际人口组成（四成三塞尔维亚人、三成五波斯尼亚人、两成二克罗地亚人）的"真实翻版"，但不久就食言。不足为奇地，这议会转而与奥地利作对，塞尔维亚人的民心转向塞尔维亚，波斯尼亚人转向青年土耳其党，于是维也纳搬出不公正的选区重划办法（以使塞尔维亚籍选民无法左右选举结果），并有计划地广建教堂以拉拢天主教徒。一八七八年波斯尼亚－黑塞哥维那境内只有一座罗马天主教堂，三十年后有一百七十九座，还有数十座新隐修院、女隐修院、学校。波赫境内诸省的塞尔维亚族青年与穆斯林青年，被调去哈布斯堡君主国偏远地区的陆军部队服役，比例超乎他们所属族群在人口中的比例。哈布斯堡王朝把这称作"去民族化"。[47] 但除非将民族主义连根拔除，否则奥地利人无法使它俯首称臣。奥斯卡·波蒂奥雷克将军自一九一一年以来在萨拉热窝执掌第十五军并接任波斯尼亚军事行政长官时，也抱着和康拉德一样的看法，即认为只有向塞尔维亚开战并将它击败，才能减缓塞尔维亚民族主义在奥匈帝国境内的扩张。[48]

奥地利并吞波斯尼亚－黑塞哥维那，意在加固哈布斯堡君主国，但奥地利在巴尔干的地位还是每下愈况，这令康拉德大为沮丧。埃伦塔尔的"大胆出招"，随着波斯尼亚－黑塞哥维那的内部崩溃，看来越来越像是一场徒劳。在这同时，塞尔维亚和其诸盟友声势日壮。一九〇九年俄国派激烈反奥的官员出任驻贝尔格莱德大使，然后俄国沙皇赴意大利进行国事访问（以及俄意同意就巴尔干半岛日后的任何变动商议），使康拉德相信哈布斯堡君主国得趁其诸多敌人尚未联合起来反奥之时将它们各个击破。施里芬（与康拉德）作战计划所依据的那些乐观的前提，正一个个瓦解。法国出资建造的铁路将使俄国在几星期内，而非几个月内，就陈兵于奥地利边界。由于奥地利农民党成员和实业家为与塞尔维亚缔结通商条约之事意见不合，最后虽然取得一致意见，却只是使奥地利与贝尔格莱德的贸易关系陷入两败俱伤的乱局。二十世纪初期，奥匈帝国政府受议会阻挠，不得不以提高猪、牛、李子、小麦、大麦、玉米的关税来平息奥匈地主的不满，"猪战争"一场接一场爆发，而提高这方面的关税，实质上切断了奥匈政府与塞尔维亚国最有可为的联结。[49]一九〇六年前，自奥地利的进口额，通常占贝尔格莱德总进口额的六成，一战前夕降到两成四。美国驻维也纳大使很惊讶奥地利人竟错过"分化塞尔维亚的保守商界人士与激进好战团体"的机会。英国大使馆同样觉得不可思议：奥地利人未"透过互蒙其利的贸易拔除塞尔维亚对其的危害"，反倒"使塞尔维亚人对其心生敌意，同时未想办法解决他们潜在的分歧"。[50]

69　事实上，维也纳的政策不但未分化贝尔格莱德商界和好战团体，反倒使他们关系更紧密。一九〇八年，奥匈帝国农民党成员成功将自塞尔维亚进口的粮食，限制在每年消耗量的百分之一点六（且即使对如此稀少的进口量，关税都提高了三倍），塞尔维亚人则回敬以对奥地利制造品课以毁灭性关税：对纺织品是百分之七十，对刀具是百分之百，诸如此类。大为不妙的，塞尔维亚人还取消向奥地利 Skoda 厂订购火炮的一笔大订单，转向法国的 Creusot 厂下订，从而使贝尔格莱德与三国协约的军事关系更为紧密。[51]维也纳每年加诸的这项羞辱，使塞尔维亚政府几度更迭，埃伦塔尔严正表示，"只要塞尔维亚懂得走该走的路，随时可望得到我们的善意对待"。[52]

两国关系冰封，因为奥地利人不只要求让其（在没有补偿的情况下）进入塞尔维亚市场，还坚持要贝尔格莱德废除其与保加利亚等邻邦的通商条约[53]。在塞尔维亚，仇恨马扎尔人与奥地利施瓦比亚人（Schwabas）的心态升高，塞尔维亚商人悄悄改赴别地贸易：德国、英国、希腊。康拉德没把这些恶兆放在心上。他不断促请埃伦塔尔和皇帝先发制人打击塞尔维亚人或（把遭奥地利拒买的塞尔维亚猪全买下的）意大利人，且在意大利于一九一一年九月入侵土属利比亚后变得非常狂妄。康拉德不顾埃伦塔尔的反对，要求开战，誓言他宁可"断臂"也不愿退缩。奥匈帝国一九一二年秋季军事演习，排定于匈牙利大平原（Alföld）举行，因为那里的地形"类似北意大利"。[54]

皇帝展现其难得一见（且短暂）的果断，于一九一一年将康拉德解职，坚持要奥地利走"和平政策"（但不久后康拉德即复职）。对康拉德的好战已忍无可忍者，不只弗朗茨·约瑟夫。三年前偷偷答应让意大利取得利比亚，以换取罗马接受奥地利并吞波斯尼亚－黑塞哥维那之后，埃伦塔尔即对康拉德的爱说大话很不以为然。就连康拉德的恩师弗朗茨·斐迪南大公，都认为这位将军做得太过火，同意将他解职。康拉德失去他应有的分寸，认为他的"职责大于外长（的职责）"，要埃伦塔尔绝勿让"外交考虑"凌驾于"军事准备"之上。时任陆军部长的奥芬贝格，如此概括地说明其对康拉德的看法：　70 "他深信帝国必须以行动证明其会出手痛击，否则会被拖入战争。"换句话说，成功的进攻就是最好的防御。但这一理论上要奥地利向意大利开战以表明自身立场的主张，现实上不可行；简而言之，在一八八二年意大利成为奥地利盟邦之后，这一主张无论何时都行不通。奥地利人不可能为利比亚问题向意大利开战，因为诚如奥芬贝格所说，奥地利入侵意大利，几乎肯定会"引发一场全欧的战争"，使奥地利成为众矢之的。[55]康拉德在皇帝眼中已成为十足的绊脚石，于是，一九一一年十二月，皇帝将他解职，换上布拉修斯·舍穆瓦将军。弗朗茨·斐迪南厚待卸职后的康拉德，让他出任高薪的陆军督察（奥地利陆军设了许多高薪督察）。康拉德于申布伦宫晋见皇帝时遭皇帝解职，事后他抱怨道，"这"就是"使我们大败于柯尼希格雷茨"的那个政策。[56]

挑在这时撤换康拉德实在不是时候，因为康拉德下台，舍穆瓦接任时，巴尔干半岛的情势正处于爆炸边缘。"舍穆瓦将军是个什么样的人，我到现在还在了解，"法国武官在从维也纳发出的报告中说道，"似乎大家对他都所知不多。他个性内向，从未在军官俱乐部露面；他在波斯住过一段时间，信了他们宗教的某些东西……军事情报首长说，舍穆瓦完全搞不清楚状况，得花几个月时间搞懂这个复杂的新职。"[57]事实上，舍穆瓦一八七八年曾以军事代表团一员的身份奉派前往波斯。这一代表团的任务是向卡扎尔（Qajar）王朝国王推销奥匈帝国的顾问和军火，但未能如愿；波斯国王选择采用德国顾问和军火，舍穆瓦落得清闲，跟着几名伊斯兰教托钵僧学道，然后，在返回奥地利后，加入秘密的反犹组织"新圣殿骑士会"（New Templar Oder）。这个组织由耶尔格·兰茨·冯·利本菲尔斯（Jörg Lanz von Liebenfels）创立，在多瑙河边某城堡里举行神秘仪式聚会，城堡上飘扬着卐旗。[58]

71　舍穆瓦新接的任务，似乎和他的波斯之行或他的新圣殿骑士团一样无望成功，情势不容许他花几个月时间慢慢进入状态。青年土耳其党革命、波斯尼亚并吞危机、巴尔干诸国日益强势申明自身立场这三件事，全与俄国、法国的安全有某种利害关系。这三者的急速合流，意味着在如何保留土耳其辖下欧洲地区上，国际仍未有共识。罗伯特·兰辛从美国国务院写道："巴尔干半岛是诸民族的战场，是村子熊熊燃烧的地方，是猝然失去性命的地方……'和平'是遭人遗忘的字眼。斯拉夫人、阿尔巴尼亚人、希腊人、土耳其人争夺这块土地，为此，用他们的血淹没它，使它覆满灰烬。"[59]俾斯麦曾著名地宣称，说这地区"不值得让波美拉尼亚精锐部队付出性命"，但这一宣示这时看来愈来愈站不住脚。奥匈帝国和其他强权不久后终将躲不掉这场杀伐。

第三章　巴尔干战争

巴尔干半岛的杀伐之声即将大幅升高。一九一二年三月，
俄国驻贝尔格莱德大使成功打造出旨在阻止青年土耳其党收回
巴尔干半岛失地、击退奥匈帝国侵犯的塞尔维亚－保加利亚同
盟。然后俄国出面居中协调，让希腊人、保加利亚人、塞尔维
亚人达成瓜分马其顿的协议。奥地利始终认定，马其顿曾遭多
个外族入主一事（曾先后属于保加利亚帝国、塞尔维亚帝国、
拜占庭帝国），加上该地族群、宗教的多元复杂，会使任何巴
尔干国家都无法控制它。毕竟土耳其人二十世纪统治马其顿
时，凭借的手段包括鼓励居民（保加利亚人、塞尔维亚人、
希腊人、罗马尼亚人、阿尔巴尼亚人）互相迫害（此举偶尔
迫使列强坚持要求土耳其改革，甚至派国际委员会来落实改
革）。[1]

但俄罗斯的介入，对土、奥两国大计的威胁，远不只限于
马其顿一地。由于俄国的运作，塞尔维亚与保加利亚为共同目
标而结盟，说服希腊和黑山加入一起奋斗，然后在一九一二年
十月向奥斯曼帝国宣战。这一巴尔干联盟的成员国不久后就会
为争夺战利品而大打出手，但当下他们都有志于趁君士坦丁堡
充满干劲的新政府尚未巩固其在国内和在其少数仅存的欧洲省
份（例如马其顿、阿尔巴尼亚）的权力时，先打败土耳其人。

接着爆发的战争，使奥斯曼帝国失去大片疆土，使其陆军
消亡殆尽。开战才三星期，五十万土耳其部队（在色雷斯的
二十二万部队和在马其顿的三十三万部队），遭总兵力达七十

一万五千人的巴尔干联军击败。希腊人拿下萨洛尼卡；保加利亚人进逼到君士坦丁堡城门；黑山人攻入科索沃和斯库塔里（斯库台）；塞尔维亚人往南攻入马其顿，远至莫纳斯提尔（Monastir，马其顿语称比托拉/Bitola），然后十一月时挥兵向西抵达海边。由于希腊人和保加利亚人占领土耳其的爱琴海沿岸，塞尔维亚人即不客气夺取奥斯曼帝国阿尔巴尼亚境内滨亚得里亚海的四个港口：圣乔凡尼－迪梅杜亚（San Giovanni di Medua，阿尔巴尼亚语称圣金/Shëngjin）、阿莱西奥（Alessio，阿尔巴尼亚语称莱什/Lezhë）、都拉佐（都拉斯）、发罗拉（Valona，阿尔巴尼亚语称夫罗勒 Vlorë）。一九一三年五月签署的伦敦条约，为土耳其在其欧洲诸省的统治敲响丧钟，因为奥斯曼帝国的巴尔干诸省大部分被转让给巴尔干联盟。奥匈帝国，欧洲的巴尔干强权，一无所获。维也纳的《时代周刊》以无法置信的惊讶口吻说道："这场巴尔干危机使我们的外交遭逢如一八六六年的挫败。"[2]

事实上，奥匈帝国在这场危机中的表现并不突出。死于危机期间（一九一二年二月）的埃伦塔尔，认为在维也纳准备好可以重新向爱琴海进攻，在途中吞并马其顿之前，不妨让这个省份留在土耳其人手里；不料，人算不如天算，希腊人突然进占萨洛尼卡，塞尔维亚人突然攻入史高比耶、科索沃以及阿尔巴尼亚诸港。从经济上讲，这一发展无异于一场灾难。在土耳其百分之十一的关税下畅销的奥地利制造品，从此再无法打入这些新市场，因为这些市场被筑上进口关税壁垒，从最低的保加利亚的百分之三十三，到最高的希腊的百分之一百五十。奥斯曼帝国人民所戴的非斯帽（fez），原几乎都是波希米亚的毛纺厂所制，但不久后这些毛纺厂就会失去这笔很有赚头的生

巴尔干战争，1912~1913年：
塞尔维亚并吞大片土地

德拉瓦河

布达佩斯

奥匈帝国

克卢日（克劳森堡）

特古-穆列什

阿拉德

萨瓦河

诺维萨德

波斯尼亚

贝尔格莱德

塞拉耶佛

黑塞哥维那

塞尔维亚

莫斯塔尔

新帕扎尔

尼什

黑山

科索沃

杜布罗夫尼克

并入黑山的领土

史高比耶

亚得里
亚海

地拉那

阿尔巴尼亚

并入塞尔维亚
的领土

马其顿

布林迪西

阿尔巴尼亚
1913年独立

1913年南马其顿
归希腊

希腊

萨洛尼卡

爱奥尼亚海

柯林斯

雅典

普鲁特河

俄罗斯
帝国

敖得萨

比萨拉比亚

锡尔瓦河

罗马尼亚

布加勒斯特

并入罗马尼亚
的领土

康斯坦察

多瑙河

南多布罗加

瓦尔纳

普列文

保加利亚

索非亚

布尔加斯

并入保加利亚
的领土

黑海

色雷斯

阿德里安堡

君士坦丁堡

埃内兹

布尔萨

莱斯沃斯

奥斯曼
帝国

爱琴海

士麦那

罗得岛

佐泽卡尼索斯

克里特岛

1913年
克里特岛归希腊

1912年佐泽卡尼索斯
归意大利

（与1914年时不同的）
1912年国界线

1914年国界线

奥斯曼帝国因1912~1913年
巴尔干战争失去的领土

0   50   100   150 英里

0 50 100 150 公里

意。[3]"头一个亡于巴尔干飞蹿的子弹者，乃是现状，"有位奥地利将领痛苦地指出。原本令维也纳受益的现状，突然间烟消云散。[4]在奥地利军界，巴尔干危机的解决之道似乎再清楚不过。"就让这件事爆发为战争，"阿佩尔将军从萨拉热窝匆匆写道，"我们有什么好怕的？俄罗斯？他们不会有任何动作，我们得把塞尔维亚一劳永逸地解决。"[5]

但俄罗斯人大概会有动作，而且弗朗茨·约瑟夫和弗朗茨·斐迪南都不想要战争，尽管塞尔维亚就是靠战争并吞掉奥匈帝国主要势力范围里的大片土地的。接埃伦塔尔之位的利奥波德·冯·贝希托尔德伯爵，因决意阻止战争升级并打造奥俄友好协约，已得到皇帝和皇储的支持。他主张奥匈帝国不采取任何军事行动，以免列强想起它一九〇八年的"侵略性角色"。[6]由于无意用武力恫吓，贝希托尔德实行没人放在眼里的软弱外交路线。他安排了一个"马其顿代表团"（来自索非亚的两名教授和来自史高比耶的一名土耳其退休官员）访问英国驻维也纳大使馆，让他们在该使馆发出独立而非瓜分的恳求。他们主张，"马其顿理当得到自治，不该被移交给希腊人和塞尔维亚人"，结果是狗吠火车。[7]

但现实上奥地利人能如何执行他们在巴尔干半岛日益萎缩的治理权？奥地利若掀起大战，德国将不得不充当其后盾，因此德皇以嘲笑口吻说道，他不会"为了一些牧羊草地"大动干戈。[8]心知为了阿尔巴尼亚的牧羊草地大动干戈，战火会扩及加利西亚的农业区，因此，舍穆瓦将军惊恐万分地响应这场危机，特别是回应一九一二年秋俄国在华沙和基辅两地区的试验性动员。他下令局部动员（在波斯尼亚和加利西亚的五十万奥地利人），但无意动用他们。弗朗茨·约瑟夫皇帝忧心忡忡，在布达佩斯召开一场有康拉德、舍穆瓦、弗朗茨·斐迪南参与的军事会议，与会诸人全都同意什么都不要做。[9]这情况和一九一四年七月奥匈帝国会面临的情况（塞尔维亚挑战维也纳，俄、法两国站在塞尔维亚这一边）几乎一模一样。但一九一二年时奥地利的决定，比两年后会做出的决定，明显更为明智。布达佩斯会议推断，以奥地利如此薄弱的陆军，靠军力解决问题绝对行不通。

R + B作战计划——因应俄罗斯（R）的部队和因应巴尔干半岛（B）的部队，加上在这两者之间策应的一支机动预备队——表面上看来颇能因应新情势，但实际上掩饰了现代战争决定胜负之关键（运输工具、火炮、受过训练之步兵）的严重不足。因此，贝希托尔德把重点放在减少奥地利的损失，尽量保住奥地利的颜面上。基于此考虑，他公布一组不算苛刻且勉强保住面子的要求：领土得到扩大的巴尔干诸国必须"尊重奥地利的经济利益，与维也纳谈定贸易协议，保持通往（爱琴海、亚得里亚海）两海域之铁路、公路畅通无阻"。[10]贝希托尔德还让人意想不到地成为新独立的阿尔巴尼亚之父（使该地和其四个奥斯曼港口不致落入塞尔维亚之手），坚持要塞尔维亚继续当个内陆国，要靠新帕扎尔区的阻隔使塞尔维亚无法直接进入黑山和亚得里亚海。奥地利人控制新帕扎尔区这个八十公里宽的狭长地带多年，但一九〇八年，作为其吞并波斯尼亚后给予土耳其的补偿之一，已将它归还土耳其。这时奥地利人不由得处于一有点荒谬的处境，即试图捍卫正日渐消失之土耳其辖下欧洲省份的主权。贝希托尔德向奥地利代表团解释道："我知道'大家都说'奥斯曼帝国一瓦解，奥地利就该夺取新帕扎尔区，以阻止大塞尔维亚国的出现，但我们觉得如今这么做，代价会太高。"[11]一心想着实现其扩张天命的塞尔维亚，刚刚收复其在一三八九年黑鸟平原（Field of the Blackbirds）之役中被土耳其人夺走的所有领土，在这种情况下，要求让阿尔巴尼亚独立，乃是维也纳所能有的最好作为。[12]阿佩尔将军行走于波斯尼亚境内时，察觉到鄙夷之意："在这里，就连村中愚夫愚妇都开始嘟哝'破烂的老奥地利'——一如这里的报界；每个人都认为这个君主国衰弱、怕得发抖。"[13]

始终把塞尔维亚斥为微不足道的"猪与猪群之地"的弗朗茨·斐迪南大公，这时与舍穆瓦前往柏林，以取得德国保证在奥地利与猪群交战时支持奥国。柏林报界饶有兴味地打量这些忧心忡忡的奥匈盟友："理论上，欧洲六大国平起平坐；但实际上，在民族特性、财力与经济实力、迅速动员能力、海陆军队素质上，有很大差异。"[14]民族特性乃是这几个项目里霍夫堡宫能在短期内改变的唯一项目，于是，一九一二年十二月，以爱说大话著称的康拉德，在弗朗茨·斐迪南的极力要求下复职，取代舍穆瓦。当初康拉德于"舍奈赫危机"期间遭解职的内情，这时也曝光，原来那是美景宫与霍夫堡宫所达成交易的一部分。弗朗茨·斐迪南原想要撤换外长埃伦塔尔和陆军部长舍奈赫，但皇帝坚持条件交换，以继续将陆军抓在手里。于是，弗朗茨·斐迪南同意康拉德下，舍穆瓦上，前提是皇帝愿意照斐迪南的意思撤掉舍奈赫，换上奥芬贝格。但一九一二年三月，三家匈牙利报纸揭露奥地利拟了最高机密的 U 计划（斐迪南大公欲入侵匈牙利、关闭其议会的一九〇五年计划），并指出该计划在由奥芬贝格拟定时，奥芬贝格就变成烫手山芋，即使是对斐迪南大公来说亦然。

U 计划的曝光引发轩然大波，于是，一九一二年十二月，即上述交易谈成才一年，就不得不草草谈定另一项交易。皇帝将奥芬贝格解职，且不尽放心地召回康拉德。布罗施从美景宫指出，如果找别人来当，当然更好，但其他候选人全是"婆婆妈妈之徒"。舍穆瓦未做出一番成绩。他的声望不够高，压不住阵脚，在战争隐隐然即将爆发之际，必然总缩兵符的弗朗茨·斐迪南大公将需要康拉德当他的左右手。[15]法国驻维也纳大使馆觉得这场危机最有趣之处，乃是揭露了霍夫堡宫与美景宫无休无止的暗斗。披露 U 计划那三家报纸全领皇帝的薪水，这表示弗朗茨·约瑟夫刻意铲除奥芬贝格，"以打击弗朗茨·斐迪南和其党羽"。法国大使馆论道，这类耍阴使计的行径，不只降低奥地利高级军官的战斗力，也降低他们的素质。康拉德果然取代舍穆瓦出任参谋总长，但找不到人接替奥芬贝格。"没有优秀的军官愿意接陆军部长之位，"法国人指出，"近来，帝国陆军部被视为匈牙利的附属机构——事实确是如此——且如今大部分高级军官效忠于弗朗茨·斐迪南，不想冒着被他视为叛徒的风险接掌这一职务，因为皇帝太老，不值得把个人前途押在他身上。"[16]最后，博尔弗拉斯终于找到一位已快退休因而不在意前途之人：六十三岁，在皮尔森（Pilsen）的 Skoda 厂督造新火炮的亚历山大·克罗巴廷（Alexander Krobatin），一个无害且无能之人。[17]

斐迪南大公和康拉德两人未拾回过去的友谊。虔诚的天主教徒弗朗茨·斐迪南，痛恶康拉德与已婚女子半公开往来引发的轩然大波，也痛恶这位参谋总长明知奥地利军力不强仍那么不自量力地好战。斐迪南大公始终中意于奥、俄达成保守性协约的构想（且看不出有什么办法能解决与塞尔维亚、俄罗斯，很可能还与意大利、罗马尼亚同时交战的难题），因此渐渐转向贝希托尔德与皇帝的和平政策。[18]但和平政策的可行性似乎也不高——塞尔维亚一心想打仗，俄罗斯想不出与奥地利重启一八七八年已截止的同盟关系有什么好处。更糟的是，弗朗茨·斐迪南认为阿尔巴尼亚的角色，类似于一八六四年时的石勒苏益格－荷尔斯泰因（Schleswig-Holstein），普奥战争就肇因于这个地区的归属争端。普鲁士人从丹麦手中夺走石勒苏益格－荷尔斯泰因诸公国，将它们与奥地利分掉，然后以分配战利品时必然产生的不和为借口，向哈布斯堡王朝开战，以一劳永逸地解决"德意志问题"。

弗朗茨·斐迪南深信俄罗斯人在阿尔巴尼亚玩同样的把戏——打算"缩小阿尔巴尼亚的疆域"，以壮大其"塞尔维亚受保护国"，为剩下的领土挑起与奥地利的战争。[19]他只能指望德国人会支持奥地利，制止俄罗斯。[20]如果德国人不愿意，奥地利会垮掉。就连老迈的弗朗茨·约瑟夫都惊醒过来，紧张问道："陆军已可以作战了吗？"[21]

一九一二年十二月十一日在申布伦宫召开的一场高层首长初步会议，权衡了奥匈帝国不同选择的利弊得失。外长贝希托尔德推测，德国人大概不会支持奥地利在巴尔干半岛的"军事冒进"。[22]事实上，德国人会；在三天前于波茨坦召开的德国秘密军事会议中，德皇与其将领就已决定，无论情况如何他们都会保卫奥匈帝国，且应引发战争，以在俄、法两国尚未完成其军事扩张时将它们击败，"愈快愈好"。[23]一如以往，德国人不认为有必要将此决议告知奥地利人，奥地利人不觉得有必要向其盟邦征求意见。一如一九一四年七月时德奥所会有的作为，这两个大国各搞各的，不知对方的真正意向。奥匈帝国的财长提醒道，不管有没有德国支持，奥地利节节升高的备战成本会搞垮财政。陆军已召集十七万两千后备军人增援现役部队。其中一半部署于加利西亚，另一半部署于波斯尼亚，然后又召集了五万后备军人。在皮尔森、布拉格、柯尼希格雷茨，捷克籍后备军人被派赴驻地时高唱塞尔维亚国歌，而非奥地利国歌，哗变情景令皇帝震惊。在柯尼希格雷茨（捷克语称赫拉德茨－克拉洛韦/Hradec-Králové），两千民众堵住兵营通往火车站的公路，朝试图驱散他们的警察丢石头；还有数百名示威者等在火车站，当局动用上了刺刀的部队才将他们驱离。开拔部队的指挥官在火车车厢里遭愤怒暴民攻击。火车启动时，又有数十平民躺在铁轨上阻止运兵火车离开，当局不得不将他们拖到监狱。[24]

俾斯麦那句老话"奥地利皇帝说'上马鞍'，人民就上马鞍"，已不再适用于现实情况。在萨拉热窝，波蒂奥雷克估计，为了巴尔干战争危机派到那里的后备军人，至少有三分之一不堪用——政治上心怀不满、身体不适作战，或两者兼而有之。[25]这样的局部动员，所费也不赀：这一突发且短暂的活动，耗去两亿七千五百万克朗（五千五百万美元），相当于平时陆海军费的一半。

这样的开销如果持续到真正爆发战争时，有可能使国家破产。反过来说，这个君主国禁得起这样的花费却不动手？康拉德提醒所有听得进去的人，一九一二年十一月开始的局部动员（只有加利西亚境内三个军和波斯尼亚境内两个军），每天要花掉两百万至三百万克朗。光是多添购用以运送补给品、火炮和增援骑兵中队的马，就花掉三千多万克朗（六百多万美元），但皇帝找任何地方要钱，都吃闭门羹。对于陆军部长奥芬贝格的紧急拨款请求，匈牙利议会连考虑都不考虑，奥地利

81

议会则用刻意阻挠议事的手段将该请求拒于门外。最后，弗朗茨·约瑟夫动用哈布斯堡王朝典型的利益交换手法，以承诺于伦贝格（乌克兰语称利沃夫/Lviv）设立乌克兰大学，使乌克兰籍议员不再阻挠议事，但已为时太迟：无计可施的财政部已寻求以屈辱性的条件在纽约借款，也打算针对收入、资本利得、不动产、火柴、烟草、烈酒，以及史上头一遭的，针对咖啡馆里侍者的小费，征收不得人心的新税。[26]

似乎只有前陆军部长从这场危机中获益。涉入 U 计划，只是奥芬贝格十二月离职的原因之一；另一个原因是他拿承包动员事宜之公司的股票内线交易之事。据说是一位名叫海因里希·施瓦茨（Heinrich Schwarz）的低阶军官向证券交易所密告此事，此人后来自杀，留下他与奥芬贝格将军往来的书信。[27]维也纳显然一筹莫展。丑闻、蓄意抵制议事、次级信贷、示威、哗变——维也纳无法再承受一次这一连串丢脸的事；它宁可冒战争的危险。"奥地利陆军得发动战争，而非只是摆出不惜一战的样子……不计代价追求和平的民众似乎决意用最高昂的成本买得和平，而塞尔维亚则让自己永远处于随时可开战的状态，耗尽哈布斯堡君主国的财力，以便战争爆发时，俄罗斯可轻易消灭国力已遭削弱的奥地利。"[28]

但在这场危机中，征召三十万后备军人的俄国头一个打退堂鼓，断定不值得为了替塞尔维亚取得阿尔巴尼亚的港口，与德、奥两国交战。[29]俄、奥等列强于一九一二年十二月在伦敦召开大使会议，以阻止危机恶化，避免战争发生。"在此谈判时，（奥斯曼）帝国被摆在砧板上砍成数块，"维也纳《新闻报》驻伦敦记者报道说，"马其顿丢了，古塞尔维亚（Old Serbia）、伊庇鲁斯与其附近岛屿（Epirus and the Islands）、阿尔巴尼亚成了受大国保护的中立区。留给土耳其的，只有阿德里安堡（Adrianople）周边的部分色雷斯地区。"[30]但尽管失去大片领土，青年土耳其党仍熬过了又一波的打击。恩维尔帕夏在君士坦丁堡他挂着拿破仑、米歇尔·内伊（Marshal Ney）肖像的办公室里招待外国记者时解释道，青年土耳其党为保住斯库塔里、阿德里安堡、达达尼尔海峡入口处四座希腊岛屿之类的地方战斗，把每一次失土视为把土耳其外债转移给巴尔干的机会而予以接受，借此吊诡地展示了他们维护祖国的决心。[31]这样的说法倒也有其难以反驳的道理；土耳其国土缩水，但长远来看稳住自己，而执着于维护荣誉和历史权利的奥匈帝国人似乎没能耐这样做。国外有个新病夫，那人位在维也纳。

战争未爆发，但差点爆发，且双方都从这一令人惊骇的事件得出错误的结论。弗朗茨·斐迪南的《奥地利评论报》怒冲冲说道，维也纳差一点遭遇"第二次柯尼希格雷茨之败"，差点"被赶出巴尔干半岛"。[32]布罗施上校惊讶于在人人都已上紧发条准备开打时，"和平意想不到地出现了"。[33]康拉德认定俄罗斯打退堂鼓，乃是因为他的局部动员，也认定他本可以入侵塞尔维亚和黑山然后全身而退。波蒂奥雷克写道，在下一场危机时，将不得不开战，否则"士兵和军官会认定政治领导人已对军队失去信心"。奥地利不能"像一九〇九、一九一二年那样"第三度征集后备军人，"却不动用他们"。换句话说，若未来再有挑衅，必会引发世界大战，但这个君主国如此不得民心，碰到这样的战争时，大概有多达三分之一的奥匈帝国军人不愿为它打仗。[34]

奥地利的敌人也对这场危机有错误的解读。俄罗斯推断，奥匈帝国未入侵塞尔维亚，乃是因为害怕俄国军队，而非因为

德国人的制止。[35] 塞尔维亚人认为他们带挑衅意味的吞并无伤

83 大雅，把战争恐慌心理归咎于"又老又病的弗朗茨·斐迪南
的武力恫吓"。

德国则庆幸奥地利避掉了战争，至少避掉了在巴尔干半岛
的战争。在柏林，德皇像个往巧克力盒里仔细瞧的人，拿捏不
定该追求称霸欧洲，还是称霸全球。他把目光盯在"土耳其、
中国、南美"境内更美的肥肉，在那些地方，诚如柏林报纸
所说，"下一个十年将决定由哪一个经济大国击败群雄而胜
出"。[36] 由于这些肥肉已在伸手可及的范围内，德皇打定主意不
想只因为"奥地利不让塞尔维亚人在阿尔巴尼亚立足"，而卷
入对抗俄、法、英的民族生存战中。德国参谋总长毛奇最初判
定战争"势不可免"，这时却根据帝国的新形势改弦更张，把
处于较边陲地区之巴尔干半岛上的战争恐慌现象视为"奥地
利人的愚蠢行径"。[37]

还有更愚蠢之事会发生。一九一三年五月，巴尔干半岛上
空再度战云密布，保加利亚人扬言掀起第二次巴尔干战争以扩
大他们在马其顿所瓜分的领土，就在这时奥地利报界报道了一
件引人注目的事。四十七岁的阿尔弗雷德·雷德尔上校，哈布
斯堡陆军最有才华、最受肯定的军官之一，在大部分同辈都还
在上尉官阶苦撑时就当上上校之人，被人发现死于维也纳某饭
店房间里。他把布朗宁手枪塞进嘴巴扣动扳机，轰掉颚部和脑
部，左鼻孔喷出大量鲜血，几乎立刻丧命。雷德尔于周六住进
饭店，周日早上被人发现瘫在安乐椅上，血已干掉结块，手枪
掉在他右手下方的地板上，手枪（显然不是他自己的手枪）
的使用手册摊在他身旁的桌子上。书桌上摆了两封信，一封给
他的最后一个指挥官上司，布拉格的阿瑟·吉斯尔（Arthur

Giesl）将军，另一封给他的兄弟。另外，还有一份简单的自杀短笺："请求谅解和原谅。"[38]

奥地利报界如饿虎扑羊般拥向这则最新的离奇事件。那是丑闻频发的一年。首先，爆发无畏级战舰事件，奥地利第一艘全装重型火炮战舰同心协力号（Viribus Unitis）交舰时，发现舰身过重，航速比先前对外宣称的慢了一半。几名海军将军和造船厂主管遭撤职，制造出不符规格之火炮与装甲的 Skoda 厂遭公开责难。[39] 然后爆发扬德里奇事件（Jandric Affair）。波斯尼亚塞尔维亚裔出身，与参谋总长康拉德之子库尔特（Kurt）交情甚好的奥地利中尉塞多米尔·扬德里奇（Cedomil Jandric），被指控将奥地利火炮的技术资料卖给俄国人，且判定其罪名成立。[40] 陆军调查扬德里奇，结果查出另一个间谍（库尔特·康拉德的意大利女友），这间接表示小康拉德本人可能也涉入其中，从父亲书房偷取最高机密文件卖给俄国人。扬德里奇丑闻之后闹得非常大的奥芬贝格事件，则似乎坐实了哈布斯堡王朝最高阶层贪得无厌、对人性怀疑悲观的印象。这位哈布斯堡前陆军部长遭指控拿国防承包商的股票进行内线交易，最后只受到微惩就脱身。然后，现在，就在那最后一桩丑闻的风波几乎要平息之际，康拉德将军底下极优秀聪明的一位军官，被人发现自杀身亡于饭店房间。

报界推测，雷德尔上校是那种为上司承办大小事，做到累得像狗的人。在弗里德里希·贝克（陪侍皇帝左右且生性很懒惰的皇帝好友）当参谋总长那二十四年期间，这种人到处可见。贝克和其底下的各部门头头，常把自己该做的大小事，都丢给波蒂奥雷克、康拉德和最近身亡这位上校之类积极进取的下属做。吉斯尔将军（典型的奥地利好逸恶劳将领，松垮垮的三层下巴垂在他军装衣领上）把雷德尔调来他麾下，正是因为在维也纳的共事经验，让他知道雷德尔是个从不喊累的工作狂。总而言之，雷德尔工作个不停，早早就来上班，工作到很晚，然后到咖啡馆看报纸，接着回办公室工作到深夜。他离晋升将官只差一小步，但似乎不堪工作负荷而垮掉。另有报道推测，雷德尔说不定是被国外危险的"秘密活动"搞到精神崩溃。

　　"我们不清楚他为何开枪自杀，"《新自由报》（_Neue Freie Presse_）于五月二十六日星期一坦承道，"听说他于周六晚上坐轿车来到维也纳，有三名军官来接他。那三人护送他到饭店房间，跟他谈了些事，然后离开。"三名军官离开后，雷德尔离开饭店，在附近一家餐厅用餐，写了短笺和信，走了一会路，午夜时回到他下榻的饭店，在书桌上摆上三千克朗（六百美元），然后开枪自杀。周日早上五点，那三名军官派传令兵去叫醒他，发现他已身亡。[41]到了那一周中期（那名传令兵也自杀之后），每家报纸都在报道此事，《新维也纳日报》则报道了一场"非常古怪的丧礼"。如此受敬重的军官，为何葬礼如此隐秘低调，没有军方仪仗队，而是由老百姓抬棺，且棺木盖着，然后没有仪式，急匆匆从驻地停尸间送到维也纳辽阔中央公墓一个未标记亡者身份的墓下葬？[42]

　　到了那个周末，一切真相大白。自那一周中期起，几家八卦报就一直在拿雷德尔的性生活捕风捉影地报道，陆军部在这些报纸催逼下，终于发布一简短声明，说雷德尔自杀，乃是"因为同性恋情使他财务陷入困境，他为缓和此困境，把机密军事资料卖给某外国的特务"。[43]更简单地说，雷德尔把奥、德军事机密卖给他的俄罗斯爱人，以换取性爱和金钱。每一次他

85

想洗手不干，俄罗斯人就威胁要揭发他。八卦报拿这个腥膻丑闻大做文章时，《新闻报》一直对此不碰不谈，但此时它也屈服："我们一直以为这个高贵帅气的军官是个喜欢与女人为伍的潇洒迷人男子，其实似乎已'堕落了'。"[44]

真相是阿尔弗雷德·雷德尔至少从一九〇五年起就替俄罗斯人搜集情报。那一年，他四十一岁，挂上尉官阶，奉派到高加索学俄语，结果却对某些俄罗斯人研究得有点太深入。雷德尔在维也纳军中往上爬时，他当年的俄罗斯东道主一直守着这秘密。[45]当上维也纳军事情报局副局长时，他主持反间谍部门，使他不只能泄漏德、奥的机密，还能泄漏维也纳安插在俄国的最优秀间谍名单。担任布拉格第八军（康拉德之机动预备队的四个第二梯队军的其中一军）参谋长时，雷德尔泄漏了德奥一旦与俄国开战，两国在波兰、加利西亚的联合作战计划。俄国报纸频频讨论奥匈帝国机密计划一事，终于促使奥地利展开内部调查，进而揪出雷德尔。他会事迹败露，败在一封塞有六千克朗的信。与他接头的俄罗斯人从德国将那封信寄到他位于维也纳的邮政信箱，但他未及时领取，信于是被"退回寄件人"。德国官员收到退回的信，将其拆开，比对了掌握的资料，发现了奥地利人十年来都未发现的秘密。[46]

奥芬贝格忆道，雷德尔事件"带来接二连三的打击"，而最后一个打击堪称最严重。把雷德尔叫到维也纳的参谋官，未讯问雷德尔，查明其叛国程度和接头对象，反倒交给他一把手枪，允许他自裁了事。诚如英国武官所说的，这么做大概是"为了避免令人难堪的丑事曝光"。维也纳的《工人报》问道："敌人怎么有办法收买如此杰出且有经验的奥地利陆军参谋?"问出了大多数人心中的疑问。[47]《新闻报》觉得"如此干练的

86

军官，得到他上司无限的信任——他甚至是 Vertrauensmann（受信任之人），获准进入弗朗茨·斐迪南在美景宫的私室——竟会叛国，实在令人震惊"。雷德尔事件令维也纳颜面无光，无地自容。

事实上，奥地利军方领袖最担心的，乃是雷德尔叛国对军方可能造成的影响。在四月那件涉及自己儿子的间谍丑闻中勉强全身而退的康拉德，不希望雷德尔供出他的恩师（康拉德是其恩师之一）、共犯、方法。[48]要那三个逮人的军官在饭店房间盘问雷德尔，然后给他一把手枪，让他自裁的人，就是在雷德尔被捕时正在环城大道克特纳段（Kärtner Ring）的格兰德饭店用餐的康拉德。康拉德希望借此使雷德尔问题消失，以为报纸只会报道有位杰出军官以奥匈帝国薪水过低的军官所常有的那种出于绝望的自杀了结自己性命，不料反把事情搞砸。

雷德尔接受仓促的盘问时极不合作，把他的秘密大部分带
87　进了坟墓里，但逮捕者从盘问中和后来撬开他位于布拉格住所的保险箱中得到的少许信息，却令人惊骇：雷德尔已把最新版的 R 计划（一九一二年更新的计划）卖给俄罗斯人，里面包括所有动员和部署计划、作战命令和行军计划表、德国针对东部边界制定的动员计划（得自第一次巴尔干战争期间雷德尔本人在柏林与毛奇开会时）、德奥作战装备的技术性说明书、加利西亚一地普热梅希尔（Przemysl）要塞建筑群草图、该要塞群的物资补给计划。雷德尔把参谋部对奥匈帝国军事演习的机密评论卖给俄国人。他常提醒俄国人留意奥匈帝国陆军部正在思考的组织改革或技术性改革，向俄国人泄漏奥国间谍名单，掩护奥地利境内的俄国间谍，诬告无辜的奥地利军官为外国刺探情报（以维系其坚持不懈侦捕间谍的名声），扼要说明

必会接掌集团军或军之奥匈帝国将领的长短处。说到康拉德此人时，雷德尔说他"善于出谋划策但无识人之明"，而那桩英国大使馆所谓"令康拉德大为难堪、名誉扫地"的事件，似乎正坐实这评断。[49]

对一再容忍康拉德的狂妄而一径予以保护的弗朗茨·斐迪南来说，这林林总总曝光的内情是压垮他对康拉德之信任的最后一根稻草：这些内情揭露康拉德本身的颟顸无能，为莱塔河两岸批评哈布斯堡陆军的那些人，送上进一步缩减军事预算和特权所需的弹药。曝光的内情中，包括雷德尔布拉格家的保险箱里有一名骑兵中尉的裸照，雷德尔只要人在维也纳，就与那人黏在一块。有份报纸写道："如今大家说陆军是反常性爱与性欲倒错的温床。"还有一份报纸把焦点放在钱而非性上面："我们花数百万的钱在陆军上，认定至少不会有叛国之事，如今却爆出这让人难以置信的丑闻：一名最高阶军官，在未遭察觉下侦刺情报十四年。除了说陆军是个瞎眼的傀儡，除了是只有封建领主与资产阶级势利鬼才能参与的地方，除了是场灾难，我们还能说什么。"[50]

康拉德底下参谋部安全意识的松懈，到了匪夷所思的程度，否则以雷德尔这个加利西亚公务员之子，财产暴增，生活阔绰，雇用五名仆人，在布拉格租下一间豪华公寓，在维也纳买下一间豪华公寓，养了四匹良种马，怎会一直未受到怀疑。雷德尔还在几乎人人都没车的时代，开着一部三十六匹马力、值一万六千克朗的奥地利－戴姆勒（Austro-Daimler）汽车，一年花掉估计十万克朗，凭着上校的薪水却积聚了两百万克朗的财富。雷德尔光付他仆人的薪水，一年就花掉七千克朗，相当于两名陆军少校的年薪。如此张扬阔绰，怎会没人起疑？

88

信教虔诚的斐迪南大公，也震怒于雷德尔的同性恋。当时的军官圈子仍把同性恋称作"波茨坦病"（la Potsdamie），谣传这种断袖之癖盛行于普鲁士宫廷，因此而得名。经查明，雷德尔自杀的那间饭店，距霍夫堡宫步程不远的克罗姆泽（Klomser）饭店，就是雷德尔常从布拉格开车来与男友斯特凡·霍林卡（Stefan Horinka）中尉相会的地方，而霍林卡在维也纳约瑟夫施塔特（Josefstadt）区的公寓，据房东太太所说，乃是"狂欢作乐"之地。雷德尔总会顺道过来，和霍林卡云雨一番，告诉房东太太他来"看他的侄子"；她不是傻子，知道怎么回事，但还是纳闷陆军军官怎能穿得这么好、开这么贵的车四处跑。房东太太推断，"他在部里搞见不得人的交易，大概在把缓役证明卖给想让自己儿子缓役的有钱人"，而他对雷德尔的这番认定，正与一般大众对陆军的怀疑相一致。[51]

这是自一九〇四年皇帝将路德维希·维克托大公流放出京以来，维也纳所爆发的最大同性恋丑闻，使哈布斯堡王朝所希望遮掩的种种事物再一次曝光：蒸汽浴、男按摩师、在维也纳市立公园找少年寻欢以及多瑙运河沿线好色的雷德尔常去的所有地方。而这一切全发生在康拉德眼皮底下。雷德尔的戎马生涯始于贝克麾下，但在康拉德麾下开始平步青云，这时，康拉德甚至不愿把雷德尔事件的相干人等解职或惩戒，而只要霍林卡中尉接受三个月的苦役和贬为大头兵。[52]弗朗茨·约瑟夫对这些曝光的事极为反感，于是把他的兵权大部分转移给弗朗茨·斐迪南大公，任命他为"联合武装部队督察长"。若非这一连串发展，皇帝绝不会授予他此职。督察长指挥陆海军和掌理参谋部，而此前最后一任督察长是这位老皇帝的堂伯，已于一八九五年去世的阿尔布雷希特大公（ArchdukeAlbrecht）。[53]弗朗茨·斐迪南对这些曝光之事的厌恶，至少和弗朗茨·约瑟夫一样强烈，但这位信教虔诚的大公也认为康拉德让雷德尔选择自裁一事违反神的律法。他再次开始要求撤换康拉德，代之以会扫除积弊、重整纪律与道德之人。他提出特尔斯蒂扬斯基（Tersztyánszky）将军与波蒂奥雷克将军两人选，尽管波蒂奥雷克据说也是个同性恋。

整个二元君主国，而不只是奥地利报界和军方，都紧盯着雷德尔事件不放。保守派认为此事再一次揭露正腐化奥地利的"社会弊病"："对金钱与个人前途的极力追求、自我中心、物质主义、浮夸虚华、道德彻底沦丧。就连 k. u. k. 军官团都已被这些东西渗入。"[54]奥地利议会群情激愤，要求陆军将此事交给司部法调查，议场里响起令人难堪的质问：为何雷德尔未被捕，未照规定送交军法审判？他靠什么如此快速升迁，当上陆军部一重要部门主管和军参谋长？他豪奢阔绰的生活作风怎么一直未被注意？他为何获准自己了结性命？既然雷德尔也泄漏了德国的机密，为何未邀德国一起调查？他出卖了哪些机密？未来任何对俄作战计划都已被摸得一清二楚？陆军理不直气不壮的自我辩护——"雷德尔穿皇帝的军装，但其实完全称不上是奥匈帝国军官，因为军官团是纯正的"——是可笑的，隐含反犹意味（雷德尔是犹太人因而不纯正）的，被斥为胡说八道。[55]匈牙利议会看到他们所已然鄙视的共同军里曝光这些无能、腐败、堕落之事，惊骇万分，无法接受。自一九一二年晚期起，贝希托尔德为了得"一劳永逸地"和塞尔维亚打一仗之事受到康拉德围剿，这时则得到解围，因为抬不起头的康拉德噤了声。[56]

不久后，巴尔干联盟的炮火打破这静默。该联盟所有成员国自一八九〇年代起就蚕食马其顿（保加利亚人袭掠希腊人村庄，阿尔巴尼亚人袭掠塞尔维亚人，每个族群都在袭掠土耳其人），这时则张开口，想尽可能吞下马其顿土地。[57]在巴尔干战争前，塞尔维亚承诺把马其顿中北部的大部分地方让给保加利亚人，但被列强逼离阿尔巴尼亚后，贝尔格莱德反悔，不愿割让马其顿领土。一九一二年十一月只花一天时间就把保加利亚军队打到萨洛尼卡的希腊人，不愿割让马其顿或色雷斯的任何土地。罗马尼亚人跟着凑上一脚，要求取得保加利亚的多瑙河港锡利斯特拉（Silistra）和多布罗加（Dobrudja）南部。奥地利人还是只能窘迫不堪地看着他们在自己主要的势力范围里撒野，插不上手。三月，布达佩斯有份日报写道："奥匈君主国在巴尔干战争中丧失的威信，更甚于在此战争中遭击败的奥斯曼帝国。"[58]这些新兴的巴尔干国家为统一民族而攻打土耳其人（且彼此攻伐），其初生之犊的冲劲与活力，哈布斯堡君主国里厌倦、消沉的斯拉夫人、罗马尼亚人绝对看在眼里。[59]

一九一三年夏在波希米亚举行的一年一度奥匈帝国陆军演习上，弗朗茨·斐迪南大公把康拉德拉到一旁，告以他想在一九一四年安排另一组军事演习，也就是想在依例于九月举行模拟和俄国交战的演习之前，在六月于波斯尼亚办一场大规模军事演习，以威吓塞尔维亚，在巴尔干展示老早就该展示的武力。这位大公甚至已想好日期，六月二十八日，即塞尔维亚纪念一三八九年基督教王国在科索沃的黑鸟平原之役败于土耳其之手的国定假日。[60]

奥地利人暗自筹谋时，保加利亚人掀起第二次巴尔干战争，打算纠正第一次巴尔干战争的不公平结果。七月，他们遭

这时已停止运作的巴尔干联盟的其他成员国彻底击败。保加利 91
亚之所失，即塞尔维亚之所得：贝尔格莱德的疆土扩增一倍
多，人口增加三分之一，取得从史高比耶至北边莫纳斯提尔
（比托拉）的马其顿中北部大部分土地。一九一三年八月召开
和会，结束此战争，而奥地利人再次以缺席和会引人注目。德
国人不顾奥地利反对，批准和约条文，同意让罗马尼亚、保加
利亚、塞尔维亚扩大疆域，从而进一步削弱他们奥国盟邦的国
力。

维也纳能（如埃伦塔尔那般）把塞尔维亚贬为从奥地利
果园偷苹果的"坏小孩"的时代，显然已经一去不复返，但
就在形势如此危殆之时，这个二元君主国的两个部分仍无法共
体时艰，同心协力。一九一三年，负责联系奥、匈两国政府的
两国代表团会晤，以讨论紧急扩编军事预算和年度征兵员额之
事，却为了下了班的哈布斯堡王朝军官能不能在匈牙利议会兼
差当警卫，或为了是否必须取消他们"外国士兵"资格的问
题，而陷入僵局。[61] 整个帝国似乎正逐渐崩解。英国某报刊出
一篇名为《奥匈帝国解体》的文章，其副标题为"说不定今
日，或许明日，肯定后日"。该文预言这个君主国会于不久后
遭德、意、俄、塞、匈瓜分，而最令奥地利人感到羞辱的，乃
是瓜分国里有匈牙利。[62]

一九一三年波斯尼亚境内的哈布斯堡陆军演习，反映这一
普遍的不安；这些演习引爆康拉德与弗朗茨·斐迪南的公开争
吵。康拉德指责斐迪南大公把演习搞砸，然后愤愤然离开演习
现场。弗朗茨·斐迪南不甘示弱，骂参谋总长是"华伦斯坦
之流"，影射他和三十年战争中带兵得胜、后来阴谋推翻哈布
斯堡王朝、最后遭刺杀的奥地利统帅华伦斯坦一样。[63] 康拉德

与斐迪南大公争吵的原因，大大透露了奥地利陆军持续未消的难题。贝克当参谋总长时，军事演习的质量就已大不如前。他赶在一两天内完成演习，以配合皇帝日衰的体力和注意力，且使花招营造攻方兵力庞大的假象，以满足皇帝爱看盛大场面的心理。[64]康拉德较专业，较跟得上时代。他把一九一三年的演习分为两部分。第一阶段四天，要两军（各一万四千兵力）在科林（Kolin）与布杰约维策百威小镇（Budweis）周边丘陵相逼近，陈兵列阵，以测试指挥官的作战能力。第二阶段三天，要测试他们的战术能力。这一次，康拉德抱怨斐迪南大公之事，完全言之有理。弗朗茨·斐迪南缩短演习第一阶段，使指挥官——不久后就会在战场上与俄罗斯人真枪实弹对打的布鲁德曼将军和奥芬贝格将军——没有机会侦察行动中的敌军动静和调度部队攻打敌军。然后斐迪南大公在布鲁德曼的部队已开始溃败时突然中止战斗阶段，下令隔天针对"以旗子代替的敌人"演习。这一把部队抽离守方，在他们阵地里留下旗子，然后要他们加入攻方的做法，曾被贝克大肆使用以营造戏剧化效果，但已遭欧洲所有其他国家的陆军扬弃，"因为那导引出战场上所不会呈现的情况"。一九一三年时，较认真的演习都以没有旌旗飞扬但切合实际的"空荡荡战场"为特色，骑兵下马，步兵和火炮进入壕沟或躲在掩蔽物后。武官把人马拥挤的战场上旗海飞扬的演习称作"表演给姑娘看"，且的确有人在无意中听到，斐迪南大公下令某上校把其参与插旗演习的部队，调到"从山上较容易看到的地方"，而弗朗茨·斐迪南就和他妻子、小孩一起坐在那山上。

看了数千奥地利士兵以紧密队形迅速奔驰于战场上去攻击一排旗子时，法国武官转向他的塞尔维亚同行，问道："在你

们所打的最近两场战争中，有看过守方守得比这还轻松的　93
吗？"这个塞尔维亚人没见过。[65]但斐迪南大公不以为意；康拉
德要求演习更逼真时，有人不小心听到斐迪南大公如此反驳：
"承平时期没必要教我们的士兵死。"[66]奥地利报界报道了在演
习场上所远远看不到的阴谋。鲁道夫·布鲁德曼（Rudolf
Brudermann）将军，"美景宫的宠儿"，原本就要惨遭因涉及
匈牙利人、金钱、女人的丑闻搞坏名声，而欲被借由这场演习
扳回颜面的奥芬贝格歼灭时，斐迪南大公不想看到自己的爱将
输，于是在布鲁德曼的部队逐渐瓦解之际突然停止演习，然后
下令展开插旗演习，以为布鲁德曼保住面子，让奥芬贝格无法
如愿挽回名声。[67]康拉德对此极为反感，当场递出辞呈，遭斐
迪南大公驳回。弗朗茨·斐迪南提醒康拉德，陆军禁不起在雷
德尔事件后再出丑闻，因为"犹太人、共济会的报纸"会拿
他们两人的不和和康拉德的去职大做文章。[68]匈牙利报纸《布
达佩斯》报道弗朗茨·斐迪南与康拉德之间的紧张关系时，
表露出事不关己的立场："对匈牙利大众来说，由康拉德还是
别的将领占有这职位，无关紧要，因为他们的陆军与我们国家
没有瓜葛。那不是我们的陆军，不为我们的国家目标而战。"[69]

康拉德辞职不成后，在这职位上力求表现。十月十八日在
莱比锡与德皇会晤时，康拉德从威廉二世口中索要到一旦与塞
尔维亚开战德国会支持奥国的保证。这时，塞尔维亚正侵犯五
个月前才由列强扶立的新国家阿尔巴尼亚。德皇以低沉声音说
道："我站在你这边。"同一天，奥地利人向贝尔格莱德发出
最后通牒，要其撤出阿尔巴尼亚所有有归属争议的领土，扬言
若不从将开战。已在两次巴尔干战争中损失九万一千人的塞尔
维亚，一个星期后撤兵。

一如在春季时的斯库塔里危机中所见，哈布斯堡扬言开战
的举动迫使塞尔维亚人（和俄罗斯人）从战争边缘缩手。好
在威胁奏效，因为奥匈帝国的狂言大话掩饰了陆军武器的严重
不足，特别是野战炮和机枪方面的不足。亚历山大·布罗施上
校从博岑告知奥芬贝格他的团"样样都缺：火炮、机枪、炮
94 弹、步枪、步枪弹"。[70]贝希托尔德漠视这些警讯，且如他在十
月二十一日写给弗朗茨·斐迪南的信中所夸称的，庆幸他
"在没有（德国人）指导下"又打赢塞尔维亚人一回，尽管德
皇曾发电报表达其对奥皇的支持，向贝希托尔德表示祝贺之
意。威廉二世告诉驻柏林的奥地利武官，"奥地利摆出威胁姿
态；我希望她继续这么做"。[71]贝希托尔德的沾沾自喜，主要得
归因于对国际情势过分乐观的解读；贝希托尔德仍认定英国把
"强大的奥匈帝国视为欧洲（压制俄罗斯）所不可或缺"，且认
定英国协助阻止了塞尔维亚人取得阿尔巴尼亚的海港，以阻止
由俄罗斯主导的"大斯拉夫帝国"形成。[72]就是这些浮夸的认定，
使奥国免于和塞尔维亚陷入难以收拾的小冲突（"即使是白痴，
有时也会走狗屎运"，布罗施酸味十足评论贝尔希托尔德此人）。[73]

事实上，维也纳已失去身为大国所拥有的大部分行动自由。
在外交政策上国内没有共识，预算赤字达十亿克朗。老皇帝和
以往一样疯疯癫癫——十月与英国大使馆官员会晤时，他闲谈
巴尔干半岛的整个政局，最后，令款待他的英国人大吃一惊的是，
他推断"总的来说，土耳其人是那里最好的人"。[74]土耳其人当然
已不在那里，但这位皇帝似乎未因这一实际情况改变他的看法。

没皇帝那么老朽的奥地利领导们，则非常清楚他们处境的
艰险。英国武官报告了这个君主国开始明白自己国力有多弱
时，陆军部和参谋部近乎恐慌的情况。巴尔干半岛上的战争恐

慌已迫使奥地利人思考真打起仗来他们要如何分配兵力，结果发现兵力太少，不管是要对付俄国、塞尔维亚、意大利、罗马尼亚乃至波斯尼亚－黑塞哥维那境内的一场叛乱，都无法取胜。圣诞夜康拉德沮丧提笔写道："我愈来愈相信我们的目标只会像艘逐渐下沉的船，体面的没顶。"[75]

对外，奥地利逃不掉德国的拥抱。"他们（两国）原是结盟关系，现在则是铐在一块，"丘吉尔后来如此写道。德国陆军（或德国扬言动用陆军），已成为奥地利唯一的"保命符"。奥匈帝国得趁塞尔维亚还未变得更强大时杀杀它的气焰，但打塞尔维亚人，必然要打俄罗斯人，而没有德国助阵，则打不赢俄罗斯人。贝希托尔德正催外交部内的同仁尽快完成对哈布斯堡外交政策的大幅检讨，而外交部的涉入正证实了上述德国角色吃重的看法。检讨报告的主要结果有两重：塞尔维亚日益受到陆军和"黑手会"（以及其侵略性的新任驻俄大使）的左右，所以不可能安抚得了，只有动武才能压制其野心，而一旦动武，俄罗斯不会退缩。检讨报告指出，圣彼得堡这时正运用其在巴尔干半岛上所能动用的所有手段削弱奥匈帝国的地位。俄国人在煽动塞尔维亚人，试图使罗马尼亚脱离其与奥、德的结盟关系，且有可能用法国人的贷款利诱保加利亚人、土耳其人也脱离这关系。情况看来似乎已没有什么好谈的——只有一团笼罩巴尔干半岛且悄悄渗入由斯拉夫人占多数的哈布斯堡君主国的泛斯拉夫狂热。这使塞尔维亚掌握了主动权。塞尔维亚这时看出，把俄罗斯、塞尔维亚两地民族主义合流的沙皇尼古拉二世，绝不会再抛弃贝尔格莱德；如果再一次抛弃贝尔格莱德，陆军有可能不再挺他，而陆军是沙皇政权的支柱。塞尔维亚因此信心大增，绝不会再因奥地利的放言恫吓而退缩。如果

95

战争爆发，他们会放手一搏，心里认定俄罗斯人会踢开奥匈帝国的东大门，助塞尔维亚征服波斯尼亚－黑塞哥维那、克罗地亚、斯洛文尼亚。

柏林这时是左右大局的关键，而德皇有他自己需要认真思考的疑虑。德国人肯定奥地利自一八六七年开始施行的折中方案，却极为担心奥匈帝国即将到来的接班问题；他们知道弗朗茨·斐迪南一旦接位（据认不久就会发生的事），会动手拔除维也纳、布达佩斯之间并不顺利的伙伴关系。一九一四年弗朗茨·约瑟夫已八十四岁，身子虚弱到每次斐迪南大公去他的波希米亚乡村别墅或位于亚得里海滨的府邸，都有一辆专列在那等着，以便皇帝突然驾崩时，可将他迅速送回维也纳。一九一四年五月，斐迪南大公，而非皇帝，为奥、匈两地代表团的开会主持开议仪式，因为弗朗茨·约瑟夫病重，无法主持。皇帝未参加陆军演习已数年，都由斐迪南大公代他参加。[76]但弗朗茨·斐迪南因立场反匈，为匈牙利人所痛恨。在其他地方，他也不得民心。就连克罗地亚人都在一九〇〇年代初期背弃他，尽管他原想让他们在萨格勒布有自己的都城，且已让他们跻身领导阶层，一同治理这个君主国。[77]捷克人也背弃他；一九一四年一次大战爆发前那几个月，他们为争夺布拉格议会和奥地利议会的控制权，和波希米亚的德意志人争战不休，加利西亚的乌克兰人也加入这场争斗，攻击奥地利议会中的"波兰社"（Polish Club）。如果每个民族都要求跻身维也纳、布达佩斯的特权统治阶层，或要求有权完全脱离自立，奥匈帝国还能幸存吗？显然不可能。一九一四年三月，弗朗茨·约瑟夫指示其总理卡尔·冯·施蒂尔克（Karl von Stürgkh）宣布奥地利议会无限期休会，国家进入紧急状态。

康拉德和毛奇自一九〇九年起进行过零星几次幕僚会谈，粗略同意一旦爆发大战，德国人会执行其施里芬计划，击溃法国人，奥匈帝国则力挫俄国人在东边的任何早期攻势。一旦打倒法国，德国人挥兵向东，将奥地利救离势不可挡的俄军之手。一九一四年五月他们在波希米亚的卡尔斯巴德（Karlsbad，捷克语称卡罗维瓦利/Karlovy Vary）最后一次开会时，确定这一粗略的协议仍然有效。但在具体做法上，有含糊不明之处。按照康拉德的作战计划，哈布斯堡王朝陆军要分成三个部分，即俄罗斯群（二十八个师）、巴尔干群（八个师）、机动预备队（十二个师）。欧洲大战几乎肯定会在巴尔干半岛点燃，然后立即扩及俄罗斯，因此，至关紧要的是，德国人得得到奥地利的以下保证：维也纳将只会用其"最小巴尔干群"的八个师守住其南边界，把其他部队（四十个师）全迅速调到东边挡住沙皇军队。

一如德国，奥地利非常清楚其东疆极难守住。弗朗茨·斐迪南的军事文书署于一九一一年所拟的研究报告推断，奥地利根本无力在塞尔维亚、俄罗斯两地同时作战，这么做将使人数居于劣势的奥匈帝国部队孤军深陷华沙与伦贝格之间的广大地区，几乎必然全军覆灭。[78] 二十世纪时俄军兵力已如此庞大（六百万），即使奥匈帝国动用其全部两百万兵力，也难以削弱其攻势。如果抽调部分兵力到塞尔维亚，使迎击俄军的奥匈兵力变少，奥地利八九不离十会落败。

不过，鉴于康拉德不断痛斥贝尔格莱德，他很有可能会先打塞尔维亚。他会试图集结二十个师来对付塞尔维亚的十二个师——从而实质上执行 B 计划，而非 R 计划——而这将使奥地利位于东边的二十八个师陷入险境，可能遭兵力三倍或四倍于它的俄军歼灭。德国无视这一显而易见的危险。毛奇最关心的似乎是使康拉德不要再执着于要德国派军队到东边，因而决定略过细节不谈。不讲清楚符合双方的需要，既使维也纳可以视情势发展决定是否要消灭塞尔维亚，也使柏林能保有抽离东线部队，全力进攻法国的选项。[79]

毛奇、康拉德两位将军是行经墓园吹哨子壮胆，其实心里都怕。一九一四年的俄罗斯已不是十年前施里芬计划的初步草案中设想的那个不堪一击的巨人。自败于日俄战争后，俄罗斯力行革新，添置了急射轻炮和重炮，彻底整顿了本国的动员流程。俄国已建造了连接莫斯科、圣彼得堡到华沙的新双线铁路，从此将可随时与敌交战，且配备有比奥地利部队更多火炮的军队，可迅速部署到边疆地区，而不必停下来等姗姗来迟的后备军人报到。俄罗斯人自信满满，因而在一九一一年向法国人保证，第一道动员令一下达，只需十五天，他们就会把八十万部队部署到其与德国、奥匈帝国的交界处。[80]没人把俄罗斯人这些保证当一回事（毕竟俄罗斯是个帝国，后备军人一般来讲得跋涉约一千一百公里才能从家乡抵达兵站），但这些声明仍间接表示俄国科技的进步和令人吃惊的乐观。

98 　　在这同时，令人忧心的巴尔干半岛情势，使奥地利与塞尔维亚几乎免不了要一战，尽管这样的战争八九不离十会招来俄国出兵干预，届时，因施里芬计划和俄国可能进攻东普鲁士，而把心力放在别处的德军，将分不出身来施以援手。因此，形势有利于贝尔格莱德。尽管奥匈帝国想方设法围堵，但塞尔维亚人还是扩张一倍版图，使其人口增加到将近五百万。维也纳如临深渊。有家英国报纸示警道，与塞尔维亚、俄罗斯同时对干，"愚不可及"。[81]但康拉德就在思考这一愚不可及之事。此刻，他比以往任何时候更想这么干。

第四章 萨拉热窝逞凶

一九一三年在波希米亚举行哈布斯堡陆军年度演习时，弗朗茨·斐迪南指示康拉德规划一九一四年两波演习。除了历来固定于九月举行模拟与俄交战的演习外，斐迪南大公希望在一九一四年六月另外在波斯尼亚举办一场动用两个军的大型演习。维也纳希望这场以塞尔维亚人为假想敌的演习，不仅会让塞尔维亚人胆寒，而且可在巴尔干半岛展示奥地利早该展示的武力。

一旦爆发战争即会总绾奥匈帝国兵符的弗朗茨·斐迪南，届时会亲临现场主导军事演习。斐迪南大公即将到访波斯尼亚一事，一九一四年三月受到奥国和外国报纸广为报道，为塞尔维亚恐怖分子提供了一个让人手痒难耐的攻击目标。阿皮斯上校和黑手会想用一场惊人的恐怖主义攻击激怒奥地利人，但也想借由堵死与维也纳的所有协商管道，驱使塞尔维亚总理尼科拉·帕西茨开战。[1]帕西茨比阿皮斯之类的极端民族主义分子更为深谋远虑，对于正忙于消化、并吞马其顿、阿尔巴尼亚领土的塞尔维亚王国是否能击退来犯奥军，也远不如他们那么乐观。为迫使帕西茨行动，黑手会于一九一四年春开始在贝尔格莱德培训三名波斯尼亚学生，加夫里洛·普林齐普是其中之一。黑手会为普林齐普三人定好计划，要他们与另外四名刺客连手暗杀斐迪南大公，那四名刺客则会从波斯尼亚找来。

在七名刺客为行刺做准备时，康拉德正努力欲保住他的职位。斐迪南大公在一九一三年陆军演习现场当众叱责康拉德，似乎要当着康拉德的面，为他在雷德尔事件后新接任的"联合武装部队督察长"一职立威。两人虽然言归于好（康拉德向其情妇吹嘘向来疾言厉色的大公用了"非常窝心的话"安抚他），但布罗施上校一九一三年十、十一月写给奥芬贝格的信，却想当然地认为改变就要发生，会有不像康拉德那样"减损"斐迪南大公威望、惹恼大公的新人接任参谋总长。接替康拉德者，大概会是波蒂奥雷克，或是大公的新副官卡尔·巴尔道夫（Karl Bardolff）将军。前者"渴望接掌此职"，后者"在舍穆瓦任职期间基本上掌理参谋部"。[2]

这两人和其他人选的名字外泄，间接表示换人在即。康拉德听到风声，急急面见皇上以挽救职位。一九一三年十月，这位职位岌岌不保的参谋总长晋见弗朗茨·约瑟夫，相谈甚久，皇帝得知康拉德已失去斐迪南大公的宠信，非常乐于让康拉德改投他旗下。康拉德成为霍夫堡宫与美景宫持续不断的权力斗争中最新的争夺标的。后悔于雷德尔事件期间将兵权大幅授予斐迪南大公的皇帝，这时向康拉德保证不撤换他，且恢复他直接进宫面见皇上的权利，借以削弱弗朗茨·斐迪南的权力。身为斐迪南大公的门生，康拉德与霍夫堡宫的公函往来原都得通过美景宫。如今，他的信函将朝反方向传送。[3]康拉德想必把大部分醒着的时间花在游移于不同明主间和保卫他日益缩小的地盘上。剩下的时间，他才用来思考奥地利日益紧缩的行动自由。

一九〇五年的施里芬计划要奥匈帝国人做到某些事，即得守住位于加利西亚、波兰的要塞，直到德国人击败法国人为止（据这计划的想定，要六星期），但他们也将得击退塞尔维亚人。在一九〇八年波斯尼亚并吞危机期间，战争差点引爆之时，康拉德拟出一个乍看之下很漂亮的计划来落实上述义务。

局部性的奥、塞战争，发生概率不高，万一发生，以 B 计划（巴尔干计划）因应；奥地利与塞尔维亚开战，把俄罗斯卷入，发生概率颇高，万一发生，则以 R 计划（俄罗斯计划）因应。为使哈布斯堡陆军能因应上述任一突发状况，康拉德把陆军分为三群：第一梯队（A-Staffel，九军二十八个师，开赴俄罗斯战线）、巴尔干最小兵力群（Minimalgruppe Balkan，三军八个师，用于对付塞尔维亚）、第二梯队（B-Staffel，四军十二个师，将作为总预备队在两战线之间机动因应）。如果能将奥塞战争局限于当地，第一梯队将守卫俄罗斯边界，第二梯队则与巴尔干最小兵力群会合，以二十个步兵师和三个骑兵师执行 B 计划。如果俄罗斯介入（所有人都认为必会发生的情况），则执行 R + B 计划：第二梯队将立即上火车运往加利西亚增援第一梯队，以四十个步兵师打俄国，巴尔干最小兵力群的八个师则只着重于防守波斯尼亚 - 黑塞哥维那和匈牙利的边界。[4]

　　一九〇八年时，塞尔维亚兵力少且弱，且俄罗斯还未从败于日本之手里恢复元气，这样的计划似乎还管用，但到了一九一四年，情势已不同：一开战，维也纳的四十八个师将立即要面对至少俄国五十个师和塞尔维亚十一个师，且后续还要对付源源而来的许多俄国后备师和准备支持塞尔维亚正规军的数千名游击队员。一九〇八年时，俄国铁路非常原始，因而有施里芬所谓的"广漠无铁路"的俄罗斯之语，但到了一九一四年，那一广漠之地已有法国资助建造的双线铁路贯穿，若奥地利人在运送部队到东边上稍有延迟，就会吃大亏。事实上，到了一九一四年，俄国铁路已好过奥国铁路。俄国有四条单线铁路（单线意味着只能单向运输）和五条双线铁路（意味着能双向

运输）；而奥地利只有七条单线铁路，其中两条得奋力穿越高

102 耸的喀尔巴阡山。按照当时客观的估算，这意味着俄国一天能
运送两百六十列火车的兵进入波兰、乌克兰战场，奥地利则是
一百五十三列。[5]

在几位强悍、久经战火洗礼的将军领导下，塞尔维亚军队
兵力成长同时现代化，使奥地利再也无法像过去那样只需派支
小型军队越过多瑙河或德里纳（Drina）河征讨，就能让塞尔
维亚学乖。[6]早在一九一一年，康拉德就在兵棋推演中发现，至
少要十四个师才能击败塞尔维亚，而如果同时与俄国交战，根
本腾不出这十四师的兵力。为彻底挫败奥地利，塞尔维亚人的
办法，就只有把军队从边界撤回，迫使奥地利人深入多山的塞
尔维亚内陆，陷入旷日废时的战事。事实上，一九〇七年奥地
利的军事演习和一九一三年维也纳的兵棋推演，已测试并证实
塞尔维亚战术撤退会对不善打仗的奥地利军队带来何等毁灭性
的压力。陆军部长奥芬贝格在第一次巴尔干战争前夕即看出，
奥地利任何入侵塞尔维亚的行动，都必须利用摩拉瓦河谷
（Morava Valley）这个宽广的通道，而非蚕食没有战略价值、
位于德里纳河与萨瓦（Sava）交会处的塞尔维亚王国西北隅。
但如此兵分多路的宽正面入侵会需要较多兵力且较耗费时日，
而奥地利没有那么多兵力和时间可用。在一九一四年四月走访
杜布罗夫尼克（Dubrovnik）时，波蒂奥雷克做了他自己的推
演——衍生自棋赛的战况仿真，以铁制对象标示部队和补给，
在实际后勤、地形因素下每步限于两分钟内完成。令在场所有
人惊愕的是，塞尔维亚人赢。

波蒂奥雷克的四月兵推，预示了八月他入侵塞尔维亚会将
面临的景况。实际战况将如纸上谈兵所示——在德里纳河下游

和萨瓦河交会处作战的奥匈帝国第五集团军和在更南边越过德里纳河的哈布斯堡第六集团军之间的一个大缺口，使塞尔维亚人得以将这两支军队各个击破。但这场兵推预示的不利情况，康拉德完全未予采纳。他对一九一三年冬兵推的看法，说明了他为何会在一九一四年八月做出那些奇怪的决定。用兵塞尔维亚将遇到重重难关，包括道路不良、补给不易、敌人掘壕固守，但康拉德的建议是不计后果地蛮干："由于缺乏补给、交通工具和全盘了解，我们唯一的办法会是疾迅勇猛的进攻。"[7] 如此低估现代火器的威力，始终是康拉德辖下参谋部的一贯特色。他于一九〇八年所拟的对塞尔维亚作战计划，狠批日本人在日俄战争中的"怯懦"，只凭着他本人一股不服输的心态，无凭无据地认为"若有较剽悍的指挥部、较快展开作战行动、较快结束战役，伤亡会降到最低"。[8]

　　塞尔维亚刺客开始聚集于萨拉热窝时，贝尔格莱德陷入骚乱。七十岁的国王彼得厌烦于居中调解帕西茨与诸将领的外交政策主导权之争和马其顿、阿尔巴尼亚境内新吞并土地的治理权之争，于一九一四年六月卸下其大部分职权，任命二十五岁的王储亚历山大为其摄政。[9]这丝毫无助于安抚为奥地利斐迪南大公即将访问波斯尼亚而愤怒不已的塞尔维亚民族主义分子。弗朗茨·斐迪南鼓吹建立"大克罗地亚"，即一个包含克罗地亚、达尔马提亚、波斯尼亚–黑塞哥维那、斯洛文尼亚，且尽可能吸并塞尔维亚领土的罗马天主教超国家（superstate）。而这样的人就要踏足塞尔维亚人宣称为其所有的那些省份。斐迪南大公的到访日子也挑得特别差，六月二十八日，圣维图斯日（St. Vitus Day）：十四世纪塞尔维亚兵败科索沃并遭奥斯曼土耳其人制服的日子，自那之后令塞尔维亚人既开心又难过的国定假日。弗朗茨·斐迪南若有意以挑衅心态展现他对塞尔维亚的不屑，或他对皇帝谨小慎微作风的不屑，再没有比挑这一天到访更挑衅的了。"别让大公太出风头，"弗朗茨·约瑟夫的副官于这趟访问之行前写信告诉波蒂奥雷克，"我们不希望人民忘了还有皇帝在。"[10]但这位大公即将大展他从未有过的风头。

在康拉德与波蒂奥雷克的陪同下，斐迪南大公观看了六月二十六至二十七日在塞拉耶弗西南边山区举行的第十五军（杜布罗夫尼克）、第十六军（萨拉热窝）的演习，然后在二十八日带着他的妻子，大公妃苏菲，参观了萨拉热窝。全规格的奥匈帝国军事演习，一如以往，会在九月举行，模拟俄军入侵加利西亚的情况：这一次的巴尔干演习，用意只是展示武力，警告塞尔维亚勿轻举妄动。萨拉热窝之行不会太久，斐迪南大公会去一个兵营、市政府、一座新博物馆、一间地毯工厂看看，并与波蒂奥雷克共进午餐，而这些行程的用意，全在炫示哈布斯堡王朝的威权，确立奥地利对塞尔维亚宣称为其所有之省份的所有权。天黑时，大公一行人将会在离开波斯尼亚的火车上。[11]

六月二十八日，斐迪南大公在伊利扎（Ilidze）的波士纳饭店起床。伊利扎是温泉疗养地，位于萨拉热窝郊外为浓密森林所包围的凉爽开阔地里。他穿着一身骑兵将军的礼服（蓝上衣、黑长裤、带绿羽毛的双角帽），在一间已为了他的造访事先祝过圣的饭店房间里做礼拜（祝圣花了四万克朗），然后爬上一辆已经在等候着的车的后座。六辆车子排成一列，这辆敞篷跑车排在第三。车队驶往萨拉热窝，沿途弗朗茨·斐迪南与苏菲向伫立于路旁的民众点头、微笑，波蒂奥雷克蹲在可收

折的座椅里，面朝他们，一路指出主要景点。七名塞尔维亚刺
客，彼此隔着一定距离，分布在这一路线的沿途。第一名刺客
拿起布朗宁手枪，隔着九米距离开枪，未射中。弗朗茨·斐迪
南转头，看着奥地利警察擒拿这名刺客，阻止民众对他施以拳
脚。对皇帝敌意和不良居心深有所感的大公，粗哑喊道："尽
快把他吊死，维也纳会颁他一面奖章！"[12]第二名刺客丢出一枚
手榴弹，但大公的司机加速驶过，手榴弹在下一部车底下爆
炸，波蒂奥雷克的副官埃里希·冯·梅里齐（Erich von
Merizzi）中校受轻伤。

105

弗朗茨·斐迪南与波蒂奥雷克在波斯尼亚军事演习场

　　弗朗茨·斐迪南大公下令于一九一四年六月在波斯尼亚办一场动用两个军的
特别演习，以威吓塞尔维亚人。照片中大公在研究地图，替他拿着地图者是军长
和波斯尼亚行政长官奥斯卡·波蒂奥雷克将军。
　　这是斐迪南大公生前所度过的最后一个整天。隔天他就在萨拉热窝街头中
枪。
　　照片来源：Heeresgeschichtliches Museum, Wien

在抵达第一个停留地点，一八九四年建成的仿摩尔式雄伟的市府大楼时，大公怒火中烧。萨拉热窝市长和其诸市政委员排成两列，一边是戴非斯帽、着灯笼裤的穆斯林，另一边是着燕尾服和高顶黑色大礼帽的基督徒。大公硬生生打断市长带着巴结意味的问候："市长先生，你说这些有什么用？我来萨拉热窝亲善访问，却有人朝我丢炸弹？太离谱了！"进了市府大楼后，大公的气消了。他向他的随从开玩笑道："留心听着，这个（刺客）大概会按照奥地利的老作风获颁功绩勋章，而不会被'弄成无害'。"[13]

事前，波蒂奥雷克坚持由他一手包办此趟访问的所有安全事宜，结果发生行刺之事，令他非常尴尬。他希望这一天会结束得比开始时完满，向弗朗茨·斐迪南保证必会让大公如预定计划安然完成他在此市的行程。弗朗茨·斐迪南愿意走完预定行程，但坚持改变路线，以便去医院探望受轻伤的梅里齐。斐迪南大公从未打过仗，这是最近似于在战场上救助受伤同袍的经验。眼下他不顾后果，坚持基于人情之常该怎么做他就怎么做。波蒂奥雷克同意，但忘了把更改计划之事告诉此刻正按照原安排的路线把车队带离市府大楼的萨拉热窝市长和其司机。大公的司机傻傻跟着市长的座驾开，在拐弯驶进弗朗茨·约瑟夫街时，被波蒂奥雷克猛然叫住。波蒂奥雷克厉声要他停车、倒车，然后继续沿着码头直走，前往军医院。

一九一四年，汽车还很稀少，车队六辆车都是从奥地利汽车俱乐部暂时借来，司机则是骡子脾气，不高兴之下就突然停住车不肯前进。[14]道路两旁挤满围观民众，大公的司机使劲将车往后退然后转向。弗朗茨·斐迪南在这时拉长调子告诉波蒂奥雷克："说到刺客，人真的得把自己的性命交给上帝发落。"

106

大公座驾停住，准备打直，而大公夫妇直挺挺坐在后座，就在这时，加夫里洛·普林齐普（黑手会在贝尔格莱德征募到的三名波斯尼亚学生之一）挤过人群，近距离开了两枪：第一枪打穿大公的颈动脉，第二枪打进苏菲的腹部。两人都在几分钟后死亡。

弗朗茨·斐迪南与其夫人的遗体摆在附近的旧奥斯曼官邸——围墙环绕的波蒂奥雷克府邸——时，有人发现大公脖子上挂了七个护身符，每个护身符用来防止不同的邪灵近身。苏菲没有血色的脖子上围了一条金链，身上披了一条肩布，肩布里有用来防止疾病或意外上身的圣徒遗物。这两人是据说要把巴尔干半岛从落后与迷信中救出来的现代哈布斯堡家族成员。维也纳讽刺作家卡尔·克劳斯，在这趟管控糟糕、悲剧收场的访问里，发现更为荒谬可笑之处："皇储在弗朗茨·约瑟夫街和鲁道夫街的街角中枪身亡，正象征了身为奥地利人所代表的含义。"[15]

普林齐普立即被认出是波斯尼亚的塞尔维亚人，大公的每个随行人员都理所当然认为这名刺客是抗议奥地利占领波斯尼亚－黑塞哥维那已多年的塞尔维亚政府所派。因为疏于小处的安全工作而间接助行刺者得逞的波蒂奥雷克，此刻如某同僚所说的，"竭尽全力"鼓吹战争，"以洗刷他的过错"。[16]波斯尼亚演习结束后，康拉德打道回府，在萨格勒布换车时，才得知行刺之事。这时，他鼓吹那古往今来常用的解决办法：如贝希托尔德所说的，"战争，战争，战争"。与皇帝和内阁阁员开会时，康拉德要求采取"果断行动"。[17]陆军部长亚历山大·克罗巴廷向弗朗茨·约瑟夫的副官大施压力，以促使皇帝"立即宣战"。[18]奥地利大部分高阶将领和他们同声一气，力主向塞尔维亚"暗杀政权"和其"行凶者"报复。"给我一个军和一个后备师，我就可以搞定。"迈克尔·阿佩尔从其位于萨拉热窝的办公室激动说道。[19]

在萨格勒布，克罗地亚民族主义分子有了将异族杀光的念头。"我们周遭有太多讨厌的塞尔维亚人；从今天起，就把消灭他们当作我们的目标，"报纸《赫尔瓦茨卡》气冲冲说道。"srbe 或 vrbe"（意为"把塞尔维亚人吊死在柳树上"），成为流行的口号。[20]奥匈帝国驻贝尔格莱德的公使馆——受到"此地低规格哀悼"的公开侮辱，"此地的人在街上和咖啡馆里嘲弄我们的不幸"——也发出同样的激越言语："得让塞尔维亚再度懂得害怕——我们得趁这机会发出毁灭性的一击，不要有其他顾虑，以为我君主国争取再数十年的和平发展时间，以让加诸我皇上的这一侮辱受到惩罚。"[21]

六月三十日在申布伦宫晋见皇上时，老皇帝弗朗茨·约瑟夫的悲痛，令贝希托尔德印象深刻。皇帝伤心主要是为了君主国的困境，而非为了斐迪南大公。听着贝希托尔德向他陈述他所能选择的路，皇帝流下了泪水。自一八六六年大败之后，弗朗茨·约瑟夫一直避战，但此刻连他都了解到，战争，或最起码的威胁开战，已不可避免。普林齐普对哈布斯堡王朝的打击太凶残，太侮辱人。但匈牙利能否决奥地利的决定，因此，得等到匈牙利总理伊斯特万·蒂萨前来陈述布达佩斯的看法，才能决定下一步怎么走。

那天更晚时与蒂萨的会晤，结果一如预期。蒂萨反对向塞尔维亚开战，主张只在外交战场上对贝尔格莱德发动谴责战。他担心与塞尔维亚起冲突会招来俄国的介入，而俄军就陈兵于匈牙利边界旁。蒂萨当政数年来刻意削弱奥匈帝国的军力，比大部分人更清楚这君主国军力的虚实。[22]

匈牙利的胆小怕事，令老早就想找借口与塞尔维亚摊牌的德国大失所望。德国参谋总长毛奇，一九一三年二月以德、奥两国人民不会为了阿尔巴尼亚版图之类的小问题与人开战为由，把康拉德从战争边缘拉回来，此刻却在奥地利的不幸中瞥见机会。德国、奥匈帝国人民会为了替哈布斯堡皇储的惨死报仇而战。这正是鼓动德国、奥匈帝国人民所需的"口号"。[23]德国希望奥地利人抢占这道德高地，立即摧毁塞尔维亚，然后将所有兵力移到东边，但这份希望在炎热的夏季里破灭，原因不只出于蒂萨的不让步。

在萨拉热窝，七名刺客中已有六人被捕并受审问。有一人自称"塞尔维亚英雄"，但要说塞尔维亚政府是这场暗杀阴谋的共犯，再怎么说证据都不够确凿。米兰·奇嘎诺维奇（Milan Ciganovic），是在位于贝尔格莱德的自家公寓衣橱里存放了炸弹制造原料的政府雇员，他认为这些刺客与他们的军事训练员沃津·坦科西奇（Vojin Tankosic）少校，以及阿皮斯、民族自卫社有关联。但这些塞尔维亚官员是我行我素的无赖，不是政府的代理人，只是奥地利人（和德国人）对此重大差异视而不见。[24]波蒂奥雷克从萨拉热窝警示道，如果维也纳不下重手反击波斯尼亚的塞尔维亚人和在幕后资助他们的国家，就会治理不了波斯尼亚－黑塞哥维那。康拉德在波斯尼亚的线人，告诉他差不多的看法：得把治理之责从操控维也纳政局的"波兰外交官和宫廷顾问"手里拿走，交给军方。有人告诉他说："该是时候拿起铁扫把把这里清扫干净了……这里的塞尔维亚人至少有六成是国家的敌人。"[25]就连主张以和为贵的贝希托尔德都改变立场，六月三十日主张与贝尔格莱德"清算总账"。[26]同一天，柏林德皇劝奥地利人开战："机不可失！"[27]

109　　　奥地利皇帝原希望于七月三日德皇威廉二世来维也纳参加斐迪南大公葬礼时与他商议因应之道，但德皇担心塞尔维亚刺客行刺，也担心奥地利安全措施不足，决定待在柏林以策安全。在柏林，他收到弗朗茨·约瑟夫的来信，信中斩钉截铁说斐迪南大公遇害是塞尔维亚、俄国两地泛斯拉夫主义分子所为。这一推断使德国得以向其优柔寡断的盟邦施压加温。德国记者和特使维克托·瑙曼（Viktor Naumann）于七月一日在与贝希托尔德的幕僚长亚历山大·奥约斯（Alexander Hoyos）会晤时，告诉奥约斯此刻已该向德国请求大力支持其"消灭塞尔维亚"。瑙曼被德国政府找来当中间人，七月头几天向维也纳传达了这一明确的信息："奥匈帝国愈早开战愈好；昨天比今天好；今天比明天好。"[28]贝希托尔德"受惑于军方的魔力和武力，且着迷于军方恐怖机器的隆隆声响和耀眼夺目"（丘吉尔语），兴高采烈地同意，并告诉德国外长戈特利布·冯·雅戈（Gottlieb von Jagow），柏林和维也纳得"扯断敌人用来织成网子包住我们的绳索"。[29]德国的响应不会让贝希托尔德失望；德皇震惊于同是皇族成员且与他交情深厚的斐迪南大公遇刺，光是根据这一点，德皇就应该会同意让奥地利全权行事。

　　与瑙曼会晤四天后，奥约斯以贝希托尔德特使身份来到柏林。他先到德国外交部见了次长阿瑟·齐默曼（Arthur Zimmermann），向齐默曼扼要说明了维也纳的目标：由奥地利和其巴尔干半岛诸盟邦将塞尔维亚瓜分，基本上将它"从地图上抹除"。这场暗杀事件将被用来"编造与塞尔维亚算账的借口"。[30]

　　但德国所需要的，不是消火塞尔维亚，而是让它继续扮演骚扰奥地利且与俄国结盟的角色，但要削弱它的国力。在波茨坦，当德皇正为他隔日要动身的一年一度北海之旅做准备时，奥地利大使拉迪斯劳斯·瑟杰尼（Ladislaus Szögyeni），传达了较奥约斯、贝希托尔德温和的主张，承诺不将塞尔维亚从地图上抹除，只会"使塞尔维亚无法在巴尔干政局里兴风作浪"。[31]这一宣示使德皇愿意放手让奥地利自主行事。维也纳可以放手攻打塞尔维亚，德国会支持奥匈帝国，即使俄国介入，"引爆大战"亦然。[32]

110

七月三日在维也纳的西火车站（Westbahnhof），为将送往阿茨特滕（Artstetten）安葬的弗朗茨·斐迪南灵柩送行时，康拉德与奥芬贝格附耳交换了看法。康拉德断言这一次绝对得教训塞尔维亚，奥芬贝格同意这看法，但指出入侵塞尔维亚几乎肯定会升级为牵连更广的战争。康拉德说或许会如此，但未必一定如此。奥芬贝格提醒他，奥匈帝国炮兵战斗力一如以往的不足，而在任何"生死搏斗"中这都是陆军非常显眼的罩门。哈布斯堡陆军，每个军只有九十六门火炮，而俄国有一百〇八门，法国是一百二十门，德国是一百四十四门。奥匈帝国火炮也较老旧、射程较短、准度较差、口径较小。[33]康拉德有气无力地同意："那我很清楚，但此刻我没办法解决。"[34]

康拉德无法解决火炮问题，除了种种常见的原因，还因为在这关头还养得起情妇的他，打算带着情妇冯·赖宁豪斯（von Reininghaus）赴南蒂罗尔度长假。他会离开维也纳整整三个星期（从七月七日到二十二日），七月十九日回来参加内阁会议，然后迅即回到茵尼辰（Innichen，意大利语称圣坎迪多／San Candido）他情妇的小屋，与她再共度四天。未出门度假的德国驻维也纳武官，从康拉德几乎停摆的办公室，无法得知奥匈帝国陆军究竟打算怎么做：要用火车运多少兵力对付塞尔维亚，要运多少部队到加利西亚。[35] 由于康拉德不在，其他人也都决定请假。克罗巴廷到乡间宅邸度假，就连最重要的参谋部铁路局局长约翰·史特劳布（Johann Straub）上校也出去度假，在南边达尔马提亚的葡萄园和海滩上优哉游哉。陆军十六个军，有七个军休他们的农民兵假，好让他们回家去帮忙夏收，要到七月二十五日才会回营。难怪康拉德的参谋部八月时会要被"技术性难题"搞得手忙脚乱，因为七月时没人解决这些问题。

111 　　这时德军里有许多人渴望在法、俄的军备采购和兵力计划还未完成之际来场世界大战，但毛奇依然力主审慎，并指出明眼人都看得出的道理：普林齐普的行径，至少是得到了塞尔维亚政府某种程度的默许，在世人都惊骇于此恶行而同声一气之际，如果奥匈帝国抓住机会，迅速入侵塞尔维亚，一举即打垮这王国，那会比较好。并非奥地利盟友的丘吉尔，也认为这一暗杀行径卑鄙，类似于发动"泛凯尔特计划以一统爱尔兰、苏格兰、威尔士"，并用"都柏林兵工厂所供应的武器"暗杀威尔士王储的爱尔兰。[36] 就连俄罗斯人都觉得很难响应，德皇预测沙皇尼古拉二世不会"站在弑君者那一边"参战。柏林的决策者，就如麦克白夫人，一致相信"要是干完了之后就完了，那还是快一点干"。

　　换句话说，维也纳得利用这场危机正热的势头和同情心理，取消休假，动手。动员要三个星期：后备军人向团报到要一星期，团加入军要一星期，军加入位于边境的集团军又要一星期。每个人都笃定奥地利人不会干傻事，因而在其他诸大国里，只有少数人取消夏季长休；七月五日，德皇告诉奥匈帝国驻柏林大使："如果像现今这样有利的时机还不好好把握，（他）会很难过。"那是毫不掩饰地煽动战争之语。隔天德国首相特奥巴登·冯·贝特曼·霍尔维格（Theobald von BethmannHollweg）更推波助澜，敦促奥地利人动手，即便"出手对付塞尔维亚会导致世界大战"。[37]

招来战云之后，德皇即搭船出海展开三个星期的挪威峡湾之旅，毛奇回波希米亚的卡尔斯巴德泡温泉，陆军部长埃里希·冯·法尔肯海因（Falkenhayn）和陆军部、参谋部重要部门主管纷纷奔往湖边、温泉疗养地、海滩、山上度假。[38]德国首相贝特曼·霍尔维格甚至同意，只要维也纳的讨伐迅速展开，没有必要照三国同盟的规定知会罗马与布加勒斯特。毛奇从其位于卡尔斯巴德的疗养地写道，"奥地利必须击败塞尔维亚人，然后迅速缔和，要求以奥塞结盟为缔和的唯一条件，"且颇不识趣地写道，"就像一八六六年普鲁士对奥地利所做的那样。"德皇已向奥地利大使瑟杰尼表示奥国可自主行事，并认定奥地利人会快速了结对手（越过多瑙河，包围塞尔维亚陆军，攻占塞尔维亚首都），然后造成令世人（特别是俄罗斯人）只能干瞪眼的既定事实。[39]

但"快速"是个从来与奥匈帝国军队扯不上关系的字眼。一九一四年奥地利与塞尔维亚对决竟迅速升级为世界大战一事，与奥匈帝国政府决策的拖沓和哈布斯堡军队部署的缓慢有很大关系。在七月七日（暗杀事件十天后）的奥匈帝国内阁会议上，匈牙利总理蒂萨仍主张向塞尔维亚人施加纯外交性的压力，不愿支持蓄意羞辱塞尔维亚人而对方肯定不会接受的最后通牒。匈牙利民意大大左右了这位总理的意向，因为大部分马扎尔人基于三个理由不愿打仗。首先，斐迪南大公生前打算

112

缩减匈牙利的国土和武力；在布达佩斯，没人为他的死而哭。其次，匈牙利人不希望这个君主国里有更多的斯拉夫人，因此，以并吞巴尔干或波兰为目标的战争，在他们眼中并不明智。最后，匈牙利人清楚，打完一场大国战争，结果很可能不是俄国宰制中欧与巴尔干，就是德国宰制这些地区；而不管是上述哪个结果，都不利于布达佩斯。[40]

康拉德对奥匈帝国作战计划的检讨结果，也未提振蒂萨的信心。这位参谋总长太自信，以为只要俄国的意图"在动员的第五日之前"明朗化，他就有办法压得住塞尔维亚，并在需要时顺利将兵力调到对俄战线上。蒂萨最担心的事，乃是罗马尼亚人可能趁奥俄交战时入侵、并吞哈布斯堡王朝的特兰西瓦尼亚，但康拉德不把这放在心上。[41]内阁会议上似乎无人理解俄国所带来的存亡威胁。只有德国也出兵攻打俄国，才有可能打败罗曼诺夫王朝，但施里芬计划要求先打法国，也就是说俄国大军一旦出击，奥匈帝国将首当其冲。这也说明蒂萨为何不肯轻易附和出兵之议。

与蒂萨争辩，又耗掉整整一个星期。蒂萨坚持认为战争不仅未能改善奥匈帝国的民族问题，反倒会"引爆"那些问题。[42]匈牙利人拖延不决，康拉德和克罗巴廷干脆以此为借口，不定案作战计划，乐得延长他们的夏季假期。奥地利驻贝尔格莱德公使馆痛斥这一延宕，呈文贝希托尔德，表示塞尔维亚人正利用这一空当"完成他们的作战准备，为将会让我们吃不消的俄国介入争取时间"。[43]正在度假的奥芬贝格将军，七月十日在萨尔茨卡默古特（Salzkammergut）碰到正在度假的奥匈帝国财长舍瓦利耶·莱昂·德·比林斯基（Chevalier Leon de Bilinski），他正在阿尔卑斯山度他例行的夏季长假。虽然身为奥匈帝国财长和波斯尼亚－黑塞哥维那的行政长官，但他完全不知道这个君主国就要转入战争状态。[44]

直到七月十四日，蒂萨的马扎尔族同胞暨外交政策顾问伊斯特万·布里昂（István Burián）伯爵提醒他，如果对塞尔维亚的恶行丝毫不予制裁，将只会使罗马尼亚人更加敢于在特兰西瓦尼亚（布加勒斯特所欲染指而以罗马尼亚人为最大族群的匈牙利一隅），如法炮制作乱生事，蒂萨这才转而支持多数人所赞同的开战立场。蒂萨主张勿并吞塞尔维亚领土，以免君主国的民族问题更为棘手，与会众人匆匆同意此议。康拉德私下告诉克罗巴廷："等着瞧！巴尔干战争前，列强也讲要维持现状；战后，没有一个大国担心现状不保。"[45]

维也纳修润最后通牒至定稿，又过了一个星期。七月二十一日，贝希托尔德终于把最后通牒定本带到巴德伊舍（Bad Ischl）的皇帝别墅，给正在该处避暑的弗朗茨·约瑟夫批示。就要八十四岁且绝不是英明统帅的皇帝，过目且批准。最后通牒要求塞尔维亚"勿再反对奥匈帝国并吞波斯尼亚—黑塞哥维那"，然后列出十项羞辱人的要求：要贝尔格莱德审查其报纸报道"以移除反奥文章"，移除学校教育中反奥的教材，撤掉反奥的官员和军官，逮捕可疑的陆军军官和政府官员，停止运送非法武器入波斯尼亚－黑塞哥维那和达尔马提亚，解散民族自卫社之类的秘密会社，以及最贬损国格的，允许奥匈帝国官员（在塞尔维亚境内）主导调查"颠覆运动"和"六月二十八日的阴谋"，等等。[46]

若是早个一个月，行刺事件刚发生后，提出这份最后通牒，大概会受到国际支持，但这时，暗杀事件已过了数个星期，这一外交手段拖了这么久才出炉，奥地利已失去了其在这场危机之初的优势。义愤已消。行刺事件已过了一个月，在这同时，斐迪南大公的遗体已从萨拉热窝运到海岸，搬上一艘无畏级战舰运到的里雅斯特，然后上火车运到维也纳举行葬礼，再转运到位于上奥地利的皇族用的教堂地下室，并在那里长眠已将近三个星期。萨拉热窝的奥匈帝国驻军司令官阿佩尔将军满腔悲愤："我们已失去两名为奥地利的荣耀丧命的烈士；我们是受辱的帝国；我们的武力随时可将他们打垮，但至今连个动员令都没有！我们希望动员令尽快下达。"[47]更糟的是，德国人将奥地利要发给塞尔维亚的最后通牒的内容轻率地透露给意大利人，从而已使整个行动曝光。在圣彼得堡进行国事访问时，法国总统雷蒙·庞加莱（Raymond Poincaré）清楚地表示，他和俄国人都知道怎么回事，还说奥匈帝国欲使这场战争限于局部的企图不会得逞：庞加莱严正表示，塞尔维亚"有朋友"。[48]

七月二十三日下午六点，奥匈帝国驻贝尔格莱德公使乌拉基米尔·吉斯尔（Wladimir Giesl）将最后通牒送到塞尔维亚外交部。奥地利报纸同时刊出通牒内容，而由其内容可清楚看出，发通牒者不希望塞尔维亚人接受，也不认为塞尔维亚人会接受。塞尔维亚人有四十八小时考虑，而七月二十五日塞尔维亚人答复时，令人跌破眼镜的是，竟同意奥地利的几乎所有要求，只是不接受让奥地利人在塞尔维亚境内调查这一项，并提出转交海牙国际法庭审理作为其替代方案。[49]塞尔维亚人欲争取国际支持，因此努力营造讲理的形象；但奥地利在德国人和受损尊严的催促下，显得蛮不讲理。吉斯尔看了塞尔维亚人的解释，认为无法接受，于是断绝外交关系，离开塞尔维亚，搭渡船越过多瑙河，来到匈牙利的塞姆林（Semlin，塞尔维亚语称泽蒙/Zemun）镇。这就是战争信号。

但奥地利政策（最后通牒）与行动计划（动员）的落差之大，令人震惊。不久后将接掌一集团军的奥芬贝格将军，仍在上奥地利度假。有个亲人突然骑着脚踏车出现，手里挥着报纸大喊"引信已经点燃；是最后通牒！"时，他正和姊妹共进午餐。后来，奥芬贝格忆起他当时的惊讶："自萨拉热窝发生那些令人震惊的事已过了四个星期，我因此以为这场危机也会是虚惊一场。"[50]哈布斯堡将领的作战准备极为不足，但仍振奋于终于有机会打一仗。驻因斯布鲁克的奥地利第十四军军长维克托·丹克尔（Viktor Dankl）收到这消息时，向其司令部幕僚大喊道，"谢天谢地，要打仗了！"他把驻地乐师叫来，要他们办场音乐会庆祝。英国驻维也纳大使莫里斯·德·邦森（Maurice de Bunsen）爵士看到在奥地利首都有"大批民众游行直到凌晨"，还有在俄国大使馆前带敌意的示威。邦森表达了他对维也纳战争狂热的惊愕："民众明显认为这会是一场与塞尔维亚人交手的战争……对萨拉热窝所发生之罪行的迅速报仇……似乎少有人想到一个大国强行介入巴尔干半岛，必然会招来其他大国插手。"[51]

大国间的冲突，正是康拉德照理该防微杜渐却未防微杜渐的不测事件。康拉德理应利用暗杀事件后那一个月时间，做好迅速进攻的准备，以在其他大国还未能插手时把塞尔维亚打得无力还手，而非在阿尔卑斯山与情妇度假。自一八八〇年代起所拟的诸多作战计划，奥地利人都强调必须迅速动员、迅速部署、迅速击败塞尔维亚人，因为战事一旦拉长，俄罗斯八九不离十会介入，而必须强行渡河（渡过多瑙河、萨瓦河、德里纳河或三条河全部）才能入境塞尔维亚，意味着战事只会旷日废时。

116

七月二十五日，塞尔维亚人撤出贝尔格莱德，把中央政府迁到尼什。由于塞尔维亚把中央政府迁离边境，且把陆军集结于科卢巴拉河（Kolubara River）后面的瓦列沃（Valjevo）、阿兰杰洛瓦茨（Arangjelovac）周边，这时入侵塞国，结果几乎肯定是陷入泥淖，而非迅即得胜。在奥地利人犹豫不决时，塞尔维亚人已速速完成其初步动员（三十万兵力和五百四十二门火炮）。[52]这说明了当时人为何那么惊愕于奥地利迟迟才响应皇储遇刺事件：维也纳已给了塞尔维亚人和俄罗斯人整整四个星期来备战。

康拉德始终主张，若与塞尔维亚摊牌，时间因素会攸关成败，但尽管他夸夸其谈，事实表明他太被动，未预先因应可能状况。[53]他批准让现役士兵放假回去帮忙夏收，允许数万士兵于六月回老家帮忙收割。军官也放暑假。因此，当塞尔维亚人对最后通牒给了令奥地利不满意的答复，皇帝于七月二十五日下令局部动员时，康拉德没什么兵力可动员。皇帝于七月二十八日向塞尔维亚宣战时，奥地利军方毫无动静。后来，一九一五年接替贝希托尔德出任外长的布里昂伯爵，以这一被动消极的姿态为理由，反驳外界对奥匈帝国发动战争的指控：他以猜测的口吻表示，"事实表明奥匈帝国陆军完全未做好作战准备"，在这种情况下，怎么可能"在幽暗的作坊里谋划出这场战争?"[54]

康拉德的作坊照理应有更好的准备。这位参谋总长已在七月七日向贝希托尔德保证，只要于动员起的五日内清楚俄国的动向，他就应付得了两面作战。[55]然后他的确知道俄国的动向：就在塞尔维亚人不接受最后通牒那天，沙皇已下令莫斯科、华沙、基辅、敖得萨诸军区局部动员。法国总统则从俄国首都向奥地利警告，塞尔维亚"有朋友"。显而易见，此刻该 R 计

划，而非 B 计划上场，但康拉德就是听不进道理，仍想打塞 117
尔维亚人。但这么做越来越没有胜算。奥地利陆军费力局部动
员（只动员四成兵力）时，塞尔维亚人已忙着部署他们的全
部兵力。到了七月二十五日，塞尔维亚人已征召到四十万人，
且已开始集结三个野战集团军。俄国人已开始加快动员脚步，
英国人则已开始向德国人施压，要他们逼奥地利人在贝尔格莱
德停住（即只教训塞尔维亚但不将其瓜分），透过谈判解决七
月危机。[56]

　　康拉德刻意淡化来自俄国的威胁，仍认为"拿起铁扫把
横扫"塞尔维亚较为可取。[57]他的一味昧于形势，令人吃惊。
奥匈帝国的参谋部始终想当然地认为与塞尔维亚开打，只是与
俄国开打的另一场更大战争的第一步，而未深入思索此举的严
重性。[58]康拉德把头埋在沙里，看不见周遭情况狂挥乱打。这
样的人不只他一个。七月二十八日夜，奥芬贝格将军与皇帝的
亲信顾问暨前驻圣彼得堡武官亚历山大·冯·于克斯屈尔
（Alexander von üxküll）会晤，当听到于克斯屈尔把俄国的作
战准备说成"虚张声势"时，惊讶不已。于克斯屈尔自信满
满地说，俄国"不会插手"。[59]贝希托尔德也在黑暗中摸索，看
不到康拉德在做什么。康拉德下令第二梯队十二个师开赴塞尔
维亚边界，而非加利西亚，异想天开地认为俄罗斯人会在面临
德国具体威胁时打退堂鼓。[60]奥芬贝格忆道，"把我们的军队分
割为两部，并非我所乐见"，康拉德打算只以二十三个师对付
俄国（兵力太少）、十八个师对付塞尔维亚（太多），并以七
个师作为总预备队在这两部之间机动支持。

　　简而言之，照康拉德的部署，奥地利在各个战线都要吃败
仗。他的上司，斐迪南大公死后获皇帝任命为总司令的弗里德

里希大公，识见不足，无法修正康拉德的决定。与五十八岁的弗里德里希——至交好友口中的弗里茨尔——见面后，奥芬贝格觉得他乏善可陈："我们简短聊了些琐事；一如这类人所一向予人的印象，这位仁兄让人觉得无可救药的平庸；由他统领两百万大军，叫人生不起信心。"[61]所幸仍有一条出路可避掉这场即将降临的大灾难。英国大使于七月二十八日拜访贝希托尔德，表示愿意帮忙，并提醒这位外长绝不可再"漠视（维也纳与塞尔维亚争吵的）欧洲层面"。如果贝希托尔德继续漠视，会有一场把所有大国都卷入的世界大战。贝希托尔德告诉英国大使，俄国人不会插手，"因为我们会（向俄国）保证我们无意扩张领土"。[62]贝希托尔德如此谨慎之人，对世局的看法竟也如此天真。

德国人为开战推了最后一把。七月三十日，德皇要弗朗茨·约瑟夫同意以"贝尔格莱德或其他要塞"的控制权为担保，确保塞尔维亚与维也纳合作调查暗杀阴谋，一时之间似乎支持"在贝尔格莱德停住"这条路，但隔天，威廉二世的立场突然一百八十度翻转，向圣彼得堡和巴黎都发出最后通牒。"勿接受英国为消弭战火所进一步提出的建议，"毛奇指示康拉德，"欧洲战争是挽救奥匈帝国的最后机会。德国愿毫无保留地支持奥地利。"

其实，毛奇应该还要补充一句，欧洲全面战争是挽救德国的唯一机会，因为贝特曼已严正表示，"未来是俄国的天下，俄国越来越壮大，像越来越深沉的噩梦重重压在我们身上"。[63]只有战争能防患未然阻止俄国壮大，或者说柏林是这么认为。维也纳与柏林之间这些意见的交换，证实德国和奥地利是掀起这场战争的元凶，而毛奇坦承知道自己在干什么一事，则提供了更确凿的证据。毛奇写信告诉贝特曼·霍尔维格，说会有一场"世界大战"，诸大国会"相互厮杀"，带来不堪设想的恶果——"几乎整个欧洲的文化会毁于一旦，数十年无法恢复"。[64]但不要紧。一如奥地利人，德国人觉得他们现今享有的军事优势，会在两或三年内被俄国、法国的大规模军事整备计划压倒。那些计划将使俄法两国拥有更多兵员、火炮、基础设施，使靠着一九一三年的庞大军事支出计划而这时仍占上风的德国，将得在公平的立足点上与他们较量。毛奇于一九一四年五月在卡尔斯巴德告诉康拉德："拖得越久，我们的胜算就越低。"[65]

119

　　而一如奥地利人，德国人也苦于国内的政治乱象。贝特曼·霍尔维格当德国首相已有五年，却从未能在国会掌握可靠多数；他的职责已沦为让国会通过庞大的陆海军预算，抵御社会党、阿尔萨斯－洛林党（"法兰西万岁！"），以及那些挑剔在自家地盘上每个说德语的学校和官员的波兰人。推动战争的势力太强，贝特曼想挡可能也是螳臂挡车。这位总理抱怨，"在军事活动方面"，他未"得到充分告知"，"开战的决定是在德皇周边的封闭小圈子里做出的"。[66]后来奥地利人忆起柏林这些焦虑万分的决策者"害怕、紧张、迟疑、神经质"的特质。他们先后于八月一日、八月三日向俄国、法国鲁莽宣战，缺少了"俾斯麦审时度势的能力"。八月五日英国不情不愿地加入反德同盟一方，在"以防整个西欧为单一强权所宰制"时，德国人的反应是暴怒（且愚蠢）："多了一个敌人，只是多了一个紧密团结、战斗到底的理由。"[67]

　　奥匈帝国的宣战行动，完全看不到德国人的这种心态。奥匈帝国八月六日才不情不愿、有气无力地向俄国宣战，而其理由，一如贝希托尔德所说的，"鉴于俄国在奥地利、塞尔维亚冲突里摆出的威胁姿态"。康拉德满怀悲观——将伤害他对整场战事之运筹帷幄的一种悲观——严正表示"若是在一九一二至一九一三年，胜算大概还不小，但如今，我们是 va banque"。[68] 这番宣示完全未能稳住民心士气，因为 va banque 是赌徒术语，意指拿庄家的所有赌本对赌，"赢则全拿，输则赔光"。一如以往，康拉德表现得好像他是整个情势的无辜受害者，而非情势的主要推手。蒂萨继续阻挠，主张走德皇最初提出的"在贝尔格莱德停住"路线，坚持要贝希托尔德"打

120 消（奥地利出兵侵略的）妄言"，但为时已太迟。在申布伦宫安静的房间里，老皇帝已无奈接受侵略路线。他一语不发地坐着，如他的副官所说的，相信"我们名正言顺的目标"可成。这位副官，阿瑟·博尔弗拉斯将军，对未来颇为乐观。他在写给人在萨拉热窝的波蒂奥雷克的信中大言不惭地说："我要再次高呼'许多敌人，好多荣耀。'"[69]

博尔弗拉斯不会欢呼太久。

第五章　蒸汽压路机

加夫里洛·普林齐普在萨拉热窝街头刺杀斐迪南大公夫妇 的前一晚，六十二岁的弗朗茨·康拉德·冯·赫岑多夫将军坐下来，写了封一副要慷慨赴难的信给情妇吉娜（他写给吉娜这样的信不只一封）。康拉德写道，战争就要来临，奥匈帝国挨不过这场战争；俄国和塞尔维亚会是"这个君主国的棺材钉"。但康拉德会打到最后一口气，"因为如此古老的君主国和如此古老的军队不能亡得不光彩"。[1]

康拉德的浮夸之词，掩盖了更为不堪的真相：不只这个帝国完全未准备好迎接这场即将来临的风暴，康拉德本人亦然。康拉德在当作家和官员时表现得亮眼，但他从未听过现代战场的枪炮声。他以探讨布尔战争和其他冲突的战术性著作名扬国外，但他唯一的作战经验，是来自一八七八年在波斯尼亚某步兵师当基层军官时。康拉德在一九〇一年获弗朗茨·斐迪南赏识后步步青云，短短五年就从一星将领升为三星将领，但现代战争的严酷挑战和那些挑战所带来的痛苦抉择，似乎从未遮暗他熠熠耀眼的军人生涯。大战前卡尔·克劳斯就预料，"只要 响的是军号，而非枪炮声，康拉德就一直会是最伟大的指挥官"。克劳斯说得没错，而这就要带来麻烦。

在情妇吉娜眼中是一位地道德意志英雄的康拉德，开始惹恼德国人。俄国有人口一亿七千五百万，比美国人口多了将近一倍，比奥匈、德国、法国三国人口总和还要多，所以除非战事一爆发康拉德就立即将所有火炮调到东部战线，否则奥地利会被俄国的人海淹没。[2]在德国人击败法国的八十八个师（据作战计划要大约四十二天），把兵力调到东边打俄国人之前，奥地利的四十八个师——加上顶多德国十七个师的增援——得挺住对塞尔维亚的防线，并力抗俄国的一百一十四个师，守住加利西亚和波兰。俄国兵力如此庞大，一旦俄国参战，维也纳别想奢望对塞尔维亚发动攻势。[3]从动员第一天起，奥地利人就得把一切人力物力调到东边，以击退俄国"蒸汽压路机"（畏怯的英国报纸所编造的字眼，用以反映俄国看来源源不绝的人力）。这辆蒸汽压路机是挥之不去的幽灵，康拉德每次想根据俄国武力现况来修改他看似漂亮的作战计划时，它就出来骚扰，不让他如愿。

奥地利人将得增加他们不足的兵力，且得早早就把这辆蒸汽压路机打得动弹不得，以免它动员六百万后备军人来增援其一百四十万现役兵力后，对付不了。奥地利人已采取某些做法来扩大他们的可用兵力：一九一二年，奥地利已把役期由三年减少为两年，同时将后备役期由七年拉长为二十七年，借以增加哈布斯堡兵力。从此，只要是未满五十岁的男丁，奥国都能将其召回，投入后备部队。这似乎是五千三百万人口的贫穷帝国，在面对一亿七千五百万人口的另一个贫穷帝国时，唯一的备战之道。[4]问题——不久后就会显露的问题——在于征集到兵员是一回事，要他们成为可战之兵是另一回事。这个君主国被高昂的训练成本吓倒，每年只对其少部分合格的二十一岁男子施予训练，因而在一九一四年动员时，前来兵站报到的奥匈帝国士兵，大部分没受过什么军事训练。

其他投机取巧的做法，助长了维也纳的盲目乐观心态。到了一九一四年，奥匈帝国已把他们的动员期降为十六天，[5]也把奥地利、匈牙利两地的地方防卫军各八个师的备战状态，提升到能被动员、能归类为野战部队、能与三十三个正规师整合为十六个军的程度。那当然有利有弊。占总兵力三分之一的地方防卫军，原定位为预备队，现把他们列为一线部队，意味着奥匈帝国陆军不再有受过训练的后备兵力可以填补第一波交战后损失的兵力或保卫突然受威胁的地方。

由于没有多余的预算来建立真正的预备师，康拉德就用有名无实的后备部队将就混充：退役军官、一年期志愿役军官（志愿服一年兵役以免去征兵义务的受过教育的男子）、自一九〇〇年起陆军所征召但其实未入伍的所有未受过训练的男子。这些被排在征兵顺位后段的幸运儿，即所谓的非现役人员，不必入正规军和地方防卫军服役（征兵顺位前段者入正规军，中段者入地方防卫军），但一旦爆发大战，肯定会被征召入伍。但事实上，他们如果被征召，也没地方安置他们，因为匈牙利人连创立有名无实的预备团来容纳他们都予以阻止，因此，一旦总动员，他们将只会四处打转，派不上用场。最后他们会被组成新编队，配予用剩的制服和老旧步枪（最老的步枪为一八七〇年代的东西），在最草率的指示下出征作战。最幸运的"非现役人员"当然老早就移民美国，对横越大西洋千里迢迢送到康涅狄格州工厂、宾夕法尼亚州矿场或密歇根州伐木区新兴小镇的动员令，乐得置之不理。较没这么好命者，也就是未在大战爆发前跑掉者，则被风光编入 Landsturm（译按：由三十四至五十五岁男子组成的战时预备队）或 Ersatsreserve（译按：由因某些因素免服兵役的男子组成的预备队），凑成火力、装备都不足的行军旅。这些行军旅理论上将提供十一个预备师的兵力，其实是充当炮灰。"当武器和装备发下，样样东西都得解释一番时，士兵和军官都非常吃惊。"有位老兵冷冷忆道。[6]

由于有这类部队问题，照理康拉德或许该采取较步步为营的策略。如果他想在东部战线打赢，得尽快集中他分成三部分的陆军，得完全放弃把第二梯队调到南边增援与塞尔维亚作战之巴尔干最小兵力群的构想；然后该把第一、第二梯队的四十师的兵力联合起来对付俄国，留巴尔干最小兵力群的八个师对付塞尔维亚的十二个师。[7]到了一九一四年七月，只有狂热分子还会以为能把奥地利、塞尔维亚战争局限于当地，能把第二梯队的十二个师，即爱德华·冯·伯姆·埃尔莫利（Eduard von Böhm-Ermolli）将军之第二集团军的四个军，安然调到塞尔维亚与巴尔干最小兵力群会合。在一九〇八年的并吞危机和两次巴尔干战争后，奥、俄关系急剧恶化，若还以为俄罗斯人会坐视奥匈帝国入侵塞尔维亚，则几乎是异想天开。但后来的发展表明康拉德就是这么异想天开。

俄奥如已交战，把第二梯队调去打塞尔维亚，即会招来大祸。俄国已改善其铁路，已把数十个预备师改造为能迅速动员、出击的第一线师，从此不必等后备军人召集。这时俄国已有九条新铁路，其中五条是双线，直抵与德、奥接壤的边境。沙皇从此能把九十六个步兵师和三十七个骑兵师（三十个军两百七十万兵力）迅速投入战场，且有来自西伯利亚与亚洲移动较缓慢的两百三十万兵力后备。[8]每个人都认为意大利的二十五个师最后会投入反奥阵营。胜败全看奥地利能否在东部战线挺得够久，让柏林得以先解决西线战事，再移师东线与俄国一决。但即使是这一先决条件，主事者都没有把握守得住；一九一四年五月最后几次参谋人员会谈时，毛奇只说他希望在

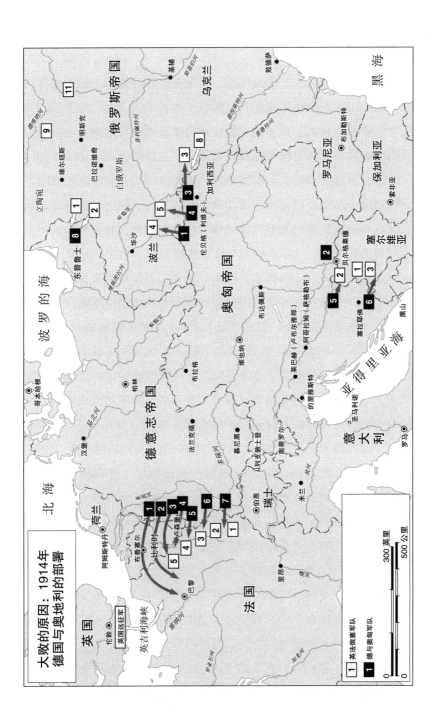

大败的原因：1914年
德国与奥地利的部署

北 海

波 罗 的 海

俄 罗 斯 帝 国

德 意 志 帝 国

奥 匈 帝 国

英 国

法 国

意 大 利

瑞 士

荷 兰

乌克兰

白俄罗斯

立陶宛

波兰

罗马尼亚

保加利亚

塞尔维亚

黑山

亚 得 里 亚 海

黑 海

1 英法俄塞军队

1 德与奥匈军队

300 英里

500 公里

六星期内打败英法。如果不成，奥匈帝国就会像用手指头堵住堤坝缺口的荷兰小男童，只能独自力撑。[9]

康拉德根据一个含糊带过、从未获正式认可的条件——毛奇会在战争头几天为东部战线出点力，或许是十二个师——同意独自力撑。事实上，不讲清楚一直是自一八九一年施里芬担任德国参谋总长以来奥、德军事关系的基调。他之前的德军参谋总长都和奥地利人毫无保留地合作；相对地，施里芬以对奥有所提防著称。他不相信奥匈帝国能守住德国机密，也从不相信奥匈帝国会信守承诺攻打俄国。一九〇六年接替施里芬之位的毛奇，承继这一对奥有所猜忌的心态，在与奥地利人沟通时总是不把话讲清楚。一九一四年五月，他似乎同意联合进攻，保证德国会派第八集团军与从加利西亚出击的一支兵力更大上许多的奥匈帝国军队，在彼此保有很大自主性的情况下共同出击。第八集团军只是德国支援的先头部队，待于西线击败英法军后，会在合理的时间内接着派大军到东线。

康拉德对德国人的提防，至少和德国人对他的提防一样深，常在文件上盖上"勿让德国参谋部知晓"的印子，但出于十足的误判，他欣喜于德国含糊的保证。[10]他相信他能面面俱到，事事兼顾：既尽到他所该尽吃力不讨好的抗俄职责，把大部分的抗俄重任丢给德国人去背，同时仍拿下打败塞尔维亚的光荣胜利。康拉德知道下一场战争会在巴尔干半岛爆发，所以无意把哈布斯堡军队运到到处是尘土的波兰、乌克兰，打得不到掌声的守势作战，拿掉对塞尔维亚人的套锁。一九一三年一月他就稍稍透露他的看法，当时他告诉毛奇，巴尔干危机中"俄国无法预料的态度"，可能促使他视每天情势的变化临时决定他的因应对策。[11]毛奇未要康拉德具体说明那一令人惊愕的主张，康拉德则于一九一四年春（在未告知德国人的情况下）开始这种没有预定计划的即兴作为。他未把他运到加利西亚的部队推进到俄国边界，摆出奥匈帝国欲入侵俄属波兰的威胁姿态，借以减轻德国所受的压力，反倒决定把那些部队调到遥远南边的桑（San）河、德涅斯特（Dniester）河边——在那里他们可以置身要塞内和河川后面，安全无虞——以便在等待已久的战争终于爆发时更快击败塞尔维亚。

这当然与德国人所认定他们已和康拉德谈妥的方案背道而驰。事实上，一九〇九年康拉德向毛奇提出类似于此的建议时，这位德国参谋总长怒不可遏，指出若奥德击败俄国，"塞尔维亚问题自然迎刃而解"。[12]换句话说，德国人认为奥地利人该在布格河边，而非德里纳河边，来决定塞尔维亚的命运。

但就在一九一四年七月与俄国开战的可能性更高时，康拉德仍希望在加利西亚维持其安全、不具威胁性的部署态势，以为击败塞尔维亚争取时间。事实上，他正悄悄将四成的哈布斯堡兵力派去打塞尔维亚。[13]七月三十日，也就是俄国开始其"局部动员"（一百一十万兵力）两天后，康拉德告诉其铁路计划主任约翰·史特劳布上校，即使与俄国开战在即，他仍希望让第二梯队专门用于应对塞尔维亚战事。康拉德甚至在那一天下令紧急修改作战计划。照理在第二梯队要开赴的地点明确下达之前，第二梯队应在兵营里待命，腾出铁路以便将第一梯队快速运送到加利西亚，将巴尔干最小兵力群运到塞尔维亚边境，但此刻康拉德要惊讶不已的史特劳布把第二梯队立即运到塞尔维亚。他甚至从第一梯队抽走一个军，要史特劳布想办法将它也运到塞尔维亚。[14]

柏林对康拉德的自行其是更为震惊。由于俄国已开始总动员，德皇于七月三十一日打电报给弗朗茨·约瑟夫，要他勿"同时进攻塞尔维亚，以免分散你的主力"。毛奇对施里芬计划（迅速击败法国，然后从容击溃俄国）深信不疑，因而在一九一三年四月宣布，德国独立对俄作战的计划，将不再纳入考虑甚至更新。这虽然愚蠢且不负责任，但此刻要奥地利全力应付东线战事的需要还是一样强烈。俄罗斯虽然人多，部队却是部署在欧洲最大湿地区的前面——从白俄罗斯绵延到乌克兰的普里佩特（Pripet）河草原湿地、林间湿地、洪泛区。"集中全力对付俄罗斯，"毛奇从柏林吩咐康拉德，"把（俄罗斯人）赶进普里佩特河湿地，把他们淹死在那里。"[15]

史特劳布上校也抗议运兵到塞尔维亚之事太急迫（他判定"技术上不可行"），要求"宽限数日"，以复位大批火车与四轮马拉货车的行进路线。[16]斐迪南大公遇刺后已浪费掉一个月，但此刻康拉德还是同意再浪费一星期。他于七月三十一日宣布奥匈帝国对俄动员，但指定于八月四日开始动员。直到八月二日，他才开始与他的集团军司令官会晤。时间越来越急迫，奥地利与敌一战的气势逐渐消竭，奥国还在慢慢来。

在七月三十一日正午俄、德宣布总动员时，康拉德已排定将他一半的兵力运到塞尔维亚，以便与一巴尔干小国交手，从而陷入一完全可预料到的困境。一如以往，弗朗茨·约瑟夫皇帝完全在状况外。他向德皇保证，他会把他"大部分"军队调去对付俄国，但一如在大部分事物上所见，他完全不清楚细部运作。德国人则不然——认定第二梯队该在加利西亚稳住奥地利阵地的右翼——因此，当康拉德的真正计划慢慢揭露，显示与他于五月时和毛奇似乎约定的方案背道而驰时，德国人大吃一惊。出现这样的差池，德国人当然也要负部分责任。德国驻维也纳武官八月一日惊愕地发现，尽管一九〇八年起国际危机接二连三，毛奇和康拉德却从未在"如何协调对俄作战"上达成一致意见。事实上，双方未敲定任何"密切协议"，只有粗略的口头协议。[17]

康拉德刚若无其事地告诉他的各军军长，"尽管俄国介入，但所有指示仍然有效"，这时却又致电一脸惊讶的史特劳布上校，问是否"能把列为首务的巴尔干动员改为俄罗斯动员"。不好意思的康拉德，问的是能否把他于星期四下令运到塞尔维亚的五个军，改于星期五运到加利西亚。史特劳布吓得往后退；他辖下有一百四十列火车每天行驶在通往加利西亚的七条路线上和通往巴尔干半岛的四条路线上。[18]他整夜不眠不休执行康拉德先前的运输更动指示，已让载了第二梯队头几批部队的一百三十二列运兵火车驶往塞尔维亚。要撤销最近的操作，几乎不可能；刚从达尔马提亚度假回来的史特劳布表示，若一定要这么做，"火车运行会乱掉，出了事，我承担不起"。即使能把火车止住，要它们驶回车站，康拉德也知道，要部队如此离谱地调头，已然低落的士气会落得更低。参谋部"俄罗斯群"的主任埃米尔·拉岑霍弗（Emil Ratzenhofer）少校指出，第二梯队继续既定行程，不只可以省去因矛盾命令而火药味十足的电报往返，也可以让部队斗志不致受损："我们担心士气、政治、纪律方面的损害；若要他们调头，士兵对他们领导人之专业职能的信心会受挫。"[19]

已然想要挽救自己战后名声的康拉德、史特劳布和拉岑霍弗，如果更有见识，应该担心奥国在塞尔维亚、俄罗斯溃败（他们的动员无方是败因之一），会对士兵的信心有何影响。比起打败仗，要火车调转方向根本是小事一桩。后来康拉德声

129

称惊讶且失望于奥匈帝国铁路的死板僵化，但在战时铁路归他统筹运用，而且其实在一九一三年七月（R＋B 计划已被赌掉）时，他就知道不会有让他变通的余地。他在一九一三年三月告诉皇帝，第二梯队可在两战线之间迅速移动；七月，即在七月危机的整整一年前，他的铁路专家即很笃定告诉他，那 **130** 其实办不到。换句话说，康拉德一开始就该谋定而后动，因为一旦开拔，就很难叫部队调头。[20]

但康拉德从来不是果断之人。他讨厌下决定，因为下决定使他得承担决定的后果。而且，他从来不是谋定而后动之人，在他的政治生涯里，在他的私人生活里，在战争里，都是如此。一如后来他试图把他的每一次挫败归咎于无能外交官或下属一样，他试图把一九一四年的动员失当归咎于史特劳布和拉岑霍弗。但一如战场失利得归咎于他一样，动员失当也得归责于他。他在整个七月危机期间拿不定主意，然后不干不脆地把用兵重点摆在塞尔维亚，最后发现自己犯了个大错，然后决定把用兵重点再摆回俄罗斯，却为时已晚，无法挽回他在俄罗斯战线上已造成的伤害。

追根究底，康拉德精于表演甚于谋略，而此刻，就在他急欲打消其塞尔维亚计划时，他表现出仍在贯彻该计划的模样。康拉德原打算领军入侵塞尔维亚，但由于俄罗斯战线需要他坐镇，他才不情不愿地将塞尔维亚作战行动的指挥权交给他的死对头波蒂奥雷克。八月，他增拨一支兵力给波蒂奥雷克打塞尔维亚，但附带条件：康拉德告诉波蒂奥雷克，第二梯队只能供它于多瑙河边的过渡期（一星期）内"佯动之用"。对于康拉德总是能把事情搞砸的作风，第二梯队的参谋不以为然地嘲讽道："希望迅速击倒塞尔维亚，然后把所有兵力调去对付俄国——只有这点才能说明最高指挥部为何有这古怪的做法。"
康拉德的总司令部（简称 AOK）向毛奇保证，会怀着只是暂
时被削弱的德意志民族忠诚迅即去进攻俄国。[21]八月二日在陆
军部接见他所指派统领加利西亚三集团军的三名将领时，康拉
德要他们尽快部署他们的部队，所有欠缺的东西（后备军人、
火炮、弹药、补给品），随后会补上。

　　这三位惊讶的集团军司令官拿到康拉德的作战局给他们的
笔记本，还有开拔令：全军从桑河河口往东南部署到伦贝格、
德涅斯特河，丹克尔的第一集团军在左侧，奥芬贝格的第四集
团军在中间，布鲁德曼的第三集团军在右侧。照原定计划，第
二梯队应该推进到布鲁德曼集团军右侧，在伦贝格处保卫该集
团军南侧，把自己的右翼摆在德涅斯特河边，借此为对抗俄罗
斯蒸汽压路机的奥军提供某种程度的保护，结果却不见踪影，
因为出乎所有人预料的，它仍在驶往塞尔维亚的火车上。布鲁
德曼集团军因此暴露侧翼，失去掩护，面对人数居于优势的俄
军，只有被包围的份。[22]

　　东部战线的大战还未开始，但瞄一眼地图就可看出，由于
康拉德的运筹失当，奥匈帝国会输掉这一战争。八月二日与康
拉德开会的情形，令奥芬贝格不安。他说参谋总长正把滋长出
雷尔德事件的那种讲究隐秘、不透明的参谋文化（军官圈所
谓的康拉德的"日本作风"）注入野战部队里。要率兵开赴俄
罗斯的奥地利将领（要前往巴尔干半岛的将领未与会），原以
为会上会详细探讨君主国的军事目标、与德军的关系、对俄与
对塞尔维亚作战之奥地利军队的兵力分配，结果完全没有。康
拉德要会议短短就结束，只谈到每个集团军要集结的"部署
区"。除此之外，他什么都没说——没说部署之后集团军要做

什么，没谈俄罗斯的动静，没谈得胜或战败后奥地利的计划。

这些将领所立即注意到的东西，乃是修正过的部署区。按照 R＋B 计划，奥地利陆军要开拔到铁路所能运到的最东边处，开拔到加利西亚东部，然后大军会在那里定位，早早向俄国发出攻击。但康拉德于一九一四年三月悄悄修改了计划，把整个大军"向后移动"拉回到加利西亚西部。他为何认为这是个好点子，不得而知；奥地利与俄国大军交手时，唯一的优势是猝然出手攻击。把奥地利大军拉回到克拉科夫（Cracow）

132 和桑河，其结果若非给予俄国时间来完成其动员，就是奥军得步行走过原本可以搭火车穿过的地区。[23]

康拉德显然把一切都搞砸；为了打他想打而有胜算的对塞尔维亚之战，他完全忽视他所不想打、没有胜算的对俄之战，从头到尾不给予具体明确答复，把所有人搞糊涂。他赫然发现只有八个军，而非十三个军，可对付俄国。史特劳布和拉岑霍弗向他保证，八月二十三日前可把少掉的五个军（第一梯队的第三军和第二梯队的四个军）弄到加利西亚，但其实到了九月八日时，只有其中两个军跟跟跄跄开赴东部战线就位，而他们来得太迟也太累，即使投入关键战役，也无法发挥战斗力，扭转战局。[24]

波蒂奥雷克不知道康拉德部署陡变，因而在八月六日听到参谋总长坦承第二梯队不会在巴尔干逗留，反倒会在铁路一畅通就开赴俄罗斯战线时，大吃一惊。但波蒂奥雷克仍抱着希望。在公开场合，他保证会取得"战术成功"：他会用留给他的两个集团军包围塞尔维亚人。[25]但在私底下，波蒂奥雷克痛斥康拉德背叛。"我不懂最高指挥部怎么会在决定上有如此突然的改变，"波蒂奥雷克抱怨道，"这大大揭露了这部机器的运作实情。"[26]

奥匈帝国的动员，要把将近两百万人（现役部队、受过训练的后备军人、未受过训练的后备军人）集合起来并给予装备，然后将他们运到不同地方。这部机器不堪动员的负荷，已开始解体。在部队的集合、给予装备、部署上，奥匈帝国陆军比大部分国家的陆军更费劲。这支陆军在平时保持少得可怜的兵力，因而在弗朗茨·约瑟夫宣战时，有四分之三的士兵连制服都没有。奥匈帝国得找到超过一百五十万的后备军人，并给予他们装备，把他们编成可送到前线的部队。[27]把未受过训练的后备军人招来后，最初，在一百零六个常备团里，没有地方安置他们，因而，在奥匈帝国全境的驻地城镇里，有数万男子四处游荡数日，甚或数星期，等着发下制服、武器、命令。动员第三天，就有师级部队，例如在布拉格集合、预定开赴塞尔维亚的第九师，报告如下的乱象："所有马鞍都得替换，我们短少两万五千份咖啡配给、四万份腌肉、一千七百公斤烤干面包。"在布拉格和德里纳河渡河口之间，部队在每个铁路小站都错过火车，据说是"因为他们搞错离站时间"。[28]如果他们想赶上错过的火车，其实用走的也能追上。军方小心过度，要所有火车的行驶速度都不得超过行驶在君主国最烂铁路上的最慢火车的速度，因而奥匈帝国运兵火车的平均速度，比脚踏车没快多少。整体来讲，哈布斯堡陆军花了一个月才将部队部署到加利西亚和塞尔维亚，远远不符 R＋B 计划中所预想的德意志民族效率。[29]

康拉德仍在维也纳，浑然不察日益扩散的乱象。八月十五日，他赴申布伦宫晋见老皇帝。康拉德要走时，皇帝说了如下叫人泄气的话："上帝许可的话，一切都会很顺利，但即使事

133

事都不顺利，我也会力撑到底。"隔天早上，康拉德与弗里德里希大公在维也纳北站搭上早班火车，前往东边桑河边的普热梅希尔要塞，即总司令部的设立处。康拉德在月台上与情妇吉娜难分难舍，拖了好久才上车；他紧握住她的双手，要她答应与丈夫离婚，"战后"嫁给他。[30]火车往东行期间，康拉德的政治顾问约瑟夫·雷德利希（Joseph Redlich）注意到他们所经过之墙壁和火车车厢上的涂鸦：有幅粗糙的素描，画了只大猩猩，图说写着"一身老百姓打扮的沙皇"；沙皇吊死在绞刑架上，下方写有文字"俄罗斯人和塞尔维亚人，我们要把他们都打败"。[31]尽管衰落数十年，奥地利人仍自以为在各方面都优于俄罗斯熊。

康拉德试图从桑河边的普热梅希尔督导东部战线和巴尔干战线，力劝波蒂奥雷克不要在少了牛肉、架桥设备、药、电话这些琐事上吹毛求疵，该把重点放在打败塞尔维亚人上。他认定塞尔维亚人会取道乌日采（Uzice）攻向萨拉热窝、黑山人会攻向莫斯塔尔，因此奥地利该先发制人。八月九日，他写道，"兵败巴尔干的后果，绝不是我们所能承受的"。那将使我们颜面尽失，使那些"摇摆不定的国家"（意大利、希腊、保加利亚、罗马尼亚）相信该继续保持中立，乃至加入反奥一方。（康拉德还说，"我刚把保加利亚武官请到我办公室，告诉他保加利亚如果不立即攻击塞尔维亚，就是在自取灭亡"。）

当塞尔维亚人动员完成，二十个奥地利师进抵德里纳河和萨瓦河时，波蒂奥雷克写了数封长信给维也纳的战争档案馆馆长，其中八月八日那封信写道："我会每天把说明我带兵方法的资料寄给你，让你在今年冬天写正史时用。"波蒂奥雷克的自负，乃是未被康拉德乱无章法的动员伤害的少数事物之一。

波蒂奥雷克认定战争很快就会结束，认定奥国会赢，他会有英雄般的表现。他每天写给战争档案馆馆长二十页的"每日记事"，供未来撰写正史之用，包括如下的直率陈腐之词："司令官战时、平时的唯一差别，乃是战时司令官花较多时间坐在书桌后讲电话！"[32]这位司令官怎会知道这一点？毕竟他未经历过战争，未带兵打过仗。

塞尔维亚人未出兵攻击，于是，不知道波蒂奥雷克每天和后人写信的康拉德，八月十四日发文给这位巴尔干方面军司令官，要他在第二集团军（第二梯队）完全撤走之前动用第五、第六集团军渡过德里纳河攻击："趁它（第二集团军）还在，还能在萨瓦河、多瑙河区佯动，利用一番。"乍看之下，康拉德交付波蒂奥雷克的任务似乎再简单不过。塞尔维亚征集的兵员分成三级，前两级是年轻男子，第三级是年纪较大者。它能在前两级里动员到三十万人，加上第三级征得的兵员，总兵力达四十万人。但兵力可观，武器则不然：全军只有三百八十一门急射野战炮，三级部队里弹药、机枪、步枪都极为不足，影响战斗力甚巨。许多塞尔维亚部队，会有三分之一士兵没步枪可用。第二级师所拥有的野战炮，数量只有第一级师的一半，第三级师则更少。[33]即使肯定要和俄国交战，奥地利人仍不全然悲观，原因在此。一九一四年八月光是波蒂奥雷克辖下的兵力，就和塞尔维亚总兵力一样多，而且还有五千三百万人口的帝国作后盾，火炮、弹药都多于塞军。[34]在维也纳，个个信心满满，胜券在握，至少认为在塞尔维亚战线是如此。

在奥地利努力将康拉德的北方面军部署到加利西亚，将波蒂奥雷克的南方面军部署到塞尔维亚时，传来法国战场头几场仗的消息。维克托·丹克尔将军八月十日才来到波兰东南部的

135

塔尔努夫（Tarnow），在那里短暂停留，然后前往热舒夫（Rzeszow），在那里他注意到他的第一集团军什么都缺。[35]奥芬贝格将军回到他位于桑河边的第四集团军后，抱怨奥地利居民出乎意料地敌视："在雅罗斯劳（Jarolsau）、多布罗米尔（Dobromil）、拉瓦鲁斯卡（Rawa-Ruska）等地，不可靠分子太猖狂。"不可靠分子主要是乌克兰教士和小学老师这些亲莫斯科人士，他们把奥地利部队的驻扎地点和兵力泄露给俄国人。康拉德下令狠狠肃清这些"敌对分子"。煽动者和叛徒一律立即枪毙或吊死。这想必唤醒了自我感觉良好的奥地利，因为这地区的乌克兰人过去一直是奥匈君主国最忠心的子民。[36]

德军挺进速度快过康拉德的奥军，但德国七个集团军在法国的死伤，令德国人震惊。法境德军兵分两路，一路在梅斯（Metz）和佛日山脉（the Vosges）之间作战，另一路取道默兹峡道（Meuse defile）攻向巴黎。两路军在各战场激战，惨烈程度令德国人大吃一惊。已有数个部队遭从掩蔽阵地里发出的法军炮火整个歼灭，而每次法军攻击，德军也回敬以猛烈炮火予以歼灭。两军都以为这场战争会像普法战争那样，出现巨大但应付得了的死伤，以及猝不及防的侧翼包抄，但这一次，杀戮威力属于工业级，热兵器一开火一下子就是一大群人倒地，而且兵力庞大到不可能遭从侧翼包抄的部队，被逼入壕沟固守。德国军官抱怨，在这场由火炮推动的"机器战争"中，勇武英雄无用武之地。[37]有位德国骑兵军官哀叹这新时代："这些战场曾是罗马－哥德军团与阿提拉的骑士厮杀之地，如今，在这些地方，只有从数里外看不见之处、不知何人发出的致命炮火。"[38]

在白俄罗斯尚未经受血之洗礼的俄军总司令部，仍然一派乐观。沙皇的堂叔尼古拉大公（Grand Duke Nikolai），战前任骑兵督察，这时担任俄罗斯帝国军总司令。他一派轻松地谈到要吞并哈布斯堡王朝的加利西亚，要把俾斯麦的帝国打回不会伤人的原形："德意志帝国必须消失，必须分割为林立的小国，届时每个小国会怡然自得于自己小小的王廷。"在俄军总司令部，有个外交部官员向群集的将领开玩笑道："你们军人该高兴我们替你们安排了这样一场美好的战争。"有位将领回道："那会不会真是这样一场美好的战争，我们拭目以待。"³⁹

第六章 格格不入之人

对于蜀中无大将只好要康拉德这个廖化当先锋的奥匈帝国总司令部来说，这场战争看来不会是美好的战争。皇帝已任命弗里德里希（弗里茨尔）大公为哈布斯堡陆军总司令。此职原要留给弗朗茨·斐迪南，但他已死，而新皇储，弗朗茨·斐迪南二十六岁的侄子卡尔大公，在战争爆发时还是个少校，被认为太嫩，不足以承担此重任。脸色红润、蓄着浓髭的五十八岁弗里茨尔，看去有大将之风，且是将门之后（一八九〇年在阿斯珀恩击败拿破仑的更早一位卡尔大公是他的祖父，一八六六年在库斯托扎击败意大利人的阿尔布雷希特大公是他的伯父），但弗里德里希本人是个平庸的哈布斯堡家族成员，直率但缺乏自信，制不住康拉德的鲁莽蛮干。弗里德里希的带兵作战经验只限于演习，而且在演习里还表现得一塌糊涂，在所有想定情况里都吃败仗。法国人报道在布达佩斯附近举行的夏季演习时论道，"他差劲到被对手绕到后面攻击，致使裁判官不得不出手救他；他辖下的几个军全军覆没"。[1]奥芬贝格震惊于找弗里德里希担此要职，说："最高指挥官的重任，远非他平庸的能力所能胜任。"[2]

138　　康拉德抓住暗杀事件所提供的机会，开始他已鼓吹多年的战略"提振"过程。他要多达八个军的兵力——鉴于此时已必然要和俄国开战，这一兵力派遣令人费解——攻入塞尔维亚，消灭塞军。七月二十九日，航行于萨瓦河、多瑙河的奥匈帝国浅水重炮舰朝贝尔格莱德开炮暖身，但只带给塞尔维亚人少许损伤，而这主要是因为塞尔维亚中央政府老早就迁到尼什办公，宣布首都为"不设防城市"。[3]要完成维也纳乐观称之为只是"讨伐行动"的这个任务，需要地面部队，但就在奥地利的第二集团军下火车，部署于塞尔维亚边境时，康拉德宣布该部队将于不久后移到俄罗斯战线。

爱德华·冯·伯姆－埃尔莫利将军的第二集团军士兵，汗流浃背挤在闷热的火车车厢里（每个车厢塞四十二人或八匹马），前往新驻防地，而弗里德里希大公比他们更早到。康拉德原打算将总司令部设在塞尔维亚战线，但俄国完全在预料之中的动员，使总司令部不得不立即移到加利西亚。于是，侦察过塞尔维亚边界才六天，弗里茨尔就把他的总司令部移到普热梅希尔。《好兵帅克》的主人翁描述了命令改来改去的乱象："他们总是搞不定要我们进什么洞，上哪个战场。"[4]

"他们"当然指的是奥地利高阶将军，位于加利西亚的弗里茨尔和康拉德，以及位于萨拉热窝的波蒂奥雷克。有第二集团军加入，波蒂奥雷克辖下兵力将达四十万。没有这支大军，他的兵力将只剩二十九万，远不足以击溃塞尔维亚——毕竟塞尔维亚完全动员时有四十万兵力，此外还有四万黑山人和人数不定的游击队员。奥地利已定位的第五、第六集团军，战斗力"弱"，各只辖两个军，而非一般编制的四个军。至八月六日为止，波蒂奥雷克一直相信会有八个军供他指挥。结果，那一天，康拉德通知他，第二集团军的四个军将只供他用于萨瓦河沿线的"当地协同"，且只到八月十八日为止，然后他们就会被调到加利西亚。波蒂奥雷克怒不可遏，在仔细看了真正归他长久统辖的部队之后，他火气更大。又热又累的第五集团军士兵装病，在塞尔维亚边界附近虐待他们所碰到的老百姓，招来

139

司令部的怒斥："殴打、囚禁无辜奥地利老百姓之事得停止：k. u. k. 陆军得赢得敬畏，但得表现出骑士风度，绝不可堕落，干出恶事、没人性的事。"[5]

波蒂奥雷克和康拉德两人似乎把打败对方看得比打败塞尔维亚人来得重要。他们已对立多年，一九〇六年两人争夺参谋总长之职，自那之后彼此猜忌甚深。波蒂奥雷克在贝克的事务部门苦干多年，在贝克追逐金钱、勋章、女人时，做参谋部的苦差事，满心以为会得到这最高职务作为奖赏，没想到它却落入康拉德手里。[6]他对这一不公平的安排满怀怨恨，且怨恨从未平息，一九一四年八月，波蒂奥雷克把康拉德决定将第二集团军调到加利西亚一事视为要整他，而非出于战略的调度。波蒂奥雷克认为此举居心叵测，蓄意要让他在巴尔干吃败仗，所以立即向霍夫堡宫疏通（他与霍夫堡宫的博尔弗拉斯将军交情甚好），要求不受康拉德的总司令部节制，在八月二十一日如愿以偿。七十六岁的博尔弗拉斯，一八七八年在波斯尼亚获授勋章，十年后出任皇帝的副官，在军中权力很大。他是皇帝的代理人，因作风温和、以和为贵，人缘很好。[7]在康拉德、波蒂奥雷克的长期权斗中，他也明显偏袒一方：他对康拉德心怀疑忌，认为重用波蒂奥雷克可有效制衡这位参谋总长。总是选错路的这位霍夫堡宫要人，再一次选错。康拉德有再多缺点，终究是全军最高指挥官。霍夫堡宫不该插手他与其麾下野战将领之间的事，却插了手。波蒂奥雷克获皇帝搭救（至少眼前获搭救）之后，开始研究如何在通讯不良且仅有约二十五万兵力的条件下，在四百多公里的边界线上，完成"讨伐"塞尔维亚的任务。

康拉德与波蒂奥雷克在大部分事情上的看法南辕北辙，在

如何对付塞尔维亚上亦然。康拉德设想在八月第二个星期发动　140
迅猛的攻击，由波蒂奥雷克率领第五军越过德里纳河下游扑向
瓦列沃，在那里包围、消灭被第二集团军困在贝尔格莱德与马
奇瓦（Macva）地区之间的塞尔维亚军，但波蒂奥雷克对这场
仗该怎么打，有全然不同的看法。康拉德把第五集团军视为将
第二集团军铁砧上的塞尔维亚军击碎的锤子；波蒂奥雷克则把
未受过山地战训练，不可能在德里纳河下游取得多大战果的第
五集团军，视为堵住塞尔维亚军的铁砧，而由第六集团军将塞
军击碎。第六集团军将在维舍格勒（Visegrad）附近越过德里
纳河上游，然后插进被第五集团军诱来的塞尔维亚军侧翼。

　　作战计划之凌乱，叫人直呼不可思议。康拉德要求"强
势挺进塞尔维亚心脏地带"；波蒂奥雷克主张陈兵德里纳河下
游，等塞尔维亚人来犯，届时，花上几星期才能横越友善但未
被开发的波斯尼亚，并通过位于利姆（Lim）河、德里纳河上
游的荒凉山区过来的第六集团军，正可攻击塞军暴露的未设防
侧翼。[8]两个计划都建立在不实的认知和对地形、敌人动静的极
度无知上。战前，哈布斯堡军方未把飞机的购置列为要务
（买进的飞机数量是德国的五分之一、法国的三分之一、俄国
的二分之一），因而缺乏掌握塞军动态的最可靠办法。[9]康拉德
的计划认为，尽管塞尔维亚人（透过俄国情报）知道第二集
团军会调离，但这支军队仍会引走大批塞国兵力。波蒂奥雷克
的计划认为，尽管位于第五集团军左侧的第二集团军被调走，
尽管第六集团军迟迟才会抵达其右侧的山区，但第五集团军不
会覆灭。第二集团军大半兵力会在八月十八日开拔前往加利西
亚，但第六集团军要等到八月十三日才完成其在萨拉热窝周边
的动员，且在八月二十日前到不了德里纳河。霍夫堡宫或许为

各集团军司令明定了一个方向，自己却迷失在自己的浪漫幻想里，博尔弗拉斯写信告诉波蒂奥雷克："我们就要走过暴风雨前的宁静，我仍要高呼：'更多敌人，更多荣耀！'"[10]

141 八月十二日，第五集团军开始越过德里纳河。波蒂奥雷克诉苦马奇瓦地区"地形崎岖难行"，且因缺乏架桥设备，使他们更加大叹难行，但他告诉康拉德，他不能只是"静观其变"。第二集团军为他助阵只有不到一星期时间，而在这样的地形里，一星期不够他完成这次任务：林木覆盖，丘陵起伏，还有可让人完全隐身其中的高大玉米田，但这对于塞尔维亚步兵，还有对于塞尔维亚游击队来说，都是绝佳的作战地形。这些游击队在巴尔干战争中就扮演吃重角色，这时则跃跃欲试，想在这场战争中也大显身手。

波蒂奥雷克在整场战争期间都出奇乐观。"办公桌是他偏爱的地形"，有同事如此说六十一岁的波蒂奥雷克，而实情确是如此。坐办公桌出身的他，与副官梅里齐（Merizzi）留在萨拉热窝，未实地去了解德里纳战线。接掌此任务之前，波蒂奥雷克从未被视为带兵之人。担任贝克副手时，他就以不善与人交际往来而著称。军官同僚注意到他不善骑马，不善与女人打交道。他们称他是女人之敌，而这若非因为他不喜欢女人，就是因为他太爱上班。有人窃窃私语，说他和老友之子、比他年轻二十岁的梅里齐是一对。波蒂奥雷克于一九〇三年挑梅里齐当他的侍从副官，自此两人一直在一起。在阿佩尔看来，他们两人都是与部队格格不入之人，害怕自己麾下的部队，往往窝在办公室里，而不愿去认识他们的部队。诚如阿佩尔在战前所说的，他们在萨拉热窝的行政长官府邸里，打造出完全不关心外面世界的"象牙塔"。所有人都认为波蒂奥雷克自命不凡，以做作和冷淡不语的作风为人所知（非冷淡不语时，只有苦笑和恶意讥讽）。通俗报纸动不动就以夸张搞笑手法将他描写为毛奇作风的完美典型。波蒂奥雷克严肃、不苟言笑，"只要流的是墨水，而非鲜血，波蒂奥雷克就会一直是个战神"。一八九八年，四十五岁时，波蒂奥雷克统领布达佩斯的某个旅，有位下级军官说："他额头上带有来日将成人中龙凤的印记；他口中所说的，无一不清楚、不真切，任何批评都无法刺穿他话语简省、封闭、孤高的自我。"他生活在"自我构筑的世界里"。这样的人肯定无法胜任在巴尔干半岛统兵打高难度战争的重任，但不知为何，哈布斯堡军方选了他。[11]

波蒂奥雷克认为，以暴制暴，可轻易消灭塞尔维亚游击队。自一八七八年起，奥匈帝国在维持巴尔干半岛治安时就从不吝于采取恐怖手段，在这场战争里，也不会例外。波蒂奥雷克坐镇他舒服的前奥斯曼官邸，鼓励他麾下的军长、师长下手要狠："对付塞尔维亚游击队的最佳办法，乃是把他们杀光，绝不宽贷；把整支游击队杀光，然后夷平窝藏他们的村子，把此事广为宣传。"[12]

在击溃塞尔维亚正规军上，波蒂奥雷克同样信心满满。尽管没有第二集团军助一臂之力（这时已成定局），但他仍深信能把塞尔维亚大军引来瓦列沃周边攻打第五集团军，然后用姗姗来迟的第六集团军包抄其右侧予以消灭。他没想过第五集团军要如何来到瓦列沃。它光是要渡过德里纳河就得费很大工夫，行动缓慢的第六集团军无法为其提供侧翼保护，且在穿越德里纳河与塞尔维亚内地之间的丘陵地时，大概会遭遇掘壕固守的塞尔维亚火炮和步兵。

在这同时，塞尔维亚人并非被动等待奥匈帝国来犯。自一

奥斯卡·波蒂奥雷克将军

波蒂奥雷克以实际工作表现证明了他是出色的参谋官，且除了他的对手康拉德，每个人都这么认定，但他自负且无军事经验。诚如未卜先知的卡尔·克劳斯所说的，"只要流的是墨水，而非鲜血，波蒂奥雷克就会一直是个战神"。

照片来源：National Archives

九〇八年并吞危机起，他们就积极筹划如何防御此一入侵。塞尔维亚统帅是年轻的摄政王，亚历山大·卡拉格奥尔基耶维奇（Alexander Karageorgevic）王储，但在克拉古耶瓦茨（Kragujevac）的总司令部，真正运筹帷幄者是陆军参谋长拉多米尔·普特尼克（Radomir Putnik）将军。他自一九〇三年就主掌塞尔维亚参谋部和陆军部，因慢性阻塞性肺病而不良于行（这场战争里他有许多时候是躺在担架上发号施令），但这位六十七岁的将军却是高明的战略家和受人民爱戴的英雄。

战争爆发时，普特尼克正在奥地利施蒂里亚（Styria）的温泉疗养地巴特格莱兴贝格（Bad Gleichenberg）泡温泉，所

幸还是化险为夷安然回到了塞尔维亚。因为七月二十五日在布
达佩斯换车时，他病得气喘吁吁，遭到拘留，靠弗朗茨·约瑟
夫皇帝自认侠义的干预，他才获释。奥芬贝格气得讲不出话：
"外交关系已经断绝；我们抓到敌军指挥官，一个能干且受崇
拜的人物，却把他放了！我们政治、军事的愚蠢，在此又添一
明证。"[13]普特尼克获释之事在布达佩斯谈妥时，他的副官用炸
药炸开他在贝尔格莱德办公室的保险箱，取得了唯一一份塞尔
维亚对奥匈帝国作战计划。在这同时，塞尔维亚军方急忙部署
军队，为三年内塞国打的第三场战争备战。

　　奥地利人喜欢嘲笑塞尔维亚"落后"，但塞尔维亚动员却
很有效率。塞尔维亚有五个"师管区"，新兵向最近的师管区
报到，每个师管区能募集到多达四个师的兵力：一个一级征兵
师（二十一至三十一岁男子）、一个二级征兵师（三十二至三
十八岁男子）、一个三级征兵师（三十九至四十五岁男子）、
一个"最后防御"师（由十八至二十岁和年逾四十五岁男子
组成）。塞尔维亚太穷，只有一级征兵师可全面配发制服和现
代步枪；第二、三、四级征兵师的兵员穿自己的衣服，大多配
发一八七〇年代的单发黑色火药步枪。短时间内连打两场战
争，已使每种人力、装备都大量损耗或供给不足：军官、士
官、技术兵、火炮、机枪、炮弹、子弹、枪、马、四轮马拉货
车、制服、帐篷、炊具。此外，什么时候不挑，就挑在这时从
德制七毫米毛瑟步枪转换为俄制七点六二毫米莫辛—纳甘
（Mosin-Nagant）步枪，这意味着就连一级征兵师都不会有标
准的步枪或子弹。事实上，一九一四年时，塞尔维亚陆军所用
步枪的款式、口径有多种，除了毛瑟枪、莫辛-纳甘步枪，还
有第一次巴尔干战争时从土耳其军手中缴获的更老的毛瑟枪，

144

第二次巴尔干战争时从保加利亚人手中缴获的八毫米曼利夏步枪（Männlicher）。奥地利人绕远路取道罗马尼亚，将普特尼克送回国，八月五日普特尼克终于来到位于克拉古耶瓦茨的塞尔维亚总司令部，途中在罗马尼亚时，身患慢性阻塞性肺病的他又染上肺炎。[14]

普特尼克的副手兹沃因·米西茨（ZivojinMisic），已在主帅不在期间完成塞尔维亚军队的部署。这可是很了不起的成就，因为大部分军队得从新近并吞的土属马其顿、科索沃两地北运过来，而这两个地方的铁路由经营不善且腐败的东方铁路会社兴建、维护，铁路状况在欧洲敬陪末座。一九一二年塞尔维亚的火车头和车厢就已不足，一九一四年版图扩大后，更是彻底地捉襟见肘不敷使用，而由于塞尔维亚的煤得从国外进口，且和其他每样物资一样供给不足，铁路运输情况就更为窘迫。塞尔维亚的作战师什么都缺：在每个一级征兵师里，三分之一到一半的兵员没有步枪。全军有一半的营没有机枪。军中的骑兵、炮兵、后勤补给队没有马。只有少数士兵拿到制服；其他人只有军帽和军上衣，也只能将就着用。至于靴子，想都别想。事实上，士兵领到的是被称作"Opanci"的鞋子，即巴尔干农民所穿、鞋尖卷翘的无后跟软鞋，少部分为皮革材质，大部分是卡纸板材质。[15]

勉强同意开战的帕西茨总理，看到这没有一点军队样的武装部队，大吃一惊："没有衣物、鞋子或帐篷。"塞尔维亚军方则没他那么担心。他们若得知英国驻贝尔格莱德武官的如下看法，应会大表同意：那位武官注意到这些穿得破破烂烂的塞尔维亚人"勇敢、能吃苦……在会把一般英国人吓得退避三舍的环境里，几乎不靠任何东西也能过活"。美国公使同样赞佩有加："给塞尔维亚士兵面包和一颗洋葱，他就心满意足。"[16]塞尔维亚军方了解这点，自一八七八年维也纳占领波斯尼亚起，塞尔维亚人就以装备较佳的奥地利军队为假想敌排练作战，每年在德里纳河、萨瓦河、多瑙河战线进行参谋实地战术考察和实兵演习。一九〇八年并吞危机后，塞尔维亚人敲定一明确计划：守住塞尔维亚王国直到更大范围的欧洲情势明朗为止，然后在奥地利将兵力调往其他战线时发兵进攻。[17]

米西茨将军知道俄国的干预使奥地利在塞尔维亚的攻势作战必须速战速决，因此部署了三个集团军来反制奥地利所有可能的攻击。武器短缺使这任务特别难以达成。每个塞尔维亚师照理应有四十八门炮，但一级征兵师鲜少能凑到超过三十门的火炮，二级征兵师幸运的话能弄到十二门，且其中许多火炮是一八八〇年代的过时法国加农炮，没有炮手防护装置或后坐力吸收装置。面对这样的军队，就连波蒂奥雷克的南方面军都变成难对付的劲旅。[18]

普特尼克和米西茨把塞尔维亚三个集团军摆在塞尔维亚北部，沿着从瓦列沃到帕兰卡（Palanka）的单线铁路部署。第二集团军（四个师），由第三集团军的四个师掩护其左翼，被赋予最重的任务：承受奥地利的攻击主力然后反击。如果攻击主力从北边越过萨瓦河而来，第二集团军要击其右翼。如果从西边越过德里纳河而来，则第二集团军要插入其左翼。第三集团军要加入反击，或如果波蒂奥雷克的第六集团军比预期早到的话，要顶住第六集团军。塞尔维亚第一集团军（驻在阿兰杰洛瓦茨的四个步兵师和一个骑兵师），要充当总预备队，用于抵抗任何进犯的奥军。

波蒂奥雷克于八月十二日开战，或者说试图于此日开战。 **146**

波蒂奥雷克第一次入侵塞尔维亚，
1914年8月

德拉瓦河

奥西耶克

库拉　贝切伊

奥匈帝国

泰梅林　贝切伊

帝萨河

斯拉沃尼亚
布罗德

温科夫齐　武科瓦尔　帕兰卡　诺维萨德

多瑙河

彼得罗瓦拉丁

波主纳河　萨瓦河

IX
斯雷姆斯卡
米特罗维察

2
(5师)

布尔奇科　拉察　马奇瓦

IV

塞姆林　潘切沃

贝尔格莱德

多博伊

5
(4师)

VIII
比耶利纳　沙巴茨

XIII
列斯尼察

采尔山

奥布雷诺瓦茨

图兹拉
科维利亚察

洛兹尼察

科片巴拉河

2
(4师)

1
帕兰卡

波斯尼亚

兹沃尔尼克

亚哥德纳山

拉扎雷瓦茨

阿兰杰洛瓦茨

克鲁帕尼

瓦列沃

3
(4师)

摩拉瓦河

波主纳河

XV
斯雷布雷尼察

XVI

6
(4师)

上米拉诺瓦茨

克拉古耶瓦茨

塞拉耶佛
帕莱

乌日采

查查克

西摩拉瓦河

克拉列沃

往尼什

戈拉日代

普里博伊

福查

德里纳河

乌瓦茨河

普列夫利亚

黑塞哥维那

黑山

5　奥匈第五集团军

VIII　奥匈第八军

2　塞尔维亚第二集团军

0　　　　　　　50 英里

0　　　　　　　50 公里

由于缺乏架桥设备，当利博里乌斯·法兰克（Loborius Frank）将军的第五集团军分成数股兵力缓慢抵达宽阔、湍急的德里纳河时，不得不停下脚步。时值盛夏，天气热得让人昏昏沉沉。大部分士兵是后备军人，口渴，带着超过身体负荷的二十七公斤装备，其中许多东西（刷子、鞋油、歌本）是累赘。这个地区不利于战术开展：多湿地，靠塞尔维亚那一侧河岸高耸，森林、灌木林、玉米田密集。奥匈帝国第三十六师某旅派半数的营搭小船渡过德里纳河，以建立还堪用的桥头堡，但每艘小船都遭到河岸上塞尔维亚正规军与游击队员开火痛击，死伤惨重。但仍有几个奥地利连渡到东岸，甚至部署了一支团属军乐队。在塞尔维亚的火炮和机枪从附近树林和一直绵延到水边的玉米田开火，猛轰奥匈帝国部队时，这支乐队演奏《欧根亲王进行曲》以提振士气。[19]

照计划奥匈帝国第二集团军应在萨瓦河边的沙巴茨（Sabac）建立自己的桥头堡，以引走大量塞国兵力，却发现匆促动员，忘了带架桥设备。法兰克的第五集团军因此在两翼皆得不到保护的情况下，开始在兹沃尔尼克（Zvornik）与比耶利纳（Bijeljina）之间渡过德里纳河，而此处河面宽阔，有些地方水深五点四米。在塞尔维亚轻度抵抗下，阿瑟·吉斯尔将军的第八军，需要整整两天的时间来架好浮桥并渡河。空中的飞行员和地面的军官描述了奥地利这一边十足混乱的情况。从河对岸飞过来的每一颗塞尔维亚流弹，都在未经战火洗礼的奥地利部队里引起恐慌，士兵不知敌人在何方就猛开火还击，"马儿挣脱，在营地上四处乱跑"。桥终于开通时，没有经验的奥匈帝国士兵同时一拥而上，桥一时堵得无法通行。[20]保罗·尤里西奇·斯图姆（Paul Jurisic-Sturm）将军的塞尔维亚

147

第三集团军看出敌人的弱点，悄悄移到更接近德里纳河诸渡河点处，部署火炮。

八月十二日，奥地利第二集团军把第二十九师的部分兵力送到萨瓦河对岸的米特罗维察（Mitrovica），隔日又有其他部队越过在克莱纳克（Klenak）仓促搭成的一座浮桥。维也纳一时欣喜若狂，报童大喊"沙巴茨大捷"，奥地利人争相抢购晚报以了解此捷报。[21]但就在第八军仍在忙于架桥渡过德里纳河时，阿道夫·冯·雷门（Adolf von Rhemen）的十三军，在只有少许吉斯尔部的兵力掩护其侧翼下，八月十四发兵进攻。官兵立即发觉他们的"蓝灰色"（hechtgrau）伪装服，但其伪装效果不是很好。蓝灰色军服不如德国人穿的绿灰色军服合用，原系奥地利于一九〇八年针对密布大石的意大利阿尔卑斯山区环境所购置，但在该区以外的任何环境里都太亮，在葱绿的马奇瓦地区，就成为显眼的靶子。[22]

奥地利第七十二旅旅长海因里希·豪斯坦因（Heinrich Haustein）将军指出，他的部队"立即被塞尔维亚的步枪火力和敌人十二厘米炮弹摧枯拉朽的威力打得士气涣散"。塞尔维亚人有大量新旧火炮，包括五十四门十二厘米施奈德急射榴弹炮，而豪斯坦因部在这里似乎就受到其中一个榴弹炮连猛轰。饱受惊吓的豪因斯坦旅原应奉命清除从列斯尼察（Ljesnica）往东那条公路沿线的敌人，却畏缩不前。豪斯坦因写道："由于我部士兵疲惫不堪，不得不让他们休息。"豪因斯坦旅在夏日的高温下坐着喘气，看着他们周边的友军部队快速赶上来，越过他们。傍晚时他们终于开拔，在往筑有防御工事的多布里奇（Dobric）村挺进时，赫然发现没有子弹。他们的弹药车已经不见踪影。[23]

与第七十二旅并肩开进前线的第七十一旅有弹药，但面对普莱茨（Plec）周边数座三百米高的高地，前进不了；奥匈帝国士兵奋力冲向进攻目标，却遭塞尔维亚壕沟机枪的纵射火力和前后左右的炮火击倒。塞尔维亚人甚至想在马车路沿线的树上吊手榴弹，待奥军经过时，开枪将其引爆。有位奥地利军官忆道，"很不舒服"，"我的兵很快就信心全失"。[24]另一位奥地利军官指出，他的兵"还没与敌交手，就被听来的塞尔维亚游击队、挨饿、口渴、疲累、睡眠不足、陌生战斗声响的故事吓得没了斗志"。第十六团宣告"遭消灭，只见到乌合之众逃离那座小山"。[25]第七十二旅被从天而降的重炮弹、嗒嗒响的机枪声和咻咻急射的步枪弹吓住，而由于奥军感受到敌军火力猛烈，却只看到空无一物的山坡，不见人影和武器，士气更是降到谷底。"敌人躲进壕沟，掩蔽得非常好，我们连看都看不到他们，"豪因斯坦报告道。[26]

匈牙利地方防卫军第四十二师在兹沃尔尼克渡过德里纳河，奉命攻上位于克鲁帕尼（Krupanj）的高地，以利于和位于其右侧的第六集团军接合，并掩护在泰克里斯（Tekeris）的采尔山（Cer Planian）上与敌交手的第八军右翼。鉴于来犯之师武器精良，塞尔维亚部队（来自德里纳区的一级征兵部队）最初避攖其锋，退回到扎夫拉卡（Zavlaka）。但在审问过俘虏的匈牙利地方防卫军士兵后，他们了解对手是支不堪一击的部队。"我们抓到五个人，三名匈牙利人与两名克罗地亚人；他们自称来自第二十七、第二十八、第三十二团。关于第三十二团的战斗力，有个匈牙利俘虏说他们士气低落，因为士兵是来自布达佩斯的城里年轻人，只有农民能打。得靠军官拿手枪在后面逼，士兵才肯上场杀敌。他们的军官把所有时间花在威吓

149

自己的兵，而非花在打我们的部队上。"这支匈牙利团来自奥西耶克（Osijek），而光是从该地行军二十公里路去火车站，以便搭火车前往塞尔维亚，该团就有三分之一人倒于热衰竭。[27]

在第四十二师左侧，第八军装备较佳的第九师也于八月十四日渡河投入战斗。吉斯尔将军原希望洗刷他识人不明提携雷德尔上校的耻辱，如今看出那是奢望。他概括说明了他们的困境："不停地打仗，没水，烤人的高温，极度疲累。"[28]吉斯尔部第九师辖下的数个旅立即遭到塞尔维亚游击队与正规军夜以继日的攻击。没打过现代战争的奥地利部队，夜间移动时，手持铁路提灯，货车上挂上铁路提灯，以照亮前路，然后当塞尔维亚人开始朝亮晃晃的目标开枪时，他们显露吃惊神色。后来奥地利人发现，塞尔维亚人在数公里外就得知他们来犯，因为他们太吵——士兵与汽车司机高声呼喊对方，未系牢的装备一路哐啷哐啷响。

第五集团军第九师在与塞尔维亚人交手时，士兵不看目标胡乱开枪。长官不得不下令取走战死者和伤者身上所有弹药，因为还活着的人滥射一通，把子弹打光，且通常什么都没打中。就连用过的弹壳都从地上扫起，运回奥地利再利用。[29]军官发出的报告痛斥朝四面八方胡乱开枪，痛斥士兵喜欢没看到目标，朝空中开枪。但除非能听到自己士兵连续开枪，不然不管是人仍在萨拉热窝办公室的波蒂奥雷克，还是他的军长、师长，有许多时候都不清楚自己的部队在哪里。如果军官人在电报联络网外（通常如此），往往就不报告位置，这惹来吉斯尔将军一阵怒斥："如果没有电报可联络，派人传个口信，总之要联络上！绝不要让最高指挥部整天在找部队在哪里！"但就连传信的人都会在德里纳河对岸的荒野里迷路。有位传令官八月十五日在科济亚克（Kozjak）写道："我带着参谋部的马在这里，但这里的电报不通，我收不到命令。四周都是炮火。请指示该如何。"[30]

那天，八月十五日，康拉德在维也纳见了保加利亚武官，告诉他"奥匈帝国把兵力全投入塞尔维亚，控制所有关键高地"，但实情并不这么叫人振奋。[31]现代战争倚赖众多火器和庞大后勤，这的确拖慢行军速度，拿破仑部队一天最多可走二十二公里，到了一八七〇年，老毛奇的部队一天只走约十三或十四公里，但波蒂奥雷克的部队几乎完全不动。列斯尼察到洛兹尼察这段河岸沿线的这些苦战，预示康拉德、波蒂奥雷克的强攻办法不管用。有位军官指出，人数大大劣于我们的"塞尔维亚小部队的顽抗，使我们认识到瓦列沃远非只是五日行军的距离那么近"。[32]简而言之，包围者很快就沦为被包围。

但波蒂奥雷克仍认为他占上风。他未正视前线令人泄气的事实，反倒理所当然地认为普特尼克会撤退，会把他的部队分为数股纯守势的兵力，以保卫塞尔维亚诸主要城镇。结果，这位塞尔维亚指挥官反倒深入研究了波蒂奥雷克所犯的错误，开始下出几步经过精心计划的险棋。[33]在沙巴茨，宽阔的萨瓦河构成的天然屏障，使康拉德所批准施行的小活动不可能得手，如果是这样的话，该地的战况也就没什么好担心，普特尼克因此得以把九个师全摆在沙巴茨与瓦列沃之间，用这支大军的主力对付德里纳河边的第五集团军。若第二集团军仍留在萨瓦河左岸，未渡河投入右岸的战斗，使普特尼克确信该部欲前往加利西亚。[34]对普特尼克来说，这是发动塞尔维亚长期抗战计划下一阶段的信号——在来犯奥军减少兵力或重新部署后展开反击。这时普特尼克把沙巴茨的战事（挡住第二集团军残部）、

151

克鲁帕尼的战事（抵御第六集团军），与采尔山的战事（尽可能消灭孤立的第五集团军兵力）摆在一起全盘思考。

普特尼克的直觉使他在面对奥地利第五集团军时享有一很大优势。普特尼克把沙巴茨—泰克里斯—克鲁帕尼视为单一场域，把三个战场合为一场"采尔山争夺战"，要他的部队强行军赶到那个险恶的丘陵地。[35] 于是，八月十六日，在奥军第九师往内地推进时，赫然发现有大批塞尔维亚步兵、炮兵守在采尔山上泰克里斯周边的壕沟里。塞军第九师里有许多未受过训练的后备军人，他们从未学过以稀疏的小规模战斗队形用步枪与敌厮杀，于是奥匈军官把士兵编成数个冲锋纵队，要他们攻上有机枪和榴霰弹等着他们的陡坡。不幸的是，奥匈部队也未受过挖战壕的训练（奥匈军官认为掘壕固守是懦夫的行径）。大部分奥匈步兵在行军途中就把挖壕器材丢掉，这时只能用双手挖出浅浅的散兵壕。[36]

但波蒂奥雷克仍向弗朗茨·约瑟夫皇帝报告他的部队正往前推进——大概是因为这位南方面军司令官留在萨拉热窝，对着地图追踪战况。战前法国人就认为波蒂奥雷克是纸上谈兵的将军，是"很有学问、窝在办公室的理论家"，而他的表现正证明法国人所言甚是。波蒂奥雷克从其府邸自信满满地写道："我们已击退德里纳河下游列斯尼察一地的塞尔维亚人；他们正溃退。战俘告诉我们他们会在瓦列沃做最后抵抗。"[37] 在这同时，普特尼克已确认哈布斯堡第二集团军的确要前往加利西亚，理解到奥地利第五集团军在无友军支持下渡过德里纳河往瓦列沃挺进，乃是奥匈帝国的主要攻势。他把他的三个集团军往前调，使三者呈梯形配置。[38] 第一集团军在右，能视情势需要往萨瓦河或德里纳河进击。第二集团军在中，能集结其所有兵力对付在列斯尼察、洛兹尼察周边的法兰克第五集团军。第三集团军陈兵于克鲁帕尼周边，以打击法兰克部的侧翼，同时留意第六集团军的动向。

塞尔维亚上校和将领比奥地利的同级军官年轻十二至十五岁，且都在晚近战争中取得过实战经验。[39] 他们强力挺进，一心想与敌交手，察觉到对手虽然（就巴尔干当地标准来看）装备精良却不会打仗。塞国三个集团军能抽出部分兵力，击退在这弧状地带上奥地利人的任何攻势。[40] 普特尼克在马奇瓦地区原本无法有大作为，因为奥军渡过萨瓦河、德里纳河后，即有两河保护其侧翼，使普特尼克难以溜到第五或第二集团军身后。但这位塞尔维亚参谋总长认为采尔山是成败关键，它由一连数座六百米高的小山组成，俯临位于列斯尼察、洛兹尼察的德里纳河过河处，奥军必得拿下这些高地才能往东推进，保护其补给线和侧翼。

斯捷潘·斯捷潘诺维茨（Stepan Stepanovic）将军的第二集团军，派两个师日夜兼程，赶在奥军能大举抵达之前，先来到位于山顶的泰克里斯村，在八月十六日奥地利地方防卫军第二十一师费力往上爬，欲登上采尔山、拿下泰克里斯时，将其消灭。这场胜利来之不易，因为有些塞尔维亚团还在等从俄国运来但一再遭延期的军火，辖下步枪不足两千支，兵员人数却是步枪数的两倍。[41] 但那不碍事：因为这次出征让奥地利地方防卫军第二十一师（大多是招募自波希米亚的捷克人）犹如掉入炼狱，苦不堪言。他们从布拉格坐了五天火车，八月十四日渡过德里纳河，同一天和隔天顶着烈日，背着满满的背包，没有饮用水，往采尔山顶挺进。那一夜他们没有休息，朝着自己部队的巡逻兵和漆黑中从高大玉米田里放冷枪的塞尔维亚人 153

开了枪。十六日早上十一点，在位于海拔四百五十米处，他们终于遭遇塞尔维亚人。军官拉着他们成群往上冲，他们周遭的德意志族同袍高喊"Hoch das Sieg! Hoch Seine Majestät Kaiser Franz Joseph!"但捷克兵斗志低落，假装受伤，大批倒地。[42]

当地方防卫军第二十一师被困在山坡上时，塞尔维亚人日夜不停反击，切断他们与第九师的联系，击毙他们的军官，最后该师两个群龙无首、与友军联系不上的旅瓦解，往德里纳河溃退。幸存者忆道，塞尔维亚人以夜色为掩护大举涌入，用德语高喊"别开枪，我们是克罗地亚步兵！"，然后拿起毛瑟枪开火。每次法兰克将军接近前线检视他的部队，都注意到在弹药车和野战炊事车周边挤满了想搭便车到后方的奥地利兵；每次有奥地利兵被敌人枪炮打伤，就有十余名未受伤的同袍自告奋勇要护送他到后方。难得抓到塞尔维亚人时，也总会引来一群人将他押回司令部。"铁的纪律！"法兰克吼道，"有太多人浑水摸鱼、装病！"[43]

法国报纸《费加罗报》在巴黎嘲笑道，"弗朗茨·约瑟夫皇帝陛下的军队丢人现眼"。[44]有位奥地利将领对此毫不觉得意外。他写道，塞尔维亚兵是吃苦耐劳的农民；奥匈帝国兵是"工厂工人、工匠、办事员，习惯于喝啤酒、舒服天气、有屋顶遮风避雨的惬意生活"。而在塞尔维亚，这些东西全没有，所以他们根本不想打仗。[45]

在萨拉热窝，波蒂奥雷克似乎浑然没有觉察到德里纳河边这场惨败。他正把心力放在揪出暗杀事件的其他阴谋者上，八月十六日得意地发电报告诉财政部长毕林斯基，说有位目击者"指控另外三人是大公遇害事件的阴谋者，他们分别是贝尔格莱德神学家、波斯尼亚律师、来自巴尼亚卢卡（Banja Luka）

的侍者"。[46]波蒂奥雷克在萨拉热窝提出自己的调查结果时，采尔山争夺战正演变为某种军事法庭，因为虽有某些奥地利人奋勇作战，但大部分奥地利人想方设法逃亡。当第九师某旅奉命出击以为友旅争取喘息空间时，只有一个营照办，该营立即遭火炮和机枪消灭。指挥这场大乱仗的将领，把这场惨败也归咎于"误解"，指出在这一战线上，每一次的战败，都必有个孤立被弃的奥匈帝国部队被组织更完善的塞尔维亚军队包围，陷入其交叉火网里。[47]

154

　　奥匈帝国第九师未能好好打场仗就垮掉。渡德里纳河就把士兵搞得筋疲力尽，先是在炙人的烈日下，然后碰上下了一两天的大雨；他们被困在河岸整整三天，穿着湿透的外套露宿野外，咒骂他们的军官和补给太差。终于在采尔山上与敌交手，却被塞尔维亚火力杀得几乎全军覆没。八月十八日，他们在"如榛果般大的雹块"的空袭下撤退，士兵趴在辎重车底下爬行，以躲避雹块和塞尔维亚炮弹。在军需官奉命烧掉他们带到河对岸塞尔维亚境内的所有物资时，士气才有稍许提振。[48]战地报告提及多不胜数的奥匈帝国兵装病的事，特别是在伤兵拿"吓人的敌人情事"吓坏未受伤者之后。法兰克将军被某同僚称作"年老糊涂的迂腐之人"，不管有没有友军掩护其侧翼，他都不是最适任的指挥官。他下令官兵交换"英勇故事，不准谈这些可怕的事"。他愤愤地说道，如果再有士兵继续谈可怕的事，会以"懦弱罪"当场处死。[49]

　　难得抓到的塞尔维亚战俘，给了奥地利人一线希望。有位奥匈帝国军官在讯问过某战俘后推断："塞尔维亚人筋疲力尽，补给糟糕；军官行事使他们更为慌乱；他们每个营只有一挺机枪。"但在这条战线上的普特尼克部队，至少有一半士兵打过巴尔干战争，且尽管火炮不足，炮弹也开始短缺，但他们坚守阵地，耐心击溃来犯奥军。[50] 命丧塞尔维亚剽悍军队之手者，是奥地利地方防卫军第二十一师师长阿瑟·普日博尔斯基（Przyborski）将军，他绝对称不上身经百战、敢打能打。他的同僚称他是"环城大道将军"——娶了陆军部长舍奈赫的女儿且是坐办公室而非带兵出身的军职官员（译按：环城大道是维也纳气派堂皇的大道，陆军部大楼就位于这条大道上）。面对这场混乱且瞬息万变的战斗，普日博尔斯基从未能跟上脚步。[51]

在亚达尔河（Jadar）和采尔山遭击退后，第五集团军军心动摇。饿坏的奥地利士兵在德里纳河沿岸四处搜寻可吃的东西，他们把还未熟的玉米、瓜吃进肚里。也没什么水可喝；并似乎下了毒，水呈绿色带酸味，喝下两三天后就出现霍乱症状。"我们遥远的（补给）火车，连个影子都没有，"有位军官嘲笑道。[52] 奥地利的补给业务，有许多被转包给民间业者，而这时法兰克命令麾下军官，"毙掉他们的马，毁掉他们的四轮马拉货车，当场杀掉他们的马车夫"，如果他们不更卖力工作，不表现得更勇敢的话。在这同时，奥地利士兵将只得挨饿，而（吃饱喝足）的师长则向他们训话道，"绝不能以补给品没送来为理由，吃掉你们的战地口粮……战时补给不可能时时都令人满意"。[53]

八月十六日，波蒂奥雷克一副从他的战场冲出来的姿态，请求第二集团军给予更多支持，但康拉德修改了这一请求：他下令，"在不延宕你（第二集团军）开赴（加利西亚）的情况下能做多少就做多少"。[54] 于是，第二集团军第二十九师八月十六日于沙巴茨处渡过萨瓦河，与塞尔维亚某师打了煞有其事的一仗，然后于下午撤退。波蒂奥雷克火冒三丈，痛骂康拉德把第二集团军的诸部队"像水滴般"损耗掉，未派他们大举同时进攻。如果波蒂奥雷克真的人在前线，而不是待在他萨拉热窝的办公室（这时他正在那里力促调查三十名塞尔维亚少年），大概会注意到不管是分批次小兵力进攻，还是大兵力大举进攻，奥地利的进攻都不可能得手。[55]

在这次入侵行动的初期，奥匈帝国军队一直未能适应现代火力。德国步兵连已在运用稀疏队形战术（一个排摆出宽间距的小规模战斗队形带头进攻，后面两个排也摆出稀疏队形，呈梯形配置），奥匈帝国连则要众多士兵紧挨在一块，成为敌人活靶一般，一径往前猛冲。"不管是兵还是官，都不知道如何协同进攻，"阿尔弗雷德·克劳斯将军接掌第二十九师后在其日记里如此写道，"不管碰到什么情况，他们都只是上刺刀乱无章法的冲锋；塞尔维亚人看出这点，诱引我们做这些进攻，然后开火把我们撂倒。"在第五、第二集团军间的兵力缺口统率一骑马步兵团的费利克斯·施瓦岑贝格（Felix Schwarzenberg）上校，无意中听到步兵军官"以无比轻蔑的口吻"告诉其部属，"别担心，塞尔维亚人掘壕固守，但我们架上刺刀冲进去时，壕沟救不了他们"。施瓦岑贝格还注意到奥地利野战炮兵爱在开阔地作战，但未考虑到在开阔地自己易被有壕沟防护的塞尔维亚火炮轰碎，且爱朝塞尔维亚壕沟猛射伤不了对方的榴霰炮，因为手边没有可将他们消灭殆尽的高爆炮弹。炮弹比榴霰弹贵，于是，展现奥匈帝国独有的作风，干脆不买。这是支在打它的上一场战争（一八六六年），而非最后一战（一九一三年）的军队。已然没有斗志的施瓦岑贝格亲王在信中告诉妻子，"为奥地利祷告"。[56]

156

第二集团军已排定于八月十八日移往加利西亚，于是康拉德只同意暂时借调卡尔·特尔斯蒂扬斯基（Karl Tersztyánszky）的第四军，希望这会有助于击退萨瓦河边的塞尔维亚人，消除德里纳河边第五军所受的压迫。特尔斯蒂扬斯基决意于八月十九日进攻塞尔维亚第二集团军在沙巴茨的兵力。他计划以旗下两个师夺取有一万四千人和重要火车站、河船码头的沙巴茨，然后循着三条平行的公路往南挺进。这一南进行动至关紧要，如果失败，普特尼克将能放心大胆将其全部兵力转向法兰克的第五集团军，将其团团包围。但情况看来不妙：奥地利军方对塞尔维亚军的动向掌握甚少，除了"将沙巴茨桥头堡往南推"，别无明确计划。[57]司令部认为沙巴茨周边的地形类似意大利，有高大玉米田、围栏、树篱、浓密小树林，使他们无法总揽全局，易遭偷袭。

157　　奥地利人轻松拿下沙巴茨，但在往南的公路上推进极为不顺。第九十二团某奥地利下士忆起在湿热的夏季从沙巴茨出征的情形："玉米长得很高，能把骑在马上的人都完全隐没；事事都变得不顺；我们觉得已有几天没睡；口渴至极；脸上汗流如柱；我们用泥污的手擦汗，然后舔手，以补充水分。"第九十二团编成纵队行军，纵队宽，道路狭小，两侧的士兵不得不走在田里；他们得穿过林立的玉米秆、葡萄藤、土块、波浪般的小麦、南瓜田，自行开路；会有一排又一排的士兵被障碍物绊倒，一趟行军后有一半的人脚底起水泡。各报告主要谈到热、渴、累，以及几乎每一页都出现的"无情的太阳"。[58]

　　奥地利一旦受到藏身于玉米田和树林里的塞尔维亚部队骚扰，就用他们一贯的作风猛开枪还击，很快就把子弹打光。塞尔维亚人精于挑起混乱，"他们把帽子、背包放在地上引我们开火，然后迅速转移到新阵地，"有位奥匈帝国军官苦恼报告道。塞尔维亚人把玉米当第五元素来用，排成宽正面的横向战斗队形隐身于玉米田中，又快又准地朝群集的奥地利部队开火。以匈牙利兵为主体的第三十一师，朝背包、帽子等欺敌东西打完子弹之后，步履蹒跚地朝叶夫雷莫瓦茨（Jevremovac）走去，只剩刺刀可防身；然后遭自己炮兵攻击侧翼。遭友军炮火猛轰时，他们也受到塞尔维亚步兵攻击，但未还击，因为子弹已用完，且因为塞尔维亚人离他们侧翼那么近，他们以为是友军。由斯洛伐克人和匈牙利人组成的一支奥地利团，裂解为惊恐的两股，全部沿着公路北逃沙巴茨。约瑟夫大公所辖师的其他部队跟着北窜，敌军、友军炮弹在他们身边炸开，他们惊慌失措地往部队后方跑，使这个师如同缴械。第三波斯尼亚团欲将塞尔维亚人赶出俯临他们所要行经之道路的树林时，先是主帅遭击毙，然后全团遭歼灭。上校团长、其副官、一名营长丧命于一阵榴霰弹的攻击，然后两名连长、十五名中尉、三百三十二名士兵也丧命。[59]

158

　　有个奥地利连被困住，子弹打光；军官也全丧命，于是幸存的士官高呼预备队上前。预备队是支新兵连，以横向小规模战斗队形俯卧于他们后面。但预备队不肯上前。"我们气呼呼向他们高喊'胆小鬼，过来！'"有位幸存士官忆道，"但他们连把脸抬离地面都不愿意。"先头连撤退，走过后面这些趴在地上吓得半死的人身旁时，赫然发现他们不是吓得半死，而是已经死掉，已在以整齐一列队形前进时被一挺塞尔维亚机枪全部撂倒。[60]

　　有位少校参谋奉约瑟夫大公之命前去沙巴茨查明奥匈帝国

第三十一师溃退的原因，发现"匈牙利第四十四团部分士兵在教堂广场上累到瘫，这个团已形同在慌乱中瓦解"。他们失去三十名军官，四百八十七人受伤，还有数目不详的死者；军医估计这些死伤有四分之三是自己人所致——后卫部队在慌乱中误朝前方部队开枪。高声下达的命令、号角信号、旗帜挥舞，都未能遏止溃退，逃进沙巴茨的匈牙利人喊"塞尔维亚人要来了!"其实还没有。那天晚上，普特尼克将军从法国参谋部处得知，奥匈第二集团军确定要开赴加利西亚。法国人建议，"现在进攻，他们的部队大部分要离开"。法国人在马恩河边遭德军重击，急欲解除这一压力，于是向塞尔维亚人保证，只要塞尔维亚愿意进攻，他们会免费提供炮弹。[61]

安德烈亚斯·格里斯勒（Andreas Griessler）将军的三十二师渡过萨瓦河，进抵第三十一师左侧，下场更惨。这个师往南行，目的地武科西茨（Vukisic），但被途中穿过的树林和玉米田打乱行军队形，使自家炮兵看不到他们，侧翼和后卫因此遭到自己炮兵猛轰，整个师不得不后撤，以避开自己火炮的攻击。"我们绝不可再朝自己的步兵开火，要朝他们的步兵开火，"法兰克劝道。[62]塞尔维亚炮弹也又狠又准地落在他们身上，因为塞尔维亚农民在道路两旁点燃干草堆，标示奥军动向。[63]到处都有人死伤，士兵激动地朝四面八方开火。有牛或小孩误闯入高大的玉米田，发出窸窣响声，奥地利部队就对着发声处举枪齐射。这些兵大部分是未受过训练的后备军人，两天两夜已走了将近六十公里，就快垮掉。

在第三十二师军官试图熄灭燃烧的干草堆，安抚慌乱的部队，要求增援兵力和弹药以填补早上的损耗时，又花费了数小时。他们丢了八门火炮和二十辆弹药车。后来，惊愕的哈布斯堡稽查员列出此师某一团所丢弃的装备总数：八百八十六个背包、一千两百顶帐篷、四百个子弹盒、九十支铲子、两百八十个干粮袋、四百件外套、一千两百五十双鞋子、四十个钢丝钳。[64]数个野战医院，连同仍躺在野战医院床上的伤兵，整个给弃之不顾，丢给进逼的塞尔维亚人。[65]军司令部连番下令继续进攻，格里斯勒将军于是上马，走过一群群掉队的士兵和一堆堆弃置的装备来到耶莱尼察（Jelenica），然后报告仍无法进攻：士兵无视军官命令，继续撤退；有许多部队已解体、混在一块，无法重新整编；而且士兵自天亮起一直未进食。这个师由匈牙利人、德意志人、塞尔维亚人、罗马尼亚人四个民族组成一事，也不利于它重启攻势——民族组成的混杂，使士兵连最简单的命令都往往搞不清楚。但军司令部继续要求进攻，最后，在晚上七点半时，格里斯勒报告，部队已得到相当的重整，足以发动进攻。但由于天色渐黑，格里斯勒下令部队扎营，搁下进攻之事。他们排成纵队走向采罗瓦茨（Cerovac）时，塞尔维亚人躲在漆黑的夜色里，模仿动物叫声嘲弄他们：狗吠、母鸡叫、猫头鹰叫。[66]

后来，特尔斯蒂扬斯基把他的挫败归咎于把他已走离沙巴茨的部队过早叫回的波蒂奥雷克，而非把他的部队摧毁殆尽的那个来自舒马迪亚（Sumadija）的一级征兵师："我们已从沙巴茨往内地走了十公里，忽然奉命退回北岸。"但战前被视为前途大好的特尔斯蒂扬斯基，乃是拿溃败已成定局之时的情势，断章取义做文章。因为不管波蒂奥雷克对他下了什么指令，面对塞尔维亚人如此激烈地反抗，八九不离十都无法扭转败象。[67]

在沙巴茨，奥匈军队所做的，除了暴行，还是暴行。"我

160

们真的得对沙巴茨和其附近的居民施以严厉的镇压，"特尔斯蒂扬斯基轻蔑表示，"他们朝井水下毒，在我们背后放冷枪，我甚至听说有个十二岁女孩朝我们丢了一颗手榴弹。"统领第三十一师的约瑟夫大公坦承，他底下的某个匈牙利团，在塞尔维亚游击队朝他们侧翼开枪后，集拢某村所有村民全部杀掉。[68]奥匈帝国部队不抢劫时，就睡觉："这些事把他们累惨了，因而一有机会就睡觉，即使只是短得不能再短的停留。他们听话，但已失去斗志。"[69]谁能怪他们？第二集团军凌乱撤退到萨瓦河对岸，使第五集团军只能任由波蒂奥雷克异想天开地摆弄。由于第二集团军大部分兵力往东转移到俄国，这时波蒂奥雷克认为法兰克那支精疲力竭、千疮百孔的军队（最初被设想为铁砧的一支军队），从此可以扮演锤的角色，往东南出击，把被第六集团军的铁砧顶住的塞尔维亚军砸碎。

八月十八日，皇帝诞辰那天，波蒂奥雷克的第六集团军终于快完成其在德里纳河上游沿线拿捏不定的部署。波蒂奥雷克原希望在这一天献上征服塞尔维亚为皇帝祝寿，不料奥匈帝国的塞尔维亚战役这时几乎已注定要以失败收场。波蒂奥雷克计划派第五、第六集团军大举攻向流经贝尔格莱德与瓦列沃之间的科卢巴拉河，但就在他如此规划这场战役的下一阶段时，前线传来令人震惊的消息。普特尼克已于八月十九日集结五个师的兵力，在第五集团军的两个军之间打开一个十公里宽的缺口。奥匈帝国部队接到反击命令，却抗命。法兰克部的士兵正渡过德里纳河回对岸，无视波蒂奥雷克以电报下达"不计代价坚守"的命令。[70]

161　　在这同时，从军事角度看，第四军拱手让出了沙巴茨。从书面报告看，特尔斯蒂扬斯基将军守住了阵地，他（从开往加利西亚的舒服特等车厢里）坚称他的几个师真的在萨瓦河畔得胜："我从不觉得我们落败……但我的士兵可能不了解这点，因此我要人简略写下这场仗的经过，好让军官拿给士兵看。"[71]但波蒂奥雷克可不是傻瓜；他知道塞尔维亚人已拿下协约国在这场战争中第一个无可置疑的胜利。"这欢喜的日子已变成哀痛的日子，"他在日记里写道。他写信告诉法兰克，"不计代价打到底；援军已在路上！"[72]但没有援军要来：北边的部队要开赴俄国，南边的部队正在高山上跌跌撞撞的前进，他们不知道这里的情势，因为波蒂奥雷克从未告诉他们。第六集团军某上校写道，"我们对整个情势几乎一无所知，真的知道情况时，乃是非常无意中得知，是在本要下给别人的命令误送到我们手上时得知"。[73]

波蒂奥雷克的才干根本担不起南征大任。他调度兵力进攻时太拖沓笨拙，使塞尔维亚人得以在与奥地利人冲突时每次都取得优势。塞尔维亚人也靠奥匈帝国军队丢弃的装备壮大实力，有位哈布斯堡军官注意到塞尔维亚某师官兵全穿着奥地利的蓝灰色外套。奥地利人每次的倒退，似乎都使塞尔维亚更为强大。[74]

波蒂奥雷克这时以为，他仍能借由将他尚未溅血的第六集团军投入战斗而转败为胜。在波斯尼亚境内，第六集团军纵队误把众多波斯尼亚宪兵当成塞尔维亚游击队而对之开火，造成几场难堪的意外，然后全军终于缓缓进抵维舍格勒处的德里纳河边。[75]在这个多山的战线上，人人都很清楚第六集团军绝对赶不上第五集团军，或绝对无法深入塞尔维亚。山地旅带着驮负大型柳条篮的骡子缓缓前进，篮子里装满弹药。他们一路拔除筑有防御工事的塞尔维亚前哨基地，前进缓慢且艰难。"我们对这里的敌人动静所知不多，"第四山地旅从利姆河边的奇格拉（Cigla）报告道，"我们于八月二十二日拿下一道壕沟，但那后面还有一道"。每一步前进，即使没遭遇抵抗，都要花上很长时间。军官指出，不受制约的士兵"连（碰到）微不足道的障碍物"都会停下来，休息良久。夜里士兵几乎不睡，因为"枪声不断；士兵觉得每颗石头后面都躲着敌人，整夜紧张兮兮地开火，使每个人无法好好休息，浪费弹药"。[76]

第六集团军的左翼部队在维舍格勒渡过德里纳河，展开被乐观称之为"全面东进"的行动，却立即被困在旷日废时的山地战里。普特尼克寄望靠山地战拖慢波蒂奥雷克的前进速度，使其得以消灭法兰克部。第七山地旅通过维舍格勒，然后八月二十日整日都花在突破附近某山上的塞尔维亚阵地上。奥地利人死伤陡增，担架兵抬不胜抬，干脆在岩石、树木之间施予急救。在奥地利部队往山头推进时——军官洋洋自得于尽管敌方守军火力猛烈，但他们仍发动一波又一波的冲锋——越来越多奥地利步兵遭后方的同袍开枪射中而倒下。塞尔维亚火炮、机枪、枪榴弹使奥地利步兵惊恐万分，因而往山上胡乱开枪，打死自己人。

也有多得让人惊愕的奥匈部队军官，在试图驱赶士兵前进时中枪。军官被教导要身先士卒，要抬头挺胸指挥射击、观察射击效果，因而很容易就成为塞尔维亚神枪手（或己方惊慌失措士兵）的枪下亡魂。拂晓时开打的战斗，直到薄暮时分塞尔维亚人撤到下一道防线才结束，奥地利人清点死伤：二十三人死，一百二十八人伤，二十六人失踪。军官死伤特别严重。[77]照原先计划，第六集团军应走弧线往北和第五集团军会合，在瓦列沃完成对塞尔维亚军的大包围，但情势看来这样的会合已是奢望。第六集团军以和第五集团军以同样的方式发泄失利的怨气，他们烧掉塞尔维亚人的小屋，洗劫，偷牲畜，把农田作物拔光，枪毙人质以吓唬当地居民。有位奥地利将军气急败坏地告诫其部队，"这不是文明军队所应为"，但没人听进去。事实表明，波蒂奥雷克的一流作战计划，落实到巴尔干半岛上完全不管用。

163

在主战前线，第五集团军的第八军已撤回德里纳河对岸，把阿道夫·冯·雷门的第十三军丢在东岸。雷门部从未能统合它辖下各部队。第三十六师从头到尾抱怨，友军匈牙利地方防卫军第四十二师一直未抵达，使它注定吃败仗。而这支匈牙利地方防卫军（由萨格勒布周边征集的克罗地亚兵组成），则觉得每次与塞尔维亚人打遭遇战，都注定吃败仗："他们把外套摆在地上，然后爬上树朝我们开枪"。匈牙利地方防卫军朝外套开枪时，塞尔维亚人朝这些克罗地亚人开枪。[78] 在这同时，已遭击败的奥地利地方防卫军第二十一师彻底瓦解，其装备散落战场。"很遗憾地，我们的武装部队并非全是从同一个冲压工厂冲压出来的，"霍夫堡宫以如此冷淡的话语，评论这支以捷克人为主体的师的"可憎行径"。[79]

更为可憎的行径，在后方继续上演。奥匈帝国军队惊怖于塞尔维亚游击队的攻击，愤怒于自己所受的羞辱，于是对马奇瓦地区的老百姓施予一波暴行。这场巴尔干战争充斥着不合作战常规的行径，使他们觉得施暴老百姓正当合理。部队报告，公路上埋设了饵雷，塞尔维亚平民把饮用水下毒。他们报告，塞尔维亚步兵穿上奥地利军服，用德语高声下达命令，以把奥匈士兵弄糊涂，或举白旗投降，然后把前去受降的奥地利人射杀。他们报告，有塞尔维亚伤兵从背后射杀奥地利人。他们报告，塞尔维亚前线士兵高喊"我们是你们的朋友"以瓦解奥匈军的斯拉夫人士气，或高喊"嘿，我们是克罗地亚籍的匈牙利地方防卫军"，假装成克罗地亚人（来自奥匈帝国的塞尔维亚人），诱骗奥匈军靠近，然后赏以子弹。而试图以来自奥匈君主国的行军营填补自身庞大兵力损失的奥地利人，则自己把自己搞乱。一八六六年后建立的新式陆军，包含许多德意志人士兵、匈牙利人士兵或说克罗地亚语的奥地利地方防卫军士兵，下达命令时常用错语言，因而如某军官所说的，造成层出不穷的"摩擦和敌意"。[80]

164

总而言之，把错全怪在塞尔维亚人身上较省事。"除此之外我们还能怎么办？"雷门将军吼道，"他们是文化落后的民族。对付他们时，怎能坚守我们的欧洲文化，继续遵守战争法则？"[81]雷门提醒士兵要区分犯下罪行的塞尔维亚人和无辜的塞尔维亚人，但士兵通常懒得这么做。入侵部队里有这么多克罗地亚人——来自杜布罗夫尼克、萨拉热窝、萨格勒布三个军区——原因之一在于维也纳清楚这是它最后一次在激烈的宗教、文化战争里动用天主教克罗地亚人对付东正教塞尔维亚人的机会。[82]在克鲁帕尼，匈牙利地方防卫军第四十二师士兵用步枪枪托把一群老汉和青年打倒在地，然后把还有气息者全吊死。在洛兹尼察附近，奥地利士兵抓老百姓当人质，然后在补给线遇袭后，把他们处死报复。有个奥地利步兵在遭割喉夺命后，六十名人质遭杀害，附近几个村子遭杀光。在列斯尼察，奥地利第八军以行刑队施行集体处决。以德意志人为主体的第七十三团洗劫该镇两个小时，杀人、奸淫女人，然后吊死塞尔维亚平民。师部下令"不得再有这种没必要的劫掠、破坏情事"，"因为我们终究是文明之师"，但大抵言者谆谆听者貌藐，而这主要是因为波蒂奥雷克已于八月十三日向所有部队明令展开掳民为质、吊死报复、纵火烧屋的行动。[83]后来有六十八名塞尔维亚人被发现挖掉双眼，有三十四名塞尔维亚人鼻子被割掉。以斯洛文尼亚人为主体的奥匈帝国第九十七团某士兵报告，他的部队已获批准"在各地烧杀"以压下塞尔维亚人的反抗。[84]

但这些暴行无一能止住奥地利军队的溃败。奥地利地方防卫军第二十一师垮掉，使第九师侧翼失去掩护，从而使该师也受到猛烈攻击。倒霉的是他们攻向泰克里斯时，所在的地方正是平时塞尔维亚人为练习火炮射击已测绘过的地方，因此炮弹落点惊人精准。第九师撤退，把十二门火炮留给追上来的塞尔维亚人。[85]塞尔维亚人站在采尔山山顶，看着他们所痛恨的说德语的人溃退："可以看到他们呈纵队往四面八方退去；我们派出由步兵和炮兵组成的数个小分遣队追杀。"[86]其中某些追杀队，两个营和一个炮兵连，追上奥地利人，出手攻击。在姆拉莫尔（Mramor）东边某峡谷里，塞尔维亚人把第三十六师和匈牙利地方防卫军第四十二师部分部队逼到走投无路，用步枪和火炮猛击。才几分钟，捷克第二十八团就"死伤数百"。身手矫健得以逃脱者，像蜘蛛般手脚并用爬上峡谷的峭壁寻找生路。有两千人只身或呈小群体窝在丘陵里整整两天，才找到回自己部队的路。[87]

高层提醒奥地利军官应尽的职责："在集体恐慌或有人发出动摇军心之语时，得当场毙了这些犯罪者。"[88]但犯罪之人太多，军官不够多（因为已有许多军官受伤或生病），再怎么动用枪毙以儆效尤也无法提振这支军队的斗志。第五集团军带着八万兵力渡过德里纳河进入塞尔维亚；撤回河对岸时已损失高

165

166

达六百名军官和两万三千士兵。几乎每个部队都失去其最优秀的军官和五分之一的配给兵力。有位奥地利军官在法兰克部逃回德里纳河对岸时不以为然地说道："在这个国家，我们的部队和我们的装备，打不了正规战役。"[89]显然奥地利人早该事先想到这点。

八月二十日当第二集团军四个军的第三个军开始从沙巴茨往东开赴加利西亚时，放弃行动将几近完成。伯姆－埃尔莫利的集团军将陷入两头落空之境，即太早离开塞尔维亚而无法影响该地战局，又太晚抵达加利西亚而无助于该地战事。匈牙利驻维也纳皇廷使节伊斯特万·布里昂伯爵表达了奥地利与匈牙利日益失望苦恼的心情："在巴尔干诸国、意大利、罗马尼亚带来何等可怕的效应。我们何时才能取得一胜？"[90]八月二十三日第四军最后一次试图取胜，该军士兵奉命"只带背包"渡过萨瓦河（意味着欲在没有辎重车队拖累下发动又快又狠的进攻），却在摸黑渡河时乱成一团（有些人搭汽船，有些人走桥），因而不得不取消进攻，士兵先是奉命就寝，然后奉命开拔往东。"部队士气大受打击，"约瑟夫大公论道，"他们一有机会就倒地呼呼大睡。"[91]

波蒂奥雷克原指望在敌方防守薄弱的德里纳河上游取得胜利，但在此他也遭败绩。照理该与第五、第二集团军协同作战的第六集团军，因来得太迟，隔得太远，而无法与友军合作。波蒂奥雷克最后终于离开塞拉耶佛，及时赶到德里纳河上游，而得以亲自带领遭孤立的第六集团军到渡河处，在八月二十、二十一日于维舍格勒、普里博伊（Priboj）打赢无关大局的遭遇战。但他与受重创的第五集团军仍相隔一百零四公里，采尔山上几场仗打下来，第五集团军这时已令人吃惊地失去超过四

射杀塞尔维亚村民的奥地利步兵

奥地利步兵射杀塞尔维亚村民。有位奥匈帝国将领在一九一四年
连番目睹对塞尔维亚平民的暴行后，反感地写道："这不是文明军队所
应为。"

照片来源：Heeresgeschichtliches Museum, Wien

分之一的兵力和四十二门火炮。[92]八月二十四日，波蒂奥雷克
发出全线撤退令（"再进攻已无意义"），把第六集团军拉回德
里纳河对岸。第四军放弃沙巴茨时残害该镇居民，暴行就和第
六、第五集团军对德里纳河沿线村镇所为没有两样：数十名塞
尔维亚男女老少被关在一教堂里数日，然后在奥地利人撤兵时
遭行刑队枪决，使在奥地利欲将塞尔维亚"西欧化"的这场
行动中遇害的塞尔维亚平民，达到大约三千五百人。[93]就在这
十天前，波蒂奥雷克力促第六集团军"让塞尔维亚人知道该
恭敬归顺奥匈帝国，一如在欧根亲王和拉德茨基（Radetzky）
的时代"。[94]这场撤退丝毫没有拉德茨基当年的作风。为自己的
连番挫败和滥杀无辜的恶行感到厌烦的奥地利人，退回到散落
自己粪便的污秽营地。"得告诫士兵使用厕所，不要再随地大
小便，"有位第八军将领气鼓鼓说道，"也得要求他们碰到长

167

官就要敬礼。"[95]

波蒂奥雷克把错全归在康拉德头上，说："我从不清楚第二集团军的部队是否会为我留下……我得拥有完全不受限制指挥我战场所有兵力的权力……总司令部不得再与我的下属联系。"但这场挫败毫无疑问是他的挫败。他在萨拉热窝滞留太久，然后又将司令部从后方的某个偏远地点随意转移到另一个同样位于后方的偏远地点，从未掌握这场战争的实情。[96]

匈牙利军官向蒂萨告知波蒂奥雷克的无能之后，蒂萨于八月二十三日写信给皇帝，扼要说明这位巴尔干司令所干的蠢事："正面强攻筑有防御工事的阵地，未先充分侦察敌情，乃至未备好火炮，导致……彼此拉得很开的各纵队，在沙巴茨—洛兹尼察一线遭塞尔维亚人以优势兵力各个击破，伤亡惨重，而整个第六集团军，位于南方，相隔太远，连调动部署都不可能。"[97]蒂萨大大嘲笑奥匈帝国可在将军队主力用于对付俄国的情况下击败塞尔维亚的想法，促请皇帝和贝希托尔德正视现实，把塞尔维亚摆到一旁，全力对付俄国。

但霍夫堡宫还不愿对波蒂奥雷克和其巴尔干梦想死心。这位南方面军司令官至少给皇上写了几封信，而康拉德没有。八月二十四日博尔弗拉斯安慰波蒂奥雷克："我说啊，你的情况会好转；毕竟地球是圆的，得不停地转！"[98]对七千名死在德里纳河沿线丘陵、森林、村子的奥匈帝国人来说，地球已不再转动。还有三万奥匈人受伤，四千人被俘，四十六门火炮和三十挺机枪落入敌人手里。塞尔维亚的损失相对较低（死三千人、伤一万五千人），士气仍然高昂。塞尔维亚人嘲笑奥匈帝国的挫败，称哈布斯堡军队是"乌合之众"，蒂萨是"条蛇"，哈布斯堡君主国是"反人道的罪人"。[99]当数千名奥匈帝国伤兵被疏散到奥匈两国境内的医院和自家时，畅谈在塞尔维亚的惨败，招来最高指挥部的驳斥："必须用他们的母语告诉士兵和军官，不准再拿这一坏消息让老百姓惊恐。他们与敌激烈厮杀，全不具有如实描述情势所必需的综观全局的眼光或冷静心态。"法兰克将军展现他一贯昧于现实的作风，建议一律予以"严惩"。[100]

对外，维也纳试图遮掩挫败，八月下旬向诸中立国保证奥地利会赢。意大利不信；当地报童一再喊着"奥地利大败"，群众示威要求与奥匈帝国开打，部队以整齐队形走过奥地利大使馆和领事馆旁，用口哨吹着《加里波第颂》和《马赛进行曲》。意大利人显得越来越好战。[101]对内，维也纳在帝国境内诸城镇张贴官方公告，说明战败原因：由于俄国介入这场战争，入侵塞尔维亚只是旨在"削弱、击退"人数多上许多之塞尔维亚军队的一个"穿插的表演"和"痛击"，而且奥地利那些措施成功收场，使奥地利得以"有条不紊地撤离塞尔维亚"。[102]在霍夫堡宫内，博尔弗拉斯把情势看得很清楚。他提醒波蒂奥雷克，得在塞尔维亚境内打几场胜仗，"以打造会使我们在巴尔干的任务更易于完成的政治情势"。"接下来呢？"博尔弗拉斯忧心如焚地问道。[103]

第七章 克拉希尼克

169　　康拉德也发出同样的疑问："接下来呢？"他一直夸称自己是英明果断的将材，但在奥匈帝国的东部战线，他一开始的兵力调度就乱无章法到无以复加的程度。他与德国人没什么联系，他不喜欢德国人，但德国人更不喜欢他。他对一事无成的塞尔维亚战役置之不理，而那场战役仍在消耗捉襟见肘的宝贵资源。波蒂奥雷克仍抓着两个弱集团军不放——用来保卫奥匈帝国疆土绰绰有余，但用来再次入侵塞尔维亚则兵力不足。就东部战线来说，德、奥已在战前谈到从北、南两线分别出击（德国人从东普鲁士，奥地利人从加利西亚），夺取从俄罗斯帝国本体往西突出的俄属波兰。他们甚至谈到使波兰、乌克兰脱离俄国，将它们合组为一个由奥地利人治理、位于俄国与西方之间的缓冲国，为这场战役画下句点。[1]但说到入侵俄国，康拉德需要动用他的全部兵力，需要陈兵于俄国边境。结果他却把他已遭削弱的兵力部署在他战区最东边铁道卸除点以西约一百六十公里处，希望借此为击败塞尔维亚多争取一些时间。

　　康拉德自相矛盾的战略构想和不知打哪儿来的"战争逢凶化吉"的自信，最终被现实打碎。德国人正把重心放在西
170　部战线上，东部战线上连一场象征性的挫败都非他们所乐见，因此他们把他们小兵力的东线部队扣住，防卫东普鲁士，而非与奥地利人联合攻入俄属波兰。[2]康拉德自己在塞尔维亚战事上的优柔寡断，使奥匈帝国在东部战线的兵力部署，八月二十八日时只有三十一个师，九月四日终于有第二集团军第三个军从

沙巴茨开拔过来时（第四个军还留在南部战线以安抚波蒂奥雷克），兵力增加为三十七个师。这些姗姗来迟的奥地利军官里，有一位向记者抱怨，塞尔维亚的战事令他极不舒服："我们接到的命令是杀光、毁光，很不人道。"他把奥地利高阶将领称作"土匪"。[3]他们也是拖拖拉拉的慢郎中，而德国人未掩饰他们对那些人的鄙视。奥匈帝国大使从柏林报告了其在德国政界、军界所感受到，"对我们行动不够积极与迅速，未能"在德国人正于法国与敌厮杀时，"将俄军引离德国"的愤懑。[4]

鉴于柏林不满奥国的表现，弗朗茨·约瑟夫的新任驻德大使戈特弗里德·冯·霍恩洛厄（Gottfried von Hohenlohe）亲王，急忙力劝本国政府"立即攻打俄国，以表明这两个帝国平均分摊这场战争的重任"[5]。结果，俄国人已在加利西亚动员四十五个步兵师和十八个骑兵师，还有正在华沙集合以会同入侵德国或奥匈帝国的俄国第九集团军十一个步兵师。战前，奥地利预测届时，俄军所部署的兵力只会有二十四个师，但眼前却有超过五十个师陈兵于其与奥、德的边界上，部署速度之快大出奥地利的预料。[6]

奥匈帝国要想在战场上打败俄国，只有一个机会，就是趁俄罗斯人还未能全面动员之时迅速出击，但康拉德已白白丧失那机会。这场战役连第一枪都还没发出，似乎就注定落败，主要原因在于奥地利人弹药已开始不足。他们把大部分弹药工人征召入伍，使得位于维也纳、施泰尔（Steyr）、皮尔森（Pilsen）、布达佩斯的大兵工厂产量大大低于最高产量。到了九月中旬，它们每天只生产三百五十万发步枪弹、九百枚炮弹，而且即使要把如此少量的子弹、炮弹运到前线部队手里，都碰到困难。[7]奥匈帝国驻慕尼黑公使九月八日发给贝希托尔德

171

一份令人气愤的电报，传达了以下消息：德国人将把先前被斥为"过时的"、"只适合给中国军队使用"的两百五十万发步枪、机枪弹送交奥地利。[8]

奥军部署在桑河、德涅斯特河边，前方没有足够的防御工事保护，且拖了这么久迟迟未有行动，照理这时康拉德对进攻一事应该连想都不要想。运用位于普热梅希尔的据点——自古即是战略要冲，这时为数座现代堡垒所环绕，有"东方凡尔登"的绰号——康拉德本可以将气势吓人的俄国大军（三百万俄军对付兵力不到那一半的奥军）阻挡于奥匈帝国边境外。俄国六个集团军（三、四、五、八、九、十一）正挺进五百公里长的战线，以将奥匈帝国三个集团军（一、三、四），还有伦贝格周边赫尔曼·科维斯（Hermann Kövess）将军辖下不断在波动的兵力，都包围住。科维斯部包含从塞尔维亚境内伯姆－埃尔莫利的第二集团军零星且缓慢转移过来的部队。俄罗斯人已于一九一三年用五亿美元的法国借款，改善了进入该战场的铁路和公路，使在后勤上原居优势的奥地利反居劣势，使俄国从此能比奥地利运送更多部队进入这个加利西亚边界地区。[9]

康拉德秉持其一贯不服输的精神，尽管没有胜算且没有德国人配合，仍选择进攻。后来弗朗茨·约瑟夫说到康拉德时表示，"对于有着如此宏大计划的参谋总长，我们找不到适合他一展身手的领域"，但在一九一四年八月时，皇帝表现他的一贯作风，丝毫未阻止康拉德实现其计划。[10]康拉德以未构筑防御工事的伦贝格为其右翼的依托，大胆假定他能用他的左翼兵力（他的第一、第四集团军的十八个师）往东北强力挺进，包围、消灭集结于卢布林（Lublin）、海乌姆（Chelm）周边的两个俄国集团军。如果康拉德击溃这两个集团军，不必等毛奇打败法

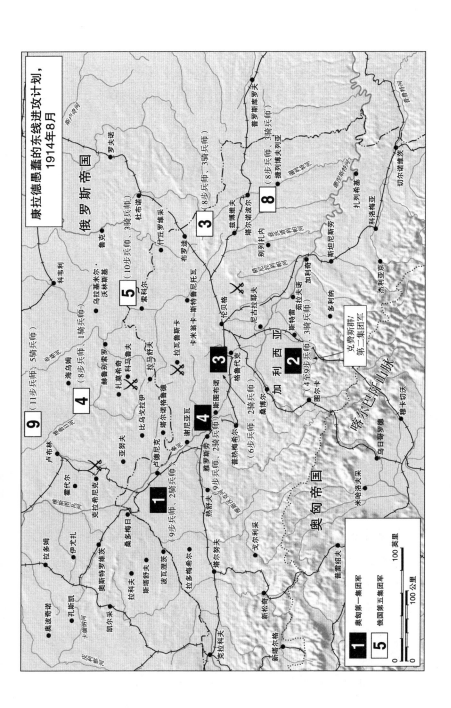

康拉德愚蠢的东线进攻计划，
1914年8月

国后履行承诺回师东线，他就可宣告在布格河边得胜。

173　　像康拉德这样坏脾气的人，很难抗拒如此美好前景的诱惑，但衡诸现实，他该抗拒住。即使击败卢布林周边的两个俄国集团军，他们后面还有两个作为预备队的集团军（第十一、第九），而康拉德不可能让这两个集团军也称臣，因为他缺乏后备兵力、运输工具、弹药。康拉德在战前拟的作战计划，想以超过三十个师的左翼兵力执行这一攻势，迂回、包围俄国在波兰、加利西亚动员的部队。如今他左翼的兵力却只有十八个师，根本不足以震慑俄罗斯人。至这时为止，俄国已以比预期更快的速度部署了五十二个师，且俄国师的战斗力大于奥地利师——俄国师下辖的营、机枪数目比奥地利师多，平均来讲战斗力较强六至七成。俄国师在火炮上也拥有摧枯拉朽的优势，野战炮比奥地利师多一倍，重型火炮多两倍。就火炮来说，俄国与德国相比，居于劣势，与奥地利相比，却远远占上风。[11]

康拉德诸师这时得行走约一百六十公里才能抵达他们的进攻点，由此观之，康拉德的冒进更显鲁莽。康拉德想必知道，光是行军就会毁掉他以平民为主的军队。康拉德的青年时代回忆录讲述了他唯一的打仗经验（一八七八年在波斯尼亚），谈到当时夏季酷热带给士兵何等"说不出口的痛苦"，导致造成集体掉队乃至自杀。[12]康拉德若照原来的部署计划行事，他的部队会坐火车横越这酷热的一百六十公里路，结果，他的部队是在炙人的烈日下，靠双脚吃力开赴前线，一路吃辎重队、骑兵、火炮扬起的尘土。随行的牲畜（将陆续宰杀供奥地利每个军食用的七十头牛、两百头猪、三百只绵羊），一路叫，一路大便，令士兵更为痛苦。

"酷热"中行军的往事，令来自蒂罗尔的皇家步兵团一员奥托·拉塞兹（Otto Laserz）永生难忘；部队在维也纳上火车，开到名叫卢比恩·维尔基（Lubien Welki）的小村子时被叫下车，改为走到一百四十几公里外的伦贝格。这一趟艰苦行军走了三天，如果搭火车，只需两个小时。走到第二天时，每个人都因虱子、口渴而痛苦不堪。他们在第一个小时就把水壶里的水喝光，然后每隔好几公里才会碰到水井，而一到水井，士兵会按阶级高低排队，等着喝温热、微咸且必然导致痢疾的水。这些皇家山地步兵团——来自维也纳、施蒂里亚、蒂罗尔这三个征兵区的奥地利地方防卫军部队——也不解为何要他们带着绳索、带铁钉的鞋底、冰斧，以及钉有平头钉的靴子，在地势平坦的加利西亚作战。

174

　　比起一般的军靴，这种靴子走在加利西亚的沙地上陷得较深。官僚作风在奥地利根深蒂固，因此，若没有照文书作业申辩理由，没有人敢，就连拉塞茨的团长都不敢不带这些不适用的东西，而因循苟且的官员当然未想到去做这种文书作业。于是，士气涣散，"脚扎痛，背和肩发疼"。拉塞茨的一名部下，行军第一天就落队落得很严重，下午才重见人影；拉塞茨指出，"他把所有东西，山区装备，乃至背包和干粮袋，全丢了，这时终于露出笑容。夏天在加利西亚一天行军五十公里，就是这个情景"。[13]

　　康拉德要他口渴、步履蹒跚的部队往北穿过平坦的加利西亚时，也未费心稳固他的右侧翼。在加利西亚一望无际、空荡荡的平原上，点缀着遍地尘土的村子，村中有陡斜屋顶草屋和三圆顶式教堂。有位好奇的奥地利步兵在日记里写道，"我们对奥地利这个省一无所知，只知道它产油、盐、污秽、虱和许多犹太人"。[14]不管是八月十五日进入俄罗斯境内侦察敌情的奥匈帝国骑兵，还是奥匈君主国的飞机，都完全未注意到在普罗斯库罗夫（Proskurov）和塔尔诺波尔（Tarnopol）集结和从东边逼来的俄国第三、第八这两个集团军。奥匈帝国初建的陆军航空兵团，已在八月时被自己人打得几乎全部停飞，因为兴奋的农民兵一看到飞机从头顶上飞过，就朝它们开火，也不管它们是不是本国的飞机。[15]最初，军方向不分青红皂白乱开枪的奥地利部队说明了奥、德、俄飞机标志，形状的差异，要他们只能向俄国飞机开火，不久后干脆要他们看到飞机都不准开火。[16]

进入加利西亚某村的奥地利部队

一九一四年八月进入加利西亚某村的奥地利部队。有位奥地利步兵写道，"我们对奥地利这个省一无所知，只知道它产油、盐、污秽、虱子和许多犹太人"。

照片来源：Heeresgeschichtliches Museum，Wien

飞机这项新武器能长程侦察（往返三百二十公里），精确　175
且及时地掌握敌军动态，理论上应能缩短部署时间，加快战斗
的开打，但在这里，一如在塞尔维亚，效用不大。可怜的奥地
利人只有五架位于伦贝格的飞机：其中三架不能飞，能飞的两
架，有一架于八月十二日在俄国境内坠毁。[17]出问题总爱放马　176
后炮的康拉德，把错怪在别人头上："我建议为陆军配备一千
两百架飞机时，有人说我是傻子；现在他们知道我是对的
了。"[18]身为参谋总长，他本有权力坚持建造飞机，但他没有坚
持。于是，他的南、北两方面军仍照着旧式土方法在蛮干。

事实表明，绝对落伍的奥匈帝国骑兵与哥萨克人打边界小
规模战斗时，只有任人宰割的份，全线溃退，死伤惨重，抱怨
身上的装备、盔甲笨重累赘。奥芬贝格得知他的第六骑兵师在
托马舒夫（Tomasow）周边溃败之后写道，"什么都缺"。[19]许多
奥地利骑兵选用阅兵用的重马鞍，把他们未习惯这种马鞍的坐
骑擦伤弄痛，因而被马从马背上摔下来。数千骑兵因此跛着脚
徒步走回基地，后面牵着他们因疼痛而退缩不前的马。那些得
以顺利前进的骑兵，搜索过四百公里宽的前线，深入俄境一百
六十公里，却遭遇出其不意的猛烈齐射火力。有位俄国中尉忆
道，战争初期，他那些发狂的乡巴佬士兵会"每个人都朝一
个奥地利骑兵发射二十发子弹"，使整个部队在下一次补给到
达之前形同失去武装。[20]

庞大的奥地利骑兵屏护部队不知为何完全未碰到俄军主
力，康拉德因此相信"没有欲从东边不利于其右侧翼的大规
模兵力移动的迹象"。[21]在个人回忆录中，俄国第八集团军的阿
列克谢·布鲁西洛夫（Aleksei Brusilov）将军，惊讶于他在塔
尔诺波尔附近边境遇到的奥军部队之"少"，惊讶于他所遇到

的那些奥军投降之干脆和供出情报之迅速。原来，奥地利人深信俄罗斯人正在慢条斯理动员，而非进攻。[22]奥地利将领赫尔曼·科费斯的兵力群（在第二集团军的余部从塞尔维亚来到之前，屏护西里西亚东部的两个军），早在八月二十三日就示警道，整个俄国第八集团军在普罗斯库罗夫周边集结，要跨过边境。奥地利军方郑重其事派了架飞机去侦察。有位忧心忡忡的参谋官在那天写道："今天下午会派一架飞机去侦察；军官绝对要告诫士兵勿把它打下来。"[23]情势比上述警告还要糟糕：俄国两个集团军（第八和第三）正从东边合拢。他们一直利用凉夜行军，炎热的白日则躲在树林里，借此避开空中侦察。[24]

这时康拉德心情较好；吉娜请人送来一个纪念品盒，内有一幅迷你的老毛奇（一八六六年击溃奥军的普鲁士将领）肖像。这位奥地利参谋总长把它挂在脖子上，希望如老毛奇般大败敌人。[25]但他绝不是毛奇之流的将才，从他愚蠢的用兵决定——用如此薄弱的兵力攻入很容易被敌人从两侧包围吃掉的辽阔地方——可见一斑。从先前的"往后移动"和这时得用行军才能抵达本可以坐火车更早、更容易抵达的前沿阵地来看，这一决定更令人困惑不解。康拉德后来辩称，要保住加利西亚的油井、铁路、公路和该地区首府伦贝格，要乘其不备奇袭俄罗斯人，要先发制人以打消他们对加利西亚其他地方、喀尔巴阡山脉、匈牙利所必然发动的压倒性攻击，这一北攻行动是唯一办法。八月二十日，奥芬贝格将军来到普热梅希尔见康拉德、弗里德里希大公和新皇储卡尔大公。奥芬贝格以为会讨论仗怎么打，结果发现康拉德和弗里茨尔绷着脸坐着，一语不发。波蒂奥雷克原宣告已在塞尔维亚取得大捷作为八月十八日皇上诞辰的贺礼，这时却说他败了。

搜寻俄罗斯人的奥地利骑兵

战前奥地利人把过多心血投注在骑兵上，一九一四年八月时这些长枪骑兵，一如其他奥地利骑兵，虽然搜索过四百公里宽的前线且深入俄境一百六十公里，却未能找出俄军的位置。飞机是更有效的侦察工具。

照片来源：Heeresgeschichtliches Museum, Wien

康拉德和弗里茨尔都抱怨德国人不守信用，抱怨毛奇太顽固，坚持把重点放在西部战线，尽管弗里茨尔的抗议让奥芬贝格觉得可笑："即使是最厉害的指挥官，都无法同时追捕两只兔子。"德国人得先解决英、法，才能回头对付东边的俄国。康拉德"对于他自己的作战构想没什么可说的，对于敌人没什么可说的"。弗里茨尔看起来"忧心忡忡"。只有皇储开心，因为没人想要向他说明情势。奥芬贝格还见了总司令部的德国军事代表团——胡戈·弗雷塔格－洛林霍芬（Hugo Freytag-Loringhoven）将军和卡尔·冯·卡格内克（Karl von Kageneck）上校——发现他们心情不好。这两个德国人已对康

莫里茨·冯·奥芬贝格将军

莫里茨·冯·奥芬贝格将军是弗朗茨·斐迪南的亲信，一九一一至一九一二年当过陆军部长。一九一四年接掌哈布斯堡第四集团军后，未掩饰他内心的不安。准备入侵俄国时奥芬贝格写道，"我们情况不好。这场战争事前准备不良，开始也没做好"。

照片来源：National Archives

拉德的拖拖拉拉失去耐心。回到位于雅罗斯劳附近的集团军司令部后，奥芬贝格表示他很沮丧。他在日记里写道："我们的状况不好。这场战争事前准备不良，开始也没做好。地形不利于我们，全世界也和我们作对。就连日本如今都已向德国宣战！"[26]

德国人仍想借由拿下塞纳－马恩省河边的胜利，打赢布格河边的战争，因此康拉德真正能走的路，就只有等待。奥匈帝国在战争初期享有的优势，已被他一点一滴流失掉。康拉德未调四十个师急赴俄国边界，反倒要不少的兵力绕道到塞尔维亚再转赴东部战线，

179　而且要真的抵达加利西亚的三十个师在离边境还很远处下火车，然后把八月最后一个星期和九月头五天花在把第二集团军的最后几个师运来德涅斯特河边的斯坦尼斯劳（Stanislau）上面。而这时，俄罗斯人已动员两百七十万兵力——九十六个步兵师和三十七个骑兵师。由于兵力如此庞大（且德国人仍把重心放在西战线），俄国总司令部能摆出将小小的奥地利北方面军完全包围的威胁姿态。俄罗斯人在北边卢林布和海乌姆周边部署了两个集团军（第四和第五），在南边杜布诺（Dubno）

周边摆了另外两个集团军（第三和第八），使康拉德两侧翼都受到威胁。只要攻向维斯瓦河（Vistula）和伦贝格南边，俄军就能把奥军包围在桑河与喀尔巴阡山脉之间的盆地里。[27]

俄军实际的推进情况与康拉德日益错乱的构想相抵触，于是康拉德又浪费了宝贵的数日思索该怎么办。吉娜封他为毛奇再世，因此他得表现出毛奇的样子。八月二十二日晚上，康拉德终于向麾下诸将发令。他命令位于雅罗斯劳的莫里茨·冯·奥芬贝格将军的第四集团军与位于其左边的维克托·丹克尔的第一集团军向东北进发，丹克尔进向卢布林，奥芬贝格进向海乌姆。鲁道夫·布鲁德曼将军的第三集团军和已从塞尔维亚抵达的第二集团军部分兵力，则要从伦贝格往东攻向布罗迪（Brody）。晚上八点看过康拉德的命令后，奥芬贝格惊讶于那些命令"有非常详细的行军表，却只字未提整体计划，未提我们该怎么做"。命令里完全没有指导思想。[28]这就是康拉德的作风，不事先计划，但视情况随机应变，如果成功就在事后把事实塑造为明确的计划，如果失败则把它们撤得一干二净。

康拉德的整个计划，从一开始就有问题。要攻向卢布林和海乌姆以切断俄国通往华沙、布列斯特－立陶夫斯克（Brest-Litovsk）的铁路，从南边、东边威胁维斯瓦河边诸要塞，只有在德国人从北边、西边威胁它们的情况下，这个计划才行得通。德国人未做出这样的威胁。他们已在八月二十日败于贡宾嫩（Gumbinnen），正在东普鲁士重整其军队。这意味着康拉德的钳子，最顺利的话，只会抓到空气；最糟糕的话，则反会遭俄国的钳子痛击，挡住其退路，使其无法井然有序退到桑河边（桑河是克拉科夫和往北、往南进入德国、奥匈帝国之道路的屏障）。

180

康拉德的一九一四年三月计划，预想由丹克尔第一集团军的九个师进攻与奥芬贝格第四集团军的九个师交战的俄军侧翼，并以伯姆－埃尔莫利的第二集团军为预备队。但由于第二集团军的兵力以分批零星的方式从塞尔维亚移入，康拉德于是将其报到的对象，由丹克尔部、奥芬贝格部，改为这时正与俄国第三、第八集团军相对峙的布鲁德曼第三集团军。事实上，俄国兵力集结愈来愈大，第二集团军必须增援奥军右翼，但由于康拉德让这支部队先到塞尔维亚过水，导致它来时已经太迟，对该地的战局也没有帮助。一如在塞尔维亚所见，这意味着奥军的兵力在每个地方都会太弱，在任何地方都打不出决定性的胜仗。丹克尔的日记证实此点：他写道，"我们后面""空空荡荡"——只存在一种可能性，即德国一个军往南推进到塔尔努夫（Tarnow）或克拉科夫，以将德奥两军连在一块的可能性。除此之外没有预备队可用于乘胜追击或解救失败的进攻。

加利西亚境内三个半的哈布斯堡集团军，就是奥匈帝国用以对付俄罗斯蒸汽压路机的所有兵力。这样的兵力不足以令敌人生畏，奥芬贝格不得不在开赴边境的征途中发函麾下诸将，"尽管俄军火炮比我们多上许多，但我深信我们炮兵向来的优秀表现会抵消那一优势"。他肯定是在开玩笑。俄军的重炮和高爆炸药会把奥地利"向来的优秀表现"一下子打倒在地。奥芬贝格忆道，通过经严密审查的奥地利报纸，比通过康拉德本人，更能清楚了解丹克尔部、布鲁德曼部的动向。康拉德拟定计划时，从未向他的将领透露计划内容。奥芬贝格把这称作康拉德的"秘密系统"，后来这位参谋总长则用它改写一九一四年历史，把自己塑造成受无能下属拖累者。[29]康拉德事后声称他的三个集团军乃是一个环环相扣的大体系的一环，这个大

181

体系的最佳防御之道就是进攻（以加利西亚第三集团军为诱饵引俄军来犯，第一、第四集团军则南进攻击该俄军），但那是厚颜无耻的虚构之词，以为哈布斯堡的野战集团军能在俄军部署越来越密的五百公里战线沿线自由移动，想法太偏离现实。

一九一四年初期康拉德就已在维也纳的某场将领会议上推演过这样的兵力调度，如今他还这么干，就更令人震惊。此刻领兵作战的诸集团军司令官都参与了那场会议，推演过程中有个集团军在普热梅希尔稳住侧翼和后部，三个集团军往东攻以包围俄军。那时东部战线的兵力比今多了一个集团军，且那场兵棋推演虽有四个集团军投入，但康拉德仍指出令人忧心的障碍：烂泥道路、多雨的波罗的海气候、位于华沙和伊万哥罗德（Ivangorod，波兰语称登布林/Deblin）的俄军防御工事。这些防御工事将使奥军无法施展，需要德国大军增援才能将其攻破（而这样的增援大概可望而不可得）。[30]

尽管犯了上述种种差错，但康拉德至少统筹了奥匈帝国全国人力、物力的战争动员。俄国的战争动员则因为诸多权力中心的意见不一而未有定案，在如何打这场战争上，这些权力中心都还未打定主意。兵力部署问题令俄国大为头痛。一八一五年起成为俄罗斯帝国一省的波兰是个突出部，北邻德国东普鲁士，西接德国西里西亚，南邻奥地利加利西亚，乃是从俄罗斯嘴巴伸出的"波兰舌"。如何保卫这个突出部，该向哪个方向进攻去助西方的俄国盟邦一臂之力，成为被沙皇底下诸将领踢来踢去的政治皮球。

沙皇尼古拉二世于一九一四年任命他五十八岁的堂叔尼古拉大公（Grand Duke Nikolai）为俄军总司令，但这位大公的

182

总司令部并未拥有实权，真正掌有兵权者是弗拉基米尔·苏霍姆利诺夫（Vladimir Sukhomlinov）。苏霍姆利诺夫自一九〇九年起担任陆军部长，已是公认的军中拉斯普京（译按：Rasputin，因医治了王子的病而成为沙皇尼古拉二世和皇后宠臣进而干预朝政的西伯利亚农民），生性爱出风头，且巧妙利用皇后的偏见打进高层成为沙皇心腹。他的治军作为，主要是为了壮大个人权力，而非为了军队的长远发展，在一九一四年前的七年里如走马灯般换掉多位俄国参谋总长，前后换掉的总长人数比德国过去百年里所换掉的还多出许多倍。[31]苏霍姆利诺夫大搞这种以权谋私的事，无暇顾及建军备战的正务，尽管贪污情事屡遭披露，但仍得到沙皇与皇后保护，因为苏霍姆利诺夫对罗曼诺夫王朝（和拉斯普京）忠贞不贰，因为这位将领追随时代风潮鄙视俄罗斯国会。

这在一九一四年所带来的影响，乃是即使将军队部署到边境，俄军仍无法敲定协调一致的计划，仍无法在南、北两兵力群之间转移预备队。雅科夫·日林斯基（Yakov Zhilinsky）将军统率的西北方面军和尼古拉·伊万诺夫（Nikolai Ivanov）将军统率的西南方面军，都自视为固定不动的建制，不能视外在情势而变动，也不能缩减。两方面军的司令官（和提携他们两人的苏霍姆利诺夫）的威信，与兵力的大小和其兵力所享的优先权息息相关。德国与奥匈帝国的总司令部能将军级部队在不同前线之间调动，以因应实际战况的变动，俄国总司令部做不到。即使尼古拉大公想将某集团军的资源调到另一个集团军，也得征求苏霍姆利诺夫的同意，只要这一调动令他在野战集团军里的哪个门生不悦，他即会予以否决或修正。尼古拉大公的主要助手，尼古拉·雅努什凯维奇（Nikolai Yanushkevich）

和尤里·达尼洛夫（Yuri Danilov）两位将军，都是苏霍姆利诺夫（不顾这位大公的反对）亲自挑选派任的，因此向苏霍姆利诺夫征询意见之事根本不会发生。大公会请求调动，但雅努什凯维奇会表示后勤上根本办不到。

尼古拉大公、苏霍姆利诺夫与沙皇

尼古拉大公（左）、苏霍姆利诺夫将军（中）与沙皇尼古拉二世（右），照片摄于战前不久的俄国军事演习现场。尼古拉将出任参谋总长，但苏霍姆利诺夫得到沙皇宠信，实际掌握兵权。苏霍姆利诺夫和拉斯普京一样狡猾、贪腐，未成为尼古拉大公总司令部的助力，反倒紊乱指挥体系。

照片来源：National Archives

当康拉德竭力欲结束塞尔维亚境内战事并攻入俄国时，俄罗斯人正忙着敲定该怎么因应战局。尼古拉大公的新总司令部位于西北、西南两方面军的中途，白俄罗斯巴拉诺维奇（Baranovichi）镇上某条铁路侧线上的一个车厢里，比起位于华沙和基辅，设立已久且固定于一地的俄军司令部，寒碜许多。位于华沙的司令部专门对付德国威胁（俄国战前拟定的 G 计划），位于基辅者则对付奥匈帝国（A 计划）。华沙、基辅两司令部都是苏霍姆利诺夫所扶立，也就是说它们都不大需要俄军总司令部的协助，且两司令部无意于彼此的合作。华沙的将领知道他们得把既有的枪炮和刺刀全用来对付德国人；基辅的将领想先打败奥匈帝国，原因之一是担心波兰若遭成功入侵，可能不保。几位沙皇压制波兰语言、教会、贵族已五十多年，如果奥地利人或德国人在俄属波兰取得立足点，波兰人可能把他们当解放者来欢迎。英法催俄军总司令部加重对德国的军事施压，以消除西部战线的压力。处于这样的情势下，照理尼古拉大公该解决上述争辩，但他没有。当沙皇任命他为总司令时，这位大公反倒悲痛自己的无能，眼泪夺眶而出。沙皇既不喜欢他，也不信任他，军事上较听信苏霍姆利诺夫的意见。[32]

俄国的战前计划主张把重点放在奥匈帝国，对德国严采守势，但法国请俄国在东边佯攻以牵制德军，要求紧急修正 G 计划并准备进攻。佯攻行动将由坐镇比亚韦斯托克（Bialystok）司令部，统率西北方面军的日林斯基将军领军。他也是苏霍姆利诺夫的人，战前任华沙军事行政长官，且曾（在一九一一年担任俄国参谋总长期间）承诺部署八十万兵力，以解除法国所受压力。[33]一九一四年八月德国二十五个军大举攻入法国，沙皇同意派伦南坎普夫（Rennenkampf）的第一集团军和萨姆索诺夫（Samsonov）的第二集团军进入遍布湖泊与森林的马祖里（Masuria）地区牵制德军。被委以这项牵制任务的日林斯基，此刻不可能领会该与友军合作对抗奥地利人的道理，或该与友军共享随着俄国的动员而在西北、西南两战线后方积聚的后备兵力的道理。俄军总司令部要日林斯基的两个集团军挺进东普鲁士的命令下得太突然，因而他们于八月十七日出征时，总兵力不到四十万，而非日林斯基先前所承诺的八十万。但他们的兵力仍比东线德军多一倍，因而俄国仍颇乐观。

　　这时俄国派了三十四个步兵师前往东普鲁士，四十七个步兵师开赴加利西亚。[34] 西南方面军司令部所在的罗夫诺（Rovno），被英国武官说成"一个典型的俄罗斯边境城镇，肮脏，到处是尘土，街上充斥目瞪口呆盯着外地人看的犹太人"。尼古拉·伊万诺夫坐镇此司令部，参谋长是米哈伊尔·阿列克谢夫（Mikhail Alekseev）。[35] 伊万诺夫掌管四个集团军：安东·萨尔扎（Anton Salza）将军的第四集团军和帕维尔·普列韦（Pavel Plehve）将军的第五集团军，从卢布林、乌海姆往西南部署；尼古拉·鲁斯基（Nikolai Ruzski）将军的第三集团军和阿列克谢·布鲁西洛夫的第八集团军，从塔尔诺波尔往西部署——鲁斯基部驻扎于塔尔诺波尔镇北边的杜布诺、布罗迪周边，布鲁西洛夫部驻扎于此镇南边。在伊万诺夫部与加利西亚首府伦贝格之间，只有德涅斯特河的两条小支流，兹沃塔利帕河（Zlota Lipa）和格尼拉利帕河（Gnila Lipa）。[36] 与伊万诺夫（前线指挥官）未生口角时，阿列克谢夫（前线参谋长）主张从右边出击，切断奥军往克拉科夫撤退的路线。其他人主张从左边进行侧翼包抄，也就是从南边绕到奥军后面，把奥军困在伦贝格与喀尔巴阡山脉之间的口袋里。

　　俄军总司令部的达尼洛夫将军力推这两个计划，主张俄军的优势兵力使其得以从康拉德北方面军的两侧翼进行双重包围。第四、第五集团军将包抄康拉德左侧翼，第三、第八集团则包抄其右侧翼。打过日俄战争、脾气坏但能征善战的伊万诺夫认为，说不定一战就能全歼奥匈帝国军队。康拉德在东部战线只部署了三十六个师，兵力只及俄军的一半，而随着俄国从

185

内地调来更多师，敌众我寡的情势还会更恶化。[37]如果可以做主，阿列克谢夫大概会要左翼的两个集团军（第三、第八）往前推，以掌控桑河一线并把奥军困在加利西亚，使右翼的两个集团军（第四、第五）得以将奥军团团包围。但由于战争头一个月法国蒙受二十五万人死伤，俄军总司令部决定由右翼的两个集团军打头阵，这两个集团军较靠近德属西里西亚，较可能引来柏林注意。[38]

一场大遭遇战俨然即将爆发，因为双方都深信已准备好一击就将对方击倒（在布格河边将康拉德击倒，在桑河边将伊万诺夫击倒）。伊万诺夫这时已从奥军行军路线沿线的多嘴村民口中了解到当面奥军兵力的薄弱，认为包围康拉德的北方面军指日可待。萨尔扎第四集团军的十五个师和普列韦第五集团军的十八个师，要西进切断康拉德与克拉科夫的联系，萨尔扎部进攻热舒夫（Rzeszow），普列韦部进攻拉瓦鲁斯卡。鲁斯基第三集团军的十八个师要攻入伦贝格，布鲁西洛夫第八集团军的十五个师则要在伦贝格南边渡过德涅斯特河，以从侧翼包抄想守住该城的奥匈帝国军。普列韦的集团军在这一大调动后面居中策应，视情况协助包围伦贝格，或协助往克拉科夫的攻势。[39]英国武官忆起快开打时伊万诺夫司令部里的兴奋气氛，还有俄军一名有妻有五个孩子的炮手流露的悲观。有人拍那炮手的背，告诉他不久就可回家与家人团聚时，炮手不以为然地说："有人说通往战争的路很宽，回家的路很窄。"

俄国的第四、第五集团军循着宽阔大马路南进，直指奥匈帝国北进的第一、第四集团军。俄国的第三、第八集团军被加利西亚南部的不良道路、注入德涅斯特河的一连串南北向河川、鲁斯基与其参谋间的争执拖慢速度，致使奥地利得以暂时免遭俄罗斯蒸汽压路机的蹂躏。补给和交通系统仍是俄军的罩门。俄国的摩托化程度比奥地利还低，一个十五万人的集团军只有十辆汽车、四辆摩托车，整个数百万人的大军只有不到七百辆交通工具。[40]俄国的补给部门糟得令人愤慨，每次都因怠惰、腐败坏事。英国武官九月中旬参观过俄国后勤指挥部华沙总部后，报告了他的所见所闻：“整个地方脏得无法形容；每个人都在等……似乎都甘于等。”似乎没有真正称得上补给体系的东西；可供使用的马是“可怕的稻草人”；犯人、逃兵、疗养的伤兵四处游荡没人管。[41]

俄国人不急于将零散分布于边陲地区的兵力统合成骇人武力，使奥地利当下在波兰突出部得以同样的胜算。三十五万奥军部署于该地，对抗同样兵力的俄军。康拉德预期可能得胜，甚至针对即将征服的华沙任命了一位军事行政长官。[42]

头几场大仗之前爆发了长达一星期的小冲突，暴露了奥、俄两军在战术上的重大差异。俄国人对火力有应有的看重；奥地利人则不然。在八月十五日为争夺俄属波兰境内的贝乌热茨（Belzec）而爆发小冲突时，作为第四集团军先头部队的一个奥地利骑兵师率先与敌厮杀。该骑兵师请求维也纳第四条顿骑士团首领步兵团（位于附近的一营）来援，该营果然现身，但领军者不是个少校或上尉，而是团长路德维希·霍尔茨豪森（Ludwig Holzhausen）上校和其所有参谋。军人总喜欢说，“男人打第一仗的滋味，就像男孩的初吻”，那是军人冲上前接受火的洗礼时，令他们着迷的神秘滋味。

这时，俄国人（哥萨克人和某些步兵）已小心翼翼下马，藏身于房子里、树林里、墙后；他们不敢置信地看着霍尔茨豪森慢悠悠走到奥地利小规模战斗队形的前面，抽出马刀，率全

187

营士兵往前。对于这位上校不可避免的丧命，奥地利官方报告提到他"极勇敢、不怕死的态度"，"激励士兵，驱使他们往前"。驱使士兵往前者，究竟是霍尔茨豪森的姿态，还是把这一营的侧翼士兵一个个撂倒的哥萨克人子弹，我们难以确知，但在为时九十分钟的交火中，霍尔茨豪森立即丧命。"一颗子弹打断他的颈动脉，几秒后他就一命呜呼，"该团某营长指出。该团三十八人跟着他一起丧命，五十一人受伤，在一场小规模战斗里死伤率达一成二。[43]这种有勇无谋的男子气概，将使一支支奥地利部队在接下来的战斗中失去指挥官。有那么多书面数据畅谈现代火力的杀伤力，却还出现这种蛮勇行径，着实令人不解。

　　奥地利数个集团军往四面大范围开展，其左翼的第六骑兵师于八月二十二日进入扎莫希奇（Zamosc），赫然发现该地有强大俄军。奥地利第三骑兵师在克拉希尼克遭击退，但不久即注意到有数股庞大的俄军纵队从拉多姆（Radom）、伊万哥罗德（登林尔）过来，换句话说是指向奥地利第一、第四集团军后方。[44]一架孤零零的奥地利飞机，于八月二十二日从桑河河口起飞，注意到至少有俄国五个军从海乌姆、卢布林往东南急行。东南！这意味着俄罗斯人要集中全力对付位于伦贝格的布鲁德曼部，从而使他们的侧翼门户洞开，为对奥地利丹克尔部、奥芬贝格部的"北攻"提供机会。粗心的康拉德忽视当面敌军后面的俄罗斯后备集团军，下令发动"北攻"。丹克尔同意"北攻"的确让奥地利有机会——至少从纸上谈兵的角度有机会——"从左侧击溃敌人，把俄罗斯人赶走到东边"。[45]但这整个行动计划似乎太牵强。在庞大的当面俄军后面肯定还有庞大的后备兵力，而且康拉德不清楚俄军究竟在德涅斯特河与布格河之间广大地区的何处。八月二十三日，他只告诉他辖下诸集团军下面这点："我们估计俄国在布格河与维斯瓦河间部署了八到十个师，其中无一个师在九月一日前可执行作战任务。"[46]但事实上，在那个地区至少有三十四个师，而且那些全可执行作战任务。但没什么能让康拉德收手；诚如奥地利参谋史所指出的，"希冀是意念之父"，而康拉德希冀打出克敌制胜的重大一击。他不顾后果一心想干，因而甚至命令第三集团军，亦即仅存保卫伦贝格与北方面军右侧翼的兵力，准备开拔往北，加入这场"总攻击"。由于布鲁德曼部奉命参与"北攻"，科费斯部得渡过德涅斯特河，在伦贝格与普热梅希拉尼（Przemyslany）村之间地区做守势部署，并在那里等正慢慢移入斯坦尼斯劳的伯姆－埃尔莫利第二集团军的余部到来。[47]

情况已开始不妙。就在第三集团军开始往北移时，普热梅希尔康拉德总司令部收到东边有数大股俄军的惊人消息：从兹巴拉日（Zbarazh）、布罗迪、塔尔诺波尔围上来的步兵大军，以及位于胡夏廷（Husiatyn）的骑兵、步兵部队。配属切尔诺维茨（Czernowitz）军医院的奥地利军官卡斯伯·布隆德（Kasper Blond），描述了被俄国大军包围的感觉："我们的军队已离开；如今出现老百姓逃难人潮，男女老少，有的徒步，有的坐四轮马拉货车，全都往南边逃，或想往南边逃。老百姓花离谱的高价买兽拉大车，双手拿着一些家当四处乱转。女孩和妇女穿着睡衣行走；偶尔有辆塞满人和家具的敞篷四轮马车，从行走的人潮中穿出。"犹太人挤进这家医院，以躲过已洗劫他们店铺的暴民的伤害。[48]

康拉德拼命想从侧翼包抄俄军，却使自己侧翼门户洞开。但他不死心，八月二十二日再下令"总攻击"。他把他能再抽

调的兵力都抽出来投入这一行动，下令第二集团军的第三军
（伦贝格以东的几个部队之一）守住该城，击退从东边来犯的
任何俄军，但要时时准备好开拔，加入"北攻"。保卫伦贝格
的兵力，只剩第十二军、第十一师和已被八月中旬以来的种种
作战任务损耗到几乎算不上是战斗部队的三个骑兵师。"我得
提醒你，第一骑兵师自战争开打以来作战不断，骑兵人数已从
三千八百人减为只有两千人，"阿瑟·佩特阿尼（Arthur
Peteani）将军报告道，"我们亟须休息。"[49]从巴尔干半岛过来
的部队，要在斯坦尼斯劳渡过德涅斯特河，朝北部署。

在"北攻"部署就绪准备发动时，康拉德突然泼了一大
盆冷水，下令部队八月二十二日休息。部队里有太多后备军
人，士兵疲累，行动缓慢。但丹克尔仍然乐观，他在八月二十
三日的日记里写道："俄罗斯人构成威胁，但是个小威胁。"
他无知于俄国的真正实力，因而虚妄地认为"除了屈服于我
们的优势武力外，他们别无选择"。丹克尔有些许不安，但不
是太忧心。集团军开拔，在与萨尔扎部对决时，他觉得胜券在
握："很可惜塞尔维亚的战事不像这里这么顺利。"[50]

190 塞尔维亚的战事当然已打了两个星期，奥军总司令部把从
中学到的一些初期教训，忧心忡忡地传达给北方面军诸将领，
其中之一是"绝勿以没必要的行动削弱部队的士气和冲劲"。
展开于伦贝格以西约一百六十公里处的北方面军的整个部署，
无疑就是个没必要的行动，但还有更糟糕的。"军官绝勿发动
正面强攻，得了解地形，得了解敌情，得绕过敌人侧翼，绝勿
攻入未受压制的敌人枪炮火力中。"[51]但刚刚吃力穿过塔内夫河
（Tanew River）上游的森林、沙地、湿地，在纳雷夫—泰雷斯
波尔（Narew-Tereszpol）一线休整的奥芬贝格集团军，还是准

备往未遭压制的敌人枪炮火力网里冲锋。有位军官忆道，通往战斗之路，本身就是场战斗，得战胜一系列困难——及腰深的湿地，使人深陷到膝盖处的松软沙质路径，然后是满地尘土的道路，炙人的高温，浑浊的水，没东西吃或没水喝（因为补给车比人更难以通过这样的地形）。[52]

八月二十三日，丹克尔的第一集团军在与安东·萨尔扎的俄国第四集团军于桑河东边的克拉希尼克相遇时，也手忙脚乱地投入了战斗。伊万诺夫命萨尔扎前进到桑河一线，守住从该河河口到雅罗斯劳这一段。丹克尔则以包围俄国这支进攻部队为目标配置其兵力，要第十军在右翼往前推进，第五军居中，第一军在左翼押后。两军相遇之前，丹克尔刚在日记里写道，他希望在克拉希尼克以西的这一线连绵的高地与俄军交手，而今果然如愿。[53]

萨尔扎派其第十四军、第十六军和掷弹兵军（精锐部队）上前线，前线拉得很宽，穿越扎克利库夫（Zaklikow）、亚努夫（Janow）、弗兰波尔（Frampol）诸村。丹克尔的左翼部队、第五师和奥地利防卫军第四十六师，在八月骄阳下汗流如注，在深沙地和深湿地跟跄前进，攻击扎克利库夫北边的俄军第十八师。

在中间部位，匈牙利地方防卫军第三十七师，既要与盘踞亚努夫旁森林高地上的俄军周旋，也要辛苦解决语言麻烦。命令是以德语下达该师，但由于匈牙利人拘泥于细节，要求命令得以马扎尔语转达更下级部队，但往往下达给不会说马扎尔语，乃至看不懂马扎尔文的单位。[54]在右翼，丹克尔能集中五个师的兵力对付沃伊辛第十四军底下的两个师。俄军这两个师凌乱地分布于卢布林南边多沼泽、地势起伏、为森林所覆盖的三十二

191

公里宽的地区上。奥匈帝国军队难得一次在兵力和火炮上居于上风，丹克尔抓住机会冲上前。

丹克尔深信他与横跨欧洲的一场大胜息息相关，在日记里兴奋写道，"德国人在法国境内也大有斩获！"[55]但在俄属波兰的西部边缘，战事比法国境内任何战事更为惨烈。第五军带头进攻，为夺下山顶的波利赫纳（Polichna）村，奥地利第七十六团三次强攻，导致六百人死伤或失踪。部队以密集队形攻上无遮蔽物的长长山坡，被火炮和机枪大批摞倒，然后以笨拙的纵队队形跟跟跄跄攻入村子，逐屋打肉搏战，虽然攻下村子，却只是惨胜。

明眼人都看得出，奥匈帝国禁不起和俄罗斯帝国打消耗战，但奥地利祭出这种自损兵力的战术，正是在打消耗战。但似乎没人注意到这点；战场上的奥地利军官写下可笑的战后报告，以粉饰如此可悲的死伤。第七十六团团长得意地表示，"人人都是英雄"。在这样的战术指导下，这些可怜人不得不成为英雄。[56]

从右侧合攻波利赫纳的奥军第三十三师，在仰攻这村子时，好似把这场仗当成十八世

维克托·丹克尔将军

"谢天谢地，战争开打了，"奥地利于一九一四年七月向塞尔维亚宣战时，维克托·丹克尔将军如此兴奋地表示。他还大胆表示，"俄罗斯人构成威胁，但是个小威胁"。才一个月多一点，丹克尔的奥匈帝国第一集团军就被俄国大军打得溃不成军。

照片来源：National Archives

192

纪的战争来打：两个营横向相连当前锋，第三营在他们后面当
第二梯队，第四营当预备队。第十四师以同样的方式进攻，四
个营共千人组成密集的数个群，汗流浃背往山顶的波利赫纳
攻。这个师的战斗任务大部分与救回第七十六团的幸存者有
关，而有位奥地利上校写道，"我们自己的火炮"使这一任务
较难达成，因为"它们的榴霰弹没打中敌人，反倒打中了我
们"[57]。为夺取弗兰波尔和古拉伊（Goraj）两村，故以两面夹
击桑河，俄军萨尔扎派其第十六军和榴弹兵军对付右边的奥地
利第五、第十军。奥军从高处开火，将他们击退，然后反攻，
掳获数百战俘和十九门俄国火炮。萨尔扎下令退往东北，退到
数公里外，通往卢布林之路边的下一线高地。[58]

193

奥匈帝国某场强攻后尸体狼藉的惨状

奥地利军官喜欢把"男人打第一仗的滋味，就像男孩的初吻"挂在嘴
上。但打仗完全不是这么一回事。奥匈帝国步兵在刺刀冲锋里大批丧命，
留下满地狼藉的尸体。

照片来源：Heeresgeschichtliches Museum，Wien

奥地利的蓝灰色军服，在塞尔维亚未使部队隐蔽，在这里亦然。有位军官写道："我们一身蓝灰色，始终很醒目，而俄国人穿的土色军服则远没这么醒目。"[59]康拉德在总司令部向某德国军官说明惨重伤亡时，不只归咎于军服。他怪罪于普奥战争的影响，指出哈布斯堡军队"不合时宜的蛮勇源于一八六六那场战争"，奥地利步兵在那场战争里就是这样进攻。或许康拉德说得没错；一八六六年后的经费不足、承平、升迁缓慢，使一九一四年时奥匈帝国的常备军官年纪都偏大（大部分上尉年逾四十，其中许多人将近六十）、肥胖、变不出新把戏。无法骑马的高阶军官坐汽车，但汽车很快就不能动，因为这个君主国没有进口橡胶可供制造备胎。"在这些烂路上开车要更慢更小心，"康拉德的补给主任低声说，"我们的轮胎没问题，关键在你怎么开。"[60]

伤亡虽然惨重，但奥军终究得胜。他们把俄军赶出波利赫纳之类的重要村落，占领克拉希尼克，挖战壕，度过让士兵和军官都紧张不安的一夜。对大部分人来说，这是他们第一次尝到打仗的滋味，而那令人胆战心惊。"露宿于遍地尸体和伤兵的战场上，伤兵整夜哭喊、求助，那经验是我们大部分人永远忘不了的，"奥地利第八十三团团长写道。[61]获欣喜的德皇威廉二世颁予铁十字勋章的康拉德，下令让丹克尔与已得到布鲁德曼部三个师增援的奥芬贝格部会合，接着下令这支集结的大军（丹克尔部、奥芬贝格部、约瑟夫·斐迪南大公的第十四军）攻向卢布林。丹克尔的左翼仍然没有掩护，但德国人承诺派一个军的地方防卫军增援。此刻，谁动作快，谁就占上风，但丹克尔却把不少时间浪费在二十五日与弗里茨尔某位副官的对应俗套上：弗里德里希大公从普热梅希尔派这位副官前来祝贺克拉希尼克大捷，丹克尔因此得精心准备他的响应。

丹克尔已得不到后勤支持（他的九个师已把补给品用光而且正往至少十八个俄国师的里面钻），但他似乎浑然不觉。八月二十五日丹克尔写道，他和奥芬贝格接下来能"把俄国人赶回到卢布林和更后面"。他评估了自己的几场胜仗之后吹嘘道，"俄国人正丢掉所有东西（战俘、炮、旗），逃离这区域"。但有份飞机侦察报告证实，数支俄国大军继续沿着维斯瓦河往丹克尔部的左侧翼和后方奔来。拿破仑时代有句老话，"包抄人者反被包抄"，在此就应验：丹克尔愈往前，出现在他身后的俄罗斯人就愈多。康拉德已把丹克尔部的第十军改调去保护奥芬贝格第二军的右侧翼，使丹克尔更难抵御俄军的攻击。由于没有多余兵力可抽调，康拉德此刻在玩骗人的把戏，把各军调来调去补洞，但每次移动都露出新洞。[62]丹克尔和萨尔扎此时都望着南方苦盼援兵：奥军盼着奥芬贝格第四集团军的四个军，俄军盼着普列韦第五集团军的四个军。一如在一张垫子上互相兜圈子的摔跤选手，奥军和俄军愈靠愈近，双方都准备鼓起最大力气扑向对方。[63]

第八章　科马鲁夫

　　康拉德仍认为他能以大胆的调度打赢东边这场大战，于是这时，在渐渐无力的"北攻"之外，加上南部一击。他从第三集团军抽走约瑟夫·斐迪南大公的第十四军，命其在拉瓦鲁斯卡镇（不久后将声名大噪的一个镇）附近的一片马铃薯田，进攻普列韦部的左侧翼。八月二十六日这个奥地利军由亚历山大·布罗施（Alexander Brosch）上校的第二皇家步兵团打头阵攻进去，他们就要首度体验打仗的滋味。他们的（青铜）加农炮首度开火时，有个军人向同袍说道："兄弟，这些炮要一路轰到基辅！这下俄国人真的完了。"俄国人当然没完蛋。在这场战斗里，一如在其他大部分战斗里一样，奥地利旧加农炮大部分不管用，未能打中正从遥远某个丘陵后面间接开炮的俄国榴弹炮，甚至找不到那些炮的位置。

　　这支皇家高山步兵团，编成两个长长的小规模战斗队形，摇摇摆摆穿过马铃薯田，仍受累于随身携带的绳子、镐、冰斧、带钉铁鞋底。他们一接受现代火力的洗礼，立即省悟战争荣耀的虚妄。数十团白色和红色烟雾在头上方发出爆裂声，这些士兵首度感受到榴霰弹的威力。有位名叫约翰·科马罗米（Johann Komaromi）的该团步兵，描述了奥地利人的反应："我们队形大乱，缩成数个小群体，想尽办法远离如雨落下的

弹丸。"但榴霰弹的特色就是弹丸遍地落下，落在"我们的前后左右"。立即有六枚炮弹在他们上方爆开，引发恐慌，士兵"四处乱跑"以躲开弹幕。科马罗米在一山丘顶上趴下，往外

一看……什么都没有。他写道："完全不见敌人。"东线战事的一个奇怪之处，乃是未学过西方壕沟挖法的俄军，只往地上挖深沟却未筑矮防护墙，人一躲进壕沟，从外面看就不见踪影了。奥军行进时，直到俄国农民兵站起身开枪，才注意到有俄军在近旁。[1]

俄军榴霰弹打到上空，弹头装有引信的炮弹落地，把草土炸到十二米的空中，皇家步兵团各排急往山下冲，跑了近百米跪下，以掩护下一批同袍过来。他们在下一个树林里找到俄军，以个别开火回敬俄军齐射的火力。同旅的另一团投入前线时，他们从侧翼包抄，把俄军赶出树林。俄军退到另一个树林继续开火。

几小时后奥军也拿下那片树林，但俄军火炮仍从看不见的远处阵地开炮，炮弹落在他们之间，准度惊人。这是刚开打的科马鲁夫战役的其中一小段，而在这一小段里，奥地利在战术、战略上的缺陷完全呈现。奥地利人抱着基本上属于十九世纪的观念，即战场上坚毅和决心会战胜火力与兵力的观念，来投入这场战争。布罗施的团报告道："俄军藏身壕沟与树林里，使我们的步枪不易找到目标，从而迫使我们上刺刀往前冲锋。"[2]

这当然就是俄国的盘算：把奥地利人赶到开阔地杀掉。俄国步兵团士兵若与奥地利皇家步兵团士兵单挑，绝非后者的对手，但靠着齐射的火力，他们重创敌人，而俄国炮兵安稳地位于步兵团后方约三公里处，不断炸死奥军。拿下第二座树林后，奥地利人本该掘壕固守或退到俄军火炮射程之外，结果却受到军官的糊弄——"你们心里不怕，对不对？"——要他们再度进攻，目标指向远远的炮阵地。这最后一次冲锋，损耗更

197

多精锐兵力却毫无所得。奥军也让自己的军官无端步入鬼门关；科马罗米的营长和连长都在这场战争第一天丧命。他的排长冷冷看淡这些伤亡，开玩笑道"今天还在，明天走掉"，一个星期后他也战死。[3]

对俄军来说，这场战争也不是很顺利。与俄军每次交火，奥地利人都注意到对方火力管控不佳。俄国步兵团不准单兵单独开火，只能照军官指示一齐开火。但他们总是往高处打，因而被他们打死打伤的前线奥军士兵，不如后方没有提防而被他们打死打伤的奥军士兵来得多。只要曾有俄军待过的地方，地上都散落黑色小弹夹，说明他们开枪浮滥不知节制。这些爱扣扳机的俄国农民兵，可能使俄国步兵团变成没牙的老虎；在俄国每月为全军一百一十五个师生产五千九百万发子弹时，光是俄国一个师打一天仗就能轻松打掉四百万发。换句话说，俄国三座子弹工厂一年生产七亿发步枪弹，而军队一个月就把一年产量打掉。[4]

俄国炮兵已开始感受到炮弹不足，而且此后直至战争结束，都未能摆脱此不足之苦。俄国制定作战计划者把重点放在动员其庞大军队，却未用心思索在战场上如何维持这支大军。达尼洛夫将军忆道，"需求之大怎么也料想不到"。俄军参谋部以为一个月三十万枚炮弹的产量（相当于每炮每天一至两枚炮弹）足敷使用，但实际上显然不够。炮手一天发数百枚炮弹，一个月耗掉两百万枚，使库存迅速耗竭，但由于战争开始时，苏霍姆利诺夫的陆军部已关闭俄国的炮弹工厂，把工厂工人送到前线，所以耗掉的库存根本补不回来。要从国外买也不易，因为俄国的港口遭封锁（土耳其人封闭黑海、德国人封闭波罗的海）。[5]

　　为善用克拉希尼克之胜的余威追击溃败之敌，丹克尔下令　198
仍归他指挥的两个军于八月二十六日出击。走没多远，他们就
发现俄军并未撤退，而是在鲁德尼克（Rudnik）周边的下一
排高地上筑起强固阵地，挖了战壕且部署了火炮。此事具体地
说明了为何奥地利绝对打不赢这场战争。俄国有更多兵员，更
多火炮。奥芬贝格曾得意地表示，奥地利炮兵"向来的优秀
表现"会抵消俄国在炮兵和口径上的优势，结果完全不是这
么回事。俄国炮兵在八公里的射程内有效打击奥军，而配备青
铜加农炮的奥军得逼近到三公里或更近处，炮才打得准。俄国
人在每一处的火炮数量也多于奥军，因而，诚如某绝望的奥地
利报告所说的，"敌人始终能以其少量火炮消灭我们的进攻步
兵团"，用剩下的火炮消灭奥地利的火炮，造成"大量伤
亡"。[6]

　　但火炮只是使奥匈帝国在这场战争中吃瘪的诸多因素之
一。奥军为数不多的机枪，因为机枪组员抹猪油防锈导致枪管
卡住而故障（康拉德的总司令部吼道，"立刻把每挺机枪的猪
油清干净"[7]）。奥地利人没有办法迅速移动、用火炮和机枪为
步兵团助阵或将敌人打得一蹶不振。他们再怎么好也只是如同
一支没有火炮助阵的小型俄军。俄军步枪射击出了名的不准，
但诚如某奥地利军官所说的，俄军众枪齐发的气势（"他们许
多人从远距离一齐开火，低沉的枪声轰轰不断"），令奥地利
战斗部队胆寒，尤其是因为奥军通常不准还击，"上级严令保
住他们仅有的少许弹药"。武器和知识的贫乏，战前就已明显
可见，但多年来康拉德粉饰太平，掩盖真相。

　　酷热的八月天，丹克尔部将领伫立凝望鲁德尼克的俄军壕　199
沟，讨论如何对付。他们把攻击行动延后一天，然后于八月二

十七日打入覆盖林木的高地区。每个部队都死伤惨重，奥地利炮兵完全未出手干扰位于掩体里的俄军。奥地利第八十三团攻下一道俄军壕沟，上校团长接受了一名俄军上校和他团里数百人投降。俄军上校挥着白手帕从壕沟里现身，就奥军士兵的"勇敢"向奥军团长道贺。他说，"我的兵绝不会那样子进攻"，而从战场上横七竖八、无法替补的奥地利人尸体来看，这实在称不上是恭维。俄军上校和其他战俘被送到后方，离去时他向奥军上校说："脱掉你穿的那些黄色军官绑腿；我们远远就看见它们，朝它们开火。"[8]

双方军队仍不清楚对方位置，只能诉诸揣测，但被奥地利参谋部誉为"精明、做事有条不紊之杰出领导人"的伊万诺夫，这时开始理出头绪。[9]他猜丹克尔部的左翼是整个奥地利北方面军的左翼，且认为那左翼位于从托马舒夫到扎莫希奇的道路上，于是命普列韦的第五集团军往西南急走，从侧翼和后方攻打它。萨尔扎要在古拉伊的高地上停住，挡住奥军，让普列韦部打进他们的侧翼。鲁斯基要与俄国第三集团军直直往前挺进。利用伦贝格到拉瓦鲁斯卡的道路，他将能攻击位于伦贝格的奥地利第三集团军，或从南边逼使奥地利第四、第五集团军往中间移动以便予以包围。

丹克尔未觉察自己可能遭从两侧翼包抄吃掉，仍一味要求进攻，催促其疲累的部队往维兹尼察（Wiznica）溪走，然后渡溪。丹克尔的第一军（第五、第四十六师）吃力往维尔科瓦斯（Wilkolaz）前进。七十一岁的萨尔扎未遵照指示在古拉伊固守，反倒退往卢布林。伊万诺夫当场毙了他，升阿列克谢·埃弗特（Aleksei Evert）接替。

丹克尔的第十军进入古拉伊，发现俄国步枪和其他装备散落一地。[10]在为期三天的克拉希尼克之役中，奥匈帝国部署一百四十四个步兵营、七十一个骑兵中队、三百五十四门火炮对付兵力约略相当的俄军，俄军失利，损失两万人和二十八门炮。丹克尔虽损失一万五千兵力，但仍获颁玛丽亚·特蕾莎十字勋章（Maria Theresa Cross）表彰其英勇，而皇帝则为终于在这场战争中取得胜利感到极为欣慰。在维也纳，有人迅即编出曲子《丹克尔将军之歌》（*Lied vom General Dankl*）。歌共八节，描述"俄罗斯大军从北方越过干草原而来，如沙滩上的沙粒不计其数"，恣意"杀烧和劫掠"。这首歌唱道，丹克尔把"俄罗斯狗"一路赶回卢布林，他的部队"以有力的喊杀声拼命追击"，厕身其中的丹克尔挥剑砍倒俄罗斯狗，直到"无俄罗斯人可杀"为止。[11]

200

　　康拉德的积极进攻，一时之间似乎收到成效。战前他狂妄地预测他会像凿子般把俄军裂成两半，把他们赶进黑海和普里佩特湿地，而当下这预测似乎就要成真。[12]丹克尔已重创萨尔扎的集团军，奥芬贝格已蓄势待发准备攻打普列韦部。把来自东普鲁士的消息也纳入考虑的话，俄国的情况更显不妙。在东普鲁士，德国第八集团军得到从法国抽调过来的两个军和一个骑兵师增援，八月底时投入坦嫩贝格之役（Battle of Tannenberg），击溃俄国西北方面军的两个集团军，死伤俄军三十万，掳获六百五十门炮，威胁挺进波兰，与节节进逼俄国的奥军联手。柏林贩卖报刊的女人向路人喊道："掳获数千俄国战俘，兴登堡还在算他们人数！"（因为报童都被送上前线）[13]

　　但德国胜利不表示奥地利也会胜利。虽有《丹克尔将军之歌》，但奥地利并未将"俄罗斯狗"解决。他们只是暂时后撤，而且无疑未退到卢布林那么远。能停下休息的少数奥军部队，每个夜里都被哥萨克人（或哥萨克人来袭的传言）惊醒，"向四面八方猛开火"，被自己人打死打伤的奥地利人，远比死伤于哥萨克人之手的奥地利人还要多。[14]但德皇仍在二十八日颁予老迈的弗朗茨·约瑟夫功勋勋章（Pour le Mérite）——普鲁士最高勋章，又称"蓝马克斯勋章"（Blue Max）——以感谢奥地利拿下的这些初期胜利（如果能把它们称作胜利的话）。

丹克尔于二十九日再度出击，攻进下一道丘陵，死伤殆尽。埃维特的第四集团军正集结更多兵力，欲往西推进找出丹克尔的侧翼。在中间部位，丹克尔的第三十三师从俄国人手里辛苦夺下皮奥特罗科夫（Piotrokow）村，但不久又被敌方枪炮杀死数千人。光是第八十三团在二十九日就损失四百士兵和六名军官。奥地利军官仍傻傻地要部队以营纵队方式前进，以进行长距离冲锋，然后要心怀恐惧的士兵上刺刀，大步跑过那最后一段距离，冲入俄军的步枪、机枪、榴霰弹火网里。

俄国人拥有奥地利人所没有的一种求生本能。他们会背靠壕沟壁的上段躺着，向上了刺刀冲锋的奥军猛烈开火，直到第一批杀红了眼的奥军抵达壕沟边缘为止。这时壕沟里的每个俄国人会同时高举双手投降。有位奥地利上校后来写道："我提及此事，只为证实我们的庞大伤亡不是俄军进攻所致，而是俄军的防御火力所造成的。"奥地利军官身先士卒，大批丧命，俄国军官则偏爱押后；"我们很少在前线附近看到俄国军官；大部分俄国军官在很后面，受到很好的掩护"。俄罗斯人发挥农民的狡诈，打起仗比奥地利人聪明。隔天，兵力耗竭的奥地利第八十三团收到其第一个"行军营"（菜鸟新兵和后备军人）。这个营从该团的特兰西瓦尼亚兵站派来，以填补死伤的现役兵员。消耗战已开打。[15]

由于俄军犯错，康拉德已不可思议地挺进到布格河与维斯瓦河之间的区域，挫败了俄军欲渡过桑河、将德国与奥匈帝国军队分开的企图。眼下，他掌握了主动权。但好景不长，俄军总司令部正调拨普列韦的第五集团军和普拉东·利奇茨基（Platon Lichitski）的第九集团军，以包围、剪除康拉德的左翼。位于康拉德右边的伦贝格，就要被俄国蒸汽压路机碾碎。　202
后来康拉德声称他估计威胁伦贝格的俄军只有十个师，但那又只是文过饰非之词。事实上，有充分的警讯要他留意俄军整整两个集团军（第三、第八）十六个师逼近。[16]但康拉德很想拿下一场大捷，以为只要他更强力推动"北攻"，俄军就会瓦解。但更强力推动"北攻"和从右翼抽调更多兵来强化其左翼，只能使他位于伦贝格的右翼更难抵御敌人进犯。如果俄军击溃右翼或绕过右翼后面，康拉德将失去在北边拿下的所有土地，北边的诸集团军也很可能全军覆没。[17]

康拉德无视于这些应考虑的因素，命奥芬贝格与丹克尔部一起攻向卢布林。奥芬贝格部铺展在百公里宽的前线上，在八月二十六日碰上六十四岁普列韦之第五集团军的侧翼，当时普列韦部正往丹克尔的右侧翼吃力前进。[18]康拉德从头到尾把心思全放在他的情书上，二十六日把宝贵时间花在与他的政治顾问约瑟夫·雷德利希聊吉娜上。八月炮火在四周隆隆作响之际，雷德利希表达了他的反感；他喜欢康拉德这人，但遗憾于这位将军的"悲观与多情"和其对已婚情妇的执迷。雷德利希震惊于康拉德的忧郁和"无限天真"。在他眼中，这位参谋总长"在人生与世事的判断上像个小孩子……与一般的参谋官没有两样"。要让奥匈帝国军队站得稳走得远，康拉德得深思熟虑，

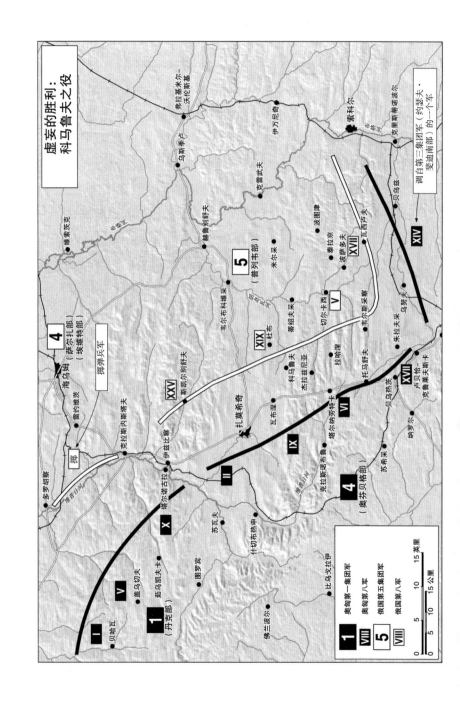

虚妄的胜利：
科马鲁夫之役

得有果断行动，但被例行公事和他对吉娜"老人般"的溺爱所缚，他办不到。[19]

在未得到康拉德充分指示下，奥芬贝格抓住这一可重创普列韦部的机会，希望能与来自左边的丹克尔部和来自右边的约瑟夫·斐迪南大公部一起包围这支俄军。这又是奥匈帝国军与俄国蒸汽压路机一次难得的旗鼓相当的情况，由奥芬贝格的一百五十六个营、四百七十门炮对抗普列韦部的一百四十四个营、五百二十六门炮。奥芬贝格命其第二军往迷人的文艺复兴风格城镇扎莫希奇挺进，命其第六、第九军往科马鲁夫进发。科马鲁夫是位于高处的市集镇，镇上最高处是一座可扼控周边田野的砖造教堂。约瑟夫·斐迪南大公的第十四军，从伦贝格一路往上打，要在第六军右侧强力挺进，边缘兵力掠过布格河，以完成对普列韦部的包围。

八月二十六日，奥地利第二、第九军的四个师，在扎莫希奇的古帝国道路上与俄国第二十五军交手。厌烦于康拉德不断更动命令的约瑟夫·斐迪南大公，要其部队在维尔基（Wielkie）停脚休息。所幸他做此决定，因为康拉德这时又改变心意，要这位大公勿与奥芬贝格合作，改调头走回伦贝格支持布鲁德曼部。奥芬贝格则得靠自己的兵力完成既定任务。他把他的第六军往右侧部署到远处，以接替约瑟夫·斐迪南大公离去那一军的位置。于是，倒霉的第六军第十五师不由得得以一个师的兵力执行原计划以五个师执行的任务。

丹克尔部二十六日休兵，受到俄军从克拉希尼克北边射来的炮火才起而应战。针对八月二十七日，丹克尔打算继续进攻；尽管精疲力竭且兵力因死伤而受损，但康拉德仍把第一集团军视为"北攻"的左钳。埃维特的集团军似乎要退到卢布

204

林。二十七日，丹克尔以两个军进攻，从俄军手里夺下几个村子，又有大批人员死伤。但情势看来乐观，因为据观察，俄国三个军在奥军攻击之前就开始撤退。丹克尔于二十七日将其司令部移到克拉希尼克镇上，移入前一日还在顿河哥萨克（Don Cossack）团总部的一栋建筑里，这时则打算移到杜扎（Duza）和贝乌日采（Belzyce）。但经过数日战斗和行军，他的集团军已几乎溃散。他的第一、第六军死伤殆尽，亟须行军旅来填补兵力。丹克尔下令二十八日休兵。

尽管丹克尔部这一钳行动缓慢，但奥芬贝格仍瞥见胜利。调来提振萨尔扎部萎靡之士气的埃维特仍在北撤，使普列韦的第五集团军失去保护。八月二十七日，这场战役的第二天，奥芬贝格要斯维托扎尔·冯·博罗耶维奇（Svetozar Boroevic）将军的第六军在拉哈涅（Rachanie）攻击普列韦部第十九军的侧翼；博罗耶维奇最初有所斩获，但后来碰壁，他的匈牙利地方防卫军第三十九师遭俄军打掉一半兵力。奥芬贝格在奥莱希采（Oleszyce）的府邸花园里来回踱步，听着远远的隆隆炮声，这时突然有人递上初期死伤名单，奥芬贝格睁大眼睛不敢置信："这上面说匈牙利地方防卫军第三十九师死伤一半。我不愿相信，但后来更精确的消息传来，证实有些部队甚至损失过半兵力。"[20]

在右侧，弗里德里希·沃年斯基（Friedrich Wodniansky）将军的第十五师进攻普卡尔舒夫（Pukarczow），但他的士兵已"因为炎热、口渴、没睡觉而萎靡不振"。一如克拉希尼克的丹克尔部士兵，以匈牙利人居多的这些士兵费力爬上俄军已挖好壕沟的高岭，进入让他们成片倒下的火网里。光是沃年斯基部的第五团，就在这几波攻击里损失八名军官和三百名士兵，

205

而找不到人来操作该团的机枪乃是死伤如此惨重的原因之一。[21]争夺马沃尼什（Maloniz）附近某个覆林山顶的沃年斯基部某旅，攻到山顶时发现"我们整个小规模战斗编队，两百三十人，全已死亡。"俄军把他们杀光，然后撤到一百米外屠杀另一批人，一个营的波斯尼亚人："俄罗斯人太会隐藏；每次我们派一个小规模战斗编队前去，都立即被整批撂倒。"拼命往上爬时，军官们（一位少校、几位上尉、几位中尉）想带领士兵进攻，却一个个遭撂倒，无一幸免。少校大喊："兄弟们，让你们在国内所挚爱的人看看你们是何等的英雄！"然后死在进攻队伍第一排。十一名军官死，七名军官伤，包括写这份报告的上尉。他跑过一挺俄军机枪前面，子弹哒哒哒扫来：左颊（擦伤）、腹部（擦伤）、马刀（解体）、左肩（射穿）。[22]另一位连长被炮弹炸飞进林间湿地，头昏脑涨，无法动弹。[23]

　　奥地利兵员不够多，打不赢俄国；哈布斯堡军队渐渐迷失于辽阔地区，与周遭的友军失去联系。这使俄军得以渗透进那些地区，朝奥军侧翼和后方开火。沃年斯基接到继续前进的命令，但他办不到，因为他的前方和他整个右侧翼都有俄军。若要攻到俄军和猛吐子弹的俄军机枪前，他得越过胡奇瓦河（Huczwa）的林间湿地。[24]回到贝乌热茨（Belzec，一九四二年时成为一恶名昭彰之纳粹死亡营的市集镇），博罗耶维奇将军试图用电话、电报、传令调动他的第六军。数则报告指出俄军从东南过来，奔向科马鲁夫，这意味着奥芬贝格的胜利保不了多久。[25]

206

　　后来所谓奥地利在科马鲁夫大胜的说法，从作战记录来看，似乎不大站得住脚。这场战役只打了一天，兵力吃紧的奥芬贝格诸部队，就如某将领所说的："分崩离析，快要陷入混

乱。"士兵已有数日未睡或未好好进食。他们行军时走到睡
着，甚至打仗时打到睡着。第十五师已在二十五日时走了约三
十公里，二十六日走了约二十公里，二十七日走了约二十四公
里，三天下来没吃过温热的一餐，只睡了六个小时。博罗耶维
奇一再保证会让他们多休几天以"补偿"这些天的劳累，但
休息日总是遥遥无期的"明日"。这些又累又火的士兵拿下托
马舒夫这个战前原是俄国设兵驻防的城镇时，掠夺俄军兵营和
军官住所，把能带走的都偷走，带不走的全毁掉。[26]他们累到
一肚子火。

　　弗里德里希大公从普热梅希尔斥责奥芬贝格（"你得制止
这些离谱恶行，那毁掉我军的国外形象、使士兵相信掠夺没关
系"）时，康拉德正发动他的另一场离谱的作战行动。普列韦
部似乎已被困于科马鲁夫的口袋，但博罗耶维奇无法在右侧封
死这口袋，于是，刚刚才打电报告诉奥芬贝格位于伦贝格的第
三集团军情况"不妙"的康拉德，这时仍下令约瑟夫·斐迪
南大公部把他那个已吃了好久苦头的第十四军（再度）调头，
与奥芬贝格部再度会合。[27]该军士兵已于二十六日往南穿过沙
地和林间湿地，这时却奉命调头，往反方向再穿过同样地形，
平白浪费掉一整天。这些强行军（没来由的一天走五十公里）
渐渐毁掉这个军，每天使将近一成的兵力因"掉队"而流
失。[28]

207　　这位大公的参谋长约瑟夫·帕伊奇（Josef Paic）将军，
在日记里记载了人在遥远后方办公室的康拉德向前线部队一再
更改命令之事。二十六日："部队辛苦行军以投入第四集团军
的战斗；就在我们要下达攻击令时，电话响起，我们接到新命
令，要我们折返走回伦贝格，以支持第三集团军在该市东边的

战斗。"帕伊奇的参谋忙了四个小时以调整整个军的行进方向，心知"方向变更和新的行军会大大打击部队士气"。四小时后，在二十七日凌晨一点十五分，辎重队和野战炮已上路往南，后面跟着没睡的步兵时，帕伊奇收到康拉德另一组命令："走往伦贝格之事搁置，执行原计划。"[29]

第十四军徒劳折返时，奥芬贝格有了几天前才组建的新部队，卡尔·胡因（Karl Huyn）将军的第十七军，加入他麾下，并命令该军第十九师从贝乌热茨前去攻打似乎搞不定自己究竟是猎物还是掠食者的普列韦部。眼下，奥芬贝格仍觉得自己是掠食者；彼得·斐迪南（Peter Ferdinand）大公的第二十五师已在二十七日拿下扎莫希奇，该市一位市政官员遵照传统归服仪式，献上盛放了面包和盐的一只浅银盘向征服军表示归服。彼得·斐迪南的参谋长忆道："士气很高，我们死伤很轻。"但他也指出，在这里，在左中侧，奥匈帝国军队似乎也处于垮掉边缘。他们自二十一日一直行军、打仗，没有休息。"照理我们该追击俄军，但办不到。我们需要休息一天。"他们于二十八日休息，彼得·斐迪南大公住进中央饭店的豪华房间。[30]

奥芬贝格重拾原计划，也就是要博罗耶维奇部迅速往前，把俄国第十七军、第五军钉死在胡奇瓦河的河湾处，然后要从南边折返的约瑟夫·斐迪南大公部攻击他们的侧翼。但博罗耶维奇部累垮了，几乎走不动，更别提打仗。二十七日晚康拉德豪气干云要奥芬贝格部一路攻到海乌姆时，奥芬贝格吃惊得差点说不出话。"去海乌姆？"奥芬贝格结结巴巴地说，"为此他们拿走我三分之一兵力，拨给布鲁德曼？"那些部队最终（第二次）归建，但已无法影响科马鲁夫之役的结局；这些增援部队来得太迟也太累。"这些士兵会怎么想我们？"奥芬贝格

208

在日记里写道，"我们要他们在烈日下沙子路上迂回前进。"[31]
为巩固自己右翼，以迎接约瑟夫·斐迪南大公部的到来，奥芬
贝格于二十八日午夜刚过就叫醒他的第十五师，要他们往前，
从俄军手中夺下蒂绍夫采（Tyszowce），以稳住第四集团军的
右翼。他们跋涉过胡奇瓦河的林间湿地后，黑暗中遭到俄国第
五军袭击。未得到充分休整的这支奥地利师立即整个溃散，仓
皇撤退，损失四千人和二十门炮。[32]

急欲取得胜利的奥芬贝格，想找出兵力日增的俄军之侧
翼。他打算继续往东北走，指向海乌姆，但空中侦察提醒，
"在海乌姆—蒂绍夫采一线有强大敌军正往我军右翼合围"。
这是鲁斯基的第三集团军，奉命急奔西北解救普列韦部，趁奥
军还未能从侧翼包抄普列韦部时包抄奥芬贝格部。奥芬贝格惊
愕，要约瑟夫·斐迪南大公部在胡因第十七军旁靠拢，派一个
骑兵师做侵略性侦察，击退鲁斯基或普列韦欲包抄奥芬贝格右
翼的任何企图。

约瑟夫·斐迪南大公辖下布罗施上校的第二蒂罗尔皇家步
兵团，日夜兼程赶去与奥芬贝格部会合。有位老兵忆起从科马
鲁夫部队长途跋涉到伦贝格部队再走回来之事："奥芬贝格在
那里，布鲁德曼在这里，我们在炎炎夏日里走在这两地之间，
翻越起伏的绿色丘陵，穿越古老森林，走向无边无际的蓝色地
平线。"这支三天前在拉瓦鲁斯卡附近打过小冲突的部队奉命
开拔，这时已往回走，惊叹于俄罗斯的辽阔和寂静，置身其中
只觉得自己渺小。二十八日，布罗施疲累的轻骑兵团无精打采
走进贝乌热茨"这个贫穷、受到洗劫、极为肮脏的犹太村"，
终于准备从南边大举进攻普列韦部的左侧翼。[33]

人在普热梅希尔的康拉德仍然相信他会打出制胜的一击，

209

八月二十七日打电报告知奥芬贝格，"这场战役的成败，如今系于对左翼这些大有可为的攻击能否圆满达成上"。奥芬贝格大吃一惊。"对第十四军别有什么期望，它已被总司令部不断更改的命令丢在后面"，使该部和丹克尔部（康拉德所提及的"左翼"）易遭普列韦部、鲁斯基部攻击。[34]康拉德对这些劝诫充耳不闻。后来丘吉尔写道，"机枪和有刺铁丝网已准备好要让这场攻势的诸多鼓吹者，包括他（康拉德），认清许多事实"。[35]康拉德这时要奥芬贝格以其所有可用兵力大胆挺进：战场上任何一地遭挫，都不得撤退。[36]在战场上与敌厮杀过的奥地利军官，都已察觉到这场仗已输，这场战争大概也会输，冷冷开玩笑道，"最起码我们都已留了一颗子弹了结自己"。沃年斯基将军不是开玩笑：那天夜里，他拿起手枪顶住头，自杀身亡。[37]

　　奥芬贝格辖下诸师八月二十八日休息——暴风雨前的宁静——等待针对二十九日的指示。康拉德帮不上什么忙，因为他的心情已从极度乐观猛然转为忧心忡忡；先前还夸称会打出制胜一击，这时他却与霍夫堡宫翻旧账，声称这场战争打不赢，坚定表示要是皇帝于一九〇九或一九一二年就听进他先发制人的主张，现在就不会有这多麻烦。他写了封时机挑得特别不对的信给博尔弗拉斯，信中发牢骚道，"真是造化弄人，如今竟由我承担那一疏忽造成的烂摊子"。[38]

　　康拉德麾下军官也在思索未来下场；他们知道得趁当面的俄军还未能重整、增强兵力之时，把他们杀得片甲不留。为安抚正在马恩河边力拒德军的盟邦法国的不满，俄军以不符合稳扎稳打要求的速度行军、作战，因而在前期这几场仗里被打得七零八落、组织涣散，面对丹克尔部、奥芬贝格部的攻击却反

210

应迟缓一事正是明证。当奥地利第十四军（现为奥芬贝格第四集团军右翼）挺进到距该集团军位于扎莫希奇的左翼不到两天的行军距离时，情况似乎表明康拉德那忽而冒出的乐观有其道理。但俄军总司令部终于有所反应，将第九集团军调到西南方面军，以阻止丹克尔部与奥芬贝格部会合和挡住奥军前进。俄国第四集团军的司令部禁不住外部压力而垮掉，集团军司令官萨尔扎以二十三日的惨败为由撤掉沃伊辛，不料伊万诺夫反将萨尔扎本人撤职，让谁都看得出是个庸才的沃伊辛恢复原职。在对面的普热梅希尔，似乎也是无能当道。但俄国两个集团军（第四集团军和作势威胁的第九集团军）足以挡住丹克尔部，而将鲁斯基部调去解救普列韦部，也将挡下奥芬贝格部的攻势。[39]

为在鲁斯基部尚未将普列韦部救离南边之前打败普列韦部，奥芬贝格在奥莱希采花了长长一晚筹谋划策，八月二十九日早上六点半他下达其计划："第四集团军以所有可用的步兵发动总攻，执行即将到来的决定性一击。"[40]胡因的第十七军——这时胡因已因"紧张"撤职，由卡尔·克里泰克（Karl Kritek）将军接掌——扮演将第四集团军与约瑟夫·斐迪南大公的第十四军接合的角色。第十七军也要从右侧扫荡普列韦部，将其困死在科马鲁夫予以歼灭。[41]奥芬贝格原以为反胡因的兵变（胡因的参谋长致电总司令部，"如果不处置他，我们会自行毙了他"），已稳住他的右翼，这时发现不然。克里泰克接任后，辖下诸师和胡因在任时一样没有进展，它们辖下诸旅在欲渡过胡奇瓦河攻入普列韦阵地的心脏地带时，遭俄军火炮、机枪击退。每次奥军拿下一座山岭，都发现俄军只是拔营到后面的山顶，在那里挖壕沟、架机枪固守。原野上星星点点般散布的小树林都部署了俄军步兵团，每次奥军攻击，他们就朝奥军侧翼开火。奥军一挺机枪开火，就会招来俄军三或四门火炮反击。俄军炮弹落个没停，陆续击毙第三十四团大部分军官和歼灭该师两个皇家步兵营。第十九师投入其最后的预备队，也在俄军火力下撤退。[42]

左侧的情况一样糟。布拉修斯·舍穆瓦将军统率的第二军摸索着前进（舍穆瓦原任参谋总长，一九一二年遭撤换，由康拉德接任后，出掌第二军）。舍穆瓦的第二十五师由彼得·斐迪南大公指挥，而在二十八日休息后，大公于隔日离开扎莫希奇舒适的中央饭店，继续东进。但彼得·斐迪南的第五十旅立即受到俄军来自科马鲁夫的猛烈炮火袭击。就据认为被困在口袋里的部队来说，俄军的积极进攻令人佩服。

彼得·斐迪南大公命第二十五师攻向杜布村（Dub）以封住口袋，而由于俄军反击日益快速，这一目标似乎渐渐变得不合理。这位大公原以为会在其左侧找到匈牙利地方防卫军的一个师，不料却发现哥萨克人。他的炮兵一如以往不管用，射出的榴霰弹越过俄军壕沟时，未伤及敌人，而俄军重炮发出的炮弹，则令第二十五师和此师两侧的友师军心恐慌。俄军两个集团军（普列韦的第五和鲁斯基的第三集团军）围住他们，在这条地动山摇的前线沿线，每个奥军部队都以为俄军已突破他们的防线，欲攻向他们的侧翼。在二十九日夜色降临时，精疲力竭的奥军士兵就地睡觉，预备队摆在小规模战斗队形后面百步之处，没有炊火，没有杂音。舍穆瓦的命令透过口耳悄悄传给大公，再传给第十师，要其天一亮就重新进攻，但第十师告诉大公，该师八月三十日得休息一天，因为"士兵累瘫了"。[43]

康拉德在科马鲁夫周边的失利和他把预备队调去支援该处

战事一事，在伦贝格铸下恶果。第十四军被调拨去支持奥芬贝格部，削弱布鲁德曼集团军的兵力，俄国第三、第八集团军看出此点，八月二十六日攻向伦贝格。他们扬言不只要击溃布鲁德曼的中军，还要从两侧翼对他双重包围。不管奥军在科马鲁夫拿下什么短暂的胜利，如今都要在伦贝格被俄军讨回去。到处都是俄军，奥军每个人都觉得兵败在即，军心涣散。陆军部长亚历山大·克罗巴廷将军从维也纳发了封电报到普热梅希尔，督促康拉德平息从他的总司令部和诸集团军沸沸扬扬传出的"骇人、丧气传言"。[44]

但这时已是人人自危，意志消沉。第十四军被拨到奥芬贝格辖下后，布鲁德曼这时得用仅仅两个半军的兵力守住伦贝格：他自己的第十一军，以及第二集团军的第三军和第十二军的一个师。事实表明，要第二集团军到塞尔维亚过一下水再过来加利西亚一事，铸下大错，因为伦贝格所急需的另外三个师，这时仍在从萨巴茨经匈牙利缓缓运送过来的途中。最好的情况下，布鲁德曼或许可靠九个师勉力对付俄军至少十六个师的兵力；他要能撑这么久，只有寄望于烂路和鲁斯基谨小慎微的习性。[45]下辖四个军的鲁斯基，仍信服雷德尔时代的认定，即认为奥匈帝国的主要作为会是从伦贝格南攻，而非指向科马鲁夫的北攻（这时他仍认为奥军的北攻是佯攻）。鲁斯基认定挡在他前面的奥军有三十个师，而非九个师，因此率部朝奥地利的东都缓缓推进，在他自己的地盘上一天平均只前进八公里，进了奥地利地盘，速度则更慢。

鲁斯基的移动缓慢让康拉德生起不切实际的指望，以为他能在科马鲁夫拿下胜利，即使这么做会削弱布鲁德曼部，使其陷入险境。这时，即使是奥匈帝国的前线部队都渐渐理解到他

212

们与俄军的兵力对比有多悬殊；俄居优势、奥处劣势的传言甚嚣尘上，布鲁德曼不得不下令凡抓到散播此谣言者一律处死。他吼道："趁还来得及，加强军纪！"[46]

但已太迟。伊万诺夫催促鲁斯基前进之后，终于在八月底开始攻向伦贝格。奥匈帝国军的离谱疏失，让他如虎添翼：伦贝格周边的奥地利将领用不防窃听的电话线讨论计划，让俄国人听得过瘾。康拉德迟迟才得悉俄国人这一监听刺探行为，勃然大怒，要求军官讲电话时用乔伊斯密码。此后提到伦贝格时要说 Uzldampf，说到一个军时要说 Ulmklotz，说到一个师时要说 Ulmtexas，诸如此类。[47]Uzldampf 是奥匈帝国第四大城，四条重要铁道的交会点，基于影响力和军事需要，康拉德禁不起丢掉它，但八月三十日时，伊万诺夫所集结进攻伦贝格的兵力，已是布鲁德曼防守该城兵力的三倍之多。鲁斯基将从东边攻打伦贝格，布鲁西洛夫则从南边。

俄军在伦贝格周边这些动作，令奥芬贝格和丹克尔意识到，克拉希尼克、科马鲁夫之胜不是胜利，而是他们自己被兵力大上许多、看来更能打的俄军包围、击败的序曲。这两位奥地利将领接着都猛踩刹车，清楚每往前一步，就只是让自己更深陷俄军的口袋里。在扎莫希奇附近，奥地利第一、第四集团军之间，立即出现一道三十公里宽的缺口，普列韦快马驰过，脱离险境。在北边尝到胜利滋味的康拉德，这时只能沮丧看着战前被蔑称为"病老头"的普列韦逃脱。[48]奥芬贝格把此事归咎于彼得·斐迪南大公八月三十一日将其第二十五师后撤，"把许多已拿下的地方还回去"。彼得·斐迪南照理该在科马鲁夫"用所有用得上的步枪和火炮"封住包围圈，却在收到报告说他后面有俄军后收手。"令人无比失望，他把胜利果实

丢掉,"奥芬贝格如此写道。一九一二年压下的奥芬贝格内线
交易丑闻,一九一五年时被重新挖出来大做文章,使他受到难
堪的谴责,就此结束戎马生涯。而在上述兵败得找人咎责的情
况下,奥芬贝格这样的下场只能说是在劫难逃(毕竟彼得·
斐迪南大公是哈布斯堡皇室成员)。[49]

彼得·斐迪南大公的参谋长写下了他自己的科马鲁夫之役
报告,把主要过错归在来自奥芬贝格的联系不良上面。战役初
期诸集团军司令官就一致认为,由于俄国基础设施简陋且国土
辽阔,急报得花上数天才能送达,命令的有效率传达,在这一
战场比其他任何战场都来得重要,但奥芬贝格的命令和目标
每一次都迟迟才送达或完全未送达。这一延宕使俄军有时间填
补缺口,将后备兵力和火炮送到前线解围。这时奥军的炮弹和
子弹已快用尽,却又面对得到增援、有较好补给的俄军部队。
欲使奥军各部队翼翼相连,但每次都未能成功——几乎每份报
告里都出现"与邻近部队接触因林间沼泽而无法如愿"这行
字。

八月三十日下午两点,彼得·斐迪南大公得悉他两翼的部
队遭兵力大于己方甚多的敌军攻击,但予以击退。这位大公和
第四集团军战线上的每个指挥官这时都清楚,奥芬贝格、康拉
德和军方新闻处所正高声要求的将俄军围于科马鲁夫一事,根
本不可能。事实上,俄军正企图包围奥芬贝格部。那天下午四
点,彼得·斐迪南大公呈报舍穆瓦:"我们得做出选择,不是
撤向扎莫希奇,放掉我们目前为止已打下的重大战果,就是今
天下午把剩余兵力全投入最后攻击,攻向杜布求胜。"奥芬贝
格一心想转败为胜,从司令部派奥埃尔斯佩格亲王(Prince
Auersperg)少校快马驰往彼得·斐迪南的司令部,传达"继

续前进，在杜布完成对敌包围"的命令。[50]但这时，就连奥埃尔斯佩格亲王出马，都无法让奥匈帝国第二十五师动起来：它已力气耗尽。奥芬贝格自己的科马鲁夫战役回忆录，证实奥匈帝国士兵不再信杜布包围这一招："前线士兵的抱怨声越来越大。"他们感觉到四面都是俄军，觉得守不住。在约瑟夫·斐迪南大公部的左侧，第四师未出现，奥地利地方防卫军第十三师（德意志人、捷克人、乌克兰人）已解体为惊慌失措、不愿坚守的数股兵力。约瑟夫·斐迪南大公寄望于右边，恳请第十师为最后一击支持兵力。但第十师回以人、兽、炮、弹药皆匮乏，予以拒绝。从边境行军过来、与敌数场厮杀、缺眠、频频恐慌，把每个人累垮。

　　但这位大公仍不死心。他搬出自己的哈布斯堡皇室成员光环——和他作为当地最资深师长的身份——命令第十师拿出它最用心、最后的努力，与他的师一起对杜布发动同心圆式的攻击。数小时后，黑夜降临，第十师师长的传令，穿过树林和林间沼泽，送来了对皇族成员那道命令的回复："我军东边一千五百步处是俄军阵地——架设了八挺机枪和火炮的数道壕沟。我军第三十六团和第十二皇家步兵营进攻这一阵地一整日，遭击退，伤亡惨重。在我军火炮摧毁这些阵地之前，再启进攻都是徒劳。"

　　奥军撤退，嘴里仍夸称他们已在克拉希尼克、科马鲁夫拿下大胜。但把这些胜利称作胜利，就像靠得分拿下第一轮但在第二轮被击倒的拳击手声称已赢得比赛一样，乃是自欺欺人之词。厚颜的奥芬贝格，称科马鲁夫之役是"这场战争里，甚至应该说是这君主国历来打过的战争里，最漂亮的一场机动作战"，也就是说五百年来最了不起的胜利。他认为他在科马鲁

215

夫的战绩，至少和老毛奇在柯尼希格雷茨的战绩一样出色，说"在这两场战役里，战胜者所拿下的战利品差不多：一八六六年是一万八千战俘、一百八十二门炮；一九一四年是两万战俘、两百门炮"。[51]当然，时移势易，这样的战绩和柯尼希格雷茨之役的战绩完全不能比，因为二十世纪的俄国能以十九世纪（乃至二十世纪）奥国所办不到的方式迅速填补两万人力。但奥芬贝格仍迅即获皇帝赐予"冯·科马洛夫"（von Komarów）这个尊称和八千克朗的奖赏。局部胜利总是聊胜于无。

第九章 伦贝格与拉瓦鲁斯卡

抽调布鲁格曼的人部兵力增援奥芬贝格，不仅在科马鲁夫未有任何帮助，反倒造成奥军兵败伦贝格。但康拉德未改其一贯作风，这时试图倚赖不久前才被他削弱兵力的那位司令官挽回颓势。奥芬贝格部与丹克尔部都已几乎败下阵来，康拉德于是命令布鲁德曼部和伯姆－埃尔莫利之第二集团军的残部挽救东部战线的危局。八月二十五日康拉德命布令鲁德曼东进，"击退敌军，借此稳住全军的侧翼和后方"。[1] 换句话说，"北攻"已完蛋，束诸高阁。始终鼓吹进攻的康拉德，试图以从伦贝格发动而未经事先规划的"南攻"取代"北攻"。不消说（克拉希尼克、科马鲁夫两战役已清楚点出奥匈帝国攻势作为的可能下场），这场以配备小规模炮兵的小型军队发动的攻势，大概也不会顺利。服役于第三军第四团的后备军人奥托·拉塞茨，二十六日午夜酣睡时被同袍叫醒，奉命开拔前往伦贝格火车站。这支步兵团带着迷迷糊糊的睡意，鱼贯走过该城漆黑的街道，进入宽阔气派的新艺术风格车站。这座火车站十年前才花费巨资建成，以拓展奥地利的东向贸易，象征哈布斯堡王朝在加利西亚统治地位的永远屹立不摇。

士兵挤进货运列车车厢，向东驶往普热梅希尔。从东边进抵伦贝格，要越过两道天然障碍：格尼拉利帕（"烂酸橙"）河、兹沃塔利帕（"金黄酸橙"）河。布鲁德曼希望在这两条河后面掘壕固守，击退俄军。火车抵达格尼拉利帕河时，睡意未消的士兵奉命下车："每个人都出去，拿起装备，排好队，移动！"拉塞茨忆起当时的混乱和兴奋，因为这批奥地利士兵还未打过仗："敌人在哪里？哥萨克人在哪里？"到处都没看到。士兵排成一列走回车站，第一次看到伤兵，那是从兹沃塔利帕河用兽拉车运回的。"前线情况怎么样？"士兵兴奋喊道。伤兵只是面无表情地望着他们或有气无力地挥手。拉塞茨所属部队搭货运列车回来，再转往兹沃塔利帕河，一路开着门，听到隆隆炮声。他们在杜纳尤夫（Dunajov）下车，组成小规模战斗队形。

第四条顿骑士团首领步兵团士兵看着友军在前面山丘上部署的一个炮台；没几分钟，炮台就受到俄军炮弹、榴霰弹的夹叉射击。一枚接着一枚炸开，全以那群炮兵为目标，不时可见红焰和黑烟，被炸上天的泥土，或榴霰弹在上空爆炸释放出的白烟。奥地利炮手开始在自家火炮之间拼命躲避，有一名炮手逃出炮台，尖叫着跑下山，欲投奔拉塞茨的排，最后还是被一枚炮弹炸死。拉塞茨发子弹给他的兵时，看到在伯姆－埃尔莫利率部从塞尔维亚来到之前，统率第二集团军部分兵力的赫尔曼·科费斯将军，站在杜纳尤夫铁路路堤上，往这边、那边看，想弄清楚这场嘈杂的战斗是怎么回事。

拉塞茨这群人穿过一个贮木场，看到一群轻骑兵摊开四肢躺在地上，"筋疲力尽，死气沉沉，一脸疲累和恐惧"。这些来自维也纳的德意志族步兵，在以行军队形走过轻骑兵身旁时，向他们热切地敬礼，用德语喊着"奥地利军队"，但全是匈牙利人的这些轻骑兵，一脸愠怒报告他们。拉塞茨的排走到一片草地，正欲穿过草地时，一支匈牙利军乐队从草地另一头的树林走出来，快步跑过他们身旁，后面拖着他们的号，喊着"炮弹！炮弹！"这支步兵团终于来到兹沃塔利帕河——"一条又深又窄又浊的溪"。他们拆下一道围篱，往溪对岸丢去，架起临时桥，然后渡溪。围篱垮掉，他们掉进溪里，拼命往对岸游，爬过岸边的烂泥上岸。"我们的漂亮新蓝灰军服毁了，湿透，沾满黑色烂泥，"拉塞茨埋怨道。

接受急救的奥匈帝国伤兵

　　一九一四年八月伦贝格附近的军队急救站。经过的士兵兴奋喊道，"前线情况怎么样？"伤兵只是面无表情地望着他们或有气无力地挥手。
　　照片来源：Heeresgeschichtliches Museum，Wien

　　黑色烂泥痕迹一路穿过被压平的青草，说明了这群人如何前进，他们以小规模战斗队形匍匐前进，其中大部分人咕哝道，他们的香烟和巧克力都毁于水和淤泥。他们爬进小麦田，俄军步枪弹嘶嘶飞过上方，然后他们碰到"我们的第一具军人尸体：一个穿军服、装备一应俱全的匈牙利人，右侧着地侧躺，一只手臂往外伸，脸色死白，张着空洞的眼睛盯着我们，血从鼻子和嘴汩汩流出"。不久，这些奥地利人爬过更多尸体身旁；他们起身改成蹲姿，往前冲，终于看到约六百米外的树

林里有俄军。整个营一齐开火，"一千支步枪同时发射"，然
后冲锋。一九一四年奥匈帝国战术的愚蠢，在此展露无遗：俄
军位在约六百米外，藏身树林里，奥军起身——耳边响起尖锐
哨子声——开始冲刺。这时俄军机枪开火。拉塞茨看到子弹打
在他前后左右，士兵倒下，身体被打碎、流血，地上的尘土往
上翻飞。他们与一支匈牙利部队并肩进攻，在他们旁边挤成一
团，朝俄军边跑边开枪，而除了看到俄军开枪的火光，仍看不
到俄军的人。

　　奥地利人趴在地上，决意再往前冲以缩短射程，匈牙利人
却"像疯子一样"开枪，且不愿停，使奥地利部队无法往前。
有位中尉跑过去要匈牙利部队停火，另一位中尉起身带他的排
往前。拉塞茨一直记得那张脸："带着惧意，面如白蜡，右手
紧抓着手枪，手指头关节因用力而变白，先看了我们，再看向
（俄军盘踞的）树林。"这位中尉立即中弹身亡；事实上，拉
塞茨注意到他开始喊"趴下"时，他已经中弹。

　　号手吹响冲锋号，整个连起身，冲入有去无回的枪林弹雨
里。另一名中尉带头冲锋，"挥舞马刀，尖叫，高喊"。连长
"拜尔勒上尉像一团白云般冲上前，身上穿着白色亚麻长裤"，
赶上中尉。匈牙利地方防卫军部队也往前冲；拉塞茨记得有个
人在他旁边跌跌撞撞往前，完全看不见前面，因为他举起他的
掘壕工具挡在脸前面当盾牌。他们靠近树林时——左右的人倒
下，到处有吼叫声、尖叫声、高声祷告声——一群匈牙利人进
入树林，然后又慌张失措地退出树林。拉塞茨抵达树林，发现
俄军已撤走。这是俄军的一贯打法，在一地坚守，重创以刺刀
冲锋的奥地利人后，就撤离。拉塞茨第一次看到重伤军人，
"半裸，浑身是血，痛得尖叫"。

　　拉塞茨与在树林里迷了路的一些俄国人正面相遇，他猛然举起枪，俄国人——这些"留着白胡子的大鸡"——迅速举 221 手投降。奥地利人打量这些战俘，对俄罗斯人身上充当战斗服的简单农民长罩衣印象最为深刻："嘿，上面没有纽扣！你相信吗？这些家伙身上没有纽扣！"然后他们拿到他们的第一个作战纪念品，主要是俄罗斯帽和子弹带。拉塞茨一派轻松走回树林边缘，看到一地的死伤——草地上到处是奥地利、匈牙利人尸体，伤兵"呻吟，号哭"，太阳西下，树林渐暗。[2]

　　拉塞茨所属部队，是支遭大幅削减兵力后的布鲁德曼第三集团军的一小支。已有数个师被派去支援奥芬贝格部，另有三个师在从塞尔维亚过来的火车上。但在接到康拉德进攻令后，布鲁德曼，一如拉塞茨，在兹沃塔利帕河边与俄军遭遇。当第三军第六师迂回穿过青绿、蓊郁的大地时，撞上与他们右边的拉塞茨所属第四条顿骑士团首领步兵团所遇到同样的障碍。有位参谋写道："我们直直走进从未见过的俄军阵地，遭敌人以榴霰弹和步枪近距离平射攻击。"奥军未撤退，反倒进攻，军官以缓慢、郑重而沉闷的语调说："尽管士兵英勇作战，但死伤惨重，一再强攻，仍未有进展。"部队真的攻入俄军防线，呼求侧翼包抄时，但对方告以侧翼包抄做不到，因为每个奥匈帝国部队都正全力与"兵力大占上风的俄军"交手，分不了身。[3]在这场并未用心打的战斗（后世史家所谓的第一场伦贝格战役）中，布鲁德曼向他以为只是俄国一个孤立军级部队的敌军出击。他被鲁斯基懒洋洋的行进所骗，这时才知道他所攻击的敌军，不是一个军，而是整个集团军（布鲁西洛夫第八集团军的四个军），而己方兵力只有对方三分之一。

　　在布鲁德曼部左侧，德西德里乌斯·科洛斯瓦里

（Desiderius Kolossváry）将军把奥匈帝国第十一军带入前途未卜之境。他所下达的命令反映了康拉德一直以来无意弄清楚俄军实力的作风："在友军第三、第十二军左侧前进，以掩护他们攻击已在布罗迪和塔尔诺波尔越过我们边界的敌人。"[4] 问题是"敌人"这字眼太含糊，康拉德完全未交代俄军兵力或位置。因此科洛斯瓦里从伦贝格东征，打算占领位于布斯克（Busk）的布格河渡河口，攻击正与他右侧的两个友军交手的俄军侧翼。新兵顶着烈日走在土路上，光是行军就使科洛斯瓦里部一天都不想动。他们于八月二十六日休息，在这同时，布鲁德曼把自己当成如当年打奥斯特里茨（Austerlitz）战役的拿破仑般调遣他的其他部队，打算把俄军困死于一地，然后用他两翼的军级部队（例如科洛斯瓦里部）打垮其侧翼。一九一三年哈布斯堡军事演习时，布鲁德曼三两下就遭奥芬贝格打得无力再战，而真枪实弹打，他的表现一样糟。颇为奇怪的是，他认为两侧翼不会受到威胁，深信往左右侧各调一个师过去，就足以使他不致受到包围，且深信"我们第十二军的两个师会在中间部位联合进攻我们第三军所面对无论多少兵力的敌军，而这场仗会由这一进攻的成败来决定"。他做计划时的不求精确（在已有电话、飞机、汽车的年代还用"无论多少兵力的敌军"这一描述），令人咋舌，而同样令人咋舌的，乃是在那一刻正渐渐包围布鲁德曼部之俄军的攻击。[5]

一百九十二个俄罗斯营，踩着规律的步伐缓缓走向奥匈帝国第十一、第三、第十二军。从伦贝格重新踏上疲累的征途，仍然不察危险渐渐逼近的科洛斯瓦里，发现布斯克已落入俄军之手；他朝南走，以援助他右侧的两个军，要求约瑟夫·斐迪南大公辖下第十四军的奥地利地方防卫军第四十四师和匈牙利地方防卫军第十一骑兵师，"攻击"挡在他路上之俄军的"侧翼和后方"。结果未如他所预期："奥地利地方防卫军第四十四师不愿照办，匈牙利地方防卫军的骑兵师一直没回复。"十四军被派去北边的科马鲁夫，然后被召回伦贝格（第三次），体力已达到极限，实质上失去了战斗力。科洛斯瓦里报告道，"由于这些未预见到的情况，我部无法有效地介入这场战役"。他尝试在没有第十四军提供侧翼的保护下，派辖下数个旅进攻位于克拉斯内（Krasne）的俄军阵地，结果，如他所字斟句酌表示的，受到"相当大"的死伤，军官则有"颇大"死伤。

他的火炮有一半遭俄军炮火击毁。[6]虽然奥地利第八十团朝克拉斯内的俄军开火，杀敌效果却比平常差。事后他们才发现，后勤单位误给他们平时演习用的空包弹，而非实弹。[7]

223

鲁道夫·布鲁德曼将军

鲁道夫·布鲁德曼将军曾被誉为奥地利"神童"和"未来希望所寄"，甚得皇帝与皇储弗朗茨·斐迪南宠信，却在伦贝格与拉瓦鲁斯卡栽了个大跟头。这位神童遭解除兵权，送回维也纳。

照片来源：National Archives

在这同时，俄军大举攻入奥军中央和两侧翼。奥匈帝国参谋——不是靠自家骑兵侦察，而是靠穿过他们防线逃回来的加利西亚难民，了解俄军动态——用蓝色铅笔速速写下忧心忡忡的看法，派人快马加鞭送到伦贝格："迫于敌军人数甚多，我师撤退；我军伤亡甚为惨重。"[8]在把第十四军借给奥芬贝格后，布鲁德曼只剩自己九个师和第二集团军两个师守住奥地利在加利西亚阵地的整个右翼。他辖下兵力损失惊人，许多部队失去三分之二有生力量。在中央部位，普热梅希拉尼这个热络的大市集镇东边，埃米尔·科莱鲁斯（Emil Colerus）将军的第三军一再试图以刺刀冲锋战术……击退俄军。这种打法完全不对，每个旅都报告"死伤非常惨重"。俄军藏身于又深又窄的壕沟里，外面看不到他们，榴霰弹也伤不到他们；他们等着奥军每次进攻，然后同时起身，用齐射火力将奥军全数撂倒。奥军逃离俄军的连续齐射时，俄军反击，攻入开口处，打奥军侧翼。[9]

布鲁德曼部和科费斯部后撤约十五公里到下一道河线，即距伦贝格只有四十公里的格尼拉利帕河时，第二集团军更多部队从塞尔维亚驰抵他们右侧，使奥军在这一关键区块的军力增加为十五个战斗力薄弱的步兵师（总兵力十四万五千）和八百二十八门炮。但面对布鲁西洛夫部和现在的鲁斯基部，那犹如螳臂挡车。鲁斯基正把辖下兵力分为两股，一股打这一仗，另一股打奥芬贝格，也就是共有十六个战斗力甚强的步兵师，总兵力将近三十万，火炮有一千三百零四门。

八月二十七日，不服输的布鲁德曼下令再启攻势。他仍一副拿破仑再世的模样，向麾下将领保证"第四集团军正攻入俄国且取得胜利"，尚待完成的就是由他在伦贝格的部队"施以决定整场战争成败的一击"。他下令三个军从格尼拉利帕河沿线的罗加京（Rohatyn）等几个村子再度进攻，以骑兵掩护侧翼。第二集团军要在右侧往前推进，以吃掉俄军（该集团军司令官爱德华·冯·伯姆－埃尔莫利这时终于来到此战地）。事实上，八月最后一个星期，第三、第二集团军心存怀疑的诸将领，每天晚上都会接到弗里德里希大公和康拉德要他们天一亮即"重启攻击"的命令。[10]但奥军每次进攻的下场都一样，被俄军防守火力打得动弹不得，然后被俄军反攻部队从侧翼包围。[11]奥匈帝国每支部队后方都陷入恐慌，辎重队一如以往跑掉，但就连训练有素的部队都相互开火。第六师苦恼地报告道："我军第四十四野战炮兵团某连，误把我们的波斯尼亚人当成哥萨克人，朝他们炮轰了五分钟，三十二人死，许多人伤。"炮兵开火时，该师师长和其参谋正在一农屋里研究地图，波斯尼亚人在外面休息，司令部差点也被炸掉。[12]

奥军遭击退，弃守且与附近友军失去联系。"自今天大清早就与奥地利地方防卫军第二十师失去联系，"科莱鲁斯将军于二十八日晚报告。[13]在普热梅希尔，康拉德打电话给布鲁德曼的参谋长鲁道夫·普费弗（Rudolf Pfeffer）将军，他不相信普费弗对前线战况的解释。"但第十一军正在哪里打？"康拉德气得结结巴巴，"第三军在干什么？"普费弗告诉他，他们的进攻已遭撕碎，得退到格尼拉利帕河后面。康拉德反驳："如果你们当初完全遵照我的指示，现在就不必谈什么撤退的事。"他猛然挂上电话，转向他的副官鲁道夫·昆德曼（Rudolf Kundmann）吼道："他们败了。"他开始捏造事实为自己卸责："他在撤退！因为不听上级指示，才出问题。"[14]

在该地数个奥地利师正寻找掩护以避开从天而降的俄军炮火和烈日时，康拉德这位卓越的"城堡将军"（译按：chateau general，过着舒服日子、不关心底下士兵死活的将军），下令八月二十九、三十日再度进攻格尼拉利帕河。这时有人提醒颇欣赏康拉德的阿弗烈德·克劳斯将军，这位参谋总长"实际上始终是个战术家，不关心战略、实际作战问题，比如作战时如何部署大军，如何移动、喂饱、补给大军，提供大军切实的

225

作战计划"。[15]康拉德这时的情况正证实这一对他的评判，从战略角度来看奥军已如此明显地完全居于下风，但他仍昧于形势大吼进攻再进攻。科洛斯瓦里报告，第十一军大部分人已无法再征战，八月二十五至二十七日的征战已把他们累垮。他指出，"我们的战斗力直线下降，已有一段时间称不上具有完整的战斗力"，还说"把只受过些许训练的行军旅当成'作战部队'来用，并将他们视同受过训练的野战部队，但这显然不管用。但我们会尽力"。[16]

布鲁德曼第三集团军的大部分兵力，挤在几乎不到八公里长的空间里，成为绝佳的攻击目标，易遭到侧翼包抄。第二集团军的第七军白天攻击他们正面的俄军，但发现他们后面有从南边渡过德涅斯特河过来的俄军时，则不再攻击，选择撤退。[17]康拉德气得大吼。第二、第三集团军为何不进攻？普费弗将军请康拉德亲赴前线看实际战况，但康拉德回以在普热梅希尔太忙。后来普费弗写道，"真令人遗憾"，"只要瞧一眼俄军的火力包围圈，就能治好他的错觉"。[18]为打消康拉德一意进攻的念头，普费弗提出根本试不得的进攻构想。[19]俄军每个师配有两个重型榴弹炮连（奥军一个都没有），远远就把奥军消灭。

在第一次伦贝格之役中，两万奥匈帝国士兵和七十门炮落入俄国人之手。绕过布鲁德曼部右侧翼猛扑过来的布鲁西洛夫，惊讶于奥军撤退时丢下的加农炮、机枪、四轮马拉货车、战俘之多。双方数千名伤兵都惊讶于本国军队对他们死活的不闻不问。布鲁西洛夫的医务长原向他保证，在别列扎内（Berezany）有三千张病床可安置伤兵；但当三千五百名受伤官兵被送到那里时，才发现只有四百张病床，其余伤者得露天躺在地上。[20]

八月三十日当布鲁德曼终于掌握实际战况时，他的表现比较不像拿破仑：“在与兵力远大于我方的敌人交手数日之后，我军必须撤退，在新战线重整。”他指出应撤至伦贝格西边的韦列齐察河（Wereszyca River）。[21]战争打了几乎一星期，康拉德就快要丢掉奥匈帝国第四大城暨加利西亚首府。他的几个集团军，在相隔遥远的地方各打各的——在克拉希尼克和科马鲁夫周边的丹克尔部与奥芬贝格部、在伦贝格的布鲁德曼部与伯姆－埃尔莫利部——但正渐渐被各个击破。俄军的组织若更完善，或许早已消灭奥地利整个北方面军，但他们仍在缓慢移动，而已把司令部移回基辅的伊万诺夫，仍不相信丹克尔部和奥芬贝格部是康拉德的攻击主力。一如鲁斯基，他认为他们只是侧翼防卫部队，因而目光一直瞧着伦贝格，寻找他认为正前来增援布鲁德曼，欲将战事带进俄国的军队。

如果说俄国人无法理解康拉德成事不足败事有余的能耐，227康拉德底下的军人则对此知之甚详。这时，奥匈帝国士兵已认清上头指挥官的愚蠢。指挥官一再以下面之类愚蠢的说辞，把他们送进俄军壕沟和炮阵地的虎口：“俄国人很少发炮，因为他们的炮弹不会爆炸。”[22]在这些牺牲流血的士兵听来，那简直滑天下之大稽。事实上，真的伤不了人的，乃是奥地利的火炮。奥匈帝国总司令部从俘房的俄国人口中得知，奥地利炮手把榴霰弹的炸开高度设得太高，使俄国人得以在弹丸纷纷落下时安全跑开。[23]在这同时，奥地利人在冲向俄军时，根本无法全身而退。有位奥地利上校解释了为何出现这种情况：在平时的研习和演习时，军官被教导“时时要寻找侧翼，绕过敌人”，但在战斗正激烈时，男子汉该有的打法是 gradaus，即明着对干不搞暗招——没有佯攻，不搞侧翼包抄，只有"干脆的，较符合奥地利'一直进攻'之传统的放手一搏"。这一本能使哈布斯堡王朝军官的死亡人数惊人，"他们觉得得白白牺牲自己性命以激励下属"。

才几天时间，就连这种英勇行径都失去了激励效果：排长冲向俄军而丧命时，排兵会畏缩不前。这使奥军战术有了微妙转变。此后，中尉把英雄角色派给士官来当，自己在二线跟着，"手里拿着铲子和步枪，只要士兵畏缩不肯进攻，都将其毙命"。[24]许多奥地利人向最近的俄军投降以躲掉必死的下场，但这么做有时也没好下场。有位奥地利战俘描述他被俘的经历："我们被缴械，身上的值钱东西，手表、钱、小刀之类的，被抢光，然后把我们关在猪圈里三夜，除了生马铃薯，没其他吃的。第四天，他们放了我们，却逼我们加入俄军小规模战斗编队往前走，向他们指出我们的阵地。"[25]

鲁斯基小心翼翼越过格尼拉利帕河时，已在二十七日拿下塔尔诺波尔；而在二十九日拿下德涅斯特河边加利西亚旧首府加利奇（Halicz）的布鲁西洛夫，转北进向伦贝格，攻入布鲁德曼未设防的侧翼。康拉德的参谋部在战前研究俄军将领时，就特别留意布鲁西洛夫，指出"他火爆、精明、充满活力"。这时布鲁西洛夫以行动证明他的确是这样的人，巧施妙计使布鲁德曼陷入两面夹攻之境，而夹攻者一是他，一是康拉德。八月三十一日，康拉德从他位于普热梅希尔平静无事的办公室下令，"基于政治、经济理由"，得不计代价守住伦贝格。布鲁德曼无奈地照办，要他的部队和伯姆－埃尔莫利的部队在伦贝格周边部署成弧形，以每道小溪和山丘当掩护，但"如果情况吃紧就退到西边"。数个奥匈帝国骑兵师奉命跟位于侧翼的步兵团靠拢，下马，掘壕固守。情况类似十九世纪美国卡斯特（Custer）中校打的小巨角河战役（Battle of Little Big Horn）。[26] 俄军紧逼，迫使侧翼部队往中央靠，奥军不久后撤退。布鲁西洛夫的飞机监视到大批奥匈帝国士兵在伦贝格火车站上了往西开的火车，其他大批士兵循着公路撤往桑河。[27]

布鲁德曼部溃退，九月二日让出伦贝格，退到格鲁代克（Grodek）阵地，即韦列齐察河后面的一线高地。他把第三军居中摆在格鲁代克，第十一军摆在左边，第十二军和第三十四师摆在右边。布鲁德曼想振奋低落的士气："第三、第二集团军已使人数占上风的西进敌军放慢速度……第四集团军就要转过来支持我们，一起攻打敌军，向这一自大的敌人报仇的时刻已经到来！"但由于俄军炮火声，以及由于奥地利最高指挥官的谎言和夸大不实，他这番话没人听进去。[28]

奥地利的东都，原被视为俄境作战之跳板的伦贝格，如今落入俄军之手，奥匈帝国军中各阶层都不得不对领导阶层的能力，乃至究竟为何而战，生起疑问。后来，布鲁德曼的参谋长把这场大败归咎于康拉德的散漫："这一战败的原因，纯粹是总司令部易出错的动员和对俄国人的全然误判……直到现在，在伦贝格争夺战期间，总司令部才发现俄军主力在这里。"[29] 跟着后撤奥军跑的伦敦《泰晤士报》美籍战地记者斯坦利·华许本（Stanley Washburn），赴伦贝格医院探望了奥地利伤兵，惊讶地发现"奥军中一般的入伍士兵完全不清楚这场战争是为何而战"。这些奥匈帝国伤兵对俄国一无所知，对塞尔维亚了解更少，甚至没人知道英、法投入了这场战争。[30]

时时留意自己形象的康拉德，知道得替伦贝格的失陷找替罪羊。他将布鲁德曼的参谋长鲁道夫·普费弗将军和数名军

229

长、师长、旅长撤职。后来在回忆录中，康拉德把这一挫败归咎于布鲁德曼的"被动"，说他若照参谋总长的作战计划打会得胜，却未这么做。[31] 但根本没有克敌制胜的计划，即使真有这样的计划，布鲁德曼也难以顺利执行，因为奥地利人被俄国的火力和自身差劲的后勤体系弄得几乎动弹不得。一如在塞尔维亚所见，过度庞然的军级部队（每个军有四十五个营）和累赘的辎重队，使整个哈布斯堡军队的移动如同牛步。

230　奥匈帝国诸集团军以每三名战士一辆四轮马拉货车的比例配备货车。战前本欲打造较轻盈灵巧的军级部队，却受阻于僵化的哈布斯堡王朝官僚，于是部队行军时拖着庞然的累赘。有位满腹牢骚的将领指出，日本军官不带行李打俄国人打了一年半（在中国东北打的那场战役，从头到尾，两名日本军官都共享一个小提箱），而一九一四年时的奥匈帝国将领，每人配发两辆"个人用四轮马拉货车"供装运衣物和其他可搬运之财物，以及三辆这类货车供他们的师部或旅部使用。每个师部或旅部又获配发足够装载五千三百磅额外行李的数辆货车，供仅仅三人（师旅长和其两名助手）使用，而一个营整整五百人所带的行李，只有这些额外行李数量的一半。整个来讲，奥匈帝国一个师拖着一百零五辆供上述用途的四轮马拉货车，以及四十五辆供士兵使用的货车、四十五辆载运弹药的货车、七辆载运粮食的货车，还有野战炊事车、面包烘烤车、救护车各数辆。难怪将领竟把火炮和衣物箱、书、葡萄酒箱、罐头摆在一块运送。[32]

拖着这样的累赘，弗里德里希大公这时发电报给德皇，要求德国尽快发动攻势解危和"忠实履行"柏林的盟国义务（不管在这场波及地域辽阔且战局起伏不定的战争里盟国义务

赶赴前线的奥匈帝国第二集团军士兵

一九一四年八月赶赴伦贝格附近前线的奥匈帝国第二集团军的匈牙利人。

照片来源：Heeresgeschichtliches Museum，Wien

究竟何所指），也就不足为奇。八月最后一个星期，康拉德四度打电报给毛奇，要求德国从西战线抽调十二个师（四个军）投入东线战事。[33]正在马恩河边全力对付百万法军且已在坦嫩贝格和马祖里湖区（Masurian Lakes，位于康拉德之俄罗斯战线西北方）击溃俄国两个集团军的德国，大吃一惊。

在科布伦茨（Koblenz）的德军总司令部，奥匈帝国军事联络官约瑟夫·冯·施蒂尔克（Joseph von Stürgkh）将军，注意到与其盟邦关系的急剧恶化。康拉德所提议的作战行动不可能执行；由于有俄国西北方面军的几个未受到压制的集团军虎视眈眈于兴登堡的第八集团军侧翼，所以毛奇不放心要该集团军赴东南驰援奥军，就连德军总司令部里的奥地利人也这么认为。这些人这时提到相抵触的"党派路线"——康拉德的路线和其他每个人的路线。施蒂尔克和亚历山大·冯·于克斯屈尔将军（弗朗茨·约瑟夫皇帝头发日益花白的骑兵卫队司令）

231

看着地图研究，判定康拉德的计划说"行不通"。德皇把施蒂尔克带到一边，热切地说道："我们在东普鲁士的小规模军队已牵制住敌人十二个军，消灭或击败他们；那未让你们奥军进攻时更轻松吗？"[34]

显然没有。伦贝格周边堆起一堆堆粮食，奥匈帝国工兵（在饿着肚子的士兵拖着脚走过粮食堆时）把汽油浇在粮食上面，在这同时，康拉德正在普热梅希尔的餐桌旁尽情享用早餐，一派轻松地向同事说道，如果弗朗茨·斐迪南大公还在世，会为了失去奥地利东都和该地庞大的铁路设施"把我毙了"。多达一千部火车头和一万五千个火车车厢留给了俄国人。那位《泰晤士报》战地记者来到这座大城，看过城里的公园、林荫大道、豪华饭店，认为它是"这场战争打到目前为止交战国所取得的最大战利品"。[35]

战前弗朗茨·斐迪南大公就要康拉德留意往边陲战线塞进太多兵力、往主战线放进太少兵力的危险，但决意打垮塞尔维亚人的康拉德不理会这示警。[36]加利西亚的乌克兰人，这时正为康拉德的雄心与现实间的差距受苦受难。乌克兰人是加利西亚的最大民族，但奥地利领导阶层开始认为他们不可靠，下令乌克兰官员、老师、教士离开该省，与他们的希腊天主教主教一起移居摩拉维亚。在加利西亚西部，有千名乌克兰显赫人物因可能支持俄国而遭关押。奥军参谋手里有上级发予的一张加利西亚少数民族分布图，上头标出这个大省境内几个辽阔的"亲俄"区：从新桑德茨（Neu Sandez）到伦贝格的整个南部边缘、从拉瓦鲁斯卡周边到塔尔诺波尔的东边境地区、内地的数大块孤立地区。[37]

为恢复亲奥势力，弗里德里希大公下令实施暴行："凡是个人，乃至整个族群，犯下叛国罪者，都该以最残酷手段将其打倒。"[38]有个杀人如麻的大公在一侧，挥舞皮鞭的俄国人在另一侧，且奥军所到之处都爆发霍乱，加利西亚（奥匈君主国里犹太人最密集的地区）的犹太人，于是收拾起能带走的财产，逃到维也纳，定居于该城的利奥波德斯塔特（Leopoldstadt）区，开始改良面包、面粉、肉、动物油、奶、煤之类官方配给食物的黑市交易机制。维也纳人一边向加利西亚犹太人买民生物资，一边痛斥他们的黑市，开始在暗地里谈"犹太人问题"。[39]

232

为打击敌人，而非把矛头指向自己人民，康拉德再度改弦更张。奥地利飞行员的报告透露，鲁斯基的第三集团军正转往西北，离开布鲁德曼部，这很可能是为了从侧翼包抄奥芬贝格部。康拉德深信布鲁德曼能在伦贝格西边的一道沿河防线顶住布鲁西洛夫部，于是同意第三、第二集团军应撤离伦贝格，退到韦列齐察河，把俄军引过去。康拉德为何认为一支比原部署在格尼拉利帕河边的兵力还要小的军队，在这条河后面，会比在那条河后面（且面对更大兵力的俄军的情况下）有更好的作为，这是这场大战役的诸多谜团之一。

康拉德命布鲁德曼和伯姆－埃尔莫利在韦列齐察河边顶住俄军，奥芬贝格则在同时率第四集团军往东南走，穿过拉瓦鲁斯卡，打击俄军侧翼。第三、第二集团军要顶住俄军够久，以使这一钳形攻势得以发动。若非有这么多人因康拉德的连番出错而精疲力竭、断手断脚或丧命，他远在战场之外，像在参谋部地图插图钉般调动已被他操纵得战斗力大失的部队之作为，会让人觉得好笑。一如波蒂奥雷克，康拉德的表现显示他完全不懂怎么打真枪实弹的战争。[40]经过过去这个星期的征战，奥芬贝格部已几乎动不了，更别提与敌厮杀，他有太多马已伤重而

死、饿死、累死。博罗耶维奇建议他麾下将领，"把补给部门
233　的马拨给弹药车队用；把弹药车队的马拨给野战炮兵连用"。
没打仗时，士兵奉命尽量多抓脱队的军马回来给部队用。配发
的枪已丢失或受损者，则被告知到外面地上找枪替补。[41]

　　奥芬贝格的第四集团军自八月三十日俄军撤离科马鲁夫起
一直往北走，这时却奉命调头往南。"军队不是棋子，"奥芬
贝格抱怨道。这一次的计划修正毫无道理，主要是因康拉德知
道鲁斯基正往北走，而奥芬贝格部往南正迎向鲁斯基部火炮和
机枪林立的正面，而非侧翼。[42]第四集团军第二度走过科马鲁
234　夫战场，第二度被死尸的臭味熏得透不过气。第四集团军诸部
队在滂沱大雨中调转向南，大雨"使道路变得泥泞不堪"，在
科马鲁夫周边，他们惊骇望着地上的景象："无数尸体，包括
我们的和他们的尸体混在一块，马尸，还有各种战争废弃
物。"对于原先催着他们去卢布林，现在却同样急迫地催他们
往反方向走的最高指挥部，士兵自然而然开始信心动摇。[43]

　　在回旋余地如此小的空间里调头，奥匈帝国诸部队彼此相
撞乱成一团，也跌跌撞撞和正将他们团团围住的俄军相遇。混
乱的小冲突划破夜空的宁静，人人都紧张地朝别人开火。[44]在
韦列齐察河边，将领收到康拉德的电报，口气一如以往火冒三
丈。康拉德批评他们接连以窄窄的小河为屏障在后"被动防
御"且"不断撤退"。康拉德命令诸将进攻，"以改善整个局
势"。但身在前线的军官发现，再进攻，就如某高阶参谋所说
的，"人力不允许。连要再来一次刺刀冲锋，士兵都吃不消；
他们已被无休止的行军、战斗、缺乏睡眠打垮"。第八步兵团
奉命进攻霍雷涅茨（Horyniec），前进了几步，"第一榴霰弹在
上方爆开，就队形大乱，开始往后跑"。[45]

奥地利军队于加利西亚处决的乌克兰人

一九一四年八月弗里德里希大公下令，"凡是个人，乃至整个族群，犯下叛国罪者，都该以最残酷手段将其打倒"。图中是因被怀疑站在俄国那一边遭处决的乌克兰人。

照片来源：Heeresgeschichtliches Museum，Wien

奥芬贝格将军八月三十日检视了一群俄国战俘，对他们的黄褐色军服印象非常深刻，说即使在两百步外，他们都和周遭环境融为一体，使他看不出来。他与俄国军官聊天，其中大部分人会说德语。其中一人指出尸体狼藉的战场，然后说，"这一切是为了什么？"[46]奥芬贝格或许心里有着同样的疑问；他看出他在科马鲁夫取得的胜利就要被打碎。他开始编借口卸责，以免后世招来骂名："科马鲁夫的隆隆炮声一平息，我们就奉命往南援助受到威胁的友军（第三集团军）。"俄军会"在拉瓦鲁斯卡为血所浸透的战场上投入更多兵力，对付我们心生惧意的第四集团军"。他还在日记里写道，"我已尽力了"。[47]

236　　俄国正在从克拉希尼克往南到伦贝格一线部署更多兵力，奥军挡不住他们。奥军人数较少，而且由于丹克尔部从克拉希尼克退走，他们就要被从两侧包围。奥地利第十四军参谋长约瑟夫·帕伊奇上校忆起在他的战线上发现俄国六个师，还有三个师和一整个俄国骑兵师在他的侧翼。[48]奥军士兵疲惫不堪且所有物资都用光，奉命捡拾死去同袍的枪，并拿走他们弹药盒里的子弹。炮手接到命令，如果火炮可能落入敌人之手，要他们勿毁掉火炮，只要"取下瞄准器埋起来，以便日后如果夺回火炮时可用"[49]。

奥芬贝格震惊于他所接到的新命令；他深信唯一明智之道乃是撤退到普热梅希尔的要塞和桑河边。这条宽阔的河流和那些现代堡垒或许能挡住追击的俄军，使奥军得以重新部署，与已开始从西边赶来的德军左右相连成一片（德国派兵赴东线，不是因为已打败法国，而是因为奥地利一直吃败仗）。[50]但康拉德还不准备撤退。他以含糊笼统的电报把霍夫堡宫蒙在鼓里，而为让近视的皇帝看得清楚，电报以大号铅字排印制成复本，并附上粗比例尺地图。皇帝的副官博尔弗拉斯将军，还在电报边缘加上安抚性的批注，帮康拉德欺瞒皇上，例如八月三十日电报上的这条按语："皇上，情势没有感觉的那么糟。"[51]

但就是那么糟。第三集团军已经垮掉，挡不住一个军，更别提挡住布鲁西洛夫的整个第八集团军。所有人都被叫到前线，发一把步枪，包括工兵、汽车司机，而穿着各种颜色之农民工作衫而来到的当地波兰、乌克兰民兵，使局面更加混乱。九

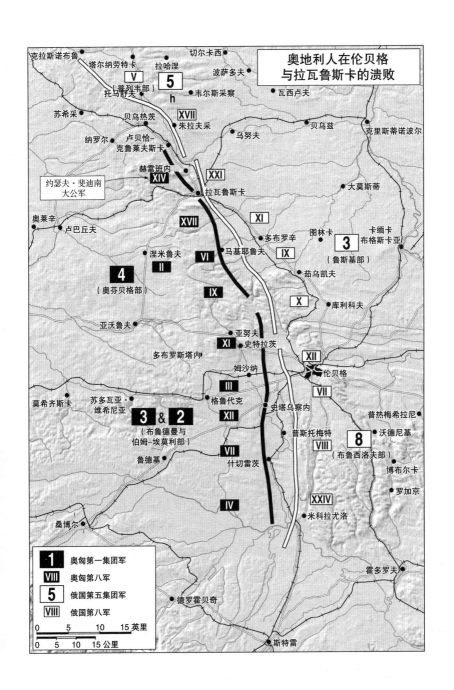

奥地利人在伦贝格
与拉瓦鲁斯卡的溃败

克拉斯诺布鲁
塔尔纳劳特卡
切尔卡西
拉哈涅
波萨多夫
韦尔斯采察
瓦西卢夫
贝乌兹
克里斯蒂诺波尔
托马舒夫（普列韦部）
苏希采
贝乌热茨
朱拉夫采
乌努夫
纳罗尔
卢贝恰
克鲁莱夫斯卡
赫雷班内
拉瓦鲁斯卡
约瑟夫·斐迪南
大公军
大莫斯蒂
奥莱辛
卢巴丘夫
多布罗辛
图林卡
卡缅卡
布格斯卡亚
涅米鲁夫
马基耶鲁夫
（鲁斯基部）
奥芬贝格部
茹乌凯夫
亚沃鲁夫
库利科夫
史特拉茨
多布罗斯塔内
姆沙纳
伦贝格
格鲁代克
史塔乌察内
普斯托梅特
普热梅希拉尼
沃德尼基
莫希齐斯卡
苏多瓦亚·维希尼亚
布鲁德曼与
伯姆-埃莫利部
博布尔卡
布鲁西洛夫部
鲁德基
什切雷茨
罗加京
米科拉尤洛
桑博尔
霍多罗夫

奥匈第一集团军
奥匈第八军
俄国第五集团军
俄国第八军

0   5   10   15英里
0   5   10   15公里

德罗霍贝奇
斯特雷

月四日，布鲁德曼试图激励其疲累的部队，向士兵保证奥芬贝格已拿下一场"完胜，掳获两万战俘和两百门炮"。[52] 他命令诸将领准备东进，以和从北边下来的第四集团军一起夺回伦贝格。在这批命令中，他提到"我们第三、第四集团军之间的

237 一个缺口"，烦恼于俄军可能趁隙而入。俄军果然这么干。布鲁德曼派三个骑兵师前去封住缺口，但遭推开。康拉德未把这次大败怪罪于己，反倒怪在布鲁德曼头上，宣布他"身体不适"，要他退休。对一个二十年前被誉为奥地利"神童"和"未来希望所寄"的将领来说，这样的下场实是悲惨。[53]

康拉德与弗里德里希大公为自己失败找代罪羔羊的行径，有其卑鄙至极之处。怎么看都是个平庸司令官的弗里茨尔，一直以来同意康拉德的所有奇思怪想，这时则写了封长信给欣赏布鲁德曼的皇上，说明为何这位将军该走人："在伦贝格东边那场多日战役中，以及往格鲁代克边打边退时，布鲁德曼将军太放任他辖下将领，使那些将领最终在没有统一的指挥下自行其是。"这是瞒天大谎，实际上布鲁德曼完全照康拉德命令行事，纯粹是因为寡不敌众而落败，而俄国的兵力优势始终受到康拉德低估。布鲁德曼认命走人，而皇帝唯一的安慰和以往没有两样：六千克朗的现金赏赐和以"编制外军官"身份继续服现役（和领完整薪水），不退休。[54]

九月五日，在维也纳，一名口无遮拦（且状况外）的亲王夫人，从其马车车窗往外大喊奥芬贝格已夺回伦贝格。这则不实消息传遍维也纳大街小巷，也被晚报拿去刊登。不到一天，这则报道就遭撤回，首都的民心士气更为低落。[55] 康拉德要斯维托扎尔·博罗耶维奇接替布鲁德曼之位，新司令官立即指出其接掌的集团军欠缺"纪律和服从。全军上下缺乏干劲

与信心"。[56]博罗耶维奇惊讶于俄军每次发射猛烈的掩护炮火后，奥军总是兵败如山倒般垮掉："目前为止的每一场仗，敌军一开炮，我们就有大批士兵，甚至整个部队，未经上级命令自行撤退。"把后备部队送去援助这些敌前逃亡者也不管用，"因为他们也不会进攻"。[57]康拉德不为所动，下令九月七至九日再启进攻。第二集团军终于有完整战斗力，他决意用其一搏。

但由于康拉德抽走左翼兵力增援右翼，北边的局势开始变　238得不可收拾。奥芬贝格部往南走，在他与丹克尔部之间露出一个一百一十公里宽的缺口，俄国第五集团军趁机大举涌入。俄国一新集团军，普拉东·利奇茨基的第九集团军，开始摸索位于克拉希尼克周遭的丹克尔部另一侧翼。这时伊万诺夫看出有机会在丹克尔部三个军以桑河为屏障确保安全之前予以团团包围。俄国老百姓欣然参战，通过敲响教堂的钟以及点燃烟和火的信号，把奥匈帝国部队的位置通知俄军。靠着燃烧的茅草屋顶，俄国炮兵取得精确的炮轰位置。[58]

已于八月底几乎被赶到卢布林的丹克尔，这时几乎被团团包围，见情势不妙，他撤退逃命。信心大增的俄军离开壕沟，竭力截断丹克尔的退路，丹克尔部整路受到俄军骚扰。他一个团在撤退途中损失整整一个千人的营：九月五日该团掘壕以撑过当夜，隔天早上遭俄军一个纵队打垮，在无人伤亡下被俘。[59]丹克尔于九月六日退到桑河之后，维也纳乐师收起《丹克尔将军之歌》曲谱。"俄罗斯狗"未遭击败。

接掌第三集团军的博罗耶维奇九月九日向其不再相信上级鬼话的士兵保证，"我军诸集团军接下来要从敌人手里拿下重大胜利"。[60]奥芬贝格若听到此言，大概会说这是闻所未闻的奇谈。他正在伦贝格西北五十公里处的拉瓦鲁斯卡作战，两侧翼都无友军掩护，前方和左侧受鲁斯基第三集团军追逼，后方和右侧受普列韦部两个军追逼。前线诸将领在辛苦抵御俄国大军时，人在普热梅希尔的康拉德正苦恼于吉娜的问题。九月九日他向其政治顾问雷德利希哭诉："我如果输了（这场战争），也会失去这个女人，想来就令人害怕，因为以后我得一人度过余生。"[61]奥匈军总司令部的新闻主任马克西米连·冯·赫恩（Maximilian von Hoen）谈到康拉德日益严重的"年老糊涂"。这位司令官几乎没睡，在他的军队垮掉时，还花掉半个夜晚写长信给吉娜和他九十岁的老母。康拉德逃避现实的心态令雷德利希震惊："他不相信自己身负成为奥地利抗俄统帅的历史使命。"[62]

239　　拉瓦鲁斯卡之役（又名第二次伦贝格战役）是奥匈帝国在这场战争里的最大战役，投入四个集团军五十二个师五十万的兵力。康拉德的三子（小儿子）赫伯特·康拉德（Herbert Conrad）中尉死于此役。赫伯特的第十五龙骑兵团属于约瑟夫·斐迪南大公四处奔波的第十四军，九月八日（他们的任务和方向已被康拉德中尉的父亲第四度更改之后），在拉瓦鲁斯卡附近遇上大群俄军炮兵和步兵。遭落下的炮弹打乱队形之后，他们进攻俄军。俄军于龙骑兵团纵马奔来时发射榴霰弹，然后从两侧翼向他们开火。龙骑兵团试图骑马进攻机枪、火炮和躲在壕沟里的步兵，却只前进了约三百米就遭击退，造成二十人死、六十人伤，康拉德的儿子就在死者之列。[63]

康拉德为痛失爱子而难过万分，后来也试图针对此役的失利为自己卸责，说他原打算在俄军往西追击博罗耶维奇部时，要奥芬贝格部像把匕首般迅速插进鲁斯基部的胸口；但当时康拉德的命令显示，他知道鲁斯基已停止追击博罗耶维奇，挥军向北以使普列韦部脱离战斗。此举导致奥芬贝格所无望取胜的两军对撞。奥芬贝格部有着一百七十五个疲累且战斗力大失的营，猝然与俄国两个完整的集团军交手，对手包括鲁斯基第三集团军的一百八十个营和普列韦第五集团军的一百八十个营。

战前担任弗朗茨·斐迪南军事文书署署长的亚历山大·布罗施·冯·阿雷瑙上校，在九月六日这场相撞里首当其冲。他的第二皇家步兵团整个星期被康拉德要得团团转：先是拨给奥芬贝格，然后在科马鲁夫之役后被派去追击俄军，接着又被叫回伦贝格协防。这时他们从科马鲁夫跟跟跄跄往南，穿过湿地、森林，顶着烈日，冒着寒雨，白天有人类拇指般大的马蝇骚扰，夜里有蚊子和让人搞不清方向的漆黑。布罗施奉命向第十七军靠拢，一再向他们打信号，告诉他的行踪，但没人响应。

布罗施开始理解他正渐渐陷入包围。一如第十四军其余部队，他被俄国第五集团军从北面、第三集团军从南面夹击。约瑟夫·斐迪南大公刚打电报给奥芬贝格："有东西从北方朝我们冲来，但仍不清楚那是什么。"俄军这一侵逼，终于使康拉德收拾心思务起正事。他刚从普热梅希尔打电报给奥芬贝格，命他把第十四军叫回西北，这一次是为支持已经调头而正从克拉希尼克往塔尔努夫撤退的丹克尔第一集团军。该集团军右边有维斯瓦河，而俄国第四集团军则在寻找它的左翼。这时，据康拉德的最新命令，第十四军得走回北边保护那易受攻击的侧翼。

这真叫人哭笑不得，但这一次，第十四军只有一个团可派去执行这徒劳无功的差事，其他兵力被涌入丹克尔部与奥芬贝格部之间越来越大缺口的俄国第五集团军困住。布罗施的士兵在加利西亚卡罗（Karow）这个肮脏的村子准备炊煮过夜，却

240

不得不在晚间离开该村，穿过一浓密的树林，退到位于另一边的另一个肮脏的加利西亚村子胡伊采（Hujcze），以躲避步步进逼的俄军，即约瑟夫·斐迪南大公所提及的那个不详的"从北方冲来的东西"。九月六日晚，这个团无精打采地走到胡伊采旁边树林的南缘，距西南边的拉瓦鲁斯卡只数公里。约瑟夫·帕伊奇将军在总结此役的报告中写道："该地所发生的事，让我们了解到同时碰到黑夜、树林、林间湿地、无法形容的疲累会叫人吃上什么苦头。"即使是精锐部队和其统兵官（此例中的皇家步兵团），也可能被这些东西打垮。[64]

走出树林时，布罗施的士兵发现的不是宁静的村子，而是俄军的营地。这支奥军行军纵队，以一个连为先头部队，然后是一个营，再来是团指挥所，后面是两个营。位于行军纵队中央的布罗施，见到和奥军一样吓了一跳的俄军朝树林发出参差不齐的火力，急忙调兵防守。位于附近的奥匈帝国第五旅旅长施奈德将军，骑马过来和布罗施商议。有位军官无意中听到他们的交谈：那位将军大喊道，"太好了！你做得很好！终于看到隧道尽头的光！"布罗施则回以："没别的办法，我们得不断移动。"康拉德的猎人非常清楚，他们已成了猎物。

241

布罗施和施奈德欲将两人的部队并在一块以逃出俄军包围圈，但在布罗施部走出树林后，却进入一处林立着俄军帐篷、四轮马拉货车、马匹、军用汽车的林间空地。俄军猛烈反击以保住他们的营地和通往拉瓦鲁斯卡的道路（拉瓦鲁斯卡已塞满俄军辎重队和火炮），于是布罗施猛然右转，带领其累垮的步兵团穿过原野，往西边打边退，俄军则从奥军刚离开的树林和树林周边的村子出来追了上去。布罗施和他数十名属下丧命。[65]

布罗施的遭遇正是拉瓦鲁斯卡战役的缩影。位于布罗施部正南方的卡尔·克里泰克将军的第十七军，自九月五日起和俄军交手不断。他们碰上下雨，只得穿过湿地，一路踩着泥水行进，在野外露天或在污秽的农舍里抓紧时间睡一两个小时，再于道路和小径旁掘壕，以击退突然从北边、南边、东边或有时从这三面同时来犯的俄军。九月六日一整天，第六皇家步兵营就待在这种仓促挖就的阵地里，承受俄军火炮和机枪攻击，没东西吃，因为粮食送不到这批被围部队的手上。夜色降临时，俄军动用步兵进攻。奥军击退这最后进攻，然后睡了一两小时；不久，九月七日拂晓，俄军又进攻数次。那天结束时，未在科马鲁夫丧命的军官，大部分非死即伤，还有一百五十名士兵死伤；另有数十人"失踪"。这是官方对未能找到尸体者的说法，那些人通常已投降。

奥匈帝国军队在第四集团军战线全线发起反攻，全遭俄军步枪的连续齐射和火炮击退。[66]约瑟夫大公的第十四军，七天来因为康拉德一再更改命令而在波兰南北来回跑，这时则被告知往南攻击鲁斯基的第三集团军。帕伊奇在九月七日的日记里写道，大公非常气愤于"我们原来一直想做的事一再受阻而无法如愿，如今却在已经太迟时命令我们去做"[67]。事实上，康拉德计划对鲁斯基部发动侧翼攻击，结果执行这一攻击的部队本身反而遭到侧翼痛击，痛击者就是鲁斯基部。在这同时，普列韦部从北边往南急扑，消灭布罗施部之类部队，从侧翼和后方包围奥芬贝格部。

在杜布未能大胆放手一搏的彼得·斐迪南大公，这时在奥芬贝格部的右翼，使劲抓着后退的第三集团军侧翼，使已将奥芬贝格部和丹克尔部分开的俄军，未能将奥芬贝格部与博罗耶

242

维奇部分开。这里战斗之凶残，一如在更北部布罗施防区里所见，且从奥地利的角度来看，同样无意义。一支仅仅六人的俄军巡逻队，不小心碰上躲在树林里的两个完整的奥军步兵营，立刻举手投降。一名奥军军官用捷克语说，"不，让我们向你们投降"，不敢相信眼前情景的六名巡逻队员带着两千名奥军战俘回俄军营地。[68]值得注意的是，这种事康拉德竟觉得意外；战前思索现代火力之事时，他就已认同，自普法战争以来，士兵只要碰上难以攻破的防御火力，士气就有可能瓦解。战前访问奥地利的日本军官透露，打日俄战争时他们不得不在许多次强攻时以菜鸟取代老鸟，因为老鸟朝机枪进攻一次后就不肯再干这种事。康拉德本人在研究过普法战争后推断，即使是最有战斗力的普鲁士部队，碰上持续不断的压迫还是会垮掉。[69]

博罗耶维奇对军事史的省思，来自更为切身的体验；置身韦列齐察河后面的格鲁代克阵地里，他得以喘息。这一道连绵的高地从德涅斯特河和韦列齐察河交汇处升起，若非俄军有足够兵力从各方予以侧翼包抄，本会是很强固的阵地。黯然下台的布鲁德曼发给其部队的最后指示，包括了九月六日这一则："俄国报纸正兴高采烈地报道他们已大败我们第三集团军。"布鲁德曼严正表示，部队此刻的任务，乃是"要俄国人把这话吞回去"。他接着叱责麾下军官的战术作为未能明辨一重要差异："我得提醒你们打仗时取得的死伤和蒙受的死伤两者有基本的差异。激烈战斗中取得的死伤，不伤害士气，甚至使部队得胜；因拙劣领导而蒙受的死伤，则令部队灰心，导致败亡。"[70]俄军完全不在意这差异，一拥而上猛攻。布鲁西洛夫忆道："那些士兵是我们已被击败的士兵……他们已没有斗志。"[71]

康拉德下令九月八日再启进攻。他似乎终于渐渐理解他挫败的战术原因。他发文给这时已不受指挥的麾下诸将领，"俄罗斯人似乎是这样打仗的：守在壕沟里，背后和两侧翼有火力强大且通常隐藏得很好的炮兵，以在我们发动步兵进攻时取得奇袭效果。他们通常维持这些阵地一天，让我们受到最大死伤，然后退到新阵地重施故技"。[72]这一"故技"并非俄军的新发明；一八六六年普军打败奥军，用的就是这种打法：与战术守势相搭配的作战攻势。也就是说，敌军会入侵奥匈帝国领土，然后构筑坚强的防守阵地以击垮奥军必然的反击——之所以"必然"，乃是因为形成于滑膛枪时代的奥军传统思维，仍愚蠢地标榜战术进攻，即使已有机枪和急速火炮问世亦然。康拉德终于发现他和他的蓝灰色纵队就要再度受骗上当，但这一发现尽管于九月七日发送给各地部队，却要到九月十日才送到散落各地且已遭击败的大部分奥匈帝国将领手上。他们疲累地瞄了该文一眼，在公文边缘草草写下该写的"已阅"字眼，然后将其归档。

　　这时，奥地利阵营里人人都已厌烦于这场战争。康拉德命第四集团军会同第三集团军一起进攻，但各部队待在原地不动。[73]辕马已累得拉不动车子，士兵也累得走不动。奥军在韦列齐察河后面掘壕固守，但军官担心即使有此河当屏障且挖了战壕，部队仍会守不住。哥萨克人在后方的传言令奥匈帝国第二军士兵惊恐，该军随之开始全军后撤。第三、第八师也开始后撤，四轮马拉货车队挤在一块，造成恐慌。九月九日，康拉德从普热梅希尔大发牢骚，说这些"自行撤退""毁掉我军原会得手的进攻"。一如以往，他把保护自己渐渐不保的名声，看得比打赢这场战争更为重要。[74]

　　九月十日，康拉德和弗里德里希大公首度走访前线（战

244

时他们只去了前线三次）。康拉德、弗里茨尔、卡尔大公从普
热梅希尔驱车前往韦列齐察河后面的格鲁代克阵地，由博罗耶
维奇陪同视察，下令拼死一战，然后迅速返回安全的桑河
边。[75]康拉德表现他一贯的被动性攻击作风，叱责奥芬贝格
"昨天，在其他集团军前进得胜之时，他却在他的阵地里休
息"，此刻奥芬贝格得"进攻并制服（拉瓦鲁斯卡的）俄军"，
一起展开"对伦贝格的同心圆式进攻"，"借此挽回自己的名
声"。事实上，"对伦贝格的同心圆式进攻"，也是康拉德所虚
构的：它比较像是四个乱糟糟的集团军为保命而拼死一战，而
且这四个集团军全都往西走、欲前往安全的普热梅希尔，而非
往东走、解救伦贝格。丹克尔的第一集团军受到俄国第九、第
四集团军追击，已被赶回到桑河。奥芬贝格部正受到俄国第
五、第三集团军猛烈攻击，博罗耶维奇部和伯姆－埃尔莫利部
则正受到布鲁西洛夫第八集团军的猛攻。

普列韦部已将丹克尔部、奥芬贝格部分开，准备攻入他们
之间的缺口以进抵桑河。如果普列韦部先抵达该河渡河口，他
将能包围整个奥地利北方面军，包括位于格鲁代克的第三集团
军和位于其右侧、本身快要被布鲁西洛夫的第八集团军包围的
第二集团军。九月十一日，即拉瓦鲁斯卡战役进入第六天时，
飞机侦察报告显示俄军形成庞大包围圈，康拉德不再说大话，
下令奥军退往桑河和普热梅希尔周边呈环形布局的诸堡垒，而
他们其实已在这么做。

后来康拉德写道："从战术上看，情势不坏，但作战方面
守不住。"在俄军就要把奥军四个集团军掐死之际，只有位在
普热梅希尔要塞平静办公室里的一人，还能区别作战行动与战
术的异同。此外，诚如奥芬贝格所说的："谁把军队放进这一

不利作战的困境里，使所有战术作为和成就都必然落空？"[76]长达十四天的奥军撤退行动加快，且是在最恶劣的环境下——从格鲁代克到拉瓦鲁斯卡长达五十公里的一道凸弧线，各集团军和令他们恼火的辎重队全挤在一条已经硬化的道路上和路两旁多沙的小径上。俄军未错过发动典型平行追击的机会，在这一溃乱的奥军撤退队伍两侧跟着移动，不时地冲进去制造更多混乱，掳走奥军士兵、火炮和补给品。

后来奥芬贝格描述了奥地利诸集团军穿过这地区撤离的困难：前进路线到处被火炮、野战医院、弹药与补给车队、电报装置与航空设备、架桥设备挡住，其中许多东西不得不丢掉留给俄国人，以让出地方给逃命的部队。[77]第四集团军奉命烧掉已弃置于拉瓦鲁斯卡的所有粮食和弹药，然后把该镇也毁掉。在加利西亚铁路附近撤退的奥匈帝国部队，则奉命边走边拆铁轨。[78]已在进攻普列韦部的行动中耗尽力气的约瑟夫·斐迪南大公第十四军，乃是奥芬贝格保护其后方安全的唯一依靠。这支部队已行军、打仗两个星期，中间没有休息。康拉德命令这位大公打开往西撤到雅罗斯劳的路线（该地已在俄军手里），他置之不理，要部队往南走，也只有哈布斯堡王朝的亲王能这样抗命而没事。

九月十一日，鉴于有被完全包围的危险，奥芬贝格退到西南边。经过三个星期没有休息的作战，奥芬贝格部已惨到只剩一万支步枪。[79]拉瓦鲁斯卡的死伤令美籍记者史坦利·华许本目瞪口呆，对一个刚从美国明尼阿波利斯过来的人来说，那似乎是无法想象之事："双方战死者将近十五万，几乎和盖兹堡之役中李部、米德部兵力的总和一样多。"[80]

奥芬贝格的第四集团军已有一半军官和大部分士兵死于战

246

难得走访前线的弗里德里希大公和康拉德

九月十日，康拉德（左）和弗里德里希大公（右）首度走访前线
（这场战争期间他们只去了前线三次）。照片中，他们站在格鲁代克阵
地里，听着战斗声，未拿定主意。他们的德国武官站在他们后面，礼
貌性隔着一段距离。

照片来源：Heeresgeschichtliches Museum，Wien

场。加利西亚人（乌克兰人、波兰人、犹太人）也死了许多；
这时还保住性命者，窝在自家地窖里，听枪炮声在上方响。华
许本巡视奥军撤退过后的原野，震惊于竟有约一百万士兵在只
比"十英亩地"大一些的地区交战。战事已变成孤注一掷的
力拼；他看到"奥地利人甚至想用双手挖浅壕"。他走过这块
小小的突出部，"踩过一个又一个炮弹坑，每个坑旁布满蓝军
服残布条、被高爆炮弹炸碎的人骨碎肉"。华许本所提到十五
万战死者，有十二万人是奥匈帝国人，他们被赶进这个十英亩
大的地区，被俄军炮火屠杀。华许本冷冷论道："战争是不适
者生存。没跑而丧命者，始终是最优秀的军官和士兵。"[81] 这时
康拉德着手拔除那些不适任的幸存者：他已拔掉布鲁德曼、普
费弗和胡因；这时把舍穆瓦也撤职。博罗耶维奇撤出格鲁代

克，留下一堆借口："（第四）集团军受到无法抵御的攻击，使我们无法利用已在伦贝格赢得的胜利取得战果；总司令部下令全军撤退到桑河。"[82]

到了九月中旬，奥匈帝国北方面军在已安然撤到桑河之后，该地的普热梅希尔要塞提供了某种程度的保护。康拉德的四个集团军（第一、第四、第三、第二）已混在一块，为了把数千名落伍士兵挑出来，循不同道路送回各自所属部队，还花了数天时间。奥芬贝格忆起试图脱离战区和凶残俄军之魔掌的数长条犹太难民队伍。[83]在科马鲁夫尝到胜利（或者说看似胜利）的滋味后，康拉德这时满脸愁苦。俄军已拿下约两百三十平方公里的奥匈帝国领土，并威胁将切断康拉德与奥匈君主国和德国的联系。俄国在这场战役中损失二十三万人，远比损失四十四万人的奥地利更禁得起打击。[84]

先前靠奥芬贝格在科马鲁夫的作为受到嘉许的康拉德，这时却反过头来把这次挫败归咎于那些作为："奥芬贝格在科马鲁夫所采取的进攻方向，使他无法在伦贝格之役迅速援助友军。"[85]愈来愈爱把责任往别人身上推的康拉德，也怪罪于德国人："德国人拿我们当牺牲品，赢得他们最大的胜利，却置我们于困境之中；他们派兵不是要和我们一起打卢布林周边的大战，而是为了保卫（东普鲁士）种马场和猎屋。"[86]奥匈帝国驻柏林大使也跟着起哄："德国人被他们的胜利错觉蒙蔽，始终低估我们的成就……我们挡住整个俄国大军，使德国人得以在有良好铁路、公路的法国取得了不起且相对较易的胜利。"这些抱怨当然都完全忽视了一个事实，即德国人两面作战，且尽管西线陷入僵持，但他们仍继续从法国的"良好的铁路、公路"，抽调兵力到东边乌克兰、波兰有车辙的小路上。[87]

同盟国内讧时，布鲁西洛夫集团军的左翼正横扫布科维纳的灌木荒野、狩猎小屋和该地区的迷你首府切尔诺维茨——此

248 城将于此战争期间易手十五次。布鲁西洛夫的先头部队一路驰抵喀尔巴阡山脉通向匈牙利的最东边山口。康拉德的左翼瓦解、右翼遭侧翼包抄，于是在普热梅希尔的要塞周边，在滂沱大雨中，重新集结他的部队。奥地利诸将领有气无力地劝勉官兵团结抗敌。奥芬贝格的口吻像是个企管顾问：他在九月十五日发文给麾下军官，"成功与斗志高昂的先决条件，乃是每个人愿意全心全意投入当下的任务（行军、战斗），使每个人都知道我们的所作所为有其目标……没有比淡漠、绝望更危险的事。"[88]但淡漠和绝望就是仅存的东西。哈布斯堡军队已经崩溃；如果说在总司令部笨拙的安排里曾有过"目标"，此时无疑已不再有。有人观察到，被俄军俘虏的奥匈帝国军人，"有病、细瘦、虚弱、较矮小"，似乎"对这场战争一无所悉"。[89]仍在奥匈帝国军中者，开小差的人数之多前所未见。"为何每次与敌人起冲突后，都有数千落伍士兵在我军后方游荡，而非与敌厮杀？"总司令部愤愤质问，"得找出这个现象的原因，予以纠正。"[90]

谁都知道原因为何：无休无止的败仗。许多士官（自始就是很少有的一类人），因为抗命遭降级。士气跌到谷底，而从奥匈帝国的科技和领导统御现状来看，谁都知道这已经没救。奥军已在撤退中损失数十门炮，而他们所救回的火炮，有许多门没有瞄准器，因为炮组人员照先前的指示拆下瞄准器埋在某处。虽然已经太迟，但康拉德仍要炮手带着瞄准器撤退，而非把它们留在加利西亚的黑土里。在已不会有什么战事时，他还命令诸将领"不要再浪费炮弹；务必按照战斗时每一刻

的重要程度酌量使用炮弹", 这着实是令人一头雾水的指示。[91]

　　除了在撤退和遂行撤退所需的最起码的休息上, 博罗耶维奇没有费心去"酌量"调度其他任何事物。他命令诸将领连与追击的俄军打后卫战斗都要避免 ("以加快西行速度"), 要 **249** 他们派人去周遭土地上搜寻任何款式或口径的步枪。走在他们前面的奥军, 撤退时丢下许多步枪。恐慌已攫住博罗耶维奇的第三集团军; 九月十六日晚, 他提醒在他两侧后撤的集团军留意他的部队, 告诉他们"正有数个完整的团涌入普热梅希尔; 他们饿着肚子, 洗劫店铺, 犯下暴行"[92]。他还发下一份备忘录, 表达其对目前为止所用之战术的震惊, 那些战术包括上刺刀正面强攻、掘壕不到位、没用机枪和火炮施以火力压制, 好似哈布斯堡王朝军队想自己送死。[93]

　　由于有布鲁西洛夫的第八集团军骚扰一侧翼, 利奇茨基的第九集团军骚扰另一侧翼、奥匈帝国北方面军九月十七日再度开拔, 继续令人疲惫的撤退之行。俄军已在桑河下游架了七座桥, 使桑河不再是有用的防御屏障, 且使普热梅希尔和其外围诸堡垒可能遭包围、围攻, 使整个北方面军困在其中。康拉德和弗里茨尔在普热梅希尔留下大兵力防守, 带着北方面军其余兵力往克拉科夫和可作为屏障的维斯沃卡河 (Wisloka River) 撤退。[94]九月第三个星期时, 康拉德估算有六十四个或更多个战斗力甚强的俄国师紧逼他兵力甚弱的四十一个师。[95]奥地利人震惊于俄军之兵多将广; 不管在何处, 奥军在兵力上都处于劣势, 单单布鲁西洛夫的集团军兵力就是奥地利第二、第三集团军兵力的总和。才在一年前, 弗朗茨·斐迪南的军事内阁还在一篇名为"破产"的专栏文章中嘲笑俄军。对一九〇五年俄军仓皇撤离沈阳的尖酸描述, 此刻用在败逃的哈布斯堡王朝军队上同样贴切："某种看不到、摸不着的东西，此刻正折磨这支军队；暗示的力量已失灵；一个卑鄙的小秘密曝光。"[96]

九月二十一日，康拉德下令再退，退到维斯瓦河的支流杜纳耶茨河（Dunajec River）。第二、第三、第四集团军要在那里掘壕固守。在新桑德茨与兴登堡、德军东线总指挥鲁登道夫会晤之后，康拉德同意调第一集团军前去与维斯瓦河北边的德国第九集团军并肩作战。每个人心里都在担心日益短缺的炮弹——已有太多炮弹被打掉或拱手让给敌人，后面又没有库存。[97]即使有德国相助，奥地利战败似乎已成定局。奥芬贝格部在撤退途中丢掉太多火炮和补给车，此后数月从空中一直能看到那些遭丢弃的车辆。这时他以艰深的比喻为自己开脱："布吕歇尔（Blücher）在莱比锡战役之前不也丢掉他整个车队，以改变其作战路线？但布吕歇尔仍是布吕歇尔。"[98]

奥芬贝格不会这么走运。九月二十九日，康拉德和弗里德里希、卡尔两位大公抵达设于扎克利琴（Zaklycin）的奥芬贝格部营地，授予奥芬贝格利奥波德大十字勋章，转达老皇帝对他的感谢。隔天早上，奥芬贝格在胸前别上红色搪瓷大十字勋章，准备继续撤退时，总司令部派来的一名参谋部信使，带着弗里德里希大公的信，信中写道："阁下，昨日前去时我推断你的勇气已被近来的事态磨掉不少，推断你不再相信你辖下集团军的力量和潜力。"奥芬贝格奉命自行称"病"，把兵权交给约瑟夫·斐迪南大公，返回维也纳。奥芬贝格惊骇莫名："此刻，我身为科马鲁夫之役的胜者，却被伦贝格之役的败者拿掉兵权。"康拉德写信劝慰奥芬贝格，但一如其一贯作风，最终却大谈自己的苦处："这场不幸战争的罪责，会整个落在我的头上，而我除了找个安静的角落躲避同僚的鄙夷，别无选择。"[99]

十月二日，奥芬贝格照谈定的做法称病（关节炎）辞职，离开他的集团军，把指挥权交给约瑟夫·斐迪南大公。[100]整个军队所受的苦，远更甚于奥芬贝格所受的苦。北方面军已死伤一半兵力，共十万人死、二十二万人伤；许多师已损失三分之二有战斗力的兵员。即使是法国人（身着红长裤、深蓝色上衣、排成密集的强攻纵队），在开战后一个月里，也才损失三分之一兵力。[101]带有二心的奥匈帝国部队集体投降，加剧兵力的损失，使约十二万未受伤的奥军士兵，连同三百门炮，落入俄军之手。

东线的战事才打了三个星期，康拉德就损失超过三分之一的奥匈帝国兵力，还有最优秀的军官、士官。"我们的正规战术部队已在目前为止的战斗中被打得七零八落，很难指挥得动，"博罗耶维奇于十月报告道，"我辖下的陌生人远多于熟悉的老战友。"[102]老战友已死或被俄军俘虏；维也纳的第四条顿骑士团首领步兵团，只有七名军官活着逃出加利西亚。[103]阿瑟·博尔弗拉斯将军从霍夫堡宫论道："如果说战争曾是骑士般的决斗，如今战争则是卑

史维托扎尔·博罗耶维奇将军

布鲁德曼兵败伦贝格后，由史维托扎尔·博罗耶维奇将军接掌奥匈帝国第三集团军。他上任后立即指出该集团军士气的涣散："我的部队正大批后撤，饿着肚子；他们洗劫店铺，犯下暴行。"这场战争这时才打了一个月。

照片来源：National Archives

252 怵的杀戮。"他写道，亟需更多炮灰，"战神已变得贪得无厌"。[104]哈布斯堡陆军部在国内各地紧张贴出乐捐布告，呼吁国民捐款成立新基金，救助已战死者留下的大批未得到官方拨款照顾的孤儿寡妇。[105]

博罗耶维奇促请康拉德完全放弃普热梅希尔，以免该地十五万守军也不保，但战前还试图删掉该地要塞经费的康拉德，这时却投入大笔资金强化该地战备，以顶住俄军的围攻。他紧急调派两万七千工人到桑河，加强普热梅希尔的防御工事。他们架起一千零四十公里长的带刺铁丝网，挖了五十公里长的壕沟，构筑了七条带状的据点，还有两百个炮阵地、二十座堡垒。二十一个村子和约一千公顷的森林遭夷平以辟出火力区。这一工程旷日废时，拜俄军前进缓慢之赐才得以完工。九月下旬俄国六个师终于到达围城位置。[106]

在把总司令部搬到杜纳耶茨—比亚瓦（Biala）阵地里的新桑德茨之后，康拉德赫然发现自己被困在维斯瓦河与喀尔巴阡山脉之间没有回旋余地的空间里，而俄军正从四面八方包围。康拉德发觉难以移动剩下的北方面军兵力，甚至连替他们补给都难，因为死掉太多军马。他要诸将领不要再要求补给弹药，因为送不过去。[107]美籍记者华许本在这支溃散军队周边四处探看，震惊于尸体之多和弃置尸体的随便。"在某村外围，已挖了数道大沟，沟旁有一堆堆尸体；农民用四轮马拉货车把一车车僵硬的尸体运过来，死尸裂开的脸庞斜眼呆视，令人毛骨悚然。他们就像一堆生铁，从马车上倾泻而下。战争的浪漫在哪里？"[108]浪漫不复见，霍乱和痢疾正肆虐奥匈帝国士兵。[109]这时只有德国人能救他们。

第十章　死于德里纳河边

如果说奥匈帝国北方面军全军需要援救，那么它在巴尔干半岛上的部队亦然，而且最需要救的就是该地的全军最高指挥官。自八月大败之后，奥斯卡·波蒂奥雷克将军就成了笑柄。有人说他"无能"、"饭桶"，还有更难听的说法。[1]波蒂奥雷克决意让那些批评他的人闭嘴，打算于九月再度入侵塞尔维亚。这有其风险；康拉德正在加利西亚全面撤退，波蒂奥雷克若要动手，就得将就着使用比他八月时还少的兵力：只有战斗力大减的奥匈帝国第五、第六集团军，旧第二梯队已开赴东部战线，帮不上忙。

为了弥合第五、第六集团军之间日益扩大的缺口，波蒂奥雷克把第六集团军北移到德里纳河中游。这使情况更糟：此刻奥军未从两路威胁塞尔维亚人，反倒以单一路线进攻，使普特尼克将军省事许多。这一次奥军的兵力（一百七十四个营）和塞尔维亚的兵力相当，因而战败的概率比八月时更高，[2]但霍夫堡宫和康拉德的总司令部似乎没察觉这一点。博尔弗拉斯坚持要波蒂奥雷克"不计代价挽回我军名誉"。满脑子只想着加利西亚溃败之事的康拉德则比较扫兴，告诉波蒂奥雷克可以进攻，但别指望增援，且必须"避免再败于塞尔维亚人之手"。那听来无疑像是这场仗必败无疑，但亟欲展现自己能耐且和康拉德一样深信"只有进攻才会成功"的波蒂奥雷克，誓言在冬季到来之前让塞尔维亚人臣服。[3]

康拉德和弗里德里希大公对于波蒂奥雷克欲洗雪前耻的举动始终冷漠以对，直到塞尔维亚第一集团军的四个师，应俄军

波蒂奥雷克第二次入侵塞尔维亚，
1914年9月

奥西耶克

斯拉沃尼亚
布罗德

温科夫齐　武科瓦尔

奥匈帝国

帕兰卡

泰梅林

贝切伊

贝切伊

库拉

诺维萨德
彼得罗瓦拉丁

K

克劳斯军
（2师）

多博伊

布尔齐科

拉察

马奇瓦

塞姆林

潘切沃

贝尔格勒

图兹拉

5
（4师）

比耶利纳

VIII

XIII

沙巴茨

列斯尼察

1
（4师）

奥布雷诺瓦茨

采尔山

斯雷姆斯卡
米特罗维察

科维利亚察

洛兹尼察

亚哥德纳山

2
（4师）

3
（4师）

拉扎雷瓦茨

帕兰卡

波斯尼亚

兹沃尔尼克

XV

克鲁帕尼

瓦列沃

阿兰杰洛瓦茨

6
（4师）

XVI

斯雷布雷尼察

上米拉诺瓦茨

克拉古耶瓦茨

塞拉耶佛

帕莱

乌日采

查查克

塞尔维亚

戈拉日代

克拉列沃

往尼什

福查

普里博伊

黑塞哥维那

普列夫利亚

黑山

5　奥匈第五集团军

VIII　奥匈第八军

2　塞尔维亚第二集团军

0　　　　　　　　50 英里

0　　　　　　　　50 公里

要塞尔维亚攻进奥匈帝国的要求，九月六日在贝尔格莱德附近 255
渡过萨瓦河，开始进入匈牙利南部，两人才批准此行动。这是
场底气不足的实力展示，政治性高于军事性，但贝希托尔德和
蒂萨要求拿出成果，而且波蒂奥雷克在朝中仍颇受宠信，博尔
弗拉斯和老皇帝都写了恳切的信给波蒂奥雷克，称许他的报告
写得翔实，拿他与"搞神秘、说话俭省"的康拉德相比，对
他和康拉德一褒一贬。

　　皇帝弗朗茨·约瑟夫位于维也纳的大本营愈来愈像是个养
老院，七十五岁的博尔弗拉斯和八十四岁的老皇帝咬牙切齿地
谈康拉德的一意孤行（"k.u.k 陆军总司令和其参谋竟自以为
完全不受朝廷控制，这实在令人无法忍受"）和执拗难搞
（"他前往北方无论如何都该每天晚上九点打电报给我们"），
但称赞波蒂奥雷克容易打交道（"我们很欣赏你翔实的每日报
告，比总是在深夜才送来的总司令部报告好太多了"）。贝希
托尔德也站在波蒂奥雷克这一边，认为毅然决然攻打塞尔维亚
乃是说服保加利亚之类的中立国靠向奥地利一边，在奥匈帝
国国力弱化之际，防止投机性反奥匈的新巴尔干联盟出现的唯
一办法。正努力重拟九月计划的康拉德发现，他八月兵败加利
西亚之事，已使他未来可能有大麻烦："谁主导奥匈帝国战争
的整体行动？"他气急败坏地向博尔弗拉斯说，"陛下？军事
内阁？还是外交部？"[4]

　　一直很懂为官之道的波蒂奥雷克，小心缓慢地进入随着康
拉德搞砸事情而打开的权力真空。"波蒂奥雷克自视过高，"
康拉德仍在普热梅希尔时就愤愤说道，"看着塞尔维亚战役被
搁在一边，他不可能咽下这口气。"[5]但波蒂奥雷克已看出，向
霍夫堡宫宣传虚妄不实的希望，乃是使塞尔维亚战役重列当务

之急的最有效办法。这位巴尔干司令官的每日报告，针对情势
如何大有可为写了许多胡说八道的东西，但霍夫堡宫愿意同意
重启这胜算不大的入侵行动，这是原因之一。波蒂奥雷克于八
月下旬报告道："塞尔维亚人已退到尼什……他们的兵力已被
消灭殆尽，士气低落。"他们的弹药、火炮、鞋就快用完，他

256　们的伤兵有一半躺在户外没人照料，因为缺乏病床、医生和药
物。塞尔维亚的七十五毫米加农炮每分钟能发二十枚炮弹，但
塞尔维亚的工业一天只能生产两百六十枚炮弹。塞尔维亚军队
肯定无力再打一场战役。两天后波蒂奥雷克报告，彼得国王已
带着他的财宝和档案逃到史高比耶，塞尔维亚于巴尔干战争期
间吞并的马其顿地区、阿尔巴尼亚地区"处于叛乱状态"。照
波蒂奥雷克的说法，塞尔维亚人已在悬崖边，只要推一下，就
能让他们葬身谷底。[6]

　　但真正的叛乱发生于奥匈帝国军中。惊讶于八月时将领的
无能，各战线的士兵都不再向长官行礼，不再听命。九月头几
天，军官谈到军中礼节荡然无存，完全管不住兵。在塞尔维亚
战线，阿道夫·冯·雷门将军下令采取"严厉措施"恢复纪
律，提醒军官要"与士兵同甘共苦"，要强迫每个人，甚至包
括病号和伤兵，起身向"较高阶者"行礼。[7]其他军官思索过八
月的战术，建议改变。值得注意的是，奥匈帝国人在这里，一
如在加利西亚，正给自己上一堂速成课，课程则是自一八六六
年起一直被奉为圭臬的那些战术。雷门将军提醒第三十六师军
官，绝勿以步兵、后备军人组成密集人墙进攻，而应"等炮
兵削弱敌人战斗力"之后，派人巡逻、侦察敌军阵地，然后
"利用地形，以数个小群体的方式，急速进攻"[8]。

　　吉斯尔将军劝诫他的军要掩蔽营地，炊煮后要熄火，要挖

壕沟和炮阵地，清除周边的玉米和树木以辟出火力区。[9]克劳斯将军提醒他的部队，有刺铁丝网要是架成既能延迟进攻者的移动，又便于防守者冲出去反击。上级听任步兵团自便，于是他们刻意用铁丝网围住自己，以躲掉进攻塞尔维亚人的差事。克劳斯也痛斥哈布斯堡军官爱在没有火炮火力支持或与侧翼协同下，把士兵赶去做无异于送死的正面攻击："为何我们的进攻全是从正面发动，而不想办法从侧翼包抄敌人？"[10]火炮与炮弹仍极为不足，因而雄心勃勃的上级命令由哈布斯堡步兵团代行火炮的重要职能："此后所有反炮兵的火力都应全由机枪和步兵团发出。"[11]在后方，奥地利人把枪炮指向波斯尼亚的塞尔维亚人。数百名有头有脸的塞尔维亚人（教士、老师、律师、当地政治人物）遭搜捕，一千三百人遭强制迁居国内他处，八百四十四人遭掳为人质，以吓阻塞尔维亚人在波蒂奥雷克入侵部队后方搞破坏。[12]

　　博尔弗拉斯终究开始不放心波蒂奥雷克，虽然已经太迟。这位将军八月下旬时还语带不屑地谈到战斗力大减的塞尔维亚军队，这时则提醒那是支无法击败的军队——十六万兵力在瓦列沃、五万兵力在乌日采、一万五千多兵力在贝尔格莱德。塞尔维亚第三集团军已把三个师往上推进到位于洛兹尼察（Loznica）、列斯尼察的渡河口，一如他们八月时所为。而由于萨瓦河边或多瑙河边都没有奥军，奥地利并未使塞尔维亚陷入左右为难之境。普特尼克非常清楚奥军会如何入侵，会入侵哪里，波蒂奥雷克则已开始着手降低维也纳对此一行动的期望，说他辖下的部队，第五集团军"极度消沉"，只有第六集团军真有战斗力。一向抓不住重点的博尔弗拉斯，这时把时间浪费在苦思最近一次战败的原因上，而非思索如何避免再战败。八月三十一日博尔弗拉斯发文给康拉德，"波蒂奥雷克为何想在如此艰困的地形上与敌人做个了断，我百思不得其解。那得渡过数条河，得在没有配备山地装备的部队可用的情形下在丘陵上作战。"在这同时，波蒂奥雷克已准备好在更为不利的情势下重蹈八月的蠢行。[13]

由于仍有两个塞尔维亚师在萨瓦河以北，所以波蒂奥雷克临时想出一套防御计划。他拨给阿尔弗雷德·克劳斯将军由四个新组建的旅草草凑成的一个军，命他击退入侵者，同时命法兰克的第五集团军立即渡过德里纳河，切断那些入境袭掠之塞尔维亚人的退路。克劳斯于九月七、八日击退塞尔维亚人，推进到萨巴茨周边的萨瓦河边，先前由第二集团军占领的地区。

258　斯雷姆（Syrmia，多瑙河与萨瓦河之间的肥沃地区）的塞尔维亚裔居民，先前欢欣鼓舞于塞尔维亚人的入侵，洗劫了当地的德意志人、捷克人，这时则自己遭到洗劫，然后被奥地利宪兵放火烧掉房子。费利克斯·施瓦岑贝格亲王走过苏尔钦（Surcin）冒烟的街头，在费内克（Fenek）的东正教修道院旁驻足，有感而发说道，"战争绝对不美"。那修道院已遭奥军洗劫、焚烧："让人无比沮丧又可耻的景象"。[14]

一如八月时，法兰克的第五集团军于九月八日为渡过德里纳河吃尽苦头。第五集团军涵盖了从萨巴茨往南到洛兹尼察这一段的前线，其右翼在洛兹尼察与第六集团军的左翼相接。第五集团军第九师每次欲在河上架桥，都受挫于塞尔维亚人的阻拦，后者以火炮和机枪火力扫射桥梁和工兵。九月八日该师只将两千兵力送到对岸，隔天又送了同样兵力到对岸。三个完整的团最终缩在一狭窄的滩头堡上，摧枯拉朽的塞尔维亚炮弹和榴霰弹从头顶上落下。士兵被猛烈炮火吓到且他们的军官似乎束手无策，于是他们开始走进河里，好似要游回对岸。他们的军官气呼呼大喊："挺住！挖壕！不准撤退！"但塞尔维亚炮弹继续落下，奥军每次欲离开泥泞的河岸向前进都遭击退，所以只好撤退，退到左岸。[15]回到对岸，他们发现未渡河的友军正拿当地的波斯尼亚女人作乐。那些女人抱怨遭到性侵，抱怨士兵强行闯入她们家。[16]

面对这种种挑战，奥地利人的响应，一如以往，乃是执迷不悟。法兰克命令部分军官在教士兵认识"伊斯兰的宗教信条"时，其他军官带领他的第三十六师投入这时已司空见惯的杀戮战场，要装备不良且未有心理准备的奥匈帝国士兵冲入塞尔维亚的步枪、火炮阵地，而这些阵地巧妙融入河边村落，在树篱和围墙下伸展，乃至穿过建筑；农舍的茅草屋顶提供遮阴和掩蔽，使奥军的飞机侦察不到。

法兰克辖下许多部队未能渡过德里纳河；他们的小船搁浅在沙洲上，使士兵暴露于塞尔维亚人的枪炮攻击里。官兵溺死或遭左岸友军火力击倒。利用桥梁过河者，得穿过撤退的奥军奋力前进，有位军官指出，九月八日刚架好一座浮桥，以克罗地亚人为主的第七十九团，先前在夜里搭小船辛苦渡到右岸，这时猛然往浮桥冲，想逃回左岸。人在左岸的约翰·萨利斯（Johann Salis）将军带着第三十七团数个连冲上浮桥，才得以挡住第七十九团士兵从右岸撤退。他发现该团士兵处于常见的恐慌状态，每个人都信誓旦旦说自己是奉命撤退；他们的军官了解到，原来是有大胆的塞尔维亚人悄悄潜到近处，用德语喊"撤退"。光是九月八日一天，第五集团军就损失一百四十三名军官、四千四百名士兵，却在河对岸塞尔维亚境内连一个据点都未拿下。[17]

在萨瓦河边，奥地利地方防卫军第二十一师，这时试图卸除德里纳河边诸师所受的压力。该师部分兵力于九月八日于波洛伊（Poloj）渡过萨瓦河后，立即冲进先前让第二集团军草木皆兵的高大玉米田。他们在玉米田里跌跌撞撞行进，遭到藏身于玉米田里和树林中的塞尔维亚游击队开枪攻击。他们在原地兜圈子，队形被一根根踩到的玉米株打断，开枪还击，却只是互朝着自己人背后开火。这支由捷克人、德意志人组成的步兵团子弹打光且因恐惧而几乎解体，开始朝河的方向往回跑。军官挡住他们的退路——"别想撤退！这个阵地得守住！"——他们于是掘壕固守，但不久后受到自家人火炮攻击，他们再度慌乱撤退，一路退到萨瓦河边。自家人火炮把他们误当成塞尔维亚人，朝他们猛发炮，当他们退到河边时赫然发现没有工兵可划船送他们渡河。奥地利地方防卫军第七团，连一个塞尔维亚人影都没见到，就损失五名军官和一百七十四名士兵。两眼发火的幸存者不再讲什么道理，把能找到的小船都强征来用，要船夫把他们送到北岸。后来因此事遭革职的第八军军长阿瑟·吉斯尔将军，隔天早上对麾下军官发飙："我军每个指挥官都得更卖力压制懦弱行为，坚定士兵斗志，鼓起全力进攻。"[18]

吉斯尔，一如在这场悲惨战争中的其他每个奥匈帝国将领，不切实际，希望战事出现曙光。由于塞尔维亚人意志坚定而奥匈帝国这一方老是把事情搞砸（这时已司空见惯），所以没有哪次的攻势作战收效。塞尔维亚人已在执行在这场战争期间每个军队都会推行的变革——在前沿壕沟里只部署小规模战斗编队，把步兵团主力留在更后面的预备壕沟里——奥军则仍在狭窄的战线上驱策呈密集队形的士兵前进，使他们成为己方炮火和塞尔维亚炮火、子弹的活靶。己方炮火常打中自己人而非敌人。[19]

波蒂奥雷克开始为躲不过的战败编借口。他呈报了"洛兹尼察的离谱行径",即该地两个兵力完整的奥地利军,面对塞尔维亚人的轻度抵抗,却未能渡过德里纳河。他表示这场渐渐呈现的挫败该怪在他们头上,而非他头上,他要军官无论如何不得撤退:"不准撤退;凡是下令撤退的军官都会受军法审判,撤退的士兵则会遭枪毙。"[20]其他将领则只是指出奥地利战术的无效。在照本宣科的战前演习中,奥匈帝国炮兵只懂得对以插旗表示的敌军发动攻势,从未学过怎么对付这种流动的打法。他们浪费炮弹,只要怀疑某处有塞尔维亚部队,就朝那里乱轰一通,未瞄准经商定的目标,未节省炮弹供反炮兵战之用,或供在塞尔维亚预备队增援前线时打击该预备队之用。[21]

第六集团军照理该助第五集团军过河,却也拼命要渡过德里纳河。一如八月时,丘陵地使行进慢如牛步。有壕沟严密防护,且在俯瞰德里纳河上游、中游的山上有自家的火炮,塞尔维亚人朝下方装备简陋的奥军开火。[22]一如第一次世界大战里的他国军队,这些奥地利人吃到炮弹严重不足的苦头。节俭的各国陆军部未储备炮弹,因为炮弹放久不用,炮弹的化学成分会变质,而且各国军方没料到一九一四年会爆发大战(法国在战争头一个月就打掉其库存炮弹的一半)。康拉德和波蒂奥雷克这时为自己还可用的炮弹问题激烈争吵,都认为对方在囤积炮弹或浪费炮弹。"炮弹省着点用,"有位军长写道,"不久后我国的工厂就无法再送来炮弹。"[23]

作战用的金属供应吃紧,弗朗茨·约瑟夫皇帝不得不呼吁人民尽可能献出金属:火炉用具、垃圾桶、球形门把、烛架、皮带扣、教堂钟、刀具。"我们的军队需要金属,"他如此恳

261

请。的确如此；这时奥军下令只有"出现明显目标"且每个炮兵连长都同意那目标"真实且适当"时才能开炮，严禁所有炮集体开火。[24]在这样的火力支持下，奥地利步兵团到处遭打散。来自亚哥德纳（Jagodna）南边第四山地旅的报告，证实奥军炮兵开炮是如何地节俭："九月十四日整日遭敌火力攻击，我们一再请求位于覆林高地上的炮兵开火，却被告知没有'适合的目标'。然后我们请第五山地旅用其火炮猛轰该高地，该部也回以'未出现合适目标'。"[25]上级既命令士兵节省弹药，却又警告他们，"凡是在这里未立即用掉的东西，都会被送去给俄罗斯战场的友军"，典型的"好兵帅克"吊诡。[26]

第六集团军第一师辖下某个奥地利地方防卫军部队，九月八日夜遭敌人打垮。当时，塞尔维亚人在漆黑中靠近，用德语喊道，"奥地利地方防卫军，不要开枪，我们是第八十四团"，然后冲过来，开火。隔天，塞尔维亚人重创该师，歼灭该师的小规模战斗编队，然后击倒冲上来的每个预备编队。有位团长是克罗地亚人，用克罗地亚语短暂重整溃散的队伍，督促道 Dalmatineidojte se! 但出现在他后面的德意志人旅长，用德语声嘶力竭大叫"奥地利地方防卫军的兄弟，守住防线！援军就要来！"之后，队伍又溃散。已照着他们的克罗地亚人上校行事的士兵，跑离他们的德意志人将军，开始一拨拨往后面跑；每有军官挡在前面要他们调头，他们就绕过去继续跑。[27]

波蒂奥雷克试图重现八月的局势，以萨瓦河边的克劳斯"综合军"扮演那时第二集团军的角色，第五、第六集团军则强渡德里纳河与克劳斯部会合。但扮演打击角色者只有塞尔维亚人，奥军只有挨打的份。塞尔维亚人让第五集团军部分兵力于九月十三日在列斯尼察过河，然后以旋风般袭去的炮弹、子弹予以消灭。第五集团军余部从左岸眼睁睁看着自家弟兄遭杀戮。[28]由于在德里纳河边无处可去，费利克斯·施瓦岑贝格上校带着他的龙骑兵团到米特罗维察（Mitrovica），下马，渡过萨瓦河。龙骑兵在对岸等自己的马过来，就是苦等不到。由于船不够将人和马都运到对岸，这位亲王和龙骑兵只得打消作战念头。"我们所有人平时都未受过下马作战的训练，也没有充足的装备来执行此任务；我们的卡宾枪只有约五十发子弹可用，没有铲子可用来挖壕沟，而且我们穿戴像野花一样耀眼的红长裤、红帽，还有使我们寸步难行的高统马靴和马刺。"[29]事实表明，为阅兵而打造的骑兵打不了仗。

重启攻势的头几天，奥地利士兵就表现得非常冷漠。有位上尉参谋巡视第五十三、第九十六团的壕沟，发现壕沟污秽、未有改善，以及弃置的装备（背包、外套、弹带、步枪乃至未爆炸炮弹）散落一地。士兵闷闷不乐坐在土里，不理会说话不清不楚的军官。那些军官讲得流利的德语或匈牙利语，但奥匈君主国的其他十种语言都不在行。这位上尉注意到壕沟和壕沟的土护墙全因炮击而塌掉，但没人费心将其修复。他叫军事警察前来驱使士兵干活："宪兵露出对我的命令既不懂也没兴趣的神情。"[30]

九月时的补给，一如八月时稀缺，塞尔维亚人派两或三人一组摸黑混进奥地利补给线，丢手榴弹使补给人员窜逃，从而使奥军的补给更为不足。没有定期的粮食补给，士兵掠夺民粮，招来将领更多斥责："从今以后，凡掠夺者一律由行刑队当场枪毙。"奥地利将领苦苦思索这场战役的吊诡之处；他们的兵会劫掠塞尔维亚民家，然后立即将这些一无所有的人家聚拢于一地，基于"人道"理由将他们护送到遥远后方。"不得

263

再护送老人离开战区！”克劳斯将军于九月十九日告诫道，“太多兵这么做，削弱前线战斗力。”

克劳斯也注意到自残情况大增，奥匈帝国士兵朝自己左手开枪，以便成为伤兵，送离战场。在他防区的某个野战医院里，一天内就有十八个人报病号，个个左手都有枪伤。“每个人都说：‘我夜里在壕沟干活时，不小心被同袍射伤’。”克劳斯认为这些说法“不可信”，命令凡是手伤都要立即接受医生检查。凡是自残者一律吊死，以儆效尤。[31]

数千名奥地利人出于程度不一的自愿心态向塞尔维亚人投降，为塞尔维亚参谋部提供了很有用的情报，但自愿被俘的塞尔维亚人很少。“塞尔维亚人不像大块头孩子气的俄国人那样举手投降。他们只要撑得住就继续打下去，”有位战地记者如此写道。[32]那些真的投降的塞尔维亚人，一身邋遢样，武器、装备很差，有些人只受过四天的军事训练。[33]但他们不轻易投降，渴求情报的奥地利将领开始祭出重赏，鼓励生俘塞尔维亚人：抓到一名入伍兵赏两百克朗，一名军官一千克朗。[34]如此重赏有其必要，因为有一个因素使塞尔维亚人不愿投降：奥地利人处决了他们所抓到的许多塞尔维亚人，因为他们没穿军服。塞尔维亚人不穿军服并非意在欺敌，诚如九月中旬普特尼克发给尼什陆军部那份绝望的电报所表明的：“我们的士兵有很大比例光着脚打仗，只穿衬衣和衬衫，没有军阶识别符号；敌人把他们当叛乱分子射杀。我们急需军服和二十万双鞋。”[35]

外国报纸得悉奥地利在此地、在加利西亚依旧失利的消息，预言这个君主国不久就会垮掉。在这个二元帝国内，许多人把这一不祥的预言归咎于沙皇的宣传机器，而非战场上的实际情势，而其实战场上的情势就是最可怕的宣传。人在布达佩斯的蒂萨，九月十五日打电话给人在维也纳的贝希托尔德，要求他澄清此事："你得纠正外国报纸上俄国人的不实之言，指出我们一直独力对抗俄国主力，甚至让他们吃了几场大败仗；指出在德里纳河边，我们的部队正攻入塞尔维亚心脏地带且取得战果。"[36]

　　仍困在德里纳河边的士兵，若听到这说法，应会说是闻所未闻。在前线，奥匈帝国将领费了好一番工夫，才得以将命令下达，乃至取得必要的装备。将领要人将飘着黑黄三角旗的参谋车驶过德里纳河和萨瓦河，以加速前线部队间命令的传达。没人考虑到奥匈帝国哨兵可能会有什么反应，毕竟只有少数哨兵见过乃至听过汽车。汽车驶近时，吓坏了的乡巴佬对其开火。即使是看到汽车时知道那是什么东西的奥地利兵，也对其开火，因为相信一则传言：法国银行家派汽车满载现金前来支持塞尔维亚人打仗。"不准再对军车开火，"克劳斯的军需长发火道，"由于汽车引擎声轰轰响，你要驾驶员停车时，但驾驶员听不到你说的。"他还下令不得再传"有汽车载钱从法国来的传言"。哨兵辱骂汽车驾驶员，在他们的机密公文袋里翻找传说中的现金。[37]补给问题使通信更为不易。前来替补伤亡士兵的奥匈帝国行军营，什么东西都得自行觅得，包括背包和步枪。病号和伤兵的装备遭取走，以让新来者有衣穿，有武器用，就连受轻伤者都立即被卸除武器和军服。维也纳的陆军部长下令各前线的指挥官"卸除所有死伤者的武器和衣物，连衬衣都不放过"[38]。奥军奉命"开辟'强击巷'穿过塞尔维亚铁丝网，在两侧翼用沙包稳固靠火力打出的缺口"，借此改善步兵强攻效果，但全军缺铲子、沙包、镐、剪铁丝器，诚如奥

265

斯玛·帕内什（Othmar Panesch）将军所说，这"不是因为它们已给用坏，而是因为士兵不想带着走而把它们丢掉!"[39]

遭奥地利人俘虏的塞尔维亚人

塞尔维亚人很少投降；真的投降者，例如照片中这些人，一身邋遢样，武器、装备很差，有些人只受过四天的军事训练。

照片来源：Heeresgeschichtliches Museum, Wien

九月底时，奥军第二次入侵塞尔维亚的行动，在亚哥德纳周边数座约三百六十米高的小山上陷入停滞。第一、第六山地旅于九月二十、二十一、二十二日一再进攻亚哥德纳诸高地。大雨和浓雾遮蔽视线，整个人陷入烂泥巴里，他们在陡峭、覆有林木的山坡上跌跌撞撞往上攻，以密集编队的纵队攻入塞尔维亚人的火力网，结果被打得溃不成军，光是第一山地旅就死三百七十二人、伤一千四百四十五人、失踪七百一十二人。第六团的数个克罗地亚营日夜奋战，该团军官忆起敌军军官用同样的语言向身怀致命武器但相对抗的两群人下达类似的命令，

266

使他们难以指挥部队作战。第一营战死三分之二兵力，约八百人，埋了一千三百具塞尔维亚人尸体。一如在加利西亚的俄罗斯人，塞尔维亚人实行纵深防御，构筑前后数道平行的壕沟，使奥军几乎不可能突破。[40]

九月二十四日，波蒂奥雷克终于把司令部从舒适的萨拉热窝迁走，但也只迁到图兹拉（Tuzla），该地仍在波斯尼亚境内，距最近的战场有约一百六十公里远。或许波蒂奥雷克需要稍事休息，因为他与康拉德的搏斗，激烈程度不亚于他与塞尔维亚人的战斗。他仍能透过博尔弗拉斯向皇上直抒己见，但康拉德正竭力欲堵住这一沟通管道，欲把巴尔干的弹药（和影响力）转拨到东线。九月二十日博尔弗拉斯发放一批炮弹、子弹给波蒂奥雷克时，康拉德开始长达一星期的抗争，最后博尔弗拉斯不争气地甩掉波蒂奥雷克（"这里没有在幕后影响皇上的宫廷小集团"），同意不再让波蒂奥雷克与维也纳直接联系，而是要透过康拉德转呈其报告和要求。[41]康拉德终于切断巴尔干方面军司令官与皇上直接联系的管道，终于使对俄战事，而非对塞尔维亚战事，在奥匈帝国的军事规划作业里列为优先考虑事项。

西线的战局正好转。德军在西线传来好消息：他们正在瓦兹河边（Oise）包抄英法军侧翼，在凡尔登止住法军前进的脚步，已开始打掉法国设于东部边界上的堡垒。[42]在马恩河边受阻之后，德军正试图重启他们失败的八月攻势，欲贯彻作战计划以取得塞纳－马恩省河畔的艰巨胜利，盘算着一旦取得那胜利，东线的胜利也将唾手可得。波蒂奥雷克的第六集团军则没有这么令人振奋的消息可报：他们终于拿下亚哥德纳诸高地，但付出了又有两万五千人死伤的代价。第六集团军兵疲马困，

267 士气涣散，且因为弹药短缺而几乎失去武装，战斗力不可能强过第五集团军。博尔弗拉斯和皇帝评估过亚哥德纳这场惨败之后，表达了他们一贯慢半拍的惊愕："谁下令干这一荒唐事？""波蒂奥雷克下的令。"[43] 他这场软弱无力的九月战役，留下一个恶果。第二次战败之后，皇帝若要从南战线撤军，势必得跟着放弃他的巴尔干梦想。若如此，奥匈帝国的威信将受到无法承受的伤害。毕竟这帝国想称霸巴尔干半岛，仍对萨洛尼卡不死心。但若要挺住摇摇欲坠的东部战线，得投入奥匈帝国所有火炮。哈布斯堡王朝军队因此陷入险境：弱得无力再入侵塞尔维亚，且弱得不可能成功反攻俄军。奥匈帝国驻各中立国首都的公使，吵着要本国政府提供讯息。驻布加勒斯特的奥地利公使说："此地的塞尔维亚公报谈到全歼我们数个团，奥军'仓皇'逃到德里纳河对岸，塞尔维亚收复洛兹尼察和列斯尼察。要我否认此说法吗？"驻雅典的奥地利公使说："我需要德里纳河边那几场仗的详情；塞尔维亚人把它们说成是塞尔维亚大胜。"驻索非亚的奥地利公使则示警道，如果再度证实兵败塞尔维亚之事无误，那里的亲奥政府大概会垮台："保加利亚震惊于奥地利于北战场撤退的消息，但塞尔维亚境内形势对此地情势影响更大。"[44]

九月的塞尔维亚战事使奥匈帝国又损失四万人，却一无所获。[45] 十月一日，弗里德里希大公从其位于克拉科夫附近的总司令部发出信心满满的声明，说"整体情势有利"。俄军战斗力正"逐渐垮掉"，德军"深入法境"，"塞尔维亚反抗势力摇摇欲坠"。弗里茨尔推断，这"是实情，要用士兵的母语向他们说清楚"[46]。

波蒂奥雷克有许多事需要向上面解释，十月四日他正式终止攻势，把进攻失利归咎于炮弹短缺，而非他把事情搞砸：
"没有先摧毁敌人壕沟，我们进攻不了，但要摧毁敌人壕沟，
我们需要长时间的猛烈炮轰。"克劳斯将军同意此说，向波蒂
奥雷克表示他并不乏"进攻精神"，但认为"继续埋头撞墙，　268
如此徒劳无功的牺牲数千名我们英勇士兵的性命，令人遗
憾"[47]。

　　这或许是目前为止奥匈帝国这一边所发出最有见地的言
语，但诸集团军司令官还不这么认为，仍把进攻奉为无上圭
臬。私底下，波蒂奥雷克开始鼓动霍夫堡宫第三次发兵入侵塞
尔维亚，令人难以置信地表示，一再让波蒂奥雷克吃败仗的塞
尔维亚终于快垮了："塞尔维亚仅存的兵力集中于瓦列沃，几
乎不到十八万的有生力量。"塞尔维亚的伤亡（据估计开战迄
今六百军官、六万士兵），找不到人员填补。贝尔格莱德的宫
廷和政府不久后会移到更南边，从尼什移到史高比耶。波蒂奥
雷克报告说，军队士气"低落"，但塞尔维亚老百姓的民心更
低落，他们受霍乱、伤寒肆虐苦不堪言，且已开始反抗征兵和
军事当局。"再一次进攻，"波蒂奥雷克于十月一日恳请，"再
一次进攻就会搞定。"[48]

第十一章 华沙

269　　奥匈帝国军队在加利西亚境内屡吃败仗，还仓皇后撤几乎退到喀尔巴阡山脉，令德国人惊得目瞪口呆。在西部战线的德军总司令部，奥地利军事联络官指出，康拉德迅速而无能的战败，终于引起德国注意："他们始终认为对俄之战是'我们的事'，但我们兵败伦贝格和撤离加利西亚，突然使东边的战争变得对他们和对我们一样重要。"这时德国人和奥地利人一样深切感受到俄罗斯蒸汽压路机令人战栗的逼近声。马恩河边遭击退之后，毛奇已被撤职，代以埃里希·冯·法尔肯海因将军。法尔肯海因指出了谁都看得出的一个道理：俄军若穿过喀尔巴阡山脉，将"使整个战局完蛋"，使西里西亚（德国重要的工业区）被俄军包围，使俄军直捣匈牙利心脏。[1]

　　战争才打了一个月，维也纳似乎就快垮掉。波蒂奥雷克两次兵败塞尔维亚，康拉德三次攻势（分别在克拉希尼克、科马鲁夫、伦贝格）全遭击溃，他的部队被一路逼退到克拉科夫。康拉德的四个集团军，战死者多到掩埋队应付不了，不得

270　不把尸体堆成像柴堆一般，任其肿胀、腐烂、爆开。[2]光是在加利西亚，哈布斯堡军队就死十万人，伤二十二万人，十二万人被俘，还失去两百一十六门炮和数千个火车车厢、火车头。[3]加上波蒂奥雷克部的八万一千人伤亡，全军少掉一半兵力，离垮掉已是一线之隔。奥匈帝国已开始征召四十多岁男子，送去填补惊人伤亡所造成的兵力减损。[4]八月战事的幸存者，挤在东部火车站，想免费搭上载运伤病者的列车返乡，而新来的兵走下

火车，许多人穿着来自维多利亚时代的俗艳的剩余军服，没有步枪、铲子、毯子或医疗用品，许多人连枪都没射击过，更别提打过仗。在战前奥地利军队最强盛的时代，法国人就说该军队"落后西方两或三代"，这时看来落后更多。[5]

根据施里芬计划，德国承诺于开战六个星期后调派大军增援东部战线，但目前看来无此迹象。德国总司令部因九月兵败马恩河边感到难堪，打定主意对康拉德尽量不提这场败仗，甚至未告之参谋总长毛奇已遭撤职，代之以法尔肯海因之事。法尔肯海因获任命一个星期后，康拉德仍在写信、发电报给毛奇。[6]

毛奇、法尔肯海因……谁当德国参谋总长，对康拉德来说没差别。他把奥地利大败怪在他们两人头上。他把德军未能和他协力攻进波兰，归咎于德皇威廉二世想保护他在东普鲁士的"种马场和猎屋"，而没有归咎于德军在法国、比利时投入庞大兵力作战。康拉德于八月上旬就知道，德国人在法国投入七个集团军，在东线不会也采取攻势，但仍装出遭出卖的样子。要替自己的出师不利脱罪，这似乎是最好的办法。他愈来愈把自己视为无辜的代罪羔羊。明明与有夫之妇爱得如胶似漆，但他仍哭诉自己的寂寞："我没有家，没有女人，往后的日子谁来陪我？"驻新桑德茨奥匈帝国总司令部的德国武官报告，康拉德已"对他的军队完全失去信心"。[7]他甚至提议甩开盟国单独媾和。康拉德致函外长贝希托尔德："奥匈帝国为何要流没必要的血？"[8]

九月十四日接替毛奇之位的五十三岁埃里希·冯·法尔肯海因将军，听到康拉德的抱怨大为惊奇。开战后六个月，德国死伤将近两百万。自负的普鲁士－德意志军队愈来愈像支驳杂的人民军队，因为已把后备部队和第三级部队（译按：

Landsturm，由四十至六十一岁男子组成的部队）叫到前线，替补剧增的人员伤亡。职业军官和士官已全数阵亡。德军步兵连由下士指挥。退休将军，包括保罗·冯·兴登堡和莱姆斯·冯·沃伊尔施（Remus von Woyrsch），被叫回军中，应付新挑战。[9]法国在马恩河边顶住德军攻势，意味着西线的战事到了十月还不会结束。德国人将无法如毛奇于一九一四年五月在卡尔斯巴德向康拉德所承诺的，抽调"压倒性兵力"到东部战线；塞纳－马恩省河畔的胜利将无法开启布格河边的胜利。反倒正如奥地利某外交官所写的："俄国在兵力上的庞大优势，已成为决定这场战争走向的最大因素。"[10]

鉴于哈布斯堡军队垮掉，德国将不得不派兵前往东部战线。德、奥同盟关系，禁不住柏林、维也纳在首要目标上的冲突拉扯，已开始崩解。奥匈帝国新任驻柏林大使戈特弗里德·冯·霍伦赫亲王，对此一矛盾冲突有简单扼要的说明："贝特曼·霍尔维格如今说德国的首要目标是'确保德国的未来'；对我们来说，'安稳的未来'这原则同样适用，但只有透过击败俄国才能达成，而德国的未来主要取决于击败法国和英国。"[11]奥地利人担心德国人被"歇斯底里的仇英心理"所蒙蔽，可能在东边的要命"权力失衡"得到矫正之前，就急着欲与俄国个别媾和。

维也纳认为柏林可能拿奥地利领土换取德国人在比利时、法国想取得的领土。因此，霍伦赫把他的外交任务称作在柏林"营造某种思想倾向"，让德国人认为可"借由在东边的彻底胜利，借由彻底消灭俄国，保障德国的未来"。[12]那不是柏林的思想倾向，但德国人的确认识到，除了攻入波兰、恢复奥地利信心、击退俄国大军，几乎无别的路可走。如果坚守克拉科夫与喀尔巴阡山脉之间狭长地带的奥军被赶到山脉另一边，俄军乘胜追击进入匈牙利，那么德国的西里西亚将受到侧翼包抄，很可能会不保。德国也将失去其唯一的欧洲盟邦，使柏林没有奥军，乃至没有"同盟"这个遮羞布来掩饰其庞然野心。九月中旬，德皇和其将领同意，"直接援助奥地利，乃是现今政治上所必需"。[13]

德国人打算借由入侵俄国来救奥时，俄国人正打算入侵德国来救法。法国大使莫里斯·帕莱奥洛格（Maurice Paléologue）在沙皇、苏霍姆利诺夫和尼古拉大公之间奔走，哀叹俄国把重心放在奥匈帝国，提醒俄国人"击败奥地利的最稳妥办法乃是击败德国"。苏霍姆利诺夫表示，他的军队在坦嫩贝格试图击败德国时损失十一万人，帕莱奥洛格反驳道，得再接再厉且得尽快。法国已在与德国的头几场仗中损失五十万人，快撑不下去。[14]

经过九月底几场气氛火爆的商谈，尼古拉大公终于同意只要解决掉奥地利人，就立即发兵攻打柏林，但沙皇尼古拉二世推翻他堂叔的意见，坚持立即攻德。对奥地利来说这是个好消息，对德国人来说则是噩耗。尼古拉大公从加利西亚调走十二个军，增援八个满编的集团军（三个在中间，两侧各有两个，还有一个在东普鲁士）。他要击退德军的任何进攻，执行英法自八月就一直要求的救援行动：俄国两百万大军取道西里西亚攻向柏林。大公的参谋长尼古拉·亚努什克维奇（Nikolai Yanushkevich）下令"准备进攻，最大兵力的进攻，以深入德国为目标，从维斯瓦河中游进到奥得河上游"。这当然是说来容易做来难；战前俄国一直奉行不在华沙以西建造坚实公路和铁路的政策，以放慢德国入侵俄国的脚步。从未想到俄若要入侵德，这政策会有何影响。[15]

虽然鉴于德国只有七个军来对付变得日益庞大的俄国大军，但德国人未呆呆等待尼古拉大公攻打柏林。德国的道路质量好，最起码远至波兰都很好。兴登堡和其参谋长鲁登道夫打算发动一场晚秋战役，横越纳雷夫（Narew）河，攻向华沙，打乱、击退俄军。先前靠着坦嫩贝格之役，德国保住东普鲁士，此刻，兴登堡则想在波兰炮制类似的决定性战果。这一战果将为德国战略的调整——采取东边部署，而非法尔肯海因仍在执行且看来无效的西边部署——提供有力理由。法尔肯海因延续毛奇（与施里芬）的法国优先策略，兴登堡则想走俄国优先路线，想利用沙俄帝国无可救药的无能来解决这心腹大患。但由于俄国已完成动员且康拉德败退而非进逼，兴登堡的华沙作战行动并非万无一失。没有奥军在南边配合夹攻，德军将得独力打破俄国已完整动员的军力。

德军东线指挥官兴登堡和鲁登道夫执行自认为对的构想，展现将在外君命有所不受的作风（此后直至战争结束，他们一直维持这作风）。法尔肯海因正准备在法兰德斯攻打英军，希望一举将其击倒；对于东线战事，他希望兴登堡只要将德军移往克拉科夫以增强康拉德战斗力，并采取守势稳住东部战线即可，但兴登堡选择进攻。他和鲁登道夫主张，攻势作战将威胁俄军侧翼和后方，比起在西里西亚或加利西亚四平八稳的部署，这样能为康拉德卸除更多的压力。

换句话说，在东边，兴登堡欲攻下华沙，就和法尔肯海因在西边欲攻下加莱一样坚决。华沙这个八十万人的城市，有兵营、医院、军火库、一字排开的数座现代堡垒，是俄国第三大城，波兰的铁路运输中枢，俄军司令部理所当然的设置地点。

275

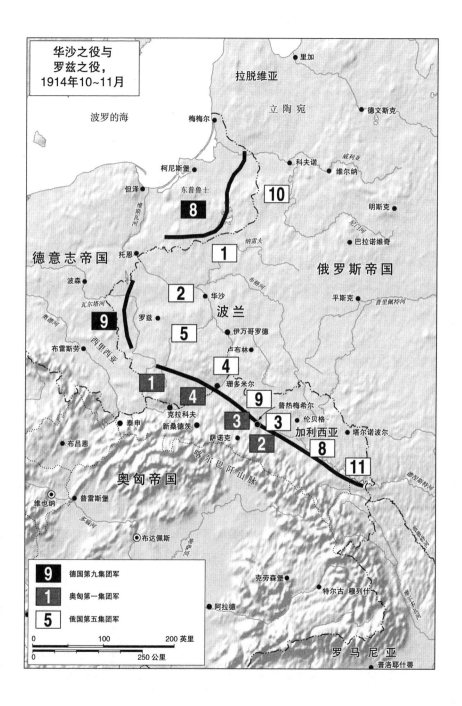

华沙之役与
罗兹之役，
1914年10~11月

波罗的海

拉脱维亚

里加

立陶宛

德文斯克

梅梅尔

柯尼斯堡

但泽

东普鲁士

8

维斯瓦河

托恩

科夫诺

威利亚

维尔纳

10

明斯克

巴拉诺维奇

1

纳雷夫

布格河

俄罗斯帝国

德意志帝国

波森

瓦尔塔河

9

罗兹

西里西亚

奥得河

布雷斯劳

1

4

克拉科夫

新桑德茨

泰申

布吕恩

奥匈帝国

维也纳

普雷斯堡

多瑙河

布达佩斯

蒂萨河

2

华沙

波兰

5

伊万哥罗德

卢布林

4

珊多米尔

9

3

萨诺克

3

2

普热梅希尔

伦贝格

加利西亚

8

平斯克

普里佩特河

11

德涅斯特河

塔尔诺波尔

克劳森堡

特尔古-穆列什

喀尔巴阡山脉

阿拉德

罗马尼亚

普洛耶什蒂

9 德国第九集团军

1 奥匈第一集团军

5 俄国第五集团军

0   100   200 英里

0   250 公里

失去波兰将使俄国人不得不将其战线整个往后退，把总司令部迁到维尔纳（Vilna）或比亚韦斯托克（Bialystok）之类的边陲地方。加莱会是征服英国的跳板，华沙则会是攻进俄国的跳板。[16]

康拉德被夹在维斯瓦河与喀尔巴阡山脉之间，把自己困在死角。他运气好，仓皇撤退时退得够远够快，超出俄军的补给范围，因而未遭俄军消灭。诚如丘吉尔后来所说的，"在西边，军队太大，超乎地方所能容纳；在东边，地方则太大，让军队疲于奔命"。[17]有位俄国军官指出，奥军和俄军行军速度极快——奥军退，俄军在后面追——因而俄国的补给队花了很长时间才得以赶上；有几天，他所属的部队从破晓走到晚上十点，中间完全没东西吃。即使食物送达——一些军用面包、一头杀掉的牛——他也难以入口："我已经吃素；他们杀了这些牛给我们吃；肠子、牛鞭、胃、眼珠子散落一地，几滩变黑的牛血，有时声嘶力竭大叫的牛会跑过你身旁，喉咙已被划开，然后倒在你旁边，血汩汩流出，四肢朝空中乱踢。"[18]

鲁登道夫的盘算是趁着俄军面临这些难题时抓住机会打败俄国。正忙于抽调德国第八集团军部分兵力以在布雷斯劳（Breslau，波兰语称弗罗茨瓦夫/Wroclaw）创建第九集团军的鲁登道夫，请康拉德拨出丹克尔的第一集团军投入这一重启的攻势。康拉德犹豫不决（把来自德国人的要求全视为对他个人之冒犯）时，兴登堡提醒他，只有进攻才能扭转每个战线日益不利的战局：他在九月二十二日开导康拉德，"要取得更大的战果，得通过包围"，而非通过被动防御。德国总司令部私底下鄙视奥地利的被动作风，马克斯·霍夫曼（Max Hoffmann）上校在日记里写道："这里什么都好，就只有奥地利人例外。真希望这些畜生动起来！"[19]

这一次，这些畜生倒是愿意动起来。康拉德分析这是他将   276
俄国人包围在波兰突出部的最后机会。有了德军助一臂之力，
柏林和维也纳将在东边集结将近八十个师对付俄国的五十八个
师。俄军苦于组织问题且需分兵波罗的海和黑海沿岸，需分兵
高加索打土耳其人，在一九一六年中期之前，在东部战线都无
法取得兵力上的压倒性优势。施里芬计划的提倡者之所以认为
此计划大有可为，就是因为俄国有这一反应迟缓的现象。俄国
人在八、九月的战斗中也失去数千名中下级军官和士官；这时
得找新血递补他们的空缺，而这些新血缺乏经验和训练。[20]换
句话说，奥匈帝国仍有机会打赢东线战争，如果它与德军协同
作战，且行动快速果断的话。

康拉德匆匆凑集他仅存还完好无缺的战斗力（"最后的士
兵、最后的火炮、最后的机枪"）。他很难得地不夸大其实；
步枪一年产量只有十五万支，这个君主国就快无枪可用，而且
许多士兵把枪拱手让给俄国人或塞尔维亚人。野战炮兵团发现
兵比炮多，因为已有太多加农炮丢给了俄国人。[21]

康拉德自然而然认为东线德奥联军该由他，而非由兴登
堡，总绾兵符。康拉德向博尔弗拉斯发火，"为什么德国第九
集团军向其设于梅济耶尔（Mézières）的总部报告，而非向我
报告？"曾赞成与德国人合作的康拉德，这时极为反感被拉到
北边："为何要我们放弃桑河边的作战行动，去帮华沙的德国
人？"但这时博尔弗拉斯非常乐于让康拉德听命于兴登堡，甚
至乐于以全新的总司令部取代康拉德：或许以弗里德里希大公
为总司令，以鲁登道夫为其大权独揽的参谋长。[22]

鲁登道夫，一如兴登堡，是个厉害角色。鲁登道夫把第八

集团军的兵力缩减为只剩两个军，借此得以组建第九集团军，这个新集团军有四个军、一个预备师、一个驻于西里西亚卡托维兹（Kattowitz，波兰语称卡托维采/Kattowice）周边的骑兵师。战前，鲁登道夫就以德军参谋总部内作风无情的部门主管形象为人所知，承接下毛奇许多工作，且对陆军部长法尔肯海因没怎么放在眼里。法尔肯海因与鲁登道夫为两个不同派系的代表，前者所代表的派系较后者温和、讲理。[23] 这时，鲁登道夫的行动目标，与德皇、法尔肯海因设于法国的陆军总司令部（Oberste Heeresleitung，简称 OHL）背道而驰。陆军总司令部希望东线只要守住即可，西线则全力出击；法尔肯海因认为，过早将兵力抽调到东线，必会使他在西线吃败仗。为此，兴登堡不得不打电报给德皇，以辞职为要挟，借此索得较不受法尔肯海因节制的自主权（和更多兵力）。

兴登堡这时身为一级上将，地位形同陆军元帅，不可能任人指挥来指挥去。东部战线"神奇三角"（康拉德、鲁登道夫、法尔肯海因）所做的每个决定，都有政治角力牵扯其中，这令康拉德非常恼火。马克斯·霍夫曼上校指出这一紧张关系："仔细审视大人物（他们彼此关系的恶劣、目标的矛盾）时，得时时记住，在另一边的法国人、英国人、俄国人之间情况还更糟，否则很有可能惶惶不安。"[24]

在俄国这一边，情况的确更糟。以有所迟疑而缓慢的步伐拿下伦贝格后，鲁斯基已被赏以西北方面军司令官之职，原司令官日林斯基则因坦嫩贝格之役和马祖里湖区之役战败遭撤职。但鲁斯基未把矛头指向兴登堡，反倒指向他在西南方面军时的旧长官伊万诺夫。伊万诺夫想趁奥军崩解之机继续挺进克拉科夫和布达佩斯。鲁斯基猛踩刹车，坚持此时不该有任何进攻，坚持该纠集后备兵力，击败集结愈来愈多兵力、欲取道华沙攻入俄国内地的德军。评估过自身不良的通信后，鲁斯基甚至提议"战略性撤退"到涅曼河（Niemen River）。他还想过放弃华沙这个重要的公路中枢和战略要地，退回科夫诺（Kovno）。[25]

如果鲁斯基以安全堪虑撤退，伊万诺夫也要跟着后撤，甚至要让出伦贝格以保护其侧翼。俄军总司令部的后备兵力都已被苏霍姆利诺夫分派出去，这时赫然发现自己几乎无法向下贯彻命令，甚至无法像个"总司令部"那样调动部队。东普鲁士牵制了俄国二十五个师，加利西亚牵制了三十个师，只剩下三十个师可供执行沙皇和西方盟邦要求的中间攻势。尼古拉大公"惊骇"于麾下诸将的悲观和爱发牢骚，但要调动他们的话，他手上没什么工具。每个战线的司令官都控制庞大的腹地和铁路、火车，而且他们已懂得用无法辩驳的后勤难题，回绝总司令部要其配合行动的要求。最后是靠德国人才让俄国人动起来。九月二十八日，德国奥古斯特·冯·马肯森（August von Mackensen）将军的第九集团军开始往维斯瓦河进发，行走的道路非常泥泞，兽拉车和士兵不得不走路两旁的耕地才得以慢慢前进。军官惊奇于波兰城镇"缺乏中产阶级文化"，建筑、陈列、街头活动破落寒碜，诚如某德国人所说的，"和美国西部一样吓人"。[26]极力要求发动这一秋季攻势的鲁登道夫，没料到这么快情况就这么糟。他说波兰境内烂泥"及膝深"，即使在克拉科夫至华沙的大驿道上亦然。火炮和兽拉车下陷到车轴处，靠又湿又累的士兵拉才得以前进。军官忆起一个世纪前拿破仑走这条路时的感想："除了水、空气、土、火，上帝还创造了第五元素：烂泥。"[27]

一如拿破仑，德国人有宏大的计划。在法国优先、俄国优先两策略达不成折中方案的情况下，兴登堡和鲁登道夫准备在"将法国从大国之列除名"（霍夫曼语）之后，立即与俄国人打一场猛烈的"第二次战争"。在这场战役中，兴登堡带了萨克森国王（德意志帝国的一名亲王）同行，以便在将俄国人 **279** 赶出波兰后，立即在华沙册立他为"波兰国王"。[28]德国第九集团军行军队伍里的哈里·凯斯勒（Harry Kessler）中尉，思索胜利的到来：俄国会落败，波兰会脱离俄国，"按照加拿大或澳洲的模式"，成为德国的自治领。[29]

有位与俄军一起出征的英国军官指出，他们吃的苦头更甚于迎面而来的德国人："道路太烂"，他的部队九天才走了约一百九十公里。在卢布林与俄国人共事的另一位外国武官，描述那里的道路"被重炮和架浮桥用的浮舟压烂，路面覆盖数寸厚的烂泥"[30]。苏霍姆利诺夫的陆军部为恶劣天气预做的准备，不如鲁登道夫或康拉德那么周全，因此这些俄国士兵穿着湿透的夏季军服发抖，赤脚或穿着湿重的麻鞋走过烂泥。十月五日，脚下鞋子只比俄军稍好一点的奥军第四、第三、第二集团军渡过维斯瓦河，第一集团军的十三个师（共十万人），在奥帕图夫（Opatów）与德国第九集团军合拢，左右相连。其中有个德国人对奥军印象不佳："奥地利人给人愚蠢、乱无章法的印象。许多人不懂德语……整体来看，就连俄军战俘给人的军事印象，都比这些四处流浪、不管到哪里都姗姗来迟的奥地利军人来得好。"[31]

奥军于十月九日解了普热梅希尔城和要塞之围。一如人在菲律宾时的麦克阿瑟，康拉德誓言重返该地，而今他果然做到。博罗耶维奇部的某些士兵，清走要塞周边一万五千具俄军、奥军尸体，其他士兵则与第二集团军一起追击退往伦贝格的俄军。但追击脚步不久就变慢，然后完全停住。犹如九月战役但角色互换，俄军从一道沿河防线退往下一道沿河防线，开枪击退每一次追兵的逼近。与九月时的俄军不同的是，奥军兵力不足以绕过俄军包抄，因而都从正面攻击，然后落得一贯的下场。奥托·迈克斯纳（Otto Meixner）将军于十月十二日写道，"今日这场仗未能一举了结敌人；我的部队无一能完成任务。"十三日："我们似乎不再是与敌人的后卫部队交手，而是与强大的敌军部队交手。"十七日："今早我们依令开始进攻。来自侧翼的猛烈火力攻击，使攻势很快就瓦解。我们入睡的阵地，还是醒来的那个阵地。" 280

俄军已停止撤退，且已在奥军九月让出的格鲁代克阵地站稳脚跟。奥军被躲在阵地里的俄军开枪射中，而且俄军所据的阵地就是奥军不久前借以藏身、用来射击俄军的那个阵地，这想必令奥军大为泄气，而由于进攻时无炮兵支持，奥军又更为泄气。十月二十一日，迈克斯纳表达了他的惊愕："科莱鲁斯将军下令，由于炮弹短缺，只有在无炮兵支持下还据认有胜算的地方，才能进攻。"[32]而在这段战线，没有这样的地方。

丹克尔的第一集团军沿着维斯瓦河往东北走，渡到河的左岸，到桑多米尔（Sandomir），心态同样是意兴阑珊。这支奥军一直走到遇见抵抗才停步。奥军虽已破解俄国密码，德军已在十月九日某军官尸体上发现俄军完整的战斗序列（order of battle），从中知悉作为俄军中军的三个集团军集中于维斯瓦河，但康拉德手上的兵力不足，虽有这情报，也只能大叹心有余而力不足。俄军则想方设法欲攻击德军并善用奥军斗志不坚这弱点。他们需要有所作为，以免更多波兰土地落入德国人手里，暴露加利西亚境内伊万诺夫西南方面军的侧翼、后方。如果真走到那地步，整个俄军都得撤退，从而使奥地利人得以收复伦贝格，使德国人得以在西线解决英法军时拿下华沙。

这时俄军总司令部的主要想法，乃是奥匈帝国力弱，靠小股兵力就可将其压制住，俄军主力则用于进攻德军。布鲁西洛夫受命统率那小股兵力，含第三、第八集团军和新组建的第十一集团军。伊万诺夫从鲁斯基的战线调走第二集团军，要它同第四、第九、第五集团军一起归他指挥。伊万诺夫渡过维斯瓦河回到对岸，然后往北走；十月中旬时，第一、第二、第五集团军已在华沙周边集结，第四集团军在伊万哥罗德（波兰语称登林尔）周边集结，第九集团军在桑多米尔周边集结。俄国六十个师面对德国十八个师。后来兴登堡将此举誉为尼古拉 281 "大公最了不起的计划"：倚赖奥地利的被动，将德军诱向华沙，然后从两侧包抄马肯森躁进的第九集团军。[33]

尼古拉大公的计划拟得很漂亮，但现实上，俄国诸集团军全苦恼于严重的物资短缺。俄国濒临波罗的海、黑海的港口遭德国、土耳其封锁，不得不倚赖从阿尔汉格尔斯克（Archangel，距前线三千公里，半年冰封期）、海参崴（距前线约一万三千公里）进口。俄国诸港一整年的船舶入港数量（一千两百五十艘），只及英国港口四天处理的数量，沙俄补给难题由此可见一斑。尼古拉大公和伊万诺夫请求待炮弹存量补足之后再行作战，但沙皇和苏霍姆利诺夫受法国人催逼，要诸将前进，无计可施的俄国炮手于是用配给的罐头罐子、瓦斯管、废铁制作炮弹充数。[34]

十月十日，俄军开始渡过维斯瓦河进攻。德国第九集团军于华沙受到攻击时，奥军在桑河边和普热梅希尔南边受到俄国第三、第八集团军猛烈攻击。这场桑河战役在波兰、乌克兰边界地带激烈开打，从十月十三日打到十一月上旬。已取代奥芬贝格接掌第四集团军的约瑟夫·斐迪南大公，一下子拿借口推托（"我们迎击兵力大于我们一倍的俄军已三个多月"），一下子又发出激励（"找出能让我们与敌人站在平等立足点上厮杀的地方"）和空泛的胡言（"唯强者能浪费时间；弱者得节省时间"），[35]结果完全不管用。奥军第二、第三、第四集团军三十万人再遭彻底击溃。博罗耶维奇动用机枪才挡住他第三集团军在桑河边的溃退；其辖下以匈牙利人为主体的第三十四团，因集体自杀而兵力大减——疲惫不堪的士兵宁可自杀也不愿再打。[36]博罗耶维奇接掌第三集团军已两个月，仍在哀叹他于九月时就观察到的现象："太多兵自行脱离战斗编队，没人阻止。"他的奥地利地方防卫军第四十四师撤退，留下堆放整齐的数百支宝贵步枪给追来的俄军。博罗耶维奇发火道："那些步枪是按照规定从我们的伤兵那儿取得的，没人想过把它们运到安全之处？"[37]

德军误判俄军意图，不得不在十月十八日宣布从华沙撤退。康拉德先前同意出借丹克尔部以掩护马肯森部右翼，这时则不得不用丹克尔的第一集团军掩护撤退，命该集团军于俄国第四、第九集团军渡维斯瓦河时攻击其侧翼。十月最后一星期，奥匈帝国第一集团军在伊万哥罗德（华沙南边八十公里处有护城河环绕的大堡垒）对面遭击溃。补给短缺到极点，奥军已数日未见到他们的野战炊事车，骨瘦如柴的辕马在路上倒下，奄奄一息。有位奥地利参谋如此报告匈牙利地方防卫军第三十七师在这场仗期间的状况："数天不眠不休的行军、作战，士兵累垮，军官得动粗才能逼他们前进；就连军官也撑不

282

下去。"[38]原是为掩护德军撤退而开打的一场仗，结果被兴登堡更改为带有机会主义心态的攻势作战，以诱使俄军尾随马肯森部，然后奥军得与德军主力渡过维斯瓦河，包抄俄军侧翼。但丹克尔自从垂头丧气撤离克拉希尼克之后一直想扳回颜面，于是敞开自己的防线，企图诱使俄军渡过维斯瓦河，再将其包围。他让俄军渡河，却未能围住他们，从而包围者反遭包围，鲁斯基部从北边，埃维特部从南边，往两侧翼逼来。兴登堡重启撤退，边退边咒骂奥地利人。他们似乎成事不足，败事有余。

丹克尔部遭俄军第四、第九集团军于后面追击，一路退回到克拉科夫，再退到尼达河（Nida River），在该河河湾处、兴登堡的右侧翼后面休息。丹克尔的第一集团军，一如约瑟夫·斐迪南的第四集团军，已经瓦解。有个德国军官走上前跟一批群龙无首的奥匈帝国士兵讲话，震惊于他们什么都不当回事的心态。"你们为何脱队？"他质问道，"脚痛，累垮了？"他们气鼓鼓地说不是，朝前线的方向瞥了一眼，然后说："我们干吗傻傻地在那里被人射成马蜂窝？"[39]记述匈牙利地方防卫军第三十七师之败象的那位奥地利军官，描述了该师撤退期间的所作所为："士气低落到极点，在奥帕图夫，我看到这支部队中喝醉酒的士兵摇摇晃晃走过街头；他们灌了朗姆酒；整个地方挤满撤退的四轮马拉货车；没有比眼前更令人泄气的景象了。"

邻近的奥匈帝国诸师彼此怀着浓浓的族群仇恨，使已然战斗力大失的哈布斯堡军队更加打不了仗。丹克尔部某军长于十一月十五日向丹克尔解释道："相邻的第五师与第三十三师士兵彼此产生猜疑，肇因于第三十三师某团集体投降，未掩护友军从易遭攻击的阵地撤退，致使第五师某团蒙受极惨重的伤亡。"他话中真正的意思——在哈布斯堡军队里仍是忌谈的话题——乃是捷克人和德意志人之所以遭屠，全因为匈牙利人为保命而投降，未挺身战斗以救友军脱困。这件事发生于十月二十六日。十二月十三日，个性太拘泥于琐碎小事的丹克尔仍纠缠于此事，尽管那是在这条战线的每个地方每天都在发生而寻常至极的那种争执，"我仍然搞不清楚是何种情况导致第二十六（匈牙利）团擅自撤退，"他发文给正为第九十三团的捷克人、德意志人说话的第五师师长，"你所附的文件未厘清此事。回去查清楚，完整写下来，我才能判定（第二十六团的）行动是否违反了当时'不准撤退'的命令。"[40]

兴登堡也在埋怨，矛头指向康拉德的躁进；这时德奥两军的总司令部关系已非常恶劣，这位德国人提到这位奥地利人时，以"那个人"称之，例如："那个人在俄军只部分渡过维斯瓦河，主力部队还未过河时，就攻打俄军，操之过急。"[41]他们彼此厌恶对方说话的声音——康拉德如鸟鸣般的维也纳腔，与兴登堡的"柏林近卫军腔"大相径庭，后一腔调吐词快，发音清脆干净，带着自以为是又好为人师的口吻，使每个奥地利人，尤其是康拉德，觉得狗眼看人低。 284

这时奥军已弱到连挡住俄军部分兵力都办不到。康拉德求法尔肯海因增援更多德军。有一天，法尔肯海因把他的奥匈帝国军事联络官请到一旁，说："康拉德将军写了封信给我，信中说东部战线需要增派三十个师……我觉得他说得没错，我也同意，但请告诉我去哪里找那些师？"[42]但俄国本身的犹豫不决，再度让起了口角的奥地利人、德国人逃过一劫。华沙之役后，俄军总司令部拿捏不定该把重心放在南线、中线或北方前线，因而三线并重。伊万诺夫抱怨道："坦白说，总司令部的指示里既不可能看到确切的任务，也不可能看到明确的目标。"[43]

在奥地利战线，俄军于十月十八日夜渡过桑河。这意味着十月九日才解普热梅希尔之围的奥军，将不得不放弃该要塞，不然就是让该要塞再度被围。康拉德已经名声扫地，不敢放弃该要塞，于是，长达一星期，每隔十四分钟就有火车驶进普热梅希尔，卸下挺住俄军六个月围攻所需的军需品，运出已在该城攻防战中受伤的一万五千人。在普热梅希尔饱受战火摧残的周边，有位第一次打围城战的俄国人，惊骇于这场战役的残酷："景象令人沮丧；左边、右边都有尸体，我们的和他们的尸体，有些刚死，有些已死了几天……最令人难忘的，乃是死者的颅骨、头发、指甲、手。到处都有脚从土里伸出，来自埋得不够深的尸体。我们火炮的重轮碾过那些脚，发出嘎吱嘎吱声。我们看到一个遭活埋的奥地利人；他醒来，挣脱，然后死去。他躺在那里一动不动，头、手在地面之上，其他部位在地下。我的天啊，这种事你能看多久仍不会发疯？"[44]

285　康拉德看不到这些骇人景象，但似乎还是方寸大乱。他的防御安排马虎得离谱。奥军就要整个垮掉，要守住普热梅希尔根本不可能，但它又是奥匈帝国抵抗俄国蒸汽压路军不可或缺的象征。如果要保住这个象征，康拉德得撤出三万平民，把守军减到守住该城和城外堡垒所需的最少兵力（约五万人），使俄军无法以断绝粮食逼守军投降。这些预防措施，他一样也没做。平民仍待在城里，加上十三万五千部队，徒劳留下一批人数过多、大体上派不上用场、争食粮食的居民，使俄军只要围住该城，让城里人饿到受不了，就能让敌人不攻自破。没人相信哈布斯堡援军会及时来援或真的来援。英国武官从华沙写道："据说奥地利在那个战场留了十六个正规军和五个预备军，但它们是空壳子。俄国人已缴获一千门炮，掳获二十万人。奥地利人败了？"[45]

自夏末败于伦贝格、拉瓦鲁斯卡之后，康拉德的战争一直在桑河与喀尔巴阡山脉之间的盆地上缓慢打转。九月被逼退到桑河之后，康拉德把十月的大半时间（令德国惊愕地）花在试图回头渡过桑河以取得战果。但未能在康拉德退到安全的桑河之前将其包围的俄军，这时扭转情势，反过头来利用这道河障阻止奥军与在华沙周边作战的德军合作。在桑河边一连串令人泄气的小冲突里（桑河战役，Sankämpfe），奥军奋力欲攻回波兰，俄军则奋力不让他们如愿。[46]

在十一月上旬为期三天的奥帕图夫卡（Opatowka）河之役中，丹克尔的第一集团军又损失四万兵力，然后拉回到尼达河后头。康拉德随之把（短暂）夺回的土地又全部吐了回去。大部分奥军在下一道河障（克拉科夫诸堡垒正东边的杜纳耶茨河—尼达河阵地）后面重新整编时，康拉德的北方面军愈来愈像乌合之众。七月时为辖下第十九师的捷克人伤透脑筋的卡尔·卢卡斯（Karl Lukas）将军，十月时完全推不动自己的军队。他以好兵帅克似的讥讽口吻恳求道："同心协力！我们竭尽所能，一起为我们所挚爱的皇帝献出我们的一切，我们的生命和鲜血。"[47]

康拉德吃惊于他部队的伤亡之惨重和战争成本的急剧上升，指出只打了几个月，就耗掉帝国四十亿克朗，相当于战前七年的军事支出。但尽管花掉这么多钱，奥匈帝国的炮弹产量仍低得让人难堪，即使就一九一四年的标准来看亦然。这一君主国一九一四年十二月只生产了十一万六千枚炮弹，但炮兵每

286

周要打掉二十四万枚。靠着德国定期送来炮弹，才使奥军炮兵能发挥战斗力。[48]康拉德指示其集团军司令官编纂可制成文宣、用于"激励我君主国渴求打仗之青年"的"战绩"，但根本没有战绩可言。应要求而编成的作战故事，只是打击奥地利青年的斗志。[49]

奥地利人从德军的撤退中得到有苦有乐的慰藉。奥地利驻柏林大使发牢骚道，尽管德军从华沙退回到德国境内，尽管德国的紧急应变计划打算若俄军穷追不舍，他们要炸掉西里西亚的煤矿，但兴登堡的"光荣花环"出奇地毫发无伤。[50]俄军不会穷追不舍，德国人知道这一点。与奥地利人不同的是，德国人对自己的能耐和敌人的虚实有切实的了解。鲁登道夫分析，德军撤退一百二十或一百六十公里（沿途将俄国所有铁路、公路桥梁拆毁），就足以保住他的军队，挡住俄国追兵。而过了维斯瓦河后没有铁路，俄军的确只追了三天就停住，有位观察家指出："德国人撤退那么从容不迫，意味着他们的撤退完全称不上是溃退。"[51]在日俄战争时实地观察过战况，且仍爱谈论萨姆索与伦南坎普夫两位将军在沈阳火车站月台上争吵、互殴那段趣事的霍夫曼，在日记里就预言俄军会有类似的分裂失和："完全不必担心；我们如果得撤退，俄军只会追三天。"[52]

到了十一月一日，俄军已停止追击。德国人利用绵亘整条德、俄边界的军事铁路，能快速增援每个受威胁的地点。与奥地利人不同的是，德国人已将这种快速部署改良到尽善尽美。英国旅游作家亨利·诺曼（Henry Norman）在战前就注意到："接近边境的每个火车站，铁路线都扩展为十二条，每条铁路线旁都有月台，显然，火车可在每个月台迅速装卸，以将德国军力投送到北边。"将部队和炮弹运上那些火车以延长这场战

兴登堡、威廉二世皇帝、鲁登道夫

一九一四年十一月，德皇威廉二世（中）任命兴登堡（左）、鲁登道夫（右）坐镇设于波森的新司令部，掌管东线所有德军部队。这两位将军与法尔肯海因因争夺资源和影响力，想在东线，而非西线，决定这场大战的成败。

照片来源：National Archives

争需要的资金，而资金从比利时之类的占领地输入德国。德国在那些地方征收每月四千万马克的"战争捐款"，以支应每月高达十二亿五千万马克的战争开销。[53]

但谁都看得出，即使有德军投入更大兵力于东线，俄国人还是在华沙（"东边的加莱"）避开重击，挺过另一个回合的交手。同盟国发现他们退回到一个月前他们开始作战的地方。这时，德奥两国政府几乎不沟通，奥地利驻德勒斯登公使指出，德国军事当局什么都没告诉他，他落得只能"在火车站闲逛，观察从东往西驶过的运兵列车"，而从奥匈帝国的角度看，那完全是不该有的运兵方向。[54]

十一月一日，德皇正式任命兴登堡为东线德军司令官。鲁登道夫为这一设于波森（Posen，波兰语称波兹南/Poznan）的新东线德军司令部的参谋长，霍夫曼为作战长。"东部德军"由两个集团军组成：马肯森的第九集团军和巴伐利亚利奥波德亲王的第八集团军。两集团军卷入与法尔肯海因、德皇的战略辩论中，直到一九一六年八月法尔肯海因被革职，由兴登堡接替其位，争辩才结束。法尔肯海因无心于对俄战事，把心力全放在伊普尔（Ypres）之役上。打赢此役，德国将取得一重大的战略收获，即英吉利海峡沿岸诸港。德国人如果掌控这些港口，将能用潜艇和海面船只直接压迫英国，从而或许逼英国同意不再将资金、工业、海军投入这场战争，使德国得以有更多余裕打击法、俄。

法尔肯海因认为把重心放在俄国太冒险。靠俄国出名的酷寒的冬天之助，加上要部队后撤远离德军，沙皇才得以为另一场消耗战争取到时间，而英国则正忙着扩展其陆海军，意大利则一如所料投入协约国阵营。因此，法尔肯海因不肯派兵增援兴登堡，要兴登堡在他为打赢比利时战事而奋战时，守住东边的冬季战线。法尔肯海因甚至考虑要不要与俄国单独媾和，以便全力对付英法。[55]

就在法尔肯海因为他于十一月四日发动的伊普尔攻势投入更多心力时，鲁登道夫仍信誓旦旦表示他能打赢东线战事。[56]兴登堡一直以为会收到的六个军，最终给投入法尔肯海因"奔向大海"（race to the sea）的行动，使东线德军和奥军只有七十五个师对付俄国的一百三十五个师。鲁登道夫未因此丧气，还是在托恩（Thorn，波兰语称托伦/Torun）重新集结第九集团军。他和兴登堡给了法尔肯海因神圣不可侵犯的法国优先策略一个曲解性的新解读。他们（不情不愿地）同意，英法仍将是德军进攻的矛头，但补充说，英国远征军在受挫和夏季、秋季死伤大量兵员后，英国陆军总司令基钦纳（Kitchener）呼吁组建"新战斗力"一事，为德国提供了一个一旦错过即不再有的机会：一九一四年冬结束东线战争，然后趁着英国还未有新战斗力可用时，在一九一五年春将德国（和奥国）所有兵力移到西线。才几个星期，动用相对较少的兵力，鲁登道夫和兴登堡就挡住俄国蒸汽压路机。此刻他们打算将它解决掉。

第十二章 细长的灰线

　　鲁登道夫不想输。俄国第二、第五集团军重新踏上疲累的征途，往德国逼来，德军东线司令部打算重施故技，让俄军于坦嫩贝格再吃一次大败仗：迅速包抄俄国第二集团军（先前坦嫩贝格之役时鲁登道夫的手下败将）侧翼，再度将其击溃，然后要马肯森的第九集团军奔往东南边的罗兹城。在这个地区，除了罗兹有良好铁路、公路和住所外，其他地方全没有士兵住宿处和通信设施。它对双方来说都是战略要地，兴登堡打算用德奥四十二个师对付俄国四十九个师，夺取该城，然后用它作为发动新东线攻势的最后跳板。

　　鲁登道夫认为，在罗兹取胜，将一举打开通往华沙的大门。以罗兹为基地，德奥两军或许能解决俄军，然后如某奥地利外交官所说的，"重画东北欧的地图"。人人都很有信心能打败俄国，开始思量要怎么处置战败后的俄国。贝特曼谈到一个"获解放的乌克兰"——大概解放到该地能顺服于德国或奥地利为止。维也纳和柏林想拿下波兰，德国人认为他们还将

得到俄国的波罗的海诸省和芬兰。波兰是最棘手的地方，德国人或奥地利人都不是真的很想要它，因为它境内有太多波兰人，若归入德国或奥国，他们的民族主义要求会削弱德国或奥国政府。但不能把波兰留给俄国人，因为得尽可能削弱俄国，把俄国推离德、奥国界愈远愈好；也不能让波兰独立，以免它本身成为大国或成为法国的附庸国。由于战局还混沌未明，这一"波兰问题"眼前还不需解决，但终究日益迫近。[1] 而德国人

接下来要取道的波兰公路，十二月才会被雪封住，十一月中旬就会冰封，这有利于德军快速挺进且使俄军无法掘壕固守。如果德国人能迅速攻入波兰心脏地带，或许能在野外截住俄军，在这一年结束前让俄军吃场大败仗。

马肯森用八百列火车将第九集团军北运到托恩，然后，十一月十一日奔往东南，以维斯瓦河作为屏障保护其左翼，攻向罗兹与华沙之间的俄军侧翼。仅仅五天，他就神不知鬼不觉调动二十五万兵力攻击俄军侧翼。如俄军方面的英国武官所说的，这是"组织调度上的一大杰作"，发动于德军从华沙撤退仅仅十五天后。[2]在德勒斯登火车站，即奥地利公使先前抱怨德国从东往西运兵的那个车站，他证实"运兵车现在正由西往东行"。[3]

在这同时，德国往东运兵之事，正改变西战场的局势。未能抢先"奔向大海"以在法兰德斯包抄英军侧翼之后，法尔肯海因毅然决定在西线打消耗战。他为他在比利时、法国的壕沟线构筑防御工事，放出三个步兵军给兴登堡。俄军方面的某英国观察家认为，德国运兵之神速"令人惊叹——（俄国人）俘虏了其中一些人，得知他们整个军、整个师从比利时迅速调来，再调回去，派入奥地利，然后调回东普鲁士"[4]。

这一在两战线之间的内部路线上灵活移动的能力，使德国人有机会执行兴登堡所偏爱的策略：西守东赢。为打出那制胜的一击，柏林大动作征集新人力（首度强征四十五至五十岁男子入伍）和新资金。德国国会于十一月投票通过发行第二波战争债券。由此吃下定心丸的兴登堡，将其东方面军打造为共有十二个军、七个骑兵师的大军。这时运气和地位都大不如前的康拉德，在一旁嫉妒地看着，只撂下一句话"等着瞧"[5]。

293

从西线过来的德军，最引人注目之处在于他们的心态：他们比东线部队受过更多战火摧残，精神病症状更为鲜明。有位在喀尔巴阡山脉的德国军官指出，从法国拨入他部队的十人，有三人精神崩溃。其中一人会呆坐数小时，眼睛一直盯着地上，用希腊语念出《奥德赛》里数个长长的段落。[6]但这时还是战争初期，这些走不出战争创伤的士兵，仍只占东线兵力的一小部分。

地面因结霜而变硬，那些有着更健全心智的德国人快速挺进，四天走了八十公里，在维斯瓦河南岸击溃俄国第一集团军落单的一个军。然后德军插入第一、第二集团军间的缺口，十一月十八日把谢尔盖·沙伊德曼（Sergei Scheidemann）的第二集团军四个军，逼回到有五十万人口的城市罗兹。当俄国第一集团军跟跟跄跄退向华沙时，鲁登道夫聚集十三万六千战俘，准备包围第二集团军。他的分析家估算，自战争开打以来，德奥两军已杀死、打伤或俘虏一百二十五万俄国人，分析即使是俄罗斯蒸汽压路机也无法永远承受得了这样的损耗。

来自前线的证据似乎为德国人的乐观提供了有力理由。被俘的俄国人证实，他们弹尽粮绝；他们所接到的命令是在无武装下进攻，从死伤者身上捡拾步枪。受伤的俄国人受指示不仅要等待急救，还要四处寻找没武器的战友，把步枪递给他们。这一困境局部说明了德国人一九一四年为何想开战：俄国一九一三年的大陆军计划，拟于一九一八年才补足俄国陆军的步枪数量缺口，而这一缺口和其他不足之处在此计划的第一年显然连缩短都没办到。[7]在这整场战争期间，一般的俄国步兵师，会有三成五的士兵根本无步枪可用；德国军官窃笑道，俄国人缺火炮缺到求日本人把他们在日俄战争时失去的火炮归还。俄国人也试图在日本购买步枪和子弹，表示凡是拿步枪（德制、奥制或俄制步枪）给俄国部队的农民，都赏以五卢布。[8]

俄罗斯战俘

德国人估算，到一九一四年，战争才打三个月，他们和奥地利人已杀死、打伤或俘虏俄国人一百二十五万。俄国战俘，如照片中这些战俘，什么都没有——没枪、没子弹、没食物，完全不清楚为何而战。

照片来源：Heeresgeschichtliches Museum, Wien

战争开打头一天，俄国火炮平均一天打掉四万五千枚炮弹，弹药短缺到俄国军官此刻被告知"把士兵推上前，把弹药往后拉"，而对士兵来说，这当然不是件好事。据估算，俄国的炮弹只有百万枚或更少，而且只有一座弹药厂（英国有一百五十座），又无法顺利输入新厂，因为法国、英国已订走美国所有出口品；即使把机器运送到距战场遥远的俄国港口，也无法将其安装在前线附近。[9]在西线战局陷入僵持之后，德皇

295

威廉二世嗅到胜利逼近的气味，大为欣喜，启程展开对俄战线的十天之行。德国将领这时兴奋谈到胜利在望的"向东推进"行动。[10]

西北方面军司令官鲁斯基，十一月十五日终于弄清楚情况。马肯森部的移动不是佯攻，而是主要作为，目标指向罗兹，即俄罗斯帝国纺织业的中心和通往华沙道路上重要的冬季士兵住宿地区之一。鲁斯基原只留下伦南坎普夫的第一集团军一个军守罗兹周边，要该集团军其余兵力挺进东普鲁士。这时他要伦南坎普夫率部返回，加入罗兹之役。鲁斯基命埃维特率第四集团军继续西进，以和迎面而来的奥军交手，使增援的德军转向，然后要辖下的第二、第五集团猛然调头向北。他大胆要其第一集团军迅速往南包围马肯森部。

俄国第五集团军司令官普列韦，先前在科马鲁夫从奥芬贝格的陷阱脱身，这时则奋力摆脱马肯森的陷阱。六十五岁（和马肯森同龄）的普列韦是天生的将才，有位在其司令部待过的人忆道："他掌握情况格外迅速，做决定快且明确。"[11]普列韦的第五集团军，前军变后军调头行进，三天时间在冰封道路上走了一百一十公里路，把马肯森部打退到

奥古斯特·冯·马肯森将军

奥古斯特·冯·马肯森将军打过普法战争，当过威廉二世的军事史私人教师。马肯森被誉为德国陆军里骑术最精湛者（因此着轻骑兵军装），一九〇六年时与小毛奇争夺参谋总长之位，一九一四年时是执掌东线德军第九集团军的不二人选。

照片来源：National Archives

罗兹，然后攻击试图包围俄军的德军右翼。[12] 信心大增的伦南坎普夫第一集团军在洛维奇（Lowitsch，波兰语称罗兹/Lowicz）逼近德军左翼。马肯森部来到罗兹城外，发现该地已有俄国七个军。该部突然陷入被兵力大自己一倍的俄军包围的险境。尼古拉大公察觉到这是场决定战局成败的战役，把总司令部从巴拉诺维奇移到罗兹东边的斯凯尔涅维采（Skierniewice）村。

　　一如在华沙时，鲁登道夫放手一搏且输了。俄军计划凌乱无章，先是前进，然后后退，使他以为俄军最近一次退回罗兹的举动，预示其要仓皇撤退到维斯瓦河对岸，而非欲坚守阵地。一如马肯森，鲁登道夫上钩，一头冲进鲁斯基设下的陷阱。在罗兹以北、以西，战事最激烈，而在此二处，俄军人数多于德军；由于罗兹城的补给近在咫尺，总是大叹弹药不足的俄军，在此难得地有了充足的弹药，而德军处于长长补给线末端，就要弹尽粮绝。俄军伤兵的性命被看得比弹药还不值，任其死亡、腐烂。俄国议会议长米哈伊尔·罗赞科（Mikhail Rodzyanko）在前线附近下车，看到俄军伤兵一万七千人躺在冰冷的泥土上，其中大部分人已躺了五天，没人处理过他们化脓的伤口，更别提运到后方救治。[13]

　　德军与普列韦部激战时，也在窃听俄国的无线电，自坦嫩贝格之役起，德军就每天这么做。他们在地图上标出伦南坎普夫部往罗兹缓缓行进的路线，知道不管自己还有什么优势，那优势正快速流失。马肯森部赌他仍有时间派莱因哈德·冯·谢弗（Reinhard von Scheffer）的预备军（六个师五万五千德国兵力）到罗兹城东边，完成对该地俄国两个集团军的包围。此一行动原应由奥军执行：康拉德命令已从杜纳耶茨河悄悄潜到

296

297

维斯沃卡河边的第四集团军从该河后面出击，即从南边进攻，以"彻底消灭波兰境内的俄军"，但该部未做到。约瑟夫·斐迪南大公的第四集团军顶着敌人的猛烈攻击欲强行渡过维斯瓦河，却遭位于其右侧的俄国第三集团军和左侧的俄国第九集团军硬生生挡住（对斐迪南大公部来说，这已是其司空见惯的困境）。奥军士兵冲过浮桥，陷入俄军榴弹炮和机枪弹的火海，死伤特别惨重，致使第四集团军某些师不得不更名为旅。鼓手和乐师奉命放下乐器改拿枪。上级对此的解释是："因为不再需要音乐。"[14]

有位名叫费多尔·斯特朋（Fedor Stepun）的俄军中尉，十一月二十日追击撤退的奥军，注意到奥军走后留下的脏乱和破灭的希望。斯特朋想起在博罗季诺（Borodino）与拿破仑打成平手，以"只要砍倒树，锯屑就会到处飞"一语说明战争中之劫掠和暴行的俄国元帅库图佐夫（Marshal Kutuzov）。而今，斯特朋周边就飞扬着战争的所有锯屑。"我们进到落败敌军刚刚离开的一个城镇。多可怜的景象……街道和火车站挤满想带着家产逃离却未能如愿的老百姓。五列火车困在火车站，私人家当成堆摆放在月台上，塞进每个火车车厢里——床、长沙发、床垫、玩具、画、相簿、女人衣物、帽子、犹太教祷告书、提灯、咖啡、一台绞肉机。"

骑马的哥萨克人（每个人后面另外拉着一两匹从当地人抢来的马），在一堆堆私人家当里翻找；有些哥萨克人下马，取下他们老旧的马鞍和毯子，换上软垫和桌巾。"军人与哥萨克人的差别就在这里，"这位俄国军官论道，"军人只拿自己需要的东西，还有良心；哥萨克人没良心，什么都拿，不管需不需要。"在街对面，罗马天主教教堂已遭洗劫：墙上有尿痕、呕吐物、粪便，拉丁文《圣经》躺在地板上，两具奥地利士兵尸体横陈在入口，一具年轻英俊，另一具老而丑。"他们的口袋，一如每具军人尸体的遭遇，已被人翻到外面；在这里，每个人都想要黄金。"[15]

哈布斯堡君主国不识民间疾苦的领导阶层，几乎看不到这悲惨景象。在遥远的西边，在某个阴冷的十一月天，施蒂尔克将军正与蒂萨一同游览格拉沃洛特（Gravelotte）、圣普里瓦（St. Privat）的一八七〇年战场。他们在这两个法国小村四处走看，畅谈他们对普法战争的认识时，蒂萨说："直到今日我仍不解到底是谁下令八月进攻塞尔维亚。与俄国开战一旦变得势不可免，进攻塞尔维亚的行动就该全部搁置。我还是不懂我们怎会继续干，怎么入侵塞尔维亚。我深信如果当初康拉德立刻把第二集团军派去东边，我们不会输掉伦贝格之役。"[16]

在营地里跳舞的哥萨克人

在营地里跳舞的哥萨克人。"军人与哥萨克人的差别就在这里，"有位俄国军官论道，"军人只拿自己需要的东西，还有良心；哥萨克人没良心，什么都拿，不管需不需要。"

照片来源：Heeresgeschichtliches Museum, Wien

对正踉踉跄跄退往克拉科夫的东线的奥匈帝国士兵来说，伦贝格当然已是陈年旧事。他们"往西退，再度走在我们已非常熟悉的道路上"，有位奥地利皇家步兵团军官以嘲弄口吻说道。逃兵陡增，第四集团军下令调查十一月二十五日两个完整的团共八千人，连同上校团长和军官，被俄军俘虏之事。在克拉科夫城内，第四集团军士兵大肆偷抢，要塞司令不得不组织民间防卫队"保护私人财产"，以免遭奥地利自己的士兵"攻击、捣毁、盗窃"。在奥地利乡间，农民很快就开始害怕本国军队的到来。部队报告里充斥着抢劫、勒索、殴打之事。十二月一日，丹克尔将军誓言惩罚"我军士兵对本国人民日益增加的劫掠事件"，但在当时老吃败仗、老在撤退的气氛中，这个誓言并不易履行。[17]

奥地利八月的"北攻"，以九月大撤退收场，继之以十月的桑河战役，再到现在落入更为愁云惨雾的克拉科夫之役。俄国数个集团军团团围住康拉德已然兵力大减的奥匈帝国军队。康拉德的军队照理该勇敢往前冲，在罗兹与马肯森的第九集团军会合，却窝在其位于罗兹南边两百四十公里处的壕沟里。由于奥军怠惰，鲁斯基部慢慢移过来，德军有覆灭之虞。鲁登道夫曾夸口要在罗兹打出"第二次色当之役"，打算德奥军联手将俄国数个集团军包围在那里，但如今马肯森理解到他将得独立完成这壮举。长远来看，马肯森部的兵力居于劣势，但他仍然认为只要他能在伦南坎普夫部大举抵达之前击倒俄军，短期来看他仍能赢。

俄国第二集团军的确觉得大势已去。莱因哈德·冯·谢弗的军（五万五千兵力）进攻该集团军侧翼时，集团军新司令官打电报给鲁斯基，告以他被包围，正在研究地图的鲁斯基收到后神奇回道："不，你已包围他们，现在该要他们投降。"事实确是如此。谢弗部困在洛维奇（罗兹与华沙的中途），发现与马肯森断了联系，开始拼命往后退。地面太硬无法挖掘壕沟，因此双方部队在开阔地厮杀，或滑下溪床，或把大树枝、沙包堆起来当屏障。但这些屏障挡不住炮火和机枪弹，很容易就被打掉。旧壕沟符合新战斗队形的要求时，即占领那些壕沟，但封冻的地面使液体无法被地面吸收掉，于是血、粪、尿积在从未结冻的烂泥里，使这场冬季战争比夏季、秋季战役更为污秽难受。[18] 有位观察家沿着其中一条恶臭的壕沟边缘走，看到一骇人景象，停脚记下："我撞见一只渡鸦停在已不成人形的某人脸上。它已啄走他的双眼，扯掉他的嘴唇和他脸上的部分肉。它拍拍翅膀慢慢飞走，留下一沉闷的嘎嘎声。"[19]

鲁登道夫痛骂康拉德按兵不动。鲁登道夫相信，奥匈帝国的北方面军如果在德军右侧强力挺进，那么同盟国将已包围俄军。结果如今反倒是俄军已准备好要包围德军。[20] 有位附属于法国境内德国某军的奥匈帝国军官报告道："这里大家都在谈的是奥地利，谈兴登堡频频抱怨我们吃不了苦……他们说德军必要时能行军六十公里，我们的部队顶多只能走三十公里；他们说德军能不带辎重打仗，而我们的部队不行。"[21] 在德军总司令部，施蒂尔克苦思德国人、奥地利人的根本差异："奥地利人始终把私事与本分混为一谈；德国人只着眼于本分，把私事摆在一旁。对奥地利人来说，指派任务的方式和作风比任务本身重要，而德国人只着眼于任务。在德国人眼中，奥地利人缺乏干劲，务虚不务实。"[22]

奥军毫无作为而德军处于大败边缘，鲁斯基却只能徒呼负负地看着德军逃脱。坦嫩贝格之役后即被蔑称为"没打就跑"

301

的伦南坎普夫，这次再度跑掉。他从北边包围的速度太慢，使谢弗部得以全军（连同一万战俘和六十门火炮）从洛维奇口袋逃脱。有位俄国上尉为这一离谱的迟钝提出解释：他被从蒂尔西特（Tilsit）紧急叫去围困德军后，要他的部队三天强行一百零四公里到最近的火车站，结果车站没火车候着。士兵在月台上待了二十四小时，没吃没喝，没地方躲避寒风。陆军部终于发现他们人在米陶（Mittau，拉脱维亚语称叶尔加瓦/Jelgava），派了列火车过来，然后花了整整两天（士兵仍然没东西吃）才慢慢驶到华沙。在华沙他们再搭火车前往罗兹，仍然没东西吃，抵达罗兹外围时下火车，奉命进入壕沟，没睡觉，没吃东西。士兵饿得大骂，开枪时开到睡觉。军官跌跌撞撞上下壕沟，"精神不济像梦游者咕哝说着什么，用剑面打士兵"。[23]

谢弗也没睡。在十一月底开始率部大逃亡时，他已连续七十二小时没合眼。德军在大雪中撤退，而大雪使俄军的指挥调度更为紊乱。罗兹之役双方不分胜负，德军损失三万五千人，但俄军兵力与炮弹储量的耗尽，使俄军总司令部不敢指望再采取攻势。子弹也快用完，有些俄军步兵师才打三天仗就打掉两百万发子弹。[24]

因为战死、受伤、生病、被俘，俄军第一、第二集团军也损失高达七成的战斗力。伦南坎普夫于坦嫩贝格、马祖里湖区两役失利之后勉强保住司令官之职，而经过这场丢脸的失败，去职就成了定局。因为德裔身份而被许多人怀疑不忠的他，失去兵权，被赶出陆军。尼古拉大公为这次大败枪毙了十五名作战不利的俄国军官。在华沙巡视贪污出名的陆军补给部门时，这位大公向集合的军官只丢下四个字："你偷我绞（刑伺候）。"[25]

有位英国记者在经过罗兹附近的一处野战医院时，注意到数千伤兵被搁在雪地里，因为（一如以往）没有交通工具将他们运送到后方；"某帐篷外，有许多截掉的手、脚弃置在地上"。许多人被榴弹炮的弹丸打瞎一只眼或双眼，人数之多令他印象非常深刻。[26]冬季这几场仗总共让俄军又损失五十万兵力，以及七成的前线军官。这时，俄国送到前线的强征入伍兵，全都没配步枪，这是德军为何损失较轻（十万人）的原因。[27]东部战线辽阔的地域利于打运动战（在东部战线，德国一个半的师就占领最前线；若是在西部战线，要用五个德国师去占），但俄军缺乏机动力、靴子（鲁斯基谈到不足五十万双）、火炮，无法解决掉兵力稀疏的德军。事实上，此后直至战争结束俄军都不会再威胁德国领土。

奥匈帝国领土则不是如此。事实表明德军太难对付，于是在十一月二十九日有鲁斯基、尼古拉大公出席的作战会议上，伊万诺夫提议"通往柏林之路要取道奥匈帝国"。鲁斯基部有四分之三的兵力损耗于与德军的交手，已几乎无战斗力可言。[28]俄国人得从头再来，这一次得把矛头对准较弱的对手奥地利。尼古拉大公同意此论点，批准将重心从西北方面军转移到西南方面军。伊万诺夫将指挥此一行动，率部攻向克拉科夫，然后翻过喀尔巴阡山脉。

康拉德也需要重新开始。由于俄军回头推进到华沙正西边一线且有德国四个新的军从陷入僵持的西部战线调来增援东部战线的德军，他要打出一番成绩，以免沦为配角。他把挫败之后的怒气发泄在兴登堡身上，宣称那些记述德军英勇逃离罗兹的文字"天真"，还说兴登堡准备以增强后的九个军、三个骑兵师的兵力反攻是"幼稚"的。康拉德悄声说，切记，"这位

303

'人民英雄'已遭击败",但这位奥地利将领的公信力已快荡然无存。[29]十二月六日,兵力大增后的德军果然拿下罗兹,挺进到距华沙不到五十公里处。弗朗茨·约瑟夫皇帝同意让无能的康拉德,在新成立的奥德联合东线作战司令部里听命于兴登堡和鲁登道夫,似乎只是时间问题。这位皇帝问奥匈军总司令部:"我们的战绩如此糟糕,在这种情况下,我们连尚可容忍的外交政策都难以施行,不是吗?"[30]康拉德的答复,乃是他最近一再祭出的响应——以辞职作威胁。举棋不定的弗朗茨·约瑟夫再度退让。

罗兹之役大败后,康拉德急欲展现他的本事,于是命博罗耶维奇进攻波兰东南部的萨诺克(Sanok),要约瑟夫·斐迪南大公的第四集团军进攻正再度往上西里西亚移动的埃维特第四集团军。俄军炮弹、火炮、步枪、子弹、军服、靴子、粮食样样都缺,且无法集结大军包围康拉德,让奥地利方面生起希望。约瑟夫·斐迪南大公的第四集团军在克拉科夫附近与埃维特部相遇,博罗耶维奇的第三集团军则进攻俯临桑河且是铁路和公路运输中心之一的萨诺克。[31]埃维特部与奥军厮杀,一时分不出胜负,直到俄国拉德科-季米特里耶夫(Radko-Dimitriev)的第三集团军前来支持才改观。第三集团军原被耽搁在普热梅希尔外围,直到十一月中旬俄国另一个集团军,谢利瓦诺夫(Selivanov)的第十一集团军,前来普热梅希尔接防,第三集团军才得以前去支持埃维特部。

奥军于是再度被迫退向克拉科夫。数千名绝望的哈布斯堡王朝士兵假装得了霍乱以逃避作战。奥地利集团军司令部每天刊出告示抓逃兵:"帕尔提卡,一八八八年生于马塔维奇,黑发褐眼,说波兰语,高一米六二;如果发现,请逮捕送交第一军法庭。"[32]弗里德里希大公刚从将军晋升为陆军元帅，但没什么值得庆祝；从位在遥远后方的舒服司令部，他和康拉德只能对前线的实际情况有一丁点了解，但光是这一丁点了解，就让他们知道他们的军队根本不想打仗。十二月二日，康拉德指示诸集团军司令官，凡是敌前撤退的部队，一律枪毙十分之一的士兵。[33]

康拉德吹嘘赢了几场局部性的胜利，但那些胜利都如昙花一现。俄国第九集团军将约瑟夫·斐迪南大公的第四集团军逼退到克拉科夫南边。俄国第三、第八集团军击败博罗耶维奇的八个师，使其退离萨诺克，并在布科维纳重创卡尔·冯·弗朗泽－巴尔丁（Karl von Pflanzer-Baltin）将军的暂编兵团的七个师。奥匈帝国军队的壕沟上方，升起有着白色半月和星星图案的绿旗，以表明这是得到奥斯曼人支持的反沙皇圣战，以吓阻俄国穆斯林部队的进攻，但未收效。博罗耶维奇部和位于喀尔巴阡山脉山麓丘陵的第四集团军十一个师之间，敞开一个宽达一百一十公里的大缺口。俄军蓄势待发，要大举穿过这缺口，经由乌兹索克（Uzsok）、杜克拉（Dukla）、卢普科夫（Lupkov）、蒂利奇（Tylicz）诸山口，进入匈牙利和摩拉维亚（哈布斯堡君主国的心脏地带）。

在奥军右侧，博罗耶维奇部有气无力地对抗俄国第八、第十一集团军。由于俄国特务（一身农民装扮或奥匈帝国军服的士兵与军官）轻易就潜入、潜出奥军营地和壕沟刺探军情，向"斯拉夫裔士兵"发送只要投奔俄军，就能据以得到赏金和特别待遇的凭证，奥军更加守不住其阵地。在东边五千公里处的土库曼斯坦，有位与其他奥匈帝国战俘一起修路的被俘奥地利军官，可证实俄国人此言不假。"俄国人按民族把我们分开，"他在一九一四年晚期说道，"斯拉夫人住到最好的营房，德意志人、匈牙利人、犹太人住的营房最差。我们的工作时数也比斯拉夫人长，所有脏工作都交给我们干。"他们领到的配给都少得可怜（甜菜汤和荞麦粥），因为俄国的营地指挥官克扣掉这些人每日粮食配给的一半，卫兵和伙夫又拿走剩下的大部分，但斯拉夫人始终被获准先吃，且被鼓励去嘲笑、脚踢排在他们后面的德意志人、匈牙利人。[34]

305

从俘来的奥地利军官那儿，俄军也得到许多关于奥地利实力和意图的情报。那些人被俘期间，用弗里德里希大公的话说，表现出"愚蠢和饶舌"。[35]奥匈帝国农民也为俄军提供了大量情报，许多农民支持俄国人更甚于支持本国军队。约瑟夫·斐迪南大公，身为这一摇摇欲坠之奥地利皇族的子弟，下令其部队冷血对付协助俄国人的奥地利村落："在这种事情上没必要征询地方行政官的意见；直接扣为人质并杀害，把村子烧个精光，凡是嫌疑分子都当场吊死。"[36]而且这是在奥地利境内。这个君主国显然已是忍无可忍。多亏鲁登道夫出借几个德国预备师，加上俄军本身行动迟缓，奥军才得以挡住俄军的攻击。鲁斯基一如往常主张休息、重新补给，俄军炮弹存量降到每天每门炮只有约十枚炮弹可用。

奥军已处于绝境，敌人有可能冲过喀尔巴阡山脉进入匈牙利平原。这时奥军部署成一道细长的灰线，兵力虚弱的第二集团军位于左侧，沿着克拉科夫北边的德国国界部署，第一集团军位于该城西北边（其后方区域是名叫奥许维兹的地方），第四集团军位于克拉科夫城里，第三集团军在该城东南边铺展，从新桑德茨往南到切尔诺维茨。

克拉科夫是奥地利在喀尔巴阡山脉以东最后一个据点，为挽救此城，康拉德下令越过维斯瓦河进攻。十二月头两星期，奥地利第四集团军和某德国师在克拉科夫附近的利马诺瓦（Limanowa）与俄国第三集团军打成相持不下的局面。在克拉科夫东南，俄军面向西边，使自己难以抵御来自约瑟夫·斐迪南大公的侧翼攻进。第四集团军利用克拉科夫周边的铁路和强行军，切入俄军侧翼。这两个湿漉漉、冷得发抖的集团军，像史前穴居人般狠狠厮杀，打了两个星期。奥地利骑兵，仍按照古传统配备有檐、平顶筒状的军帽和马刀，特别无抵御之力：有位奥军上校参谋气急败坏地记载："我军骑兵在利马诺瓦打肉搏战，没用刺刀！我们发现许多骑兵丧命，头部被打瘪。我们为骑兵配备武器的方式，实在大大失策。"[37]

306

虽然攻击了俄军侧翼，但奥军在许多地方仍继续在没有充足炮火支持下正面强攻。炮兵因未能为进攻做好准备，未能帮助进攻部队攻破敌人防线，也未能掩护不可避免的撤退，招来弗里德里希大公的叱责（这时已是预料中躲不过的叱责）："荣誉和奥地利炮兵的悠久传统，要你们不管死伤多惨重都不能离开你们的炮，要你们务必协助步兵有条不紊地撤退。"[38]结果，奥地利火炮响应以炮轰自己人。[39]

俄军战斗力似乎也在衰退，奥地利第六皇家步兵营打了一天就俘虏了一千名俄国人，包括一名看来如释重负的将军。[40]有个德国军官检视过两百名这些俄军战俘后，谈到他们的悲惨状况："他们紧靠着牢笼，像饿坏的牲畜，只要有人从街上过来，递出一块面包，他们就争相爬到别人身上，爬上铁栏杆，睁着大眼睛，用贪婪嘶哑的嗓音尖叫，使劲伸长手，每个都想让人注意到他的饥饿。"这些俄国人让他想起一幅哥雅的画，骇人如《疯人院》或《吞掉亲生子的农神萨杜恩》。[41]

利马诺瓦之役将俄军击退五十公里，经过此役，康拉德吹嘘光靠他的军队就能挡住"半个亚洲"，打垮俄国的气势，"逼他们全线后退"。[42]这大大背离事实。利马诺夫之役俘获两万三千名俄国人，拯救了克拉科夫，使俄军无法插入奥地利第三、第四集团军之间，打到喀尔巴阡山脉另一头，但此役未能决定战局走向，因为俄国增援部队大批抵达，从新桑德茨过来，威胁第四集团军的一个侧翼和后方，迫使该集团军让出其刚以一万两千人死伤的代价辛苦拿下的地盘。[43]俄军从容前进，重新占领杜纳耶茨河东岸他们放弃不久的壕沟，使利马诺瓦之役再怎么看都是奥地利又一个惨胜。

利马诺夫之役好似从未发生过一般。康拉德从柏林呈报博尔弗拉斯，坦承在利马诺夫或任何地方都未取得"决定性"的成果；"俄军能以生力军打掉我们每次的攻击"。一如俄军先前用桑河将德军与奥军隔开，这时俄军用杜纳耶茨河发挥同样的作用。康拉德抱怨道："他们被钉死在一岸，我们被钉死在另一岸。"[44]但他辖下的师级部队，这时大部分只剩数千兵力或更少。第六皇家步兵营发现，七月起注入的一千九百名官兵新血，十二月时已死、伤、被俘共一千一百人。[45]十二月十七日冒雨巡视战场时，某奥军参谋写下该地的破败荒凉："壕沟往四面八方延伸，每道壕沟里都积满水。战场上散落各种东西：炮弹弹壳和子弹壳、故障的步枪、背包、刺刀、帽子、头盔、衬衫、马铃薯、拆下来当掩护物的木门、烧掉的房子、啜泣的农民、漂浮在壕沟里和整条马路上狼藉的尸体、插了木头十字架的墓、马尸、被数千双靴子踩过的田、倒地的电话线杆、被炮弹炸开而干草外露的谷仓——悲惨又混乱的景象。"[46]

到了年底，奥军仍被困在杜纳耶茨河（距克拉科夫仅五十六公里）往南到喀尔巴阡山脉一线。战事已停滞，参谋在每日战情报告里写上"一如昨日"。士兵也困在岗位上受冻，除了用来包冻伤之脚的纸（丹克尔在备忘录里细心记下，"能拿到的只有薄纸片"），没其他补给。[47]第二集团军的第三十二师已经累垮，康拉德不得不放他们两个星期假，但该师师长回前线时却无感激之意。他指出："我们休假全待在帐篷里，不是下雨就是下雪，还染上霍乱。休假根本是骗人的，没使我们变强，反倒变弱。"[48]

俄军无精打采盯着对面苦不堪言的敌人。有位俄国军官写道："灵魂像刺猬，在我们里面缩成球状；表面上看我们处变不惊，内心里我们却在冬眠。"[49]奥地利最精锐的部队，例如维也纳的第四条顿骑士团首领步兵团，士气未失，甚至进攻，但都以惨败收场。第四条顿骑士团首领步兵团驻守沃多维采（Wodowice）的某营，强攻对面的俄军壕沟。士兵服从命令上刺刀冲锋，穿过约两百米纵深的敌军火力扫射场（营长难过报告，"阿尔特里希特中尉伤重不治，弗里德里希中尉胸口中枪"），闯进俄军壕沟，与壕沟里三百俄军短暂混战，然后理解到就在视力可及之处，在他们以如此惨重代价夺下的壕沟之后，有另一道俄军壕沟。他们的报告坦承："我们既无力进攻新壕沟，又不能留在旧壕沟里，所以撤退，我们深信已尽到职责，取得该日应有的战果。"[50]

但是，有什么战果？为什么辛苦打这场仗？大部分部队行事比这支部队理性。有位接掌奥匈帝国第十九师的将军，向麾下军官发布了一份严厉的师部命令（"一些观察心得"），文中描述了一支正分崩离析、军服肮脏、步枪生锈、不向长官敬礼、一有机会就装病逃避差事、军纪荡然、消极被动的军

308

队。[51]这个奥匈帝国师最后会拨给德国人，以充实德国的南集团军，即法尔肯海因所批准成立，以坚定失去斗志之奥军信心的一支新军队。一九一四年圣诞节，弗里德里希大公收到他的圣诞礼物，即又一次撤退。这次撤退使哈布斯堡王朝军队退到了喀尔巴阡山脉边。第一、第四集团军仍待在克拉科夫与新桑德茨前面的杜纳耶茨河—比亚拉河阵地，但其他奥军全退到喀尔巴阡山脉：第三集团军部署于杜克拉山口两侧，司令部设在卡绍（Kaschau，斯洛伐克语称科希策/Kosice），第二集团军部署于恩格瓦尔（Ungvár，乌克兰语称乌日霍罗德/Uzhhorod）周边，南集团军司令部设在穆卡奇（Munkacs，乌克兰语称穆卡切沃/Mukachevo），弗朗译－巴尔丁的暂编兵团位于马拉马罗斯－锡盖特（Maramaros-Sziget，罗马尼亚语称锡盖图－马尔马切伊/Sighetu Marmatiei）。

309　　换句话说，哈布斯堡王朝军队正缓缓退入匈牙利，这与他们所应走的路——挺进俄罗斯——完全背道而驰。弗里茨尔和康拉德为一连串没完没了的败仗大为难堪，重施他们在伦贝格的故技，指责麾下部队"未能执行计划周详而本该会成功的作战行动"。康拉德甚至不愿听前线部队的一连串辩解："总司令部无法理解，数日来我们的部队怎会让自己在大雾中遭俄军奇袭、打败，而非反过来利用大雾奇袭、打败敌人。"[52]但部队清楚原因；他们撑不下去了。这时每个奥地利军人都受到怀疑，不管是被怀疑怕死、装病，还是替敌人刺探情报。来自奥匈军总司令部的定期公告，提醒所有官兵留意在奥军前线后方到处走动的俄国特务："有些特务在左腋窝下面文了一条鱼，有些特务在脖子上印了一个俄国十字，还有些特务的军服上，有一只纽扣后面刻了'Vasil Sergei'字样。"士兵获告知留意其实根本不存在的人物："有位俄国上尉参谋名叫卢布诺夫，他开车四处跑，黑发，长得帅，体格健美，通常是平民打扮"，或"有个俄国人，讲得流利的波兰语，脸白，带聪明相，蓝眼，金发，戴围巾，穿黑外套；据信在我们第十一军周边活动。"[53]

弗里德里希大公责备麾下将领，在步兵于前线遭屠戮时，自己在后方毫无作为。他怒叱道，"师长必须亲临战场……不该待在遥远后方用电话与下属军官联系。"弗里茨尔以恳求口吻说，绝不可让奥匈帝国的士兵"觉得师长待在安全的后方……不管他们死活"。他要将领在前线领军，组织侧翼攻击，阻止自杀式的正面强攻。[54]

他的命令不管用：战争头五个月战死了三千两百名奥匈帝国军官，其中只有三十九人是上校或将军。[55]奥匈帝国士兵受到遥远上级长官的漠视，却有时受到俄国人的搭救。有位挖壕 310 沟时中了两枪的奥地利军人，忆述他获救的过程："我受伤躺了两个小时，被一名俄国步兵发现。那人迅速包扎（我的伤口），把我扶离射击范围，让我躺在一旧壕沟里的马毯上。"[56]其他俄国人就没这么好心。有个哥萨克人在喀尔巴阡山脉附近经过一名光着脚的俄国军人和一名犹太村民身旁时，要那村民脱下他的"犹太靴"给那个军人。村民不肯，哥萨克人即要那个军人褪下长裤，然后回头向那村民说："现在给我亲他的屁股，想想你自己命好，还能活到现在。"村民乖乖做。片刻之后，三人分道扬镳，哥萨克人大笑，俄国军人欣赏他那双上好的新靴子，犹太村民光着脚。有位目睹这段迫害犹太人之事 311 的俄国军官写道："集体迫害犹太人所留下的阴影，落在我们迫害过的每个地方"，"或许有人会说这些只是'逸闻'，但它们远非逸闻，而是我们近代史上的重大史事。"[57]

极力躲避前线匮乏生活的康拉德，这时把他的总司令部从新桑德茨往更西边移，移到奥属西里西亚的泰申（Teschen），进驻弗里德里希大公位于该地的府邸和邻近的阿尔布雷希特高中。**312** 此后直到一九一七年三月他遭撤职，这个建筑群一直是他的豪华总司令部，有马厩、网球场、咖啡馆，还有丰盛餐食可享。康拉德以地理教室当他的办公室，在此研究地图，每天向弗里茨尔简报两次；除此之外，这位大公什么事都不必做。[58] 皇储卡尔大公更闲。前线军官指出总司令部大人物的生活作息基本上和老百姓没两样："我们的司令官知道怎么管，但不知道怎么领导，"第四集团军某少校写道，"司令官应该要表现出意志和人品，以作为他参谋的表率。"在泰申，这两样都付诸阙如。[59]

在泰申，佳肴美酒不虞匮乏。那里的所有开销，包括康拉德使用他的府邸，弗里茨尔都向陆军部报账请款，爱国心荡然无存。但在弗里茨尔与康拉德所弃之不顾的土地上，粮食非常短缺，致使要到加利西亚、喀尔巴阡山脉的部队报到的奥匈帝国军官，自己带食物过去。康拉德在泰申创设了"战时新闻总部"，其职责是以吹捧性的文章，例如《我们的康拉德》（*Unser Conrad*）、《我们在战场上的王朝》（*Unsere Dynastie im Felde*），为他的名声增光。编制员工名单里放进摄影师、电影制片人、雕塑家、作家（包括里尔克与茨威格）的名字，以予人重振雄风的印象，且发布《俄罗斯猎杀》（*Russenjagd*）之类的画作或《从杜纳耶茨河到桑河》（*Vom Dunajec zum San*）之类乐观的宣传小册。[60] 没人受骗。康拉德的德国联络官胡戈·冯·弗莱塔格－洛林霍芬（Hugo von Freytag-Loringhoven）

将军向法尔肯海因报告，康拉德的军队是"一碰就破的工具"。奥地利的师级部队，兵员少到只有五千人或更少，连级部队少到只有五十人。有作战经验的奥地利军官大量战死，乃是一大"灾难"。俄国人吹嘘他们俘虏了数万奥匈帝国官兵（相对地只俘虏了两千德国官兵）。评估过这支破败的军队后，兴登堡向德皇抱怨，他不得不倚赖"一支优柔寡断、战斗力差的奥地利军队"[61]。

逃离战区的犹太人

一九一四年晚期，趁俄军还未到，逃离家园的加利西亚犹太人。

犹太人在俄罗斯帝国内受迫害且常受到俄国士兵虐待，得知俄军要来，即收拾能带走的家当逃难。有位俄国军官写道："集体迫害犹太人所留下的阴影，落在我们迫害过的每个地方。"

照片来源：Heeresgeschichtliches Museum, Wien

在维也纳，博尔弗拉斯从康拉德处得知，东线战事已无指望。在附近的某个红十字会医院里，有个记者难过地看着一名刚从波兰回来的奥地利军人死亡。绿脓从大腿处的伤口流出，这个军人无助地躺着，让医生划开感染部位，排干恶脓："这个病人先是喘着气，然后呻吟，接着嘶哑地一声大叫，然后他完全控制不住自己，开始可怕的尖声急叫，像狗一样。"[62]精疲力竭的军医开始把士兵称作"脓槽"。而俄国人在人力这项必不可少的资源上拥有三比一的优势，一百二十个俄国师（每师十六营）对抗六十个奥匈帝国、德国师（每师只十二营）。

313

弗里德里希大公与康拉德在泰申

奥匈帝国士兵在前线受苦时，弗里德里希大公（左）与康拉德（右）却在弗里德里希位于泰申的西里西亚府邸里设立了豪华的总司令部。哈布斯堡王朝军队于东边一百二十公里处垮掉时，据军官记载，这两位司令官仍维持老百姓般的生活作息（小睡、漫长的午餐、散步、读报数小时）。

照片来源：Heeresgeschi－chtliches Museum，Wien

康拉德窝在他位于泰申的别墅里，开始奇怪地执着于形式上的尊卑。凡是可能让人觉得他隶属于德国人的场合，他都拒绝出现。法尔肯海因邀他到柏林讨论战略事宜，他说在泰申有要事要办，婉言拒绝，然后派了一个少校代他出席。此举的羞辱意味鲜明，而德国人也这么认为。在梅济耶尔的德国总司令部，奥地利联络官施蒂尔克大为惊骇："在康拉德的这一举动里，我开始看到欲保住德国这个盟邦和我君主国的利益所不可或缺的良好关系是不保的。"施蒂尔克将此事呈报博尔弗拉斯，后者承诺着手损害防控。在德皇走访东部战线十天期间里，康拉德前去布雷斯劳会晤德皇，在那里他也不肯和法尔肯海因谈正事，还向一脸不敢置信的德国人解释道，他纯粹是以弗里德里希大公随员的身份，不是以奥匈帝国参谋总长的身份前来。[63]

此刻，康拉德本该与德国人从长计议确立大计，不该藏身在弗里茨尔的行馆里，但即使德奥两国的总司令部关系改善，恐怕也改善不了奥匈帝国军队的战斗力。贝希托尔德担心德、奥两国已没有共同的奋斗目标。维也纳打俄国人，柏林打英国人，对伊普尔突出部投入超乎比例的大量资源，甚至考虑从海空入侵英国。一九一四年十一月时，德国人已杀死、杀伤或俘虏英国远征军三十万兵力的三分之一，推测伦敦不久后就会因撑不下去而垮掉。[64]奥地利外交官则没这么笃定。他们谈到德国总司令部里非理性的仇英心态，谈到海军元帅阿尔弗雷德·提尔皮茨（Alfred Tirpitz）所组织的陆海战将把宝贵资源从东部战线移到西部战线。[65]德奥七月时张开双臂欢迎的这场大战，此刻正渐渐失控，已几乎失和的德奥两国面临可能输掉战争的险峻情势。

314

第十三章 以塞尔维亚为献礼

315 　　奥匈帝国连连败北的战略性冲击和政治上所受的羞辱，何者较严重，很难说得准。从战略上看，哈布斯堡君主国已是一团乱，凡是它与敌人交过手的地方，都被捅出大洞，汩汩流血。由于塞尔维亚军队一直未收手，奥匈帝国的东南边界仍然不得安宁，其与盟邦奥斯曼帝国的陆上联结，也在多瑙河对岸戛然而止。维也纳一再显露的软弱无能，使其更难以将中立国拉拢进德国阵营。如果塞尔维亚继续捣乱，意大利会生起开辟反奥第三战线的念头。立场偏向协约国阵营的罗马尼亚和希腊，会更进一步倒过去。如果大奥地利连小塞尔维亚都打败不了，那么因在第二次巴尔干战争中被塞尔维亚夺走土地而理所当然与奥地利结盟的保加利亚，还会冒险加入同盟国阵营吗？[1]

　　波蒂奥雷克九月入侵塞尔维亚期间，奥军在塞姆林（塞尔维亚语称泽蒙）某废弃书店发现的一张地图，暗示了奥匈帝国如果没办法打倒俄国和塞尔维亚会面临什么样的下场。这

316 张地图名为《欧洲的新瓜分》，复制自俄国某报纸，在塞尔维亚广为销售；地图上，德国解体为北邦联和南邦联，奥匈帝国消失，其东部诸省给了俄国、罗马尼亚、捷克、匈牙利，其南部诸省给了塞尔维亚人和意大利人，而塞尔维亚人拿到最大一块：从希腊边界往北到南匈牙利，往西到亚得里亚海，全归塞尔维亚。[2]

　　为免落得这一下场，弗朗茨·约瑟夫皇帝已批准第三次入侵塞尔维亚。十月中旬，奥地利在这时已很熟练地在萨瓦河、

德里纳河的河湾处集结二十万大军，再度攻入塞尔维亚。波蒂奥雷克自信满满地宣告："第五、第六集团军的将士，此战的目标——彻底击败敌人——就快达成。"他避谈八月、九月两次失败的入侵，只谈这次更有可为的入侵，预言"三个月的战役就快结束；我们必须在冬季来临前击溃敌人的最后抵抗"[3]。

这是这些年来塞尔维亚人打的第三场战争，他们已终于耗尽库存的炮弹，且没什么希望从盟邦那里得到重新补给，因为盟邦很难将军火或其他任何物资运到四面不环海的塞尔维亚。光是出于这一点，这场入侵，对塞尔维亚来说，就情势险峻。塞尔维亚的诸战斗部队，经过不间断的作战，兵力已都少掉一半。十月二十七日，塞尔维亚第二集团军司令官无助地望着进逼的奥军，打电报给普特尼克："我们还需要炮弹，敌人炮轰我们的壕沟，我们没东西可还击；我的兵在如此攻击下会性命不保，而我没有预备队来替补，没有炮弹来阻止伤亡上升；我觉得无能为力，束手无策，要求卸去此司令官之职。"普特尼克否决他的要求，要他的所有部队尽可能力撑再撤退，但此季节撤退，比夏季撤退难上许多，因为秋雨已使泥土路变得泥泞不堪，会使火炮和四轮马拉货车深陷其中动弹不得。[4]

在维也纳和萨拉热窝，奥匈帝国高官把得胜视为势所必然，开始规划战后的大变革。要占领贝尔格莱德，要把塞尔维亚当成劫来的宝物，用于扩大奥地利版图和收买巴尔干半岛的中立国。罗马尼亚人将会得到此王国的东南角，奥地利人将并吞斯库塔里（阿尔巴尼亚语称斯库台）、都拉佐（阿尔巴尼亚语称都拉斯），以及摩拉瓦河以西的所有土地，并着手拆散"所有塞尔维亚成分的紧密的民众"。这些"紧密的民众"——塞尔维亚居民——将被移走或被奥地利的"殖民者"稀释，殖民

317

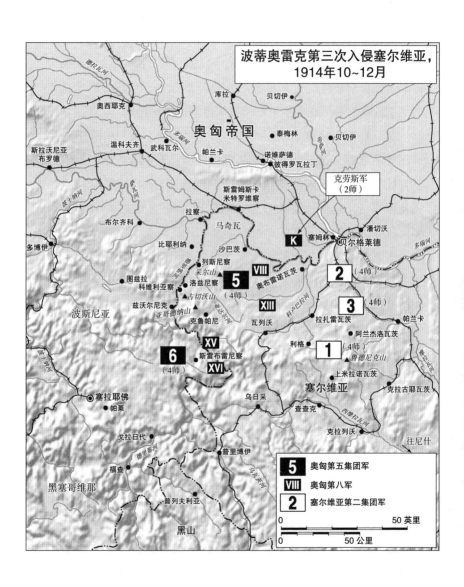

波蒂奥雷克第三次入侵塞尔维亚，
1914年10~12月

奥匈帝国

德拉瓦河
奥西耶克
库拉
贝切伊
斯拉沃尼亚
布罗德
温科夫齐
武科瓦尔
帕兰卡
泰梅林
贝切伊
多瑙河
帝萨河
诺维萨德
彼得罗瓦拉丁
萨瓦河
克劳斯军
（2师）
波士纳河
斯雷姆斯卡
米特罗维察
布尔齐科
拉察
马奇瓦
多博伊
比耶利纳
沙巴茨
塞姆林
贝尔格莱德
潘切沃
多瑙河
图兹拉
科维利亚察
列斯尼察
采尔山
8
VIII
奥布雷诺瓦茨
2
（4师）
5
亚得里亚河
洛兹尼察
古切沃山
（4师）
XIII
科卢巴拉河
3
（4师）
瓦列沃
波斯尼亚
兹沃尔尼克
亚哥德纳山
克鲁帕尼
拉扎雷瓦茨
帕兰卡
阿兰杰洛瓦茨
1
（4师）
利格
鲁德尼克山
XV
6
（4师）
斯雷布雷尼察
XVI
上米拉诺瓦茨
克拉古耶瓦茨
德里纳河
塞拉耶佛
帕莱
塞尔维亚
乌日采
西摩拉瓦河
查查克
往尼什
戈拉日代
克拉列沃
德里那河
福查
普里博伊
利姆河
乌瓦茨河
黑塞哥维那
普列夫利亚
黑山

5 奥匈第五集团军

VIII 奥匈第八军

2 塞尔维亚第二集团军

0 _____ 50 英里

0 _____ 50 公里

者将"改变（此地区的）心态"，"使塞尔维亚（在观念上）
更为哈布斯堡"，而较不塞尔维亚。财政部某部门主管、波斯
尼亚－黑塞哥维那实际上的行政首长，路德维希·塔洛齐
（Ludwig Thallóczy），十月下旬致函波蒂奥雷克，建议于战场上
击败塞尔维亚王国后，立即"以强势手段将塞尔维亚人西欧
化"。[5]

波蒂奥雷克为击败此王国所拟的作战计划，没有出奇之　318
处：从北、西两边合攻，目标指向自七月起即是塞尔维亚首都
又是军队重要运输中心的尼什。波蒂奥雷克的左军，第五集团
军，将攻向瓦列沃和科卢巴拉河一线；其右军，第六集团军，
将要再度挺进亚哥德纳高地，从南边包抄科卢巴拉线。尼什坐
落于摩拉瓦河谷，是驶往君士坦丁堡之东方快车的大停靠站，
南北移动之塞尔维亚部队的重要交会点。尼什也是附近克拉古
耶瓦茨（Kragujevac）兵工厂所生产之塞尔维亚军火的发配中
心。若攻下尼什，奥地利将把此王国一分为二，使分散各地的
塞尔维亚军队形同失去武装。奥地利将领克劳迪亚斯·齐布尔
卡（Claudius Czibulka）于十一月九日告诉其麾下军官，"把此
次战役的目标告知士兵，且是在上场与敌厮杀之前告知他们"。[6]
尽管屡战屡败且天气日益恶化，但奥地利人不想让士气低落。
讯问过九月攻势时所俘虏的塞尔维亚人，奥地利人得知塞尔维
亚士气也在下滑。塞尔维亚士兵抱怨没吃饱或薪饷太低，抱怨
收税员"把他们家牛舍里的最后一头母牛带走"。他们嘲笑帕西
茨把国家带进战争，谈到常遭他们的"残暴军官"虐待。[7]这让
波蒂奥雷克听了很开心，似乎证明他的乐观并非胡扯。

雨水使山谷里到处是水，十月上旬起高山上白雪皑皑。费
利克斯·施瓦岑贝格亲王率预备队等在萨瓦河北岸，同情南岸

士兵的处境。"至少我们睡在屋檐下；塞尔维亚境内那些可怜的士兵露宿野外，寒冬中坐在烂泥里，一身湿，那肯定很苦。"[8]最苦的可能是伤兵，他们无法在撤退后被送到烂泥公路边的医院，而是被丢在农舍里，躺在麦秆堆上，痛得扭动身体。数千伤兵遍布于塞尔维亚的乡间小路上，只要曾爆发战事的地方就有他们。伤寒透过奥匈帝国骑兵的粪便传入塞尔维亚，最终将夺走塞尔维亚三分之一人的性命。眼下，伤寒在军队里大肆蔓延，染上者也都被弃之不顾。即使四轮马拉货车上有空位，也不让伤寒患者上车，怕传给健康的人和污染补给品。[9]

319

由于兵员、火炮、弹药、粮食样样都快耗尽，普特尼克将军这时宣布："我们唯一的战略，就是用塞尔维亚的烂泥把敌人的战斗部队与其补给隔开。"[10]奥军往泥淖高歌猛进，最初取得了八、九月时他们只能梦想而无缘实现的那种推进成果。攻陷萨巴茨，也攻陷列斯尼察和洛兹尼察。但这三地都取之不易，主要是因为奥地利统兵官奉命"炮弹尽可能省着点用，以便这一有用东西全运给北方面军用"[11]。第二十九师靠着一路激战才打进萨巴茨，肃清该城敌军。他们上刺刀冲向卧倒在该城铁路路堤后面向他们开火的塞军，为此死伤了数百人。哈布斯堡步兵军官不得命令炮兵开火："炮弹短缺，只有炮兵军官有权决定要不要开炮。"[12]但第五集团军至少渡过了萨瓦河和德里纳河，开始往南边、东边进攻。

霍夫堡宫大为高兴，博尔弗拉斯发文给波蒂奥雷克，说他认为塞尔维亚人一旦再与奥军"正面对决"就会垮掉。[13]以克罗地亚人为主体的第十六步兵团，在十一月一日真的与塞尔维亚某部队正面对决时，该部队军官下令进攻，但塞尔维亚士兵却抗命。"你们自己怎么不进攻？"有人无意间听到抗命的塞尔维亚士兵向他们的军官如此喊道。[14]奥匈帝国搜集到的情报充斥以下的好消息：塞尔维亚兵力只剩最后的二十万；塞尔维亚士兵已在尼什哗变；部队已由最后的预备队组成；军队已无步枪可用；已开始征召六十多岁的人入伍；较年轻的塞尔维亚人都已战死或受伤。[15]

法兰克的第八军从萨瓦河与德里纳河的肘状弯处攻入塞尔维亚。他的第十三军在洛兹尼察渡过德里纳河，从塞尔维亚一后卫部队手里拿下采尔山和俯扼周遭地方的该山高原，第六集团军的第十五、十六军则在更南处渡过德里纳河，攻上亚哥德纳高地。在此，战斗一如九月时拼命、惨烈。塞军决意尽可能消耗敌军兵力，于是用火炮和机枪守卫状况好的壕沟，然后，　320十一月八日，即战事最激烈时，他们还从山上滚下原木和大石，丢掷石块和手榴弹，甚至举起信号枪朝奥地利人射击。[16]进攻的奥军士兵被岩石碎片砸伤之处，和被炮弹碎片打伤之处一样多。

先前让奥军付出惨重伤亡的克鲁帕尼、罗兹罕（Rozhan），在十一月第一个星期陷落。奥地利第七十八团于十一月六日拿下重兵防守的古切沃（Gucevo）高地。那是普特尼克部防线上最重要的一点，塞尔维亚人在那里抵御奥军已四十九天。由两百人组成的一支奥地利"冲锋连"，在拂晓前的黑夜中，利用战术奇袭渗入塞尔维亚人的壕沟，用手榴弹制服敌军，然后召唤线列步兵上前。线列步兵抢在塞尔维亚预备队前头抵达壕沟，然后将后者赶下高地，也难得地俘获大量敌军和武器：六名军官、六百名士兵、一门加农炮、三挺机枪。龙心大悦的弗朗茨·约瑟夫皇帝，欣慰于终于有值得庆祝的战果，授予该部队三百三十四面奖章表彰其英勇，赏给冲锋连每名幸存者五十克朗。[17]

对塞尔维亚的战争似乎终于转为奥地利占上风。与摄政亚历山大和总理帕西茨会晤时，普特尼克将军说塞尔维亚军队的情况很糟，甚至提到可能得与奥地利单独媾和。[18]塞尔维亚人于十一月十五日让出瓦列沃，西塞尔维亚主要的交通中枢。原打算在该地困住塞军并予以歼灭的波蒂奥雷克，虽然未能如愿，但还是在向全帝国广播的公报里得意表示："经过九天行军，走过高山、湿地，冒着雨、雪和寒冷，同时经过九天激战，勇敢的第五、第六集团军士兵已拿下科卢巴拉河一线，使敌人溃逃。"[19]

塞军退往克拉古耶瓦茨，波蒂奥雷克随之在瓦列沃跨过科卢巴拉河，把南方面军出人意料的战果归功于他本身"锲而不舍的追击"。他自认是穆拉德（译按：Murat，一三八九年在科索沃之役歼灭塞尔维亚军队的奥斯曼土耳其苏丹）再世，把塞尔维亚人打倒在地，他的马刀刺进他们背里。这时波蒂奥雷克邀记者团入塞尔维亚，以"见证这决定性的一役"。原本他为怕打败仗难堪，要记者团只能待在奥地利境内。记者团穿过马奇瓦地区抵达瓦列沃和贝尔格莱德两地周边的前线，震惊于所见景象。纽约《晚间太阳报》（*Evening Sun*）的威廉·谢泼德（William Shepheard），报道了归冷酷无情的哈布斯堡军官监管的十八座焦黑、人去屋空的城镇："他们不承认杀了妇女，但承认杀了数百个老百姓。有位匈牙利军官得意地把一根六英尺长的草耙拿给我看，说他就用它来处决人。"[20]奥匈帝国军官对下属行径的批评，似乎正证实那些令人发指的暴行为真：弗朗茨·丹尼尔（Franz Daniel）将军于十月下旬提醒他的士兵，"我们的目标是消灭敌人的武装部队，而不是消灭敌人的所有平民"。他要求不得再有奸淫、劫掠、污辱敌人尸体、虐待敌人伤兵的事情。[21]

在这同时，普特尼克正努力凑拢他最后的后备兵力，且仍在撤退，希望借由广大失土使奥军兵力捉襟见肘。奥军难得一见地聚拢数百敌人战俘，其中许多人一身平民衣着，诚如波蒂奥雷克在写给博尔弗拉斯的信中所嘲笑的，这样的打扮"较方便偷溜回家"。[22]普特尼克指示塞尔维亚军官尽可能把他们的士兵留在壕沟里；否则一旦行动，他们会逃跑。[23]接下来十几天，波蒂奥雷克把部队带过科卢巴拉河，在利格（Ljig）周边作战。

奥地利新炮弹派上用场却动辄不爆（有时多达一半不爆），但这个麻烦还应付得过去，因为这时塞尔维亚人可伤敌的火炮少之又少。[24]波蒂奥雷克的浮桥还落在后面甚远，得靠人力拉过烂泥和雪泥才能抵达前线。塞尔维亚人趁着这空档撤向克拉古耶瓦茨和阿兰杰洛瓦茨，在科卢巴拉河谷、摩拉瓦河谷之间的丘陵挖掘了新的防御阵地。

把壕沟推进到更接近敌军处时，奥军察觉到塞尔维亚农民在奥军阵地上做记号，以为他们的炮兵标出炮击目标。塞尔维亚牧羊人则会把绵羊、山羊赶到奥军壕沟前的开阔地，以标示出奥军步兵所在；把牛赶进奥军炮兵所在，以标出炮兵位置。还有些塞尔维亚人会用旗子指出奥军兵力的强弱，向左右挥表示步兵（挥一次表示一个营），上下挥表示炮兵（挥一次表示一个炮兵连）。奥匈帝国士兵从壕沟里看到此事后，把子弹顶部挖空以制造出达姆弹。口头警告，若塞尔维亚农民不听，达姆弹造成的可怕伤口，或许就管用。[25]

322

哈布斯堡军队还在为平民问题伤脑筋。部队奉命"把所有塞尔维亚人赶到战线前面；前线之后不准有塞尔维亚人待着"。如有村子向塞军打信号以通知奥军逼近，奥军士兵奉命"烧掉全村"。看到塞尔维亚游击队员，当场击毙。但这时，几乎每个塞尔维亚正规军士兵都可能被当成游击队员，因为他们全没穿军服。有位刚从普热梅希尔来到奥地利占领之塞尔维亚地区的美国记者，描述了这场塞尔维亚战争的"兽行"。与俄罗斯战线上的暴行相比，这里的暴行到处可见，且也比他在比利时亲眼看到的德国人暴行远更恶劣。这位美国人把这归因于"奥地利人独有的仇恨塞尔维亚心态"。奥地利人对待塞尔维亚老百姓和战死敌军的作风，令他印象特别深刻：前者常遭骚扰、杀害，后者则被拖到敞露的壕沟里任其腐烂，不予埋葬或行葬礼。[26]

奥地利第四山地旅在右侧猛进，未遭抵抗就拿下乌日采，缴获三百箱步枪弹、数堆炮弹、数百支步枪。[27]有位塞尔维亚传令兵大雾中误闯进奥军壕沟时，表示松了口气："谢天谢地，反正我是迟了，他们会因为迟了把我们枪毙。"[28]其他塞尔维亚战俘则对这王国的前途很悲观：兵员、火炮、粮食都快耗尽。炮兵连惨到一门炮只有六枚炮弹可用。上级已命令塞尔维亚部队抢本国村子的粮食喂饱自己，勿把村子粮食留给即将到来的奥军。在那些村子里，每两户就有一户在服丧，三分之二的妇女穿着寡妇丧服。经过奥地利三次入侵，这个国家的人民犹如几乎整个被杀光。[29]

323　　柏林的《北德总汇报》（*Norddeutsche Allgemeine Zeitung*）于十一月二十一日欢欣鼓舞地报道："奥匈帝国部队正施以重击；他们已把塞尔维亚人赶离德里纳河边，已深入该国内地。"《本地万象》（*Lokalanzeiger*）高呼，"我们的奥地利兄弟无役不胜”；"塞尔维亚军队已被消灭三分之一"。[30]十一月下旬很少出现在该区上空的奥地利飞行员，大概见到一道带土色的蓝灰色长龙，从北边的奥布雷诺瓦茨一路往南绵延到乌日采，那是奥军挺进的身影。阿兰杰洛瓦茨是奥地利诸集团军的枢纽，同样也是塞尔维亚诸部队的枢纽：奥地利第五集团军和塞尔维亚第二集团军位于该城北边，奥地利第六集团军和塞尔维亚第三、第一集团军位于该城之南。俄国人、法国人、英国人先前已把公使馆从贝尔格莱德迁到尼什，这时则完全撤出塞尔维亚，撤到索非亚。在那里，俄国外交官恳请保加利亚人站在反奥一方参战，保加利亚人漂亮回道："但我们于一九一二年为你们打土耳其人，结果我们所得到的，乃是看着马其顿地区送给塞尔维亚和希腊。"[31]

塞尔维亚遭完全孤立；弗朗茨·约瑟夫皇帝认为这场战役已大势底定，十一月二十四日任命斯特凡·萨尔科提克（Stefan Sarkotic）将军为塞尔维亚行政长官。[32]这位将军曾任克罗地亚萨格勒布军区司令，上任后可望以铁腕镇压塞尔维亚的民族主义：逮捕民族主义分子，禁用塞尔维亚国旗，废除东正教会的宗教自主地位，关闭修道院，要东正教学校的教育脱离宗教影响（但天主教学校当然不在此列）。[33]贝希托尔德欢欣鼓舞，认为拿下瓦列沃代表"我们与塞尔维亚的战争已走到一重大转折点"。[34]波蒂奥雷克得意于自己的成就，要求召开大型奥匈帝国首脑会议，以决定如何将他所"征服的塞尔维亚"分而治之。[35]不消说，这位南方面军司令官，在情势最不利的时刻，未留意于该正视的发展。他已打算将塞军围在科卢巴拉河边，却又愚蠢地要已过度伸展的第五集团军左翼大幅度迂回，以把塞尔维亚首都也拿下。波蒂奥雷克很想在十二月二

324 日，老皇帝登基六十六周年纪念日那天，"把贝尔格莱德城和要塞献给陛下"。"我打算以第五集团军拿下贝尔格莱德，第六集团军则绑住敌人主力，"波蒂奥雷克于十一月十九日发文给麾下诸将。[36]

波蒂奥雷克该采信克劳塞维茨的原则，集中全力对付塞尔维亚"主力"，不要管贝尔格勒，但他没有。疾病和战斗已渐渐压垮他的部队，营部报告他们在山区挺进的情况时说道："我们出击时有四百二十四人；三天后我们拿下这座山丘，但为此损失一半兵力。"[37]但波蒂奥雷克始终是个敏感易怒、缺乏自信的人，这时渴望得到贝尔格莱德能给他的喝彩。波蒂奥雷克描述了塞尔维亚流亡政府里的"恐慌"和日益不服帕西茨与激进派的心态。道路上挤满难民、失去斗志的塞尔维亚士兵大量逃亡，波蒂奥雷克这么说。有位在尼什的奥地利特务报告，塞尔维亚士兵穿不暖，处境悲惨，唯一的冬季军服乃是俄国人"在东部战线捡来"，转交给塞尔维亚人的"血渍斑斑的德、奥破烂衣服"[38]。

首支进入贝尔格莱德的奥地利部队，是由克罗地亚人组成的第六团，但遭到自家火炮轰击，因为奥地利炮兵没料到自家军队会这么快就到。第六团派一个班进入卡莱梅格丹（Kalemegdan）护城城堡摘下塞尔维亚国旗，结果手边没奥地利旗可用，于是竖起一面白旗。奥军就如此顺利攻下贝尔格莱德，第六团军官一脸狐疑地向长官表示："街头到处响起'弗朗茨·约瑟夫万岁！'的叫喊声。"[39]为庆祝拿下贝尔格莱德，维也纳四处悬挂旗帜、灯饰，办音乐会，游行，在市中心张贴一面大海报，上面写着"敌人塞尔维亚的首都已落入我们手里！"

德国数个城市也庆祝此胜利，奥地利驻慕尼黑公使报告，哈布斯堡公使馆前有欢欣鼓舞的民众，他的窗户底下出现数群巴伐利亚学童，可爱地唱着"哈布斯堡王朝的胜利旗帜，史上第四度飘扬在贝尔格莱德上空"。这位奥地利外交官高兴地说道："这里的军界和报界认为最值得大书特书的，乃是此事的战略意义：贝尔格莱德是奥地利的安特卫普，既是防卫堡垒，也是整个军队日后作战的基地。"通向萨洛尼卡与君士坦丁堡的门户，原来因为塞尔维亚人的反抗而封住，如今终于打开。[40]事实上，维也纳想着战后永远控制贝尔格莱德：一个现代要塞，扼控多瑙河的要地，由奥地利经营通往中东的东方快车，一座重建的城市。"重建"至关紧要，因为贝尔格莱德已沦为废墟，其多瑙河河岸的码头已付之一炬，其主要建筑已被奥地利炮火轰成瓦砾堆。[41]

波蒂奥雷克大出风头，乐不可支。他吹嘘道已杀死至少三万塞尔维亚人，"顶多只剩八万人"。[42]他的部队不只杀军人，也屠杀非战斗人员。生于德国的塞尔维亚将领保罗·尤里西奇·斯图姆，记录了他在行经之地看到的奥匈军队暴行：男人、女人、小孩用绳子绑成一串，形体遭毁损，然后遭"可怕屠杀"；女人被活活剥皮或切下双乳。惊骇不已的尤里西奇－斯图姆呈报司令部，"农民说这种景象到处可见"。列斯尼察的塞尔维亚军官报告，小男孩遭吊死或射杀，女人遭强暴，沦为奴隶。[43]已在战前揭露马扎尔化恶行的塞顿－华森，这时开始在英国为塞尔维亚人募款，他的代理人在英国城镇街头和电车上四处走动，为塞尔维亚救难基金募捐。[44]

波蒂奥雷克大出风头的同时，康拉德失宠，而康拉德的失宠令这位巴尔干方面军司令官时时刻刻都喜不自胜。皇帝发了一封私人感谢函和一面奖章给波蒂奥雷克；萨拉热窝的元老以他的名字作为街道之名，甚至派系倾轧不断的布达佩斯议会封他为匈牙利的救星。博尔弗拉斯的副手斐迪南·马尔特勒（Ferdinand Marterer）将军，从霍夫堡宫被派去记下波蒂奥雷克的宏大计划。波蒂奥雷克向马尔特勒耳提面命："此刻我们得决定当强制缔和时，我君主国要并吞塞尔维亚哪些地方。"波蒂奥雷克想要"贝尔格莱德、萨巴茨、整个马奇瓦地区，以及德里纳河、萨瓦河下游、从贝尔格莱德到奥尔绍瓦（Orsova）这一段的多瑙河，塞尔维亚一侧河岸上的制高点"。马尔特勒记下波蒂奥雷克的想法，带回霍夫堡宫。[45]

但波蒂奥雷克不知道普特尼克在耍他。攻下贝尔格莱德后，波蒂奥雷克继续以已经捉襟见肘的兵力深入塞尔维亚。他的官兵穿着磨光露底的军服跟跄前进，穿过愈来愈浓的雾、雪和愈来愈深的烂泥。波蒂奥雷克"锲而不舍的追击"，意味着他的官兵没时间休息，没时间晾干他们的靴子，乃至没时间吃顿热食。[46]第九师报告，"我们的病号愈来愈多"，"急需外套和Baschlik"，Baschlik 指的是一百年前哥萨克人在俄罗斯雪地上追逐入侵的拿破仑军队时引进的毡制风帽。但不会有这种风帽，也不会有外套。哈布斯堡君主国的每样东西，包括纺织品，都快用光，只能提供部队纸衬衣和纸袜，"耐用两天至一星期"。奥地利军官还接到无君子风度的命令，要他们脱掉塞尔维亚战俘的外套，给冷得发抖的哈布斯堡士兵穿。军人获告知拿禾秆或粗麻布袜包鞋子御寒。许多奥地利部队抱怨赤脚行军（鞋子已碎裂），睡在高低不平的地方，连生火煮饭或取暖都没办法。[47]

第六十九团的匈牙利人，十一月二十四日从他们位于巴伊纳巴什塔（Bajina Basta）东边的壕沟报告："情况没变"，"我们整夜开火，他们还击；雨下很大且没停，非常冷。"[48]有些部队不得不走下山，进入山谷避寒。奥地利后卫部队穿着用禾秆包住的鞋子跟跄前进，发现前线士兵丢下机枪、炮弹、子弹，以免还得拖着它们穿过泥地、雪地。第八军某奥地利二等兵描述了官兵的绝望："地形很恶劣，我们没有储备，军人有自杀念头。"[49]山谷中的烂泥和高地上的雪，使重要补给无法送达。草秣吃光，马匹死去，从而更难运粮食、弹药、火炮到前线。一个又一个军官从他们荒凉的山顶哀叹道："没有补给，没东西可买。"有位将领十一月二十五日写道，第九师的"情况糟糕"，"接连遇上让人很不愉快的事：浑身是血的伤员、发臭的尸骸、坏掉的四轮马拉货车、浑身是干硬泥块的士兵。这还要多久？"一半的奥匈帝国骑兵徒步打仗，因为坐骑已死。[50]

奥地利死伤清单上多了一个新分类："无法行军的、不堪用的。"不久，这一类人开始多过丧命者、受伤者、失踪者。在尼什受某位美国外交官访谈的奥地利战俘透露，被俘前几天里，他们只吃了梨子，喝了水，没吃其他东西。有位奥地利军官写道，"军方领导阶层要我们送命"，"我们不断打仗已经打了一个月，赤脚，没面包吃，靠吃马肉活命"。[51]四轮马拉货车和双轮弹药车都被困在烂泥里，士兵除了得背平素要背的东西，还得背炮弹和其他军需品。

波蒂奥雷克不为所动。他已进驻更接近前线之处，即洛兹尼察附近科维利亚察（Koviljaca）温泉疗养地的五星级饭店，且为最后阶段的作战取了振奋人心的代号"最大奥林匹斯"（Max-Olymp）。他无法忍受部队指挥官要求休息或索要毯子。他在他的舒服办公室里，温暖的火炉边，拟了结束战争的最后一击。他要派第十五、第十三军渡过利格河上游，夺取拉扎雷瓦茨（Lazarevac），将仅存的塞尔维亚军队困住。当克劳斯说他的官兵生病、累垮、挨饿，打不下去时，波蒂奥雷克冷冷回道："他们不是一直如此？"[52]

"最大奥林匹斯"行动终于在十一月三十日让第六集团军休息四天，但那完全是因为他想暂停战事，以赶在皇帝登基六十六周年纪念日前完全占领贝尔格莱德。原以为轻而易举的一件事，却变成长达两周累人且惨烈的战斗。贝希托尔德从维也纳祝贺波蒂奥雷克取得"杰出成就和亮眼成果"，但康拉德和弗里德里希大公从遥远的泰申批评波蒂奥雷克的作战速度："较高阶指挥官未表现出足够的干劲与勇气，削弱我们的整体情势。"[53]

康拉德和波蒂奥雷克一样窝在温暖的冬季住所里，与这位南方面军司令官一样昧于奥匈帝国军队的真实情况：奥匈军队在塞尔维亚所展现的"干劲"，就和在其最后一小块加利西亚土地上所展现的一样少。事实上，波蒂奥雷克的胜利就要化为泡影。第六集团军怀着感激的心情在科卢巴拉河边将枪支堆成三脚架，四处寻找食物、柴枝、弹药时，彼得·卡拉乔尔杰维奇国王登上鲁德尼克（Rudnik）高地激励士气，十二月二日普特尼克开始以二十万兵力大规模反攻。塞尔维亚第一集团军的三个师与第三集团军的三个师在瓦列沃会合，将奥地利的第六集团军和第五集团军第十三军打出罗扎纳（Rozana）和瓦列沃。塞尔维亚第二集团军的四个师从拉扎雷瓦茨和奥布雷诺瓦茨左右包围第五集团军的第十三军。普特尼克终于为部队重新补给上炮弹和子弹，且已把塞尔维亚王国剩下的所有后备兵力（警察、宪兵，原抽调到保加利亚、希腊边界处的部队）都调上来。从口风不紧的奥地利战俘那儿，他还了解奥地利苦撑、士气低落的程度。[54]奥匈帝国战俘与塞尔维亚审问人员闲聊时，主动透露了有关波蒂奥雷克之作战序列的情报，且是远超乎必要的大量情报。他们描述了哈布斯堡军队几近垮掉的情况：奥地利连级部队只剩一半或更少的兵力，只剩寥寥可数的军官可带兵。他们描述了波蒂奥雷克的急躁，谈到他如何在不留预备队的情况下，把兵力分布在一宽阔的战线上，以扩大追击面，把贝尔格莱德加入战利品清单。简而言之，不管是何处的奥军，都难以挡住反击；如果塞尔维亚人在一处打溃奥军，或许就会使疲累、受冻的奥军全军溃败。[55]

在这同时，尽管经过漫长撤退，尽管有奥匈帝国参谋可怕的预言，塞尔维亚人的士气仍出奇高昂。他们刚得到俄国、法国弹药的重新补给（弹药越过希腊、黑山边界辛苦运来），且补给线比奥军短，因为接近他们的主要铁路和补给站。仇恨奥匈帝国的心态，像胶水一样把他们团结在一块。塞尔维亚婴儿出生时，母亲以"科索沃之败的小复仇者万岁"问候新生儿（科索沃之败发生于一三八九年，一九一二年才得到彻底报仇雪耻），当男婴长大逃学，则受到如此责骂："你那样的行为解放不了马其顿！"[56]长大成人后，他们延续这一爱国教育。奥地利参谋仔细翻看十月下旬缴获的文件，发现一份塞尔维亚的《军人初级读本》。这本小册子无异于"一本仇奥匈心理问答集"，含有十二个训谕，包括："对谁的仇恨都不该比对奥地利人的仇恨大"，"波斯尼亚－黑塞哥维那受奴役，必须把他们从奥地利统治中解放出来"，"为让塞尔维亚国旗在萨拉热窝、莫斯塔尔升起而奉献你的一生"，"我们得像父亲恨土耳其人那样恨奥地利人"。[57]

329

在奥匈帝国医院接受治疗的塞尔维亚伤兵所表现出的坚忍，令每个人吃惊。"他们入院时浑身是土，用树枝固定骨折处，就和他们在战场上所受的包扎一样。有时髋部骨折会用树的大枝捆缚住，大枝从人的脚到腰。"[58]在战场上，塞尔维亚人的冷血同样令人注目；他们在每个地方都挖掘漂亮的壕沟线，并构筑侧翼阵地，然后躺在里面一动不动，不发出声响、亮光，不移动身子，直到奥地利人直直走进来，被他们近距离撂倒为止。"[59]

波蒂奥雷克震惊于普特尼克的反攻，打算至少守住科卢巴拉河一线，就和康拉德的军队在东部守住杜纳耶茨河一样，但事实表明，即使压低了目标，仍是奢望。塞尔维亚的第一、第三集团军攻向瓦列沃，第二集团军攻向贝尔格莱德，两军合并的力量一举将奥地利诸阵地一起攻破。这一战会打上十天，但胜败其实在头一两天就已决定。"前进，英雄们！"塞尔维亚军官爬过顶部时大喊，"相信上帝！"三日早上七点，塞军对全线发动进攻，塞尔维亚人像鬼魅般从大雾中突然现身，先是把奥地利人吓呆，然后令他们恐慌。[60]第一集团军出奇轻松地就将奥军赶出强固阵地，缴获四百一十个战俘、四门榴弹炮、一挺机枪、千枚炮弹。[61]三日在将奥军打到利姆河对岸之后，塞军接到命令要其于四日将奥军赶到科卢巴拉河对岸，结果他们不负使命。

330　　普特尼克的进攻部队在攻破奥地利前线时，他要塞尔维亚预备队和炮兵推进到更接近前线处。阿道夫·冯·雷门将军的第十三军惨到只剩一万七千人，散布在阿兰杰洛瓦茨附近十六公里长的战线上，然后被两个塞尔维亚师歼灭。塞尔维亚靠另外两个师的兵力，也大败奥匈帝国第八军；这支奥地利部队遭遇猛攻，不久就耗尽弹药，呼救补上弹药，却发现他们的弹药车队只是个空壳。士兵急如热锅上的蚂蚁，打开一个又一个双轮弹药车找炮弹和子弹，车里却空空如也。有人告诉他们弹药在瓦列沃，弹药已用火车送到那里，但未及时送到他们手上。[62]

波蒂奥雷克躲在科维利亚察温泉疗养地，噤声整整一星期。他怒骂天气作弄他，雨、雪、大雾、烂泥拖慢他的追击，然后却突然放晴。十二月四日太阳露脸，驱散大雾，使地面变干，有利于塞尔维亚人炮轰、进攻、追击。[63]彼得国王跟着第二集团军翻越锡布尼察（Sibnica）、罗加察（Rogaca）的丘陵，督促士兵上前杀敌。波蒂奥雷克的记者团，千辛万苦穿越萨瓦河与科卢巴拉河之间的荒凉土地以见证"决定性一战"，却突然被没来由赶回奥地利境内，无缘目睹、报道最惨不忍睹的溃败。[64]

在瓦列沃周边丘陵，塞尔维亚人使出全力攻打奥军，插入疲惫的奥地利诸部队间的缺口，将他们打散或使他们自行溃散。塞尔维亚人进攻、夺地的速度非常快，快到他们没有够长的电话线连接往前疾驰的步兵和后面的炮兵。丘陵上的大雾使炮兵看不清前线状况，发出的炮常打中进攻的友军，而非撤退的奥军。[65]每个塞尔维亚集团军每天都报告俘虏了数百名未受伤的奥军。第一集团军十二月五日报告，"我们缴获许多战利品和许多战俘；敌人惊慌失措"。[66]吓坏的奥地利人跌跌撞撞躲入十、十一月战斗后废弃的壕沟，躺在那里，最后也遭制服、俘虏。[67]瞠目结舌的波蒂奥雷克，从其温泉饭店下令要部队挺住。他命第十三军坚守拉扎雷瓦茨的阵地，两翼与第六、第五集团军接合，准备向阿兰杰洛瓦茨反攻。[68]

331

在塞尔维亚遭敌攻击的奥匈帝国步兵

一九一四年十二月塞尔维亚人的反攻，击溃波蒂奥雷克的南方面军。
照片中两名奥匈帝国军人受到塞尔维亚火力攻击，缩在壕沟里。
照片来源：Heeresgeschichtliches Museum，Wien

　　领兵作战从不在行的波蒂奥雷克，显然已掌握不住真实情况。科维利亚察的温泉以能打消悲观著称，或许受了这温泉的影响，他这时抱怨第六集团军"出乎意料的撤退"，使第五集团军的侧翼暴露，"就在第五集团军正准备给塞尔维亚人结束战争的最后一击时"。[69]但到了这时候，出手攻击的只有塞尔维亚人。补给品和弹药都快耗尽的塞尔维亚前线部队，轻易就将奥地利人赶出已做好防备的阵地，把他们完全赶出塞尔维亚，奥军之不堪一击，由此可见一斑。

　　这场旋风般的战斗，后来据断定从十二月三日打到十三日，并被称之为阿兰杰洛瓦茨之役（奥地利两个集团军在该332　镇会合）。塞尔维亚第一、第三集团军诸师，将波蒂奥雷克的第六集团军打出壕沟，从奥军手里拿下位于科卢巴拉河与西摩拉瓦河之间至关重要的高地。[70]奥军营级部队的兵力，有许多已降到连级程度，自知挡不住敌军，所以还未与塞尔维亚人交手就逃走。有位军官率领其营退出塞尔维亚时写道："没有友军的迹象，没有接到命令，我的士兵溃散。"[71]

十二月九日，波蒂奥雷克终于向无法置信的霍夫堡宫透露"全完了"。他再度惨败。普特尼克宣布奥地利"左军和中军实质上遭歼灭"。他惊叹于被俘的奥匈帝国官兵之众和遭弃置于各地的火炮、机枪、步枪之多。奥地利伤兵也散落各地，被撤退的同袍丢下，自生自灭。在塞尔维亚每份谈奥军的报告中，都出现"恐慌"这字眼。[72]

然后，普特尼克的第二集团军攻打拉扎雷瓦茨附近科卢巴拉河边的雷门第十三军。这时拉扎雷瓦茨是联结奥匈帝国两个集团军的枢纽。这支部队接着往北呈扇形散开，以将有八万兵力的奥地利第五集团军余部赶出贝尔格莱德。第一集团军大举翻越俯临瓦列沃的山丘，俘虏奥军五千人，一个师攻进该城，截断第六集团军的主要补给线和撤退路线。

匈牙利地方防卫军第四十二师的克罗地亚人，遭从格拉博维察（Grabovica）北边的高地击退。他们于十二月七日撤退，试图与其左边的第三十六师保住联系，于是开始透过单单一座桥渡过利格河，不料桥禁不住士兵、辎重车队、火炮重压而垮掉。塞尔维亚人出现，开始朝落水的奥军开火，引发从一个部队往另一部队蔓延的恐慌。在克罗地亚人后面排好队准备过河，由波兰人和乌克兰人组成的奥地利地方防卫军第三十师的士兵，朝四面八方溃逃，把火炮、机枪、辎重车队、弹药留给塞尔维亚人。[73]

333　　　没有一处奥军发动有效的反攻；他们的每日战情报告，意图将他们（蓝色）和敌军（红色）并置呈现以比较双方兵力的差异，报告中相当清楚地计算出他们日渐萎缩的兵力，却只以红色问号呈现敌军兵力。他们已完全掌握不了局势。奥匈帝国第五十二团在拉扎雷瓦茨掘壕固守，称"受到猛烈且惊人精准的炮火攻击"。这支由斯洛伐克人、匈牙利人组成的部队彻底瓦解，慌乱逃向后方时，把其旅指挥部冲垮。遭乱军冲垮的指挥部无法阻止部队溃退，下令邻近的第七十八团前来填补缺口，但没人找得到这支部队。有位军官写道，"他们也已弃离阵地"。[74]

　　　波蒂奥雷克的整个南方面军仓皇退往德里纳河、萨瓦河的渡河口，或退到位于贝尔格勒而仍在奥军手里的桥头堡。由克罗地亚人组成的匈牙利地方防卫军第四十二师，在拉扎雷瓦茨附近渡过科卢巴拉河时，停下来欲与邻近的匈牙利地方防卫军第四十师仓促组成后卫部队，但清一色匈牙利人的第四十师迅速通过未停下，他们的军官奇怪地坚称上级"严令撤退"，而非战斗。第四十二师跟着冒着寒雨走上通往贝尔格莱德的烂泥道路。他们的马太虚弱，拉不动火炮或辎重车，于是火炮和辎重就弃置给在此师下方渡过利格河、攻打他们侧翼和后方的塞军。匈牙利地方防卫军第四团部署在附近，也遭溃败。他们看着塞尔维亚人把壕沟挖到他们前线，挖到围住他们两侧翼，同时看到位于左右两侧的捷克人、德意志人部队撤离，于是决定自己也撤退，丢下背包、毯子、弹药袋以加快逃跑脚步。抵达萨瓦河边时，此团只剩九百人。该团七成人被列为"失踪"。

　　　萨巴茨塞满欲逃离塞尔维亚追兵的奥地利士兵。匈牙利地方防卫军第六团（在匈牙利南部征集的塞尔维亚人），奉命掩

护捷克人第一〇二团逃到萨瓦河对岸，小心翼翼走在被弃置的 334
火炮、辎重车堵住的马路上。最初他们遇到一队塞尔维亚军官
从漆黑夜色中现身，劝他们投降；有位奥地利军官忆道，"我
们开枪打死其中两人"。然后他们继续上路，前去解救快垮掉
的第一〇二团。第六团军官告诫他们手下的士兵，行军期间勿
用塞尔维亚语交谈，但他们没听进去，使得一〇二团胆战心惊
的捷克人听到他们接近，不停地开火。第六团不得不掘壕以免
死于友军之手。一〇二团的射击整夜没停。[75]

　　《晚间太阳报》的威廉·谢弗德急忙在贝尔格莱德渡河，
报道"有众多伤者和惊慌失措者，一场彻底的溃败"。有名奥
地利下级军官证实，哈布斯堡三个吓坏的军，在该地混成一
团，造成"全面且无法形容的混乱：命令未传下去，后卫部
队被弃之不顾，一如其他每样东西，火炮、弹药、四轮马拉货
车、粮食、流动野战医院、伤兵，简而言之，所有东西，遭弃
之不顾"[76]。降下的雪堵住道路，谢弗德目睹"许多军官简直
发疯"。由于军事预算不足且平时维持的军力不多，奥匈帝国
军队自一八八〇年代起一直倚赖"预备军官"——服役只一
年的中产阶级学生或专业人士——而这些新手承受不了这场战
役的压力而垮掉。谢弗德看到有个奥地利少校骑马经过一名摊
开四肢躺在路边的受伤中尉身旁，中尉朝少校喊着什么，少校
愤而拔出手枪，向中尉开了几枪（结果只打中中尉的脚）。[77]

　　塞尔维亚人从两侧翼收拢，把火力发挥得更好，缴获大量
火炮、炮弹，也俘虏护送火炮的许多未受伤官兵。塞军简单把
手往东或往南一指，要奥匈帝国战俘朝着那个方向走，告诉他
们"顺着电话线走，直到拉扎雷瓦茨为止"；又湿又冷又饿的
奥军战俘乖乖照办。奥匈帝国的战后报告，对于本国士兵投降

得那么干脆感到惊讶。舍恩（Schön）将军在其位于匈牙利的办公室写道，"整个部队被敌人俘虏，没有一点反抗，怎会这样？""塞尔维亚俘虏证实真有此事，证实我们的部队认为向敌人投降，乃是解决其困境显而易见、理所当然的办法。"无疑"没有比毫发无伤、没有战斗就被敌人俘虏更糟糕或可耻的事"。舍恩将军誓言战后调查所有返国的奥地利战俘，"以查明他们是如何乖乖被俘"。[78]但其中许多人无意战后返国。一万捷克人在塞尔维亚投降，且在不久后加入"捷克斯洛伐克兵团"，与协约国一同对抗同盟国。[79]

波蒂奥雷克原似乎胜券在握，没想到反而损失掉另一支大军的大半兵力：两万八千人死，十二万两千人伤，四万人失踪。编制千人的奥地利营级部队，惨到只剩百人或百人不到。第三十六师损失一半军官和六成士兵。第一师辖下每个旅只剩几乎不到三百人。这场惨败的奥地利幸存者，全被判定得了战斗疲劳，已打不了仗。[80]行军途中，许多奥地利士兵见到围墙、树干、小屋上，钉着以奥匈君主国的斯拉夫语草草写下的标语："已遭击败的奥匈君主国的军人！投降吧！不要再为你们的德意志人主子打你们自己的兄弟！"[81]

十二月九日，塞尔维亚人在群集于贝尔格莱德周边的第五集团军和正涌到德里纳河、萨瓦河渡口处的第六集团军之间，打开一个缺口。奥地利将领海因里希·庞格拉茨（Heinrich Pongracz）在思索此次挫败时推断，这一次挫败，一如其他所有挫败，源于奥匈帝国士兵仍把自己视为"团体的沉默一员，而非自认是负责任的个人"。他们不愿积极巡逻，轻易撤退，从未协调火炮和步兵团进攻，允许后方区域塞满逃避责任者、逃兵或小偷，例如中尉阿瑟·费舍尔（Arthur Fischer）因从绝

望的农民那儿偷走数十只鹅和猪，以及强行闯入撤退沿线的教
堂偷窃圣像、圣餐杯、烛架、家具，坐了五年牢。[82]

　　塞尔维亚部队紧追不舍，波蒂奥雷克终于同意部队司令官
抛弃补给车队，只要撤出人员即可。波蒂奥雷克把这次溃退称
作只是"向后机动"，把两个集团军拉回多瑙河、萨瓦河、德
里纳河对岸，牺牲掉它们的大部分装备和数十门火炮。这类似
敦刻尔克大撤退，只是心态上更绝望：士气涣散、钩心斗角的
奥匈帝国人将费上一番工夫，才能从这次战败中复原。一如康
拉德，波蒂奥雷克急忙替自己辩解（"我们已连续打了一个月
的仗"）、卸责（"缺乏后备部队和弹药，使我们的战斗力大打
折扣"）。[83]

　　十二月十四日，萨尔科提克将军的新军事政府在贝尔格莱
德成立，隔天，塞尔维亚部队就夺回该城。此前，人仍在科维
利亚察的波蒂奥雷克，严令部队"守住贝尔格莱德，不然战
死"，但士兵还是撤退。上面下令逮捕传送撤退命令的电报接
线员，但仍然止不住溃逃。[84]（"有位军官嘲笑道，如果波蒂奥
雷克出现在他自己的部队里，会被枪杀。"）[85]波蒂奥雷克奋力
最后一搏，以拿破仑时代的古谚"战争中，左右大局的是统
帅，而非士兵"提醒众人。波蒂奥雷克吼道，他的士兵已成
为罪犯："逃兵、懦夫、强暴犯、杀人犯、纵火犯、小偷、恶
霸、打家劫舍者、骗子。"心情较平静时，他表示绝不可将贝
尔格莱德的失去解读为"塞尔维亚的军事胜利，而应解读为
只是奥地利疲乏的表征"。[86]

　　享受波蒂奥雷克所献上的将贝尔格莱德作为登基周年贺礼
还不到两个星期的弗朗茨·约瑟夫皇帝，未领会这差异。博尔
弗拉斯发文给波蒂奥雷克，"陛下不高兴"，而在霍夫堡宫讲

336

究稳重得体的语言里，那其实意味着"陛下震怒"。[87]德国人也非常火大。奥地利驻德勒斯登公使呈文贝希托尔德，"这里的人在问，在所谓的征服贝尔格莱德之后，怎会这么快就出现所谓的向后机动撤出塞尔维亚之事？"德皇威廉二世走访东部战线期间得了感冒和支气管炎，整个人病恹恹，听到这消息，"既惊且恼"，下不了床。[88]这一次在塞尔维亚作战的损失非常大，致使第五、第六集团军这时只能缩并为只有九万五千支步枪的一个集团军。若非塞军本身遭重创（两万两千人死、九万一千人伤、一万九千人被俘或失踪），可能早已发兵追到河对岸，进入奥匈帝国境内。[89]

337   康拉德·冯·赫岑多夫这时认为，他的名字将不会如卡尔·克劳斯战前所戏谑道的，"与每个奥地利学童脑海中德里纳河边的著名战役连在一块"。[90]康拉德痛斥来自巴尔干半岛的这最近一个"晴天霹雳"，毁掉了哈布斯堡军队仅存的公信力。由于波蒂奥雷克——与前线保持至少一百一十公里距离的城堡将军——继续为自己的调度失当辩解，把那归咎于"我们斯拉夫族的逃兵"，这种借口更令人震惊。[91]波蒂奥雷克甚至于十二月十二日呈文博尔弗拉斯，恳请再给他一支军队，再给他一次机会："我深信我能扳回一切；只要给我人、步枪、弹药！"只要四个星期，他就能做好再入侵的准备。届时塞尔维亚人将已"财力耗尽"，将撑不过第四次入侵。[92]

        但博尔弗拉斯和皇帝早听过这种漂亮话，而康拉德终于有了把对手击毙所需的武器。康拉德装出宽容大气的口吻呈报博尔弗拉斯，"如今不是找出该地事态之肇因的时刻"。此刻"我们该处理现实状况——一场无法否认的挫败——和后果：从俄罗斯战场抽不出一个人"来增援巴尔干半岛。如果波蒂奥雷克无法重振他萎缩的兵力，那么奥地利人或许得一路退回到布达佩斯处的多瑙河边，把这中间的土地全割让给塞尔维亚人。[93]康拉德说，波蒂奥雷克的领军作风"令人费解"。怎会这么快就损失这么多兵力？[94]康拉德先前曾劝波蒂奥雷克"攻入敌人心脏地带"，但此刻他睁眼说瞎话，说没这回事。康拉德谎称："眼下出人意料的情势转变，总司令部一头雾水。"[95]在梅济耶尔的德军总司令部，法尔肯海因哀叹波蒂奥雷克之败对其他战线产生不可避免的冲击，冷冷问施蒂尔克："这位将军是怎么在你们军中得到如此显赫的名声？"[96]

这一次就连霍夫堡宫都对波蒂奥雷克失去信心。他三次领兵入侵，三次搞砸，为此损失了三十万人。受最近奥地利这场挫败的鼓舞，意大利人更急欲参战反奥匈。他们基于政治、经济理由按兵不动——民意不大支持参战，意大利王国从钢、铁到弹药、化学品、木材、橡胶，什么都缺——但此刻支持参战的民意在上升，而这得部分归因于煽动家贝尼托·墨索里尼的鼓动。墨索里尼已在米兰组成"革命干涉主义法西斯"，在每个意大利城市鼓吹以示威表达参战立场。总理安东尼奥·萨兰德拉（Antonio Salandra）在国会发表演说，要求参战以削弱奥地利，"实现意大利的陆上、海上的雄心"。[97]

"我们付出如此多鲜血，从塞尔维亚人那儿辛苦挣得的所有优势，都已遭浪掷，"博尔弗拉斯如此叱责波蒂奥雷克，"你所犯下的所有过失，此刻民众看得一清二楚，而民众要最高领导阶层负起此责。"为让皇帝不致再受难堪，波蒂奥雷克于十二月二十二日连同法兰克将军一起被迫退休。波蒂奥雷克被召回维也纳与皇帝做离职面谈，结果皇帝的副官在车站月台迎接，要他继续搭车返回位于克拉根福特的老家。与皇帝的会晤"遭无限期延期"，事实上他就此未再见到皇上。波蒂奥雷克未能免于训斥，并以一八六六年丢脸下台的那位司令官自况。他写道，"一如贝内戴克，我得静静度过余生"。显然口气已不如以往那么自大。[98]

康拉德于圣诞节前夕与外长贝希托尔德会晤，以说明哈布斯堡军队的破败：最优秀的军士官兵，不是已战死，就是已因为受伤、生病或被俘而"退役"。原来的奥匈帝国军队，在各战场共损失九十五万七千人，已元气大伤：十八万九千人死，四十九万人伤，二十七万八千人被俘；剩下的，如阿道夫·冯·雷门将军所说的，"纪律糟得离谱"。军官直接呈文指挥官要求奖赏其英勇；士兵掠夺自己同胞，穿着破烂军服拖着脚四处晃荡，对自己的军官绷起脸露出威胁状。[99]

已有许多团级部队遭彻底歼灭，哈布斯堡军队愈来愈倚赖非常年轻和非常老的入伍兵。[100]奥地利于一九一四年晚期征得八十万新兵，战前十年期间被判定不适宜服役的两百三十万男子被召回以再行审查。训练很马虎，只有射击、挖壕、进攻、如下之类的陈腐说教："胜利的男人成为勇敢的男人；快乐的军人加倍可敬。"[101]这时，只有残障人士、军工业工人、神职人员、公务员得以免服兵役。许多榴弹炮、野战炮、炮弹、步枪被弃置在加利西亚、塞尔维亚的战场上，因此造成的缺口几乎是奥地利的工业所无法填补的。但由于实际可作战的士兵，在东部战线只剩三十万三千人，在塞尔维亚周边只剩十万人，所以奥匈帝国的物质需求远比平常时更低上许多。有些奥地利骑兵团没有坐骑，改归类为"徒步骑兵"，直到此战争结束，因为一九一四年损失的十五万匹马弥补不回来。泰申的德国军官议论康拉德的多疑、"宿命论"心态、"失去自信"。这时康拉德正把一切过错都归在德国人头上，称他们是奥地利的"隐秘敌人"。[102]

波蒂奥雷克在巴尔干战线失利时，东部战线的情况只变得更糟。俄国兵力这时已壮大到令人咋舌的一百七十个师，分配在五十三个军、十六个集团军里，每个集团军有二十五万人。[103]面对这东面大军，同盟国只有二十八个军六十个师。斯图加特的《新日报》（Neue Tagblatt）有气无力地声称，塞尔维亚战役的失败无碍于大局，因为哈布斯堡另一支军队的溃败，只意味着最终要把剩下的兵力用于对付俄国："塞尔维亚境内这个发展，符合最高的战略原则：集中所有兵力用于你想取得决定性战果的那个地方。"[104]这场愚蠢战役的幸存者，会于不久后被送到东部战线，而他们何其不幸的是，康拉德为了东线决战所选定的"地方"，将比他们所要离开的地方更荒凉、更令人绝望。

第十四章 雪人

奥地利最近一次战败的丑事，余波荡漾，遍及全欧。塞尔维亚已击退奥匈帝国三次入侵。德国欲"借由塞纳－马恩省河边之胜赢得布格河边之胜"的计划已失败，同盟国的军队其实既未能打到塞纳－马恩省河边，也未能打到布格河边。哈布斯堡帝国因为连连战败，死伤失踪人数上百万，似已一蹶不振。奥地利在俄罗斯战线上兵力居于劣势，在塞尔维亚又遭击溃，显然已撑不下去。这个二元君主国如果垮掉，德国大概也会跟着垮。打到现在还未能在西线取胜，柏林怎有办法在没有奥匈帝国出兵的情况下两面作战？德国人将得独力保卫东、西边界，得打破英国日益紧密的海上封锁，得击退另一个大国的军队。这一个大国评估过奥地利连连战败后的形势，已准备投入战局。

这时意大利人开始积极准备参战，德国急派新任驻意大使，一九〇九年卸下德意志帝国总理之职的、六十五岁的伯恩哈德·冯·比洛（Bernhard von Bülow）亲王赴罗马施压，以阻止意大利参战。在维也纳，贝希托尔德认为比洛定会试图以割让奥匈帝国领土给罗马，换取意大利继续保持中立。在泰

申，康拉德说出明眼人都懂的道理：奥匈帝国禁不起在俄罗斯战线、塞尔维亚战线之外，再多应付一个意大利战线。那或许是他在这整场战争里唯一切合实际的言谈。

伊斯特万·布里昂伯爵前往梅济耶尔的德军总司令部，以消弭德皇和法尔肯海因要奥地利立即把的里雅斯特、南蒂罗尔

或达尔马提亚割让给意大利，以阻止意大利参战的主张。外交情势危急，外长贝希托尔德愈来愈显得无力应付，为此，蒂萨已提议由布里昂伯爵接替其职。对一个仍喜欢自封为东边"德意志人之墙"的君主国来说，这处境何其可悲。[1]伦敦《泰晤士报》论道，"奥匈帝国常遭轻蔑，但从未像这次这么被轻蔑"，"兵败塞尔维亚，失去整个加利西亚，奥地利的政治、军事未来操在德国手中，奥地利的将领可能不久后就换成德国将领"。[2]事实上，因为一九一四年的数场战败，一九一五年开始时奥匈帝国已沦为德国的附庸。一月，奥匈皇帝派卡尔大公赴法尔肯海因设于法国的总司令部，要德国人放心哈布斯堡军队不会瓦解。[3]德国人不这么认为。德国外长发文给其驻奥地利大使，说"连差劲的塞尔维亚人都能给维也纳如此严重的打击，维也纳要何时才会看清它不可能这么一直傲慢和装模作样下去？"[4]

俄国人也从奥地利最近的战败中得到鼓舞。俄国人认为哈布斯堡军队已不足惧，于是打算在一九一五年进攻德国——入侵西里西亚，占领布雷斯劳，目标再度指向柏林，卸除西部战线盟国所受压力。为确保两侧翼安全以推进此次进攻，尼古拉大公命其右军进向东普鲁士，命其左军挺进喀尔巴阡山脉，奋力保住诸山口并将奥军逼往南边，使其进入匈牙利平原，到了该平原，奥军将无力阻挠俄军入侵德国。法尔肯海因原指望于一九一五年从东线调八至十个军到西线，以打破西线相持不下的局面，但此刻他理解到，由于奥匈帝国兵败塞尔维亚、加利西亚、波兰，那已是不可能的事。德国人被困在日益绝望的消耗战中。[5]

正在接收波蒂奥雷克南方面军破败之残部的康拉德，恳求　343

拨予真正的（即德国的）援军，但遭峻拒。一九一五年元旦法尔肯海因在柏林与康拉德会晤，称拨不出别的兵力给东线，因为他"在西线的兵力只有敌人的一半"。这场在德国陆军部举行的会面，暴露了使两盟国无法同心协力的所有积怨。法尔肯海因说："你的第三集团军，开战时打得很好，但现在一直在撤退，又退了五十公里。"法尔肯海因和其参谋要康拉德"守住既有阵地，面对东边"，不要再退。法尔肯海因还说，"你面对的俄国人不可能有那么多"，康拉德回以真有那么多。

康拉德还说，更惨的是，俄国人已填补死伤造成的兵力空缺，已用后备生力军恢复部队的完整战斗力。法尔肯海因说："我们怎么做，你就该怎么做，该用病号和轻伤士兵使你的部队恢复完整战斗力。"康拉德反驳道："我们也是这样做，但我们已打了五个月，伤亡甚大：重伤、死亡、重病的士兵人数之多，已使我们的军队破了大洞。"

法尔肯海因不表同情；他复述道，不能再撤退，康拉德带着怒气回道，"你的军队在西边开打时不也有大撤退，一路退到默兹河？"法尔肯海因反驳道，那是前任参谋总长犯下的错。康拉德嘲弄道，"但撤退就是撤退"，"你们如果真守得住，就不会撤退！"两人不欢而散。康拉德记载道："这次会面毫无所获"，"我们两人都坚持自己原有的立场；我觉得他们已帮不上我们。他说他会找鲁登道夫谈谈，再做出最后决定。"[6]

同个下午，康拉德和法尔肯海因再度见面，谈了两个半小时。这一次鲁登道夫也在场。法尔肯海因重述，他没有多余的兵力可拨给奥地利人或其他人；他已派遣重要的补充兵力到东线，正用尽"各种方法，包括带刺铁丝网和其他使法国人无

法近身的障碍物"，在西线挡住"兵力两倍于我"的敌军。德
国头一批新训部队，四个军，二月时可派上用场。三位将领争 　344
辩新训部队该如何使用效果最好，鲁登道夫和法尔肯海因一致
认为同盟国比海上协约国远更禁不起打长期消耗战。法尔肯海
因主张，"由于诸中立国和英国国力强大，我们得突围，不能
消极待在带刺铁丝网后面。我们得在某处发出一击"。

　　但康拉德、鲁登道夫、法尔肯海因，在该于何处发出这一
击上，未能达成一致见解。在法国和法兰德斯出击，只是送
死。东普鲁士离加利西亚战线太远。波兰缺乏公路和可稳当越
过重兵防守之维斯瓦河的路径。喀尔巴阡山脉太陡、太冷、太
多雪。鲁登道夫抱怨道，"我们已流出这么多德国人的血，仍
无突破性进展"。康拉德怒火中烧；后来他埋怨道，"我很想
说我们的血和你们的血等值"。经过几番讨价还价，鲁登道夫
表示愿拨三个师助康拉德。然后鲁登道夫利用对康拉德的这一
小小让步，名正言顺地要求法尔肯海因接受对德国四个新的军
的用途，提议在东线发动德奥联合攻势，以善用这股新兵力。
法尔肯海因反驳道，在冬季下雪天气下，不可能获致重大战果；
但由于未能打赢法国境内战事，他在德皇面前已愈来愈无影响
力。于是，以康拉德在喀尔巴阡山脉最后一搏的反攻，以需要
在北侧翼给予支持为理由（鉴于奥军战斗力奇差，这理由无可
反驳），鲁登道夫的东部战线司令部从西战线抢到四个军。

　　兴登堡和鲁登道夫誓言在春季融雪、天气解除白海封冻，
使美国的补给品和弹药得以送到俄国之前，解决掉俄国人。由
于波罗的海和黑海遭封锁，俄国只能倚赖通过阿尔汉格尔斯克
港输入的少量物资，而这个港口的不冻期从未超过六个月。尼
古拉·戈洛维纳（Nikolai Golovine）将军论道，"俄国成为如

同门窗都被闩上的屋子，要进去只能透过烟囱"。[7]样样东西都

345 严重不足。英国武官于一九一五年从彼得格勒（Petrograd）报告了一件令人难以置信的事：俄国整个陆军，部署在从爱沙尼亚到乌克兰的五百万人，只拥有六十五万支步枪。另有人估计俄国的步枪数只百余万支。不管究竟有多少步枪，有数百万俄国士兵几乎可以说打不了仗，只能呆呆站着，等同袍被打倒或病倒，才能把他们的枪据为己有。

俄国第九集团军的军需主任哥洛文忆道，步枪极为不足，致使西南方面军司令部指示他以长柄斧头作为他步兵团的武器，称他们为"戟兵"。[8]戟兵完全得不到炮兵掩护。喀尔巴阡山脉的某位俄国炮兵军官报告，师司令部对他的炮兵连下达了以下命令："立刻报告几天前是谁下令打十二发榴霰弹。"[9]俄国样样东西奇缺，乃是奥匈帝国能存活到一九一五年的最大因素。俄国若有充足的武装和补给，将轻易就把奥地利击垮，使其退出这场战争。但他们没有，而鲁登道夫，在俄国的虚弱里，而非奥地利的强大里，瞥见一线希望。一如德国人发动战争以"拯救"奥匈帝国，此刻他们加剧战事以重振这一君主国。鲁登道夫于一九一五年一月提醒法尔肯海因，"奥地利的紧急状况乃是我们无法预料的大变量"，[10]得将它搞定。

康拉德结合鲁登道夫所出借的诸德国师与同样数目的奥地利师，在喀尔巴阡山脉中段组成德意志南集团军。奥匈帝国的无能已表露无遗，因此南集团军由德国将领亚历山大·冯·林辛根（Alexander von Linsingen）统率。它有奥地利大集团军掩护其两侧翼，将冲出山区，解救普热梅希尔。鲁登道夫将交出奥托·冯·贝洛（Otto von Below）将军统辖的第八集团军和马肯森的第九集团军，以及从法国调来的几个新的军，即赫尔

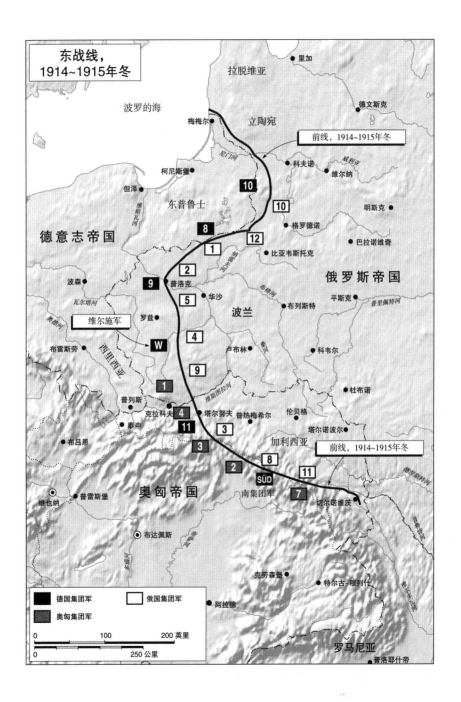

东战线，
1914~1915年冬

波罗的海

拉脱维亚

里加

立陶宛

德文斯克

梅梅尔

尼门河

前线，1914~1915年冬

柯尼斯堡

科夫诺

威利亚

维尔纳

但泽

东普鲁士

10

明斯克

维斯瓦河

10

德意志帝国

8

格罗德诺

12

巴拉诺维奇

1

比亚韦斯托克

波森

2

俄罗斯帝国

9

普洛克

布格河

瓦尔塔河

5

华沙

平斯克

普里佩特河

黄德河

罗兹

波兰

布列斯特

维尔施军

4

科韦尔

W

卢布林

维斯瓦河

布雷斯劳

西里西亚

9

桑河

杜布诺

1

伦贝格

普列斯

塔尔诺波尔

克拉科夫

4

塔尔努夫

普热梅希尔

加利西亚

前线，1914~1915年冬

泰申

11

3

维斯图拉河

布吕恩

3

8

德涅斯特河

2

SÜD

11

奥匈帝国

南集团军

7

维也纳

普雷斯堡

切尔诺维茨

普鲁特河

布达佩斯

罗斯河

德意志集团军

克劳森堡

德国集团军

俄国集团军

特尔古-穆列什

奥匈集团军

阿拉德

0   100   200 英里

0   250 公里

罗马尼亚

普洛耶什帝

曼·冯·艾希霍恩（Hermann von Eichhorn）的第十集团军，让他们一起从东普鲁士出击，以支持上述行动。

347   俄国人在维斯瓦河边有十八个军，但他们一如以往未有一致的计划。伊万诺夫和阿列克谢夫仍然主张，通往柏林的最短快捷方式在西南战线，要踏过奥匈帝国的尸骸。普热梅希尔可拿下，诸中立国可拉拢加入协约国阵营，匈牙利可入侵，使其脱离奥地利，使奥地利得不到匈牙利的粮食补给，从侧翼瓦解同盟国阵营。鲁斯基的西北战线，得到俄军总司令部里达尼洛夫的支持，力排此议，主张真正的决定性战果，只能在东普鲁士的德国人身上取得。西北战线派断言，中部波兰被德国防御工事挡住，冬天的喀尔巴阡山脉是天然屏障。据英国武官所述，鲁斯基的新参谋长古列维奇（Gulevich）将军，在这场辩论上发言不多。他"是个肥胖之人，自战争开打以来体重增加不少，因为每天下午两点至五点躺在床上休息"。[11]

尼古拉大公再度让其臃肿的兵力被双头马车的指挥权浪费掉。伊万诺夫得到喀尔巴阡山脉的三十一个师和位于维斯瓦河沿线中部平原区的另外十八个师（第四、第九集团军）。鲁斯基得到位于东普鲁士的十五个半师，罗兹周边的二十三个半师（第一、第二、第五集团军）。[12]

这些集团军无一具有能将敌人一击毙命的人力物力。俄国士兵仍然吃不饱，装备低劣，弹药供应仍时时让人无法放心。陆军部炮兵局局长库兹明·卡拉瓦耶夫（Kuzmin Karavaev）将军，某次与苏霍姆利诺夫会晤时情绪失控哭了起来，恳求这位具影响力的陆军部长"媾和，因为炮兵弹药不足"。名义上执掌兵权的尼古拉大公，对此一无所知；俄军复杂死板的规定，意味着索求装备、火炮等补给品之事，得由前线直接向人

在彼得格勒的六十六岁苏霍姆利诺夫提出，而苏霍姆利诺夫完 348
全未将收到的要求告知他人。他贪污出了名，当陆军部长期间
个人财富增加了九倍，每笔陆军合同都拿回扣，或干脆扣住公
家经费供日后挪用。军队苦于弹药不足时，苏霍姆利诺夫正坐
拥原指定用于购买炮弹、子弹但未花掉的两亿金卢布上（除
了他的随员，没人知道此事）。[13]

如果装备低劣的俄军能一路打过喀尔巴阡山脉，打进匈牙
利平原，他们将在德国与奥匈帝国被协约国封锁而开始感受到
粮食不足时，夺得同盟国的谷仓。但那终究是假设情况。由于
抽调大批兵力到东普鲁士和中部波兰，俄国在喀尔巴阡山脉沿
线只部署了四十五个师，对抗五十二个重新整编的奥、德
师。[14]

俄军欲打通喀尔巴阡山脉，受阻于地形和天气而行进缓
慢。有位俄国炮兵军官忆道，一九一四年十二月某夜，他的炮
兵连花了四小时才爬升四百米，而且是在十二匹马在前头拉一
门炮，十二人在后面推的情况下完成这样的推进。由于奥军掘
壕固守，俄军在喀尔巴阡山脉的进攻，就和先前奥军在加利西
亚的进攻一样不明智。有位俄国炮兵军官对这样的一次进攻给
予火力支持后，以不解的口吻记录下所见景象："白发团长一
手拿着电话坐在壕沟里的树桩上下达命令：一连'正面'强
攻。"他下达这命令时，心里非常清楚，不到二十五分钟，这
连里每个人不是丧命，就会断手断脚；他要其他连上前预备，
那只意味着他们会较晚丧命，而非立刻丧命。

这位俄国军官从其位于悬崖顶上的炮阵地看了此次进攻。
第一连遭击毙，然后第二连也未幸免："我看到五百人不到一
小时丧命于褐绿色的山坡上。"到了十二月下旬，俄军已开始

后撤，撤过他们不久前才拿下的艰困地形。费多尔·斯特朋中尉忆道，"这场撤退吃尽苦头"，"四周都是奥军，还有两个可怕敌人：我们将军的彻底无能和天气——结冰道路和泥泞地把我们的马累垮；它们就在路上停住，不肯再走"。斯特朋的纵队在一山村暂时停脚时，遭奥军一个炮兵连精准炮击。他们往上看，看到一名奥地利军人和一个老百姓从教堂尖塔上指示炮击地点。那个老百姓被带离时，斯特朋打量了他一番："他是个老犹太人，很老，知道自己就要死；他经过时，我瞄了他脸上一眼，不得不立刻转移视线。长这么大，我从未在人的眼睛里看到这样恐怖、绝望的神情。"斯特朋的炮兵连退出山区五天后来到桑河边，正走在浮桥上以退回东岸时，一座冰山击中浮桥，整个部队，人、马、炮、弹药车，全翻落到冰冷河水里。斯特朋论道，"似乎就连天气都和我们作对"。[15]

掘壕固守的奥地利步兵击毙来犯俄军

俄军在喀尔巴阡山脉的进攻，和先前奥军在加利西亚的进攻一样不智。照片中的场景是一九一四年十二月掘壕固守的奥地利步兵击毙来犯俄军。

照片来源：Heeresgeschichtliches Museum，Wien

为把俄军赶出喀尔巴阡山脉，在加利西亚重建一稳固据点，一月二十三日康拉德反攻，命令三个集团军进攻。其中一集团军，博罗耶维奇的第三集团军，要拿下西喀尔巴阡山脉的诸山口；林辛根的南集团军要拿下中段诸山口，而更东边卡尔·冯·弗朗译－巴尔丁将军的暂编兵团，则要攻破布科维纳以攻打俄军侧翼（此暂编团将于不久后改名第七集团军）。一如法尔肯海因所预料，在这个冰封的荒野里，别想取得重大战果，就连一向爱替自己辩白的奥地利参谋，都判定这场指向普热梅希尔的反攻（由康拉德坐在其位于泰申的舒服司令部指挥的行动），乃是"残忍的愚行"。没有弗朗茨·斐迪南把他差来遣去，康拉德终于开始展现他华伦斯坦（译按：Wallenstein，三十年战争时神圣罗马帝国大权独揽的名将）的作风。一九一五年初期，博尔弗拉斯愤愤抱怨道，"我们正受总司令部摆布"。[16]

普热梅希尔离第二次被围已有一段时日，大概在三月中旬时城中补给品就会耗尽，博罗耶维奇于是猛攻俄军壕沟。博罗耶维奇已在元旦那天让俄军夺走乌兹索克山口和该处一千六百米长的铁路隧道，这时则在夺回该山口的战斗中损失一半兵力（一月二十三日夺回）。一月二十六日，南集团军进攻，但那天只前进了一个足球场的距离，接下来每天都如此。诚如某德国军官所说，"汉尼拔的确最终越过阿尔卑斯山，但那里没有罗马人等着。而我们不只得越过高山，还得同时赶走俄国人"。[17]

整个行动有其缺陷，德奥两国集结仅仅十七万五千人和一千门火炮，对掘壕固守的俄军阵地展开一连串自杀式强攻。[18]奥匈帝国第十九师的军官想借由赋予士兵"保卫匈牙利"的

350

重任来唤起士兵杀敌之心，但该师大部分士兵对匈牙利存亡的关心更低于对奥地利存亡的关心。他们往山上攻，在及膝深的积雪里跌跌撞撞前进，每日攻打位于厄科尔梅佐（Ökörmezö）之高地上的俄国步兵、炮兵。他们接连夺下拥有上戈耳戈（Hohe Gorgon）、扎沃姆（Zalom）之类奇怪名字的战术要地，但最终还是遭击退。他们于五天后重启攻势，进攻他们曾强攻过、拿下、上个星期得而复失，由俄军控制的那些九百米高的高地。几天前雪已及膝深，这时则及腰深。连级部队打到只剩几人。奥地利第六皇家步兵营，除夕时有一千零六十九人，到了一月底只剩百人。就连精锐的皇家步兵，都无法长久承受这杀戮、雪、冰、风、死亡的折磨。撑不住而垮掉的军官多得惊人，遣送回家时，遣送单位只给出如下解释："累垮。"[19]

由新兵与后备军人组成的行军连，前来为遭受重创的奥匈帝国军队补充新血，一脸惊骇地望着战场和他们仍在硬攻防守严密之山头的死板军官。经过二月中三天的恶战，南集团军拿下卡利诺夫采（Kalinowce），但第四天即遭俄军反攻夺回。想趁黑夜进攻，成效一样差；走过雪、冰、结冻的山中小湖时，部队发出太大声响。奥地利第五师某营报告，"往俄军铁丝网走去时，冰裂的声响暴露我们的行踪"，"我们走近时，敌人照亮我们，从三方攻击"，造成五十一人死伤，七十四人"失踪"。师部担心有损本部名声，向军部保证那些失踪者已光荣战死，但他们很可能只是又冷又累，于是躲在俄军的铁丝网后，枪炮声平息时即投降。[20]有位俄国军官于一月二十一日写给母亲的家书中说，"这场战争最令人费解的地方，乃是我们渐渐不恨敌人……我想那是因为我们有同样的遭遇；我们都是被迫去做最违反人性的事：杀害同类"。[21]

约瑟夫·冯·施蒂尔克将军，奥地利派驻西部战线的军事联络官，二月来到泰申拜访奥匈军总司令部，震惊于他所受到的接待。康拉德以拉长的语调说："那么，我们的内敌，德国人，情况怎么样？那位喜剧演员，德皇，最近怎么想？"然后康拉德对施蒂尔克长篇大论，谈附属于奥匈军总司令部的德国军官的罪过：他们"四处查看"，干涉他的事，侦察他的动态，在报上谴责他，散播恶意的谣言，拿一张官僚大网套住他，使他做起事碍手碍脚。施蒂尔克告退时，怀疑康拉德精神是否出了问题，写道："他仇视德国人，紧张，太激动，疑神疑鬼。"他也是个十足的伪君子，呈报博尔弗拉斯道，他搞不懂法尔肯海因与鲁登道夫为何斗得这么凶："我个人认为，在像现在这么严峻的时刻，所有个人野心都该摆到一旁。"[22]

康拉德的副官，鲁道夫·昆德曼少校，愈来愈像是在做保姆的工作。博尔弗拉斯发文康拉德，要求这位参谋总长报告其访问柏林之事时，康拉德置之不理。昆德曼告诉他该照办，毕竟那是皇帝所要求的，但康拉德仍然不肯。昆德曼在日记里写道："他总是先说不，然后才理解到别人说得没错。"康拉德的副官为部队在山区的困境感到极为愧疚。

"更冷，雨更多，我们却把部队一连十四天部署在这脏污的环境里，他们肯定抵抗不下去了。"康拉德也撑不下去了；他得了流感，向昆德曼说他已在"鬼门关门口"。昆德曼为这人的作为感到作呕："他总是夸大其词；这里其他人也得了流感；不是只有他得，但只要是让他受苦的事，就是紧急事件；其他事，他满不在乎。"他停了一下，然后用英语说："自私鬼。"[23]

352

博罗耶维奇在喀尔巴阡山脉受到猛攻，有远比流感还更该担心的事。他表达了对康拉德进攻之举考虑有欠周详的疑虑后，从前线部队抽出一半兵力，拨给爱德华·冯·伯姆-埃尔莫利。伯姆-埃尔莫利在塞尔维亚与加利西亚之间游走，错过这场战争的许多战事，可以指望会比受苦已久的博罗耶维奇更愿意接受此战线的真实情况。[24] 不久，真实迎面扑来。二月十七日，伯姆-埃尔莫利部与第二集团军重新推进，结果在冰与雪中毫无所获。奥地利炮弹落进软雪里，未能引爆。步兵未取得战果，反倒有一半兵力（四万人）折损于寒冷和受伤。有位记者写道："你得想象雪深及膝，高地上壕沟密布，冻脂般平静的天地被尖声呼啸的炮弹、榴霰弹和嗒嗒响的机枪划破。"[25]

将领醒来时会发现，已有数百官兵睡觉时冻死，还有数百人逃亡。德国驻泰申的代表忧心忡忡地指出，数千奥地利人"未发一弹被俄军俘虏"。最糟糕者是捷克人和罗马尼亚人。有个两千人的捷克团，一个晚上就有一千八百五十个逃兵。罗马尼亚行军营向皇帝宣的誓，遭神职人员暗地废除。神职人员会力劝他们一有机会就投奔俄国人阵营。[26]

这场战役的目标——拿下喀尔巴阡山脉诸山口，解放普热梅希尔的要塞，阻止意大利、罗马尼亚参战——似乎是个残酷的笑话。每次作战前，武器都得解冻才能用。[27] 士兵简直停止了战斗。军官无法骑马去找他们，因为马在冰和积雪上走不了，而冷漠、受冻的士兵不肯行军或打仗。有位奉命被派到奥地利第十九师司令部索取奥军作战计划纲要的德国军官，觉得奥地利人实在不行："作战纲要让人觉得部队分散、七零八落……进攻力弱而小，不会有战果……整个师已瓦解为数股游击队。"[28]

在冰天雪地的喀尔巴阡山脉里戒备的奥匈帝国士兵

　　"你得想象雪深及膝，高地上壕沟密布，冻脂般平静的天地被尖声呼啸的炮弹、榴霰弹和嗒嗒响的机枪声划破。"照片中，奥匈帝国士兵在冰天雪地的喀尔巴阡山脉里戒备，等待俄军进攻。

　　照片来源：Heeresgeschichtliches Museum, Wien

　　哈布斯堡军官的报告，悲观只有过之而无不及，因为若不动粗硬逼，士兵一动也不动。士兵行经卡住的四轮马拉货车时，会不愿把它推出雪地；骑马信使向他们问路时，他们会呆呆望着，不发一语。奉命帮忙将受伤同袍搬上救护车时，他们会耸耸肩，继续往前走。奉命卸下补给车或弹药车的货时，他们会消失得无影无踪。上面要他们清除路径沿线障碍时，他们会无精打采地走开。战死或病倒的军官、士官太多，士兵变得很难管。[29]

这场山区冬季战役似乎比以往更徒劳无功，因为他们一掘完壕沟，立即受到来自左右山头的侧翼攻击。有位德国联络官发现奥地利士兵"疲累、差劲"，斯拉夫人部队"不可靠"。[30]有位奥地利将军哀叹"他的兵偷偷摸摸四处走动"，"不再敬礼，不再擦步枪，不再刮胡子或剪头发……他们穿着一身脏兮兮、破烂、不合身的军服"。他指示他的军官，"别费心教他们打仗，他们在战斗中自然会学到；该教他们服从"。[31]

凭着深厚的人力储备，俄军不断进攻，兵力日蹙的哈布斯堡军队则吃力防御。匈牙利地方防卫军第四十二师，在一九一四年三次入侵塞尔维亚的战役中遭遇最惨，这时却跟着第十三军来到这个前线。约翰·沙利斯（Johann Salis）将军三月三日对该师的评价，意在降低外界对该师的期待："只有炮兵和骑兵堪称能打。步兵的功用已降到一无可取的程度。"部队因士兵丧命而填补兵员已太多次；由新兵组成的行军连配置各地，毁了仅存的些许休戚与共精神。该师两个团，第二十七（德意志人）团和第二十八（捷克人）团，因为未经战斗即让出阵地，已被处死十分之一，而经过此事之后，他们的战斗力却和此事之前一样差。他们的师长指出："真的是一伙士气涣散的兵。"[32]一九一五年三、四月在科比拉（Kobila），奥地利第八十一团的捷克人描述了"呈密集队形、一路吼叫的俄国冲锋纵队"不间断地进攻。第八十一团忆道：他们在高地上掘壕固守，"没有哪个白天或夜晚，俄国人不想用他们的优势兵力包围我们。他们的人愈来愈多，每次进攻都比上次进攻更猛烈"。[33]

死伤人数上升，俄军战斗力不减。有份奥地利手册提醒士兵："俄国军人愚蠢且软弱，使其成为上级军官手中极有用的材料。对那些军官来说，人命不值一顾。"[34]有位俄国中尉在喀尔巴阡山脉停下来和其排里的士兵聊天，而令他印象深刻的不是他们的愚蠢，而是他们的复杂。他以俄国军官父亲般的口吻说："孩子，你怎么不挖壕沟防范敌人来攻？"士兵回道："长官，干嘛要挖？如果要壕沟，打败奥地利人，抢占他们的壕沟就行了，因为他们很善于挖壕沟。而且从深壕沟不易进攻；从我们的浅壕沟，容易得多。"这位俄国军官打量过他们半认真、半挪揄的口气后推断："在此可清楚看到这些人如何把讽刺、懒惰、虔敬结合在一块。"[35]这种豁达看待打仗的心态，肯定有助于抵消战争的可怕。三月三十一日，在遭遇俄国典型的攻击后，奥地利第八十一团军官清点他们壕沟前方的俄军尸体共有四百具。俄军在单单这段战场里，每天损失这么多人，却浑然不以为意。像这样的战场有数百段，俄军前仆后继，源源不绝。

　　奥军在喀尔巴阡山脉的悲惨遭遇，显然只有俄军的遭遇更有过之。俄军像牛一样被赶进奥军炮击范围里。布鲁西洛夫喜欢以缓慢且严肃的口吻说，"别担心侧翼和后方，只要担心前方，敌人只会出现在那里"，而俄国军官似乎真的贯彻这看法，奥地利某营长的作战记录就证实了此点："三月十八日：击退俄军两个连的正面强攻，胸墙上有五十具俄国人尸体；三月十九日：击退敌人正面强攻，胸墙上约两百具尸体。"[36]

356

　　地面开始解冻时，双方都往前挖掘壕沟；经过这番狂挖，在战线的某些段，两军前线相隔不到九米。冲突随之爆发："我们隔着（四点五米）距离互相开火，互掷手榴弹，前后两个小时。"许多奥匈帝国士兵第一次丢手榴弹，不小心炸死自己，使奥地利不得不在三月时重新设计手榴弹。[37]士兵逃避这一疯狂的杀戮；在以手榴弹为武器的这场小规模交手中，四百名未受伤俄军士兵和五名军官投降，奥军方面也有七十八人投降。[38]

偶尔俄军会突破防线，打散邻近的奥军部队，迫使他们离开壕沟，进入开阔地。四月二日就发生这样的事，奥军一个团被迫退到其后面某村，撤退时损失十四名军官、八百零二名士兵，相当于他们本已日渐萎缩之兵力的三分之一。[39]在战线后方，俄军正搜刮其所占领的奥匈帝国领土的资源。有位俄国军官四月十五日写道："最近我一直在征用物资，为此得用军票换取加利西亚人的母牛，其实就是抢。加利西亚妇人哭泣、尖叫、亲我的手，我的兵牵走她的母牛时，她咬他们的手。"[40]

在加利西亚的苦，康拉德似乎无动于衷。他在泰申的日程表，密密麻麻写着"参谋总长在咖啡馆"或"参谋总长早上在读报"之类的活动记录。[41]他的情妇吉娜于一月时前来待了四天，招来维也纳和军方充满厌恶的强烈批评。奥地利媒体，在陆军设于维也纳恬静郊区的新闻总社指导下，也表现得好像一切顺利，没出任何差池似的。报纸自信满满地报道奥军、德军如何英勇，如何善于解决问题、化险为夷，穿插以俄国人、波兰人、乌克兰人落魄倒霉的故事。有漫画描绘吓得要死的俄国军人包着尿布，想爬过咧嘴而笑的奥地利步兵身旁，图说写着"伪装大师"。有漫画描绘鱼跃离波兰、加利西亚的河湖，因为有太多逃跑的俄国人溺死在水里：有条开心的鱼落在干地上时对其同伴说："我们要走人，因为水污染太严重。"

漫画家轻描淡写前线的骇怖。"内敌，来自北战场的报道"以三张画呈现一可怜的奥地利军人在抓虱子，然后在第四张画里他脱到只剩短裤，丢掉军服："我们的猛攻终于迫使守军让出阵地。"但实情是这些哈布斯堡士兵不只一身虱子，还惹人厌。奥地利新闻局以戏谑心态报道了以下故事：有支德奥巡逻队"在南波兰某处"找吃的。每个农民都以带着苦恼的同样说词把他们打发走："没有！什么都没有！长官。俄国人把什么东西都吃掉了。"南波兰的情况这么惨，就在这时，德国人突然染上痢疾，病得非常严重，这人向民家借用厕所。农民盯着他看，一脸不解神情，然后回道，"没有，长官！俄国人把那个也吃了！"简而言之，这些东部农民几乎和那些吃屎的俄国人一样蠢：笨、天真、不卫生，与他们周遭那些干净，有条不紊的德国人、奥地利人大相径庭。[42]

俄国的宣传一样低劣。它敦促军民继续投入"为圣索菲亚而打的战争"。圣索菲亚是君士坦丁堡的清真寺，原是东正教大教堂，而在这些遭战火摧残之地的军民眼中，它想必和月亮一样遥远。一九一五年初期，有位俄国军官看过送到他位于加利西亚的战壕的俄国报纸后，对标题印象深刻："这场战争已把俄罗斯人、波兰人、犹太人牢牢团结为一，并肩作战。"他躺在报纸旁，心里想着："让我来告诉你真相；我们人在加利西亚，春天的第一天，天气很美，一辆破烂不堪的旧雪橇沉重地走在土路上；斜躺在雪橇上的是个年轻的哥萨克人，毛皮帽下露出他梳理整齐的马尾辫。拖着这辆雪橇走过土石地的是只母马，母马没东西吃，饿得皮包骨，肋骨根根突出，像床垫上坏掉的弹簧；骑在母马身上者是个老'犹太男孩'，因害怕而一脸吓呆的神情。哥萨克人偶尔懒懒地举起皮鞭抽犹太人的背，示意犹太人鞭马加快脚步。"[43]

奥地利于开打后头四个月在加利西亚、塞尔维亚损失了百

358

万兵力，在喀尔巴阡山脉又损失八十万，其中四分之三死于若待在冬季住房就可避免的疾病。维也纳与泰申以需要解普热梅希尔守军之围为理由打这场冬季战争，结果却失去六万守军。[44]

光是第二集团军，在三月头几天，就因冻伤损失四万人。事实上，根据每日死伤报告，冻伤所造成的兵力损失，远高于战场伤亡所造成的。[45]南集团军已损失三分之二兵力。令第三集团军残破不堪、雪上加霜的是，这时意大利就快参战攻打奥匈帝国。[46]俄军三、四月时派兵探查诸山口，遭激烈抵抗，迫使康拉德再度请求德国派兵增援。

康拉德的位置变得岌岌可保。施蒂尔克有次去了奥匈军总司令部，在观察康拉德后论道，"他清楚没有德国大力援助，治不好我们的弱点，而这一认知像虫一样啮咬他的心"，"他知道德国若提供这援助，会要求奥地利领导阶层以受其摆布作为回报，而此事令他斗志全消，使他成了冷漠无情的盟友。"他每天把心力花在维护其与总司令部里的德国人"平起平坐"上，冷落他们，退回他们例行的盟国文书作业要他们修改，坚持愈来愈虚妄的奥地利独立地位。[47]鲁登道夫这时已打从心底瞧不起康拉德和奥地利人，但还是又出手相救，派贝斯基德军（Beskidenkorps，来自鲁登道夫之前线部队的士兵和来自南集团军的两个半师）前去遏阻俄军攻势。

一九一五年三月二十二日，普热梅希尔又落入俄军之手，[48]为愚蠢的喀尔巴阡山冬季战役画下句点。为拯救要塞里挨饿被围的十五万居民，这场战役牺牲了八十万人，结果最后竖起白旗，落入俄军之手。一名目睹奥地利守军投降的英国人写道，守军看来"快饿死……我没看到比这更绝望、更沮丧的一群人"。他们的军官显然未和入伍兵同甘共苦；他们"看来富足，吃得好，据居民所说，生活豪奢"。[49]美籍记者史坦利·华许本从伦贝格横越一百四十多公里到达普热梅希尔，"道路上积着厚厚的烂泥，撤走的战俘堵住道路"，而他也对要塞里截然不同的情景大感惊讶。军官看来很健康，对战败浑然没放在心上。"看着他们在街上开心地聊天……很难理解他们的马已被吃了或他们的骑兵已被俄国俘虏。"

那些骑兵饿到发昏。围城期间，奥匈帝国守军已吃光存粮，然后开始吃运输用的马，再吃骑兵的马，最后吃城里的猫狗。奥地利军官留下自己的马且继续喂食，直到投降前十小时才交出来，它们也全遭宰杀，但不是为了给挨饿的入伍兵填肚子，而是为了不让马落入俄国人之手。有位在普热梅希尔投降后最早进城的俄国军官，描述了"我在战争里所见过最骇人的景象……匈牙利军人饿到发狂，生吃血淋淋的肉块，用小刀和指甲从刚杀的马尸上挖肉，手、脸满是血"。[50]

更令人愤慨的丑事在维也纳上演。在布拉格地区征兵组建的第二十八团，哈布斯堡君主国最悠久的团之一，一九一五年四月在维也纳遭皇帝下令解散。这个捷克人居多的团，在喀尔巴阡山脉全团离开战斗岗位，向俄军投降，不料他们以为满是俄国人的那道壕沟里，竟全是德国步兵。五十名官兵遭以叛国罪被送上法庭；八名遭绞刑处死，其他人判服苦役。团中士兵先被枪毙掉十分之一，然后其余士兵被打散拨到其他部队。[51]

这就是哈布斯堡君主国的危机所在。奥匈帝国军队已伤亡两百万人，却一无所获。哈布斯堡君主国运了四个集团军四十二个师进入喀尔巴阡山脉，然后被消灭，而消灭他们的最大敌人就是奥地利自己的无能。[52]哈布斯堡君主国只剩二十五万毫

360

发无损的兵力。俄国开战以来死伤一百九十万人，但仍有六百三十万兵力在战场上。正如俗话所说，"俄罗斯母亲的儿子够多"。沙皇的后备兵力似乎取之不竭，一九一五年三月俄军参谋总长的话正无情证实这一表象："即使以目前的'损耗'再打两年，仍不愁找不到壮丁。"

实际上还是有令俄国发愁之处。俄国开打头一年损耗极大（一个月三十万到四十万人），陆军其实已耗尽可合法征召入伍的壮丁。沙皇因此开始非法召兵：还未达服役年龄的年轻人、警察、有缓役资格的男子、俄罗斯帝国内两千万非俄罗斯裔人民。这些非俄裔居民战前一直不用服兵役，此刻突然失去这权利。俄国国会或许原被认为会反对让人民送死，会阻止把人民送去当炮灰，结果反倒提供炮灰：凡是军方想要的人，不管有没有免役资格，全双手奉上。[53]于是，借由光明正大和见不得人的办法，俄国有源源不绝的生力军投入战场，当奥地利火炮的炮灰。

一九一五年五月，施蒂尔克将军经过一列俄军战俘身旁时，惊讶于他们气色竟那么好；奥地利已在刮取最后的人力残渣，这些俄国人却看来"强壮、健康、吃得好、青春正盛、穿着很好的衣服鞋子。他们看来一点不像战败……根本开心于能离开壕沟"。[54]

正是俄国人本身无法完全发挥其潜力（名义上有一千七百万兵力的军队），未能善用他们的成就（诚如当时某人所说的，"他们未被有效击退，但也无法往前推进"），给了奥地利喘息空间。互斗的俄国将领（北边的鲁斯基与南边的伊万诺夫斗）无法在该偏重哪个战线上达成一致见解，鲁斯基最后根本无视尼古拉大公要其以南战线为重的命令。因此，伊万诺

夫四月攻进喀尔巴阡山脉，拿下杜克拉山口时，俄国三分之二　361
兵力仍待在普里佩特河以北。俄国的工业基础和基础设施仍严
重不足，生产的炮弹太少，一九一五年入伍服役一百四十万新
兵，只有七万支步枪可用。[55]

　　但不幸的奥地利人能如何利用这些优势？打过仗的哈布斯
堡军队已被打掉，换上的是未经战火洗礼的民兵军队。就连老
兵都不是特别能打。康拉德于一九一五年三月发了一份问卷给
其部队指挥官，询问他们对开战以来的观感，而回复的意见，
拿措辞最客气的来说，都令人气馁：部队士气涣散；厌恶军服
（颜色太亮）和背包（太重且"塞满无用的东西"）。虽然士兵
集体大批伤亡，但军官仍然偏爱"纵深队形和宽阔的正面"，
而此举把大批穿着亮蓝灰色军服的人集结成簇推进，招来敌人
枪炮攻击。但那些以紧密队形组成的连纵队，似乎是驱使这些
难驾驭的士兵上前，"保住对军队的控制力和机动性"（某军
官语）的唯一办法。它们也是使士兵开枪的唯一办法，因为
没有军官或士官在旁监视，士兵不会开枪。他们会只是把脸埋
在土里，祈祷获救。有个皇家步兵营军官认为，"士兵爱用铲
子的恶习得打破"，"士兵奉命进攻，往前走几步就立即开始
挖壕，但离敌人还太远，开枪根本打不到对方。"他们的壕沟
反映了这一（有其充分理由的）悲观。"士兵把时间全花在改
善他们的壕沟、胸墙、防榴霰弹设施，未把时间花在想办法在
壕沟外开火。"因此，看来坚不可破的奥匈帝国壕沟线，完全
不是那么回事，只是个"看不见外面、得到掩护、把自己围
起来的孤立群体"。

　　开小差已成为奥地利的通则，而非例外。就连历史悠久、
清一色德意志人的团，都报告"开小差、纪律涣散的情形变

362 多"。每个团里的士兵都想逃跑，被俘时，他们会说他们已在最近的战斗里被列为"失踪者"。进攻时若有人遭击中，他身边的人个个都停止进攻，替他包扎，把他抬到救护站。有人劝康拉德成立"骑马军事警察"，要他们在每个部署了奥匈帝国部队的地方不断巡逻，以遏止掉队、逃跑。

军官团有自己的士气问题。奥芬贝格打赢科马鲁夫之役后，因为批评彼得·斐迪南大公被撤职，一九一五年四月在维也纳自己家遭逮捕，关了三十六天，然后被以一九一二年迫使他离开陆军部的那件丑闻受审。当年皇帝似乎觉得无伤大雅的一件丑闻（奥芬贝格在宣布一笔火炮大宗购买案前夕拿 Skoda公司股票进行内线交易），此刻似乎变得无比重要。奥芬贝格的名字遭从教科书介绍科马鲁夫之役的部分移除，他被指控把股票内线消息卖给外国投资人，进而危及国家安全。整件事（从未完全获证实的一件事）根本就是为了报复、拿小事大做文章。[56]

地位没奥芬贝格这么高的军官，分为水火不容的两派：一派只想着升迁（擅于保命者），另一派是战争开打时征召入伍而官运没这么好的新干部。大部分一年期的志愿军官（为免被征去当大头兵而取得后备军官身份的学生、专业人士），这时置身前线。他们在维也纳没有人罩，没有机会取得所谓的"免挨子弹的差事"。最不用挨子弹者是匈牙利人，因为凡是与匈牙利议会有关系的军官，不管是议会里的议员、男侍从、助理或分析员，都能在开议期间请假。弗朗茨·约瑟夫向马扎尔人做出数个造成国内分裂的让步，这是最近一个让步，但这一让步发生在一九一四年十一月，正值哈布斯堡军队人力需求正殷之时，在维也纳引发比以往更大的怨怼。[57]

被俘的奥地利军官和俘获他们的俄国人

　　一九一五年初期时，哈布斯堡军官团已分为水火不容的两派：一派是职业军官，往往有人脉来取得远离前线、"免挨子弹"的差事；另一派是仓促动员来，在壕沟里吃苦的志愿军官。照片中这群被俘的奥匈帝国军官，看来为不用再打仗松了口气。

　　照片来源：Heeresgeschichtliches Museum, Wien

　　新近抵达奥地利前线的士兵，发现他们（短暂）受训所要应付的情况是一回事，战地实际情况却完全不是那么回事。本来火炮就不多的奥匈帝国炮兵，开打头六个月已损失千门加农炮，却只新造出两百七十八门来填补。炮弹产量一直停在每月需求的八分之一左右的程度。[58] 难怪士兵对自家炮兵完全没有信心。有位军官写道："他们把我们的伤亡惨重归咎于缺乏炮兵准备和支持……缺乏重型火炮。"[59] 他们说得没错。康拉德的问卷里，有一道问题要师长说说他们对与重型炮兵部队合作的看法，结果大部分师长都答得很干脆，"本师从未用过重型火炮"。[60] 在老军队里，军官若发现自己部队有这短处，会试着

363

用士兵的母语向他们说明，但老军队已葬身在塞尔维亚、加利西亚的泥地里和喀尔巴阡山脉的雪地里。开打头几个月，有太多奥地利校级军官丧命或残疾，因而不得不以德意志人或匈牙利人居多的后备军官紧急递补，而这些军官既无时间也无意愿学他们士兵的"团内用语"。

364　　　幸存者无缘得到任何语言的安慰。战前嘲笑弗洛伊德的奥地利军官，这时拟出一套精神病词汇，以描述他们士兵的遭遇。他们神经毁坏（nervenzerüttenden）或神经分裂（nervenzersetzenden），已失去自制力（Selbst-Kontrolle），得了感觉紊乱症（Sinnesverwirrung）、神经扰乱症（Nervenstörungen）或彻底神经崩溃（Nervenzusammenbrechen）。似乎每个人都患有某种程度的惊弹症。士兵被投以镇静剂溴化钠，但那从未驱散惊骇的主要根源：敌人炮火把许多同袍炸成血肉模糊一团的景象。有位战地记者看过某陆军医院里这些受惊吓的士兵后写道："他们进来已约一星期，其中许多人茫然发呆。他们就躺在那里，几乎未从惊弹症中苏醒过来。"[61]

　　奥匈帝国的征兵制原以十九到四十二岁男子为征兵对象，后来遭悄悄修改，将征兵年龄扩大为十八至五十岁。原被归类为无用之人的吉普赛人，变成得服兵役，为哈布斯堡王朝历史上所首见。前几年被视为心智上或身体上"不适服役"而免服兵役的两百多万男子，这时当权者大笔一挥，变成适于服役。[62]意大利整军经武，据传要建立三十个军、一百三十万兵力，部署于特伦托（Trento）和伊松佐河（Isonzo River）沿线，奥匈帝国因此已在思考彻底承认失败之事。[63]一九一五年三月，康拉德告诉博尔弗拉斯，成功已无望；哈布斯堡军队已垮掉，得再次胁迫德国人出手相救。他在议事录里阴险写道：
"我们可以一再威胁要和俄国单独媾和，作为反制的筹码。"
四月，康拉德向法尔肯海因发出同样的威胁：奥匈帝国放弃加
利西亚（给俄国），会比放弃的里雅斯特（给意大利）更早，
所以你们自己看着办。

法尔肯海因深信奥地利已在垮掉边缘，于是派施蒂尔克先
去泰申，再去维也纳，以说服康拉德和皇帝做出会让意大利放
弃参战的那些让步。施蒂尔克在两处都无所获。康拉德与蒂萨
刚如愿将贝希托尔德解职（一九一五年一月），理由是贝希托
尔德竟提议以哈布斯堡王朝的特伦蒂诺和奥地利所占有的阿尔
巴尼亚领土收买意大利，使其不与奥匈帝国为敌。他们让伊斯
特万·布里昂伯爵当上外交部部长，指示他寸土不让。施蒂尔 365
克来到泰申时，康拉德轻蔑说道："不知法尔肯海因现在想要
什么？"然后他把这位将军送到维也纳，说外交政策他无权置
喙。此前他一直有权置喙；只是此后不再是。

在维也纳，施蒂尔克最后一次看到老皇帝，皇帝昏昏欲睡
地告诉他，"不会把领土让给"意大利人或其他人。为满足这
老人的荣耀观、帝国观，还会有数十万人在意大利战线上死
亡、受伤。与施蒂尔克会晤时，布里昂以明确口吻表示，如果
他知道意大利人不是随便说说，他或许会力主让步："如果有
人拿着未装子弹的手枪指着我，我不会交出我的钱包，除非我
知道手枪有装子弹，那时我才会做决定。"但在抢匪扣扳机之
前，受害者要如何知道手枪里有没有装子弹？而装子弹的过程
会增添施暴的风险，一如一九一四年的动员所表明的。施蒂尔
克黯然离开，觉得布里昂或维也纳官场里的其他人都是平庸之
辈。他写道，德国人比更直接受到威胁的奥地利人，更敏锐察

觉到意大利出兵干预的威胁。比洛亲王转达了来自罗马的另一个非正式提议：把南蒂尔罗给意大利，意大利就会继续保持中立。这提议不算过分，在兵败塞尔维亚和喀尔巴阡山、普热梅希尔陷落、军队垮掉之后，为奥地利人所乐见，但弗朗茨·约瑟夫皇帝再度立即拒绝。在两个战线都败下阵后，对于在第三个战线可能也战败，他似乎没放在心上。[64]

维也纳与这场可怕战争的现实面脱节，而且脱节现象就属此时最鲜明。有位名叫阿瑟·鲁尔（Arthur Ruhl）的战地记者，参观过布达佩斯的某家奥匈帝国医院（院里满是蒸汽、消毒水、腐烂伤口的气味），久久难忘于所见的真实情景。他写道：“只有见识过现代火炮的威力者，才知道它们有多可怕。”这些伤残士兵与运兵火车之间的强烈反差，令他大不舒服。运兵火车覆盖祈求好运的绿枝和鲜花，隆隆驶过这医院的窗户下方——只是为东部战线运去更多炮灰。从病床上往下看的那些伤兵，没那么幸运，身上被炮弹和子弹打出窟窿。有个伤兵脖子上有道手掌宽的伤口，伤口深到让鲁尔能看到颈动脉在薄薄一层纤维底下搏动。他仔细观看了榴霰弹、子弹创伤的X光照片，看到“骨头被子弹打碎，喷出周边肌肉，好似被引爆过”。从喀尔巴阡山脉送回的截肢者，人数之多同样令他震撼：其中许多人“是作战时受的伤，但也有寒冬里被丢在外头二十四小时或更久而未获救的哨兵，脚冻坏，脚踝以下切除”。他走过一间间病房，估算有（且闻到）“数千个冻坏的手、脚”，其中大部分手脚“发黑，渐渐烂掉”。[65]

对奥匈帝国来说，这整场搞砸的战争已经开始烂掉。此后所要做的，乃是把奥地利的作战行动委托给德国操持，悲惨结束一场维也纳决策者原以为可中止奥匈帝国颓势、重振帝国构想的冲突。奥地利在加利西亚、塞尔维亚原有机会得胜，有超乎其预期的好机会。但即使有德国相助，哈布斯堡君主国也浪费了所有机会，最后它的军队残破不堪地摆在从波兰经喀尔巴阡山脉诸山头，一路往南到波斯尼亚的一条战线上。奥地利本身的存在意义也已残破不堪。经过无以计数的战败，这个二元君主国从其子民和邻邦那儿赢得的尊敬已荡然无存，任何团结一致或主权的表象也荡然无存。它的来日已不多。

结　语

367　　　一九一五年三月，喀尔巴阡山上的雪变软时，康拉德命奥匈帝国诸将向士兵重新说明战争的目标。"对这场冲突的看法"，士兵似乎"分歧得离谱"，这一事态必须予以"厘清并统一"。康拉德的新说法如下：奥匈帝国与德国属于"平和的中欧"，但它们的敌人经过数年用心准备，"从最深沉的宁静中"猛扑向这些无助的受害者。巴黎、伦敦、彼得格勒诸"匪"发动了荼毒人民的"冒险战争"；法国人是为了找到新的投资处所；英国人是为了统治世界；俄国人则要以十足虚伪的泛斯拉夫主义为幌子，用"火、剑、西伯利亚""奴役"更多人，摆出"俄国好似自由国度的样子"。

　　奥匈帝国军官必须告诉其士兵，他们在打一场新三十年战争，必须保卫中欧，使其不受协约国的蹂躏。不然，后果之可怕只会更甚于十七世纪。十七世纪时，叛变的捷克人受到肯定，结果"在那场冲突后，波希米亚人口只有四分之一存活"。总而言之，奥地利士兵获告知，他们打仗是因为英、法、俄三国阴谋使德国、奥匈帝国沦为"奴隶民族"。三国中逼人最甚者是俄国。俄国是个"丰饶、落后的地方，由军人和官僚统治，贪污横行，广大人民贫穷且无知"。

368　　　康拉德解释道，俄国人引发这场战争，以使他们的革命知识分子（列宁、托洛茨基之类的"危险分子"），把目光从俄国内部问题移开，让他们心中燃起狂热的泛斯拉夫主义。俄罗斯——"亚细亚、半亚细亚的野蛮民族，人数是我们的四倍

一名奥匈帝国军官和前来保护他的德国人

一九一五年，德国人已接管奥匈帝国的作战事务。照片中第七军军长约瑟夫大公与德国将领汉斯·冯·塞克特（Hans von Seeckt），以及两人的参谋，摄于喀尔巴阡山脉。

照片来源：Heeresgeschichtliches Museum，Wien

之多"——觊觎君士坦丁堡，但也觊觎巴尔干半岛，想以之作为俄国产品的外销市场，并鼓动巴尔干诸国反奥匈帝国"这个爱好和平的多民族帝国"。该走的路显而易见：继续打下去，否则会落得"和巴尔干半岛一样的下场"，也就是遭击败、殖民、陷入"饥饿与不幸"。这份传阅的文件叮嘱奥地利士兵，这就是"你们疲惫不堪时该摆在心里思考的：胜利的必要。你们所有充满活力的青春梦想，肯定还没被这场战争的苦难扑灭"。[1]

但奥地利的帝国梦想已遭扑灭，彻底扑灭。没人相信这些谎言，尤其不信那些编造谎言者。为了解（火炮不足这原因之外）军队战绩这么差的原因，奥匈帝国陆军部一九一五年初期向诸指挥官发了另一份问卷，并将其标为最高机密文件。"民族沙文主义或其他有害的倾向，在我们的军官身上清楚可见？我们的军官讲起士兵的语言流利到足以领导、激励他们？我们得尽量让军官和其所统领的士兵属于同一民族？"至于士兵，"为何在各战线上出现那么多不够坚忍或彻底崩溃的例子？"奥匈帝国团级部队里"煽动族群或煽动反对军方"的因子，是战争开打前就存在于现役士兵中，还是动员时由招来的后备军人所引入？

诸民族齐心组成一快乐帝国的虚幻不稽的说法，在平时可支撑住军队，但在开战后，禁不住战争压力，已彻底瓦解。波蒂奥雷克于一九一二年就示警道，奥匈帝国三分之一的军人在大战时会不愿打仗，此刻的情势正证明他有先见之明。士兵虽然乖乖报到，但更重要的是他们穿上军服后无心作战。[2]军队逐渐解体，主要原因是不再有人相信多民族的"奥地利使命"。至少对奥地利的斯拉夫人来说，"奥地利使命"只是把装备不良的奥匈帝国人民铲进德意志人的战争机器里。[3]

德国人迅速且鄙夷地接管奥地利的作战事务。驻西部战线的奥地利联络官于一九一五年中期指出，康拉德已被梅济耶尔、普列斯（Pless）的"德国参谋和司令部"贬为无足轻重的角色（梅济耶尔、普列斯分别是德军西线、东线两战场的总司令部所在地）。[4]此后直至战争结束，每次奥地利人陷入险境，德国人就会前去搭救。他们干预了一九一四至一九一五年加利西亚的战事、一九一五年塞尔维亚的战事，一九一六年（重创奥匈军队的布鲁西洛夫攻势后）再度干预布科维纳、加利西亚战事，一九一七年在第一次克伦斯基攻势（Kerensky Offensive）之后再度干预加利西亚的战事。一九一七年，德奥联军在卡波雷托（Caporetto）拿下大捷，而诚如鲁登道夫所说，打这场仗（又称第十二次伊松佐河战役）既是为打倒意大利人，也为"防止奥匈帝国垮掉"，因为此前十一次伊松佐河战役，已使奥匈帝国战斗力大减。[5]

一九一五年休息的德军

组织、武器、领军作战方面都优于奥军的德军，在戈尔利采－塔尔努夫攻势里再度大败俄军。照片中为一九一五年五月行军途中休息的德军。

照片来源：National Archives

德军这些救援行动，的确有几次令德奥燃起希望，但终究是转瞬即逝的希望。一九一五年五月的戈尔利采－塔尔努夫攻势（Gorlice-Tarnow Offensive），德奥在一个星期里夺回俄军花了半年才夺下的城池。他们击毙、打伤俄军一百四十万，另俘虏了一百万。一支小小炮兵部队所能发挥的威力，令人震撼。德国第十一集团军部署了四百门火炮，其中将近半数是重型壕沟炮，备用炮弹三十万枚。[6]俄军按照对付低战斗力的奥军时所惯有的轻松方式列队展开，赫然发现他们喀尔巴阡山阵地的侧翼出现德军。英国武官在俄军总司令部写道，这是场俄国的卡波雷托战役（"这一严峻考验，大部分军队碰上都会败下阵来"），俄国未因此败亡，完全是因为德军受到其他威胁的大大牵制，因为奥军实在弱得无可救药。[7]

鉴于俄军的中央部位遭撕裂，军队被一拆为二（一在加利西亚，一在波兰），一九一五年春，俄军拔腿急退，有些部队一天后撤七十二公里。[8]但"奥古斯特的火炮"所揭露的俄国种种难题仍在。奥古斯特·冯·马肯森将军在著名的"突破战役"里，带领德军获胜。突破战役开打于俄国炮兵因该国的"炮弹危机"而几乎失去武装之际，因而德军占有天时之利。此役的关键条件，是未彻底改革工业、军事科技程度低的奥地利人怎样也无法拥有的。

尼古拉·哥洛文将军把德国人在戈尔利采－塔尔努夫攻势里所用的方法，比喻为"某只巨兽"的打法。这只巨兽会要其步兵悄悄潜近俄军壕沟，接着"把它的尾巴——重型火炮，拉向壕沟"，但会保持在低劣的俄国火炮刚好打不到的地方。然后这只巨兽会用"鼓击般的炮火"（又密集又快速，听来像是击鼓不断的炮火），打垮俄国的壕沟。接着德国人（或他们的奥匈帝国援军）会向前急冲占领打得稀巴烂的俄国壕沟。如果俄国预备队反攻，德国炮兵会把他们也了结；幸存的俄军全会被躲在夺来的壕沟或炮弹坑里的德国步兵击毙。"然后这只巨兽会再拉起它的尾巴，其重炮会开始有条不紊地重击俄军下一道防线。"[9]

德国人以昂贵科技替其士兵护身，借此减轻战争的残酷；

奥匈帝国人（战前和战时）紧缩开支，把他们的步兵像垃圾一样丢弃。一九一五年有位俄国将军坦承，"德国人不惜消耗金属，我们不惜消耗人命"，这句话用在奥地利人身上同样贴切。一九一五年六月随德国部队快速穿越波兰时，哈里·凯斯勒（Harry Kessler）中尉停下来检视奥匈帝国某次进攻后的残骸："数百万只苍蝇和一股又浓又湿的气味……森林里布满横七竖八的尸体，全是奥地利人的尸体。脸已全黑，像黑人，已半腐烂，表面覆盖污物和土。几乎每棵树旁都有一具尸体……那是这场战争最血腥的事件之一，而且毫无意义或成果。"[10]诚如凯斯勒笔下逸事所间接表示的，戈尔利采－塔尔努夫攻势，乃是德国人的突破性进展，而非奥地利人的突破性进展。这时俄国炮兵团全团一天只有十枚炮弹可用，但奥匈帝国的战斗报告显露的是更为徒劳、代价更大的进攻和有限的战果。[11]

一九一五年十月，终于打败塞尔维亚。马肯森打赢戈尔利采之役，即奉命接掌由马克斯·冯·加尔维茨（Max von Gallwitz）的德国第十一集团军和赫尔曼·冯·科费斯的奥地利第三集团军组成的暂编兵团。他们南攻，渡过多瑙河，两个保加利亚集团军则西攻，人力、弹药都已枯竭的塞尔维亚不支倒下。有位哈布斯堡外交官严正宣告，这场战役将"对东线战局有决定性影响"，将打开通往亚洲的补给线，使同盟国取得急需的石油、金属等物资。这位奥地利外交官十月下旬呈文外长布里昂，说"塞尔维亚这一障碍的垮掉，将使我们终于掌控这一至关紧要的战略路线和多瑙河通道"。[12]保加利亚人十月八日拿下尼什，十一月二十四日拿下比托拉（希腊语称莫纳斯提尔）。加尔维茨部顺着摩拉瓦河往南猛进，一路只遇轻微抵抗，将塞尔维亚彻底一分为二。到了十二月中旬，加尔维

372

茨部已一路挺进到马其顿的库马诺沃（Kumanova），距萨洛尼卡只有一百六十公里。埃伦塔尔和弗朗茨·斐迪南只能把拥有萨洛尼卡当作梦想；而今德国人就准备要实现这梦想。拿下萨洛尼卡是德国人更大策略的一部分。根据这策略，要先拿下有"英国的第二个直布罗陀"之称的此地，然后拿下"通往三个世界的门户"苏伊士。这一进攻将由马肯森领军。[13]

德国皇帝会晤新任奥地利皇帝

一九一七年三月的西克斯图斯事件，乃是奥地利躲掉战争的最后机会。德皇（左）风闻此事后，把奥地利新皇帝卡尔一世（右）叫到德军总司令部，逼他回头。卡尔自称"和新生儿一样无知"，温顺地接受德国所有要求。

照片来源：National Archives

　　但德国人只能延长这场战争，无法打赢这场战争。他们在蒙斯（Mons）、伊普尔消灭英国远征军，赫然发现有二十五个军的基钦纳"新军队"形成于狼藉的尸体之后，五百艘英国皇家海军战舰扼住德意志民族的咽喉。德国人一九一四年杀死、打伤或俘虏无数俄国人，却在来年面对兵力更大的一支俄军。从一九一六年至战争结束一直统筹德军作战行动的埃里希·鲁登道夫将军，曾以一句话总结他的战略缺陷。他写道，"确立纯战略性的目标之前，得先思考战术，若不可能在战术上成功，追求战略目标只是徒劳"。此言甚是（协约国与同盟国的战略计划整体来讲失败，因为强攻壕沟的打法无法实现那些计划），但鲁登道夫太自负，相信借由改进其战术，他能克服此战争无法克服的战略难题：一亿两千万人的奥德同盟要如何打败有两亿六千万人口，拥有更多兵力、船舰，国民收入比同盟国高六成的协约国联盟？[14]德国人战术很高明，战略却奇糟，未坦然评估自己、奥地利人与敌人的实力差距。一九一四年七月时若这么做，他们会务实寻求外交解决，而非开战。

373

　　奥匈帝国未与行事愈来愈不顾后果的德国保持距离，反倒局促不安地投入德国的怀中。这并非势不可免。一九一六年十一月，八十六岁的皇帝弗朗茨·约瑟夫终于在申布伦宫去世，卡尔大公（这时已是卡尔一世皇帝）透过任职于比利时陆军的大舅子西克斯图斯亲王，询问与法国、俄国个别媾和的条件。随之展开的西克斯图斯事件（Sixtus Affair），一九一七年三月时达到决定性阶段，且是奥地利躲掉德国主导的战争，救亡图存的最后机会。透过西克斯图斯转达的协约国媾和条件——要求交出阿尔萨斯-洛林，恢复塞尔维亚、比利时的独立地位——奥地利"无兴趣看待"俄国声索君士坦丁堡之事。

鉴于奥匈帝国已遭遇如此多的惨败，这些条件并不苛刻，卡尔皇帝收到消息后既惊且喜，表示要大力促成。[15]遗憾的是，他在书面上表示愿大力促成，实际行动却拖泥带水。一年后德国人风闻此事（此前克列蒙梭公布卡尔的信函以分化同盟国阵营），鲁登道夫于一九一八年五月将卡尔叫到德军总司令部，逼他回头。卡尔皇帝先是说谎（那些信是"伪造"的），然后归咎于他的外长（外长扬言如果皇帝坚决不同意他会自杀），最后向德国人求饶，宣称他"像新生儿一样无知"。德国人向这位回头浪子提出的条件很严苛：只要战争没停，军事和经济上都要唯柏林是从。

374　　这时时局进入关键时刻。美国总统威尔逊所概述的美国在欧目标——总结于美国参战十个月后的一九一八年一月他所提出的十四点原则里——只要求重组奥匈帝国，而未要求将其解体。英法仍极乐见出现改革后的奥匈帝国，作为战后防止德国或俄国扩张的屏障。如果卡尔皇帝要抽身，此刻就得抽身；俄国人已被打退出战场，意大利人在卡波雷托之役后也几乎如此。一九一八年开始时他所短暂享有的优势，此后将不再有。德国人正准备以从俄国调来的部队，在西部战线发动一大规模

375　攻势。将军生涯步入尾声的康拉德，即将在愚蠢的皮亚韦战役（Battle of Piave）中再失去三十万官兵，从而（在一九一八年六月）把在卡波雷托战役中所赢得的，大部分吐了回去。只让境内百分之七公民享有选举权，不让其斯拉夫裔、罗马尼亚裔人民享有美式"自主发展"待遇的匈牙利，不是那种会在威尔逊重新审视大局后存活的伙伴。[16]

换句话说，机不可失，若背叛同盟国阵营，卡尔皇帝将获

得厌战的协约国某种程度的支持，但卡尔未这么做，反倒软弱屈服于德国的压力，让德国接管奥匈帝国境内所有事物（部队、铁路、公路、军火、工厂），甚至誓言此后奥匈帝国将为保住斯特拉斯堡作战到底，一如为保住的里雅斯堡作战到底。[17]威尔逊总统最初愿意与奥地利人合作，此刻则嫌恶转身，不再理会那个"德国政府的附庸"，并在一九一八年九月承认捷克、南斯拉夫"民族委员会"，从而为肢解奥匈帝国揭开序幕。[18]

这场战争始于倚赖德国武器的奥匈帝国，也结束于这样的奥匈帝国。德国人计划于一九一八年以从俄国抽调来的部队，在西部战线发动大规模春夏攻势。这场攻势失利，德意志、奥地利两帝国随之垮掉。卡尔皇帝于一九一八年十月向其人民发表宣言，承诺变革和承诺成立一新的"民族部"，但为时已晚，这时这君主国的捷克人、波兰人、匈牙利人都已宣告独立，卡尔除了流亡国外，几乎无其他路可走。这个君主国登场时威风八面，好不神气（击败土耳其人、拯救基督教世界），下场时让人不胜唏嘘。

史学家常以哈布斯堡君主国直到一九一八年才灭亡一事，证明它的坚忍顽强或正当性，但这说法太牵强，不足采信。这个君主国是个残忍的碎骨机。它在一九一四年以最漫不经心的作风耗掉它征召的最精壮兵员，然后如弗里德里希大公一九一五年所忧心忡忡指出的一样，只能倚赖"营养不良的孩子和年老男子"打仗。[19]法国人利用俄国人、意大利人、塞尔维亚人所提出的死伤记录，一九一六年估计，由于哈布斯堡军队一九一四年几乎遭全歼和此后每月平均损失十二万兵力，奥匈帝国已"耗掉"它所能取得的大部分男子。[20]据估计还有六十五万奥地利男子未被耗掉，而这些人大概每日提心吊胆，不知在这支军队里还能活多久。"第三度修正男子"（即曾两度被评断为身体或心智上不适打仗而免服兵役的应征入伍男子）的加入，为六十五万奥匈军增添了兵力。但这是支什么样的军队？[21]一九一六年寄到霍夫堡宫门的一封匿名信，真相贯穿在思乡之情中："陛下，如果你想认识这场战争的真实面貌，不必派你的陆军部长千里迢迢到前线，只要派他到后备兵站看看即可。在那里，正有得了严重结核病的男人被强征入伍；在那里，正有得了心脏病的五十岁男子被令以整齐步伐集体走来走去，直到不支倒地为止；在那里，自称有病的男子遭下狱十四天。"[22]像这样的男子，在战场上没有立足之地，将一批批成群死去。光是在东部战线，就有一百万奥地利人丧命，其中半数死于感染和疾病。在一九一四年秋，战争从机动战转为壕沟战时，哈布斯堡军队的情况未好转，只是较易维持军纪而已。但每当奥匈帝国士兵置身开阔地，奉命展开新攻击时，通常打得很糟或逃跑。奥匈军总司令部于是在一九一五年十月发了一份令人难堪的极机密通条给诸军、师长，想知道俄军"虽然后备士兵和军官的素质劣于我方，但在弹药比我们少的情况下，为何打得比我们出色许多"；二十万奥匈帝国官兵在加利西亚作战期间怎么会"消失得如此快且彻底"；为何"有那么多次进攻，甚至就连敌寡我众的进攻，都被打得七零八落"。

凡是在前线附近待过的人都知道答案：奥地利士兵不在乎胜败，已不愿承受行军、待壕沟的苦。他们是彻头彻尾的老百姓。奉命离开壕沟行军至别处时，大批士兵在路旁坐下，等着被俘。弗里德里希大公要求将士兵鉴别分类，"较佳者"送到前线，老弱送到后方部队。这正证明逃避责任的风气在哈布斯

377

堡军队里有多盛行，最有战斗力的人利用关系把自己弄到后方安全的宿营地，这位大公不得不在提出此建议时放话稽查，"以确保此命令严格执行，提升我军战斗力"。[23]

　　一九一四年时，以团为傲的精神就已渐渐成为明日黄花。团向来是拥有自身历史、讲究仪式排场的部队，但随着团在战火中消融，谁都看得出当兵只是去当炮灰。一九一四年十二月，布隆（捷克语称布尔诺）上演了一件让军方颜面无光的事。当时，第八团某连上火车，开赴前线。火车加速时，一名全身战斗装的步兵跳出货车厢，落在月台，拔腿逃命；结果被围困在火车站广场一隅，遭宪兵以棍棒打倒在地，三百名路人惊愕看着这一幕。[24]哈布斯堡第三十团，一九一五年四月从格拉茨（Graz）得到补充兵员后，该团波兰人痛殴他们，叫他们"德意志猪"，扯破他们的背包，抢走他们的食物。[25]格拉茨这些波兰恶霸，大概会集体自豪于他们属于一七二五年在伦贝格所创建之团一事，但不会有人自豪于他们的新际遇：编入独立营，独立营会被随机安插进暂编团。暂编团则是为了集拢各残破部队里可用的残兵，将他们送回前线而成立，而到了前线，他们也可能难逃一死。[26]

　　每个地方的壕沟战都非常残酷。有位战地记者报道了一九一五年在布达佩斯某医院所见到，来自喀尔巴阡山脉的冻伤病患和截肢者，"医生得意夸称他们很善于找到良好的健康纤维皮瓣和制作合用的假腿，他们的农民伤员则一下子咧嘴而笑，一下子绷起脸"。[27]另一名记者惊骇地看着混在一块的奥地利人、俄国人尸体，像好多"块生铁"般被倒进敞露的壕沟里。诚如他所说的，这不是"维也纳的女孩向这些青春正盛的健壮年轻男子喝彩时"心里所想的下场，甚至不是奥匈帝国陆军部所想的下场。陆军部原保证会"把官兵六人一个棺木，埋在从远处可容易见到的高地上，以表达祖国对这些英勇军人的虔敬和感激"，结果却是把这些不知姓名的官兵一股脑丢进万人坑里，撒上生石灰。[28]

一九一六年康拉德在其某份保守自大的公报里确立了最高指挥部轻慢的作风：向士兵保证，只要"往地下挖三米，就会安全无虞。这样的壕沟即使遭直接命中，士兵也几乎不会受伤害，只有些许震动和摇晃，但士兵会没事"。[29]当他和弗里德里希大公得为自己寻找挡住一切攻击的安全处所，挽救他们破败的名声时，就一点也没这么自满。整个一九一六年，康拉德与弗里茨尔拼命欲打消深受霍夫堡宫宠信但黯然下台的布鲁德曼将军所提出的要求，即对他们两人在两次伦贝格战役中领导有否失当的调查。一九一六年七月康拉德紧张地抗议道："总司令部无法响应已遭卸除兵权的将领提出的每个申诉、备忘录、作战报告和诸如此类的东西。"

康拉德痛恶德国人，此时却坚持要布鲁德曼看看"德国陆军的指导原则：将领遭卸除兵权即永远不会再取得兵权，且永远不会对其遭卸除兵权之事提出抗议"。这一如黑手党成员被抓即封口，绝不泄露组织秘密的原则，肯定合康拉德的意，尽管他战后写了带有偏见的回忆录，整个战后生涯都在做替自己辩解的抗议。他一九一六年对布鲁德曼的背后中伤，将化为二十五页以不空行方式打成的文稿，而那就像是他回忆录的第一份草稿，把自己说成无辜受害者，受害于有勇无谋的下属。他写道："为了维护纪律，我得促请陛下的军事文书署将这一调查连同布鲁德曼的平反要求一并驳回。"八月，经过一番思考后，博尔弗拉斯将军和皇帝再度退缩，拒绝调查、平反。[30]

康拉德所谓在壕沟里会平安没事的保证，从未平息士兵的疑虑。他们并不安全，全军所有官兵被炮轰得胆战心惊，不想再这样下去。战争步入尾声时，哈布斯堡军队已分为两派：居少数的"冲锋集团"（年轻有冲劲者）和居多数的"防守集团"（军中大部分人）。冲锋集团是仿德国方式打造的冲锋队，吃得好，薪水高，装备好，执行所有进攻；防守集团则在整个战争期间扮演全然被动的角色，挖壕沟，修壕沟，守壕沟。[31]

一九一六年布鲁西洛夫攻势所引发的情景，即使是厌战的奥地利人都感到震惊，且说明了这个君主国的大部分官兵如何不愿打这场战争。卡尔·冯·弗朗泽－巴尔丁将军谈到他"破败的军队"，目击者惊讶地看着奥匈帝国一场大规模（且出乎预料）的反攻，竟演变为集体投降，数千名哈布斯堡士兵丢下步枪，举起双手跑向俄国防线。[32]多达三十五万奥地利人以如此方式向俄国人投降，布鲁西洛夫收复一九一五年失去的所有土地，一路攻回到喀尔巴阡山脉诸山口。布鲁西洛夫攻势打掉了奥地利人仅存的些许进攻能力，迫使他们把军队交给德国人指挥，直至战争结束。[33]

一九一六年，康拉德的总司令部遇到一突如其来的报复性活动，因为每个奥地利军、师都奉命查明问题根源，予以解决。两年前兵败萨巴茨后经历过一次又一次彻底失败的特尔斯蒂扬斯基将军，向他的集团军如此讲话："第四集团军被战斗力并不具压倒性的敌人赶出强固的阵地，被逼退好远，损失众多士兵和物资，且辛苦建造的桥头堡和斯蒂尔河（Styr）阵地也未守住，你们得给我一个解释！"军官奉命调查其部队，查明是谁带头组织集体逃亡，谁同意放弃如此多加农炮和机枪，并奉命"无情"惩罚还留在部队里的所有坏蛋。[34]

379

但还有什么惩罚，比留在这个军队和这个走入歧途的战争里继续打仗，更为无情？到了一九一七年，哈布斯堡军队已几乎称不上是军队。丧命、受伤或被俘者（共三百五十万），和剩下的现役军人一样多。[35] 由于协约国军队不断增加其火炮、炮弹、机枪的数量，每个哈布斯堡士兵都确信自己很快就会从第二类（活人）变为第一类（死人），于是许多人开始撤离。一九一七年开始时，被俄国人俘虏的奥匈帝国士兵高达一百七十万（相对地，被俘的德国人只有此数目的十分之一）。[36] 一九一七年六月俄军克伦斯基攻势，在奥匈帝国第三集团军的诸军之间，轻易就扯开一道五十公里宽的缺口，又俘虏数千人。若非俄军本身为失望情绪和布尔什维克宣传所腐化，奥匈帝国很可能已在那年画上句点。[37]

在意大利战线的苏加纳谷（Val Sugana）——阿尔卑斯山中史上有名的狭长谷地，作为神圣罗马帝国往来亚得里亚海的要道达数百年——某奥地利团的整个领导阶层（斯洛文尼亚裔上校、四名捷克裔军官、三名捷克裔士兵），在卡尔扎诺（Carzano）投奔意大利壕沟，然后带敌军回来，穿越奥军铁丝网，进入奥军壕沟，把此团整个俘虏。奥匈帝国当局宣称震惊，但这问题自一九一四年起一直未消失而且是日益恶化。[38] 集体逃亡变得司空见惯；一九一八年十月某日，匈牙利第六十五团一千四百五十一人逃亡。这时，哈布斯堡君主国已开始把有专门技能的军火工人、男孩、领养老金者送进其战争机器里。在索尔费里诺战役（Battle of Solferino，一八五九年）和柯尼希格雷茨之役（一八六六年）之间那几年出生的老人，一九一六年被征召入伍，一直服役到战争结束。[39]

对奥匈帝国来说，这场战争从头至尾都没有道理可言，而一九一七年俄国戏剧性的战败和解体，最为鲜明突显这点。列宁的布尔什维克于一九一七年十一月夺取政权后，突然退出战争，并在一九一八年三月的《布列斯特－立托夫斯克和约》（Treaty of Brest-Litovsk）中，把波罗的海地区、白俄罗斯、波兰、乌克兰割让给德国。俄国的垮台照理应使同盟国阵营团结，结果反倒加深该阵营成员间的分歧。德国评论家觉得上了奥匈帝国的当。哈布斯堡王朝在战场上打得一塌糊涂，从头至尾倚赖德国支援，却在俄国垮掉时，试图在俄国割让的波兰、乌克兰大片土地里分一杯羹。哈布斯堡王朝想得到波兰，然后派一大公治理该地，但此事若成真，哈布斯堡君主国里斯拉夫 381 人与德意志人比例失衡的程度会加剧到危及其生存的程度。有位分析家于一九一七年晚期写道，"奥地利一千万德意志人会淹死在七千万或更多斯拉夫人的大海里"。吃下波兰这块肥肉，奥匈帝国版图会增加一倍，斯拉夫人和天主教徒会更能左右民意的走向，这几乎必然导致奥匈帝国日后与其盟邦德国决裂。这一预言绝非杞人忧天，一九一七年时德国人未把波兰视为该直接吞并的土地，而是视为该先清空其上的波兰居民、再安置以德意志人的一个空间。那一构想因俄国撤出第一次世界大战而有实现的可能，且将导致德国在下一次世界大战期间展开有计划的族群清洗和种族灭绝。[40]

俄国的战败让奥匈帝国得以继续打这场艰苦的大战，但奥地利人从未解决俄国充沛人力所带来的难题，美国作者（暨俄国通）约翰·里德（John Reed），对此有言简而意赅的说明："落败但变强之军队的吊诡，即撤退的一大群人，其撤离本身为征服者带来他们所非常不乐见的后果。"一九一五年在伦贝格看过看不到尽头的俄国步兵纵队走向野战餐车后，里德写道："现在，唱着歌的军人如长河般涌进每个街道……这是俄国用之不竭的国力，她血管的有力血液，从她深不见底的人力喷泉随意洒出，浪费掉，毫无节制地用掉。"[41]里德热爱他的俄国人，以浪漫手法描绘他们。事实上俄国人杀自己人，就和奥地利人杀他们一样麻木不仁，而俄国农民不是傻子，他们采取了预防措施，不是毫无抵抗地向奥地利人投降，就是逃亡。他们于一九一四年响应动员，但一年后大批逃亡。

　　整个大战期间，俄国老百姓惊讶于"在城里、村子里、铁路边、俄国全境四处游荡"（沙皇的农业部长一九一五年语）的军人之多。其中只有少数人有假条（征召入伍兵鲜少有幸得到的特权）。载增援部队赴前线的俄国运兵车，有时抵达目的地时才发现，车上的军人已全部跳车逃走。俄国行军营382的逃跑率平均达四分之一。[42]一九一六年时，法国人已把每月死伤率降到一九一四年水平的一半，俄国人的死伤率却未降低，甚至反倒升高。一九一四年时俄国人用光其第一级本土防卫预备队，一九一六年时则耗尽所有第二级预备队。一如奥地利人，他们开始把他们所能找到的男子都征召入伍，一九一六年俄国国会某委员会痛批军方"恣意挥霍"：没有足够的"铅、钢、爆裂物"，俄国将领觉得"用人血打开通往胜利之路"没什么好大惊小怪。到了一九一七年，俄国人已在思考所有人力物力用尽的问题，二月革命突然爆发时，俄国人正努力欲解决该问题。临时政府决定继续打仗以取得"最后胜利"一事，使该政府失去了深信打这场战争徒劳无益只是送死的人民的支持。死伤惨重到了吃不消的程度：一百三十万人丧命，四百二十万人受伤，两百四十万人被俘，总数将近八百万。[43]十一月时，布尔什维克人以非常宏观的政纲——列宁要结束战争——拉下临时政府。

但俄国熊的垮掉也救不了奥地利。哈布斯堡君主国已分裂为数个得到协约国帮助的"民族委员会"，这些委员会受邀于巴黎和会上表达他们各自的民族独立主张。德国于《凡尔赛条约》中受到人尽皆知的惩罚，奥匈帝国则在《圣日耳曼条约》（the Treaty of St. Germain）、《特里亚农条约》（the Treaty of Trianon）两条约中寿终正寝。这两个条约于一九一九年正式裂解哈布斯堡帝国，创造出波兰、捷克斯洛伐克、匈牙利三个新国家，强化既有国家（例如罗马尼亚）的版图。塞尔维亚吸并维也纳的原南斯拉夫土地，成为名叫南斯拉夫的新国。在其他所有民族都退出后，由哈布斯堡王朝仅存的小块土地，即维也纳至因斯布鲁克之间的德意志人地区，郁闷地组成奥地利共和国，且受条约所束，严禁与北边大上许多的德意志人国家合并。

奥匈帝国垮台的影响甚大。《凡尔赛条约》要德国割土、赔偿且严格限制德国海陆军力，但德国国力受削弱只是表象。事实上，一九一九年巴黎和会所创造的新秩序，使德国变强。苏俄已缩回去打内战，陷入孤立，而后来的发展表明，从中欧奥匈帝国割出的"继起诸国"，国力太弱，挡不住德国（或苏俄）的侵犯。因此，在第一次世界大战结束到第二次世界大战爆发前，它们与英法结盟。巴黎和伦敦把这些新国家视为制衡东山再起之德国或俄国的潜在力量。这些防御条约意在填补哈布斯堡王朝留下的权力真空，最终却在德国人于一九三八年吸并奥地利和窃取捷克斯洛伐克后，一九三九年尝试侵犯波兰时，引爆第二次世界大战。一如一九一四年时，西方列强不情不愿地动员开战，以解决来自中东欧的纠纷。

383

这场人间浩劫的罪魁祸首在西方历史里的形象，从未受到大幅修正。弗朗茨·约瑟夫皇帝仍是那个留着络腮胡、居心良善的帝国老爹。这岂是事实？就最高指挥官的角色来说，他是个屠夫。就战略家的角色来说，他是个不自量力之人。就政治家的角色来说，他原本可以利用在位如此之久的契机修正或减轻令奥匈帝国衰弱的诸多难题，结果他毫无作为。传说收到意大利已于一九一五年向奥地利宣战的消息时，这位老皇帝深情微笑，低声道"终于和意大利打起来，这下我可以开心了"，如果此说不假，我们不得不推断此人老时已性情大变，变成凶残之人，与年轻时谦逊的他判若两人。[44]

总的说来，我们得重新思考第一次世界大战的根源，把奥地利人摆进新的历史位置。从根本上来说，奥匈帝国并不是一个正派的，而是带着光环的懒懒散散的强权，它稀里糊涂地闯入并打完了整个战争。它是个心态极其矛盾的强权，为了保住其自古即拥有对波希米亚、匈牙利之类土地——已不想再和哈布斯堡王朝有瓜葛，正努力脱离自立的土地——的所有权，不惜让整个欧洲陷入战火。奥地利的大战建立在不计后果的赌注上，即赌哈布斯堡君主国的内部问题可靠战争来解决。实则战争解决不了那些问题。[45]这不是战后才为人所揭示的。一九一四年的重大事件发生之前许久，总理卡西米尔·巴德尼（Casimir Badeni）就指出，奥匈帝国境内失意的诸民族与该帝国的军事安全拥有明眼人都看得出的关联："多民族国度发动战争，必会危及自身。"[46]但奥匈帝国还是发动了战争。该帝国最后一位外长奥托卡·切宁（Ottokar Czernin）伯爵，以太不当一回事的口吻论道，"我们在劫难逃；我们可以自由选择怎么死，而我们选了最可怕的死法"。[47]前线士兵陷身于这场可怕

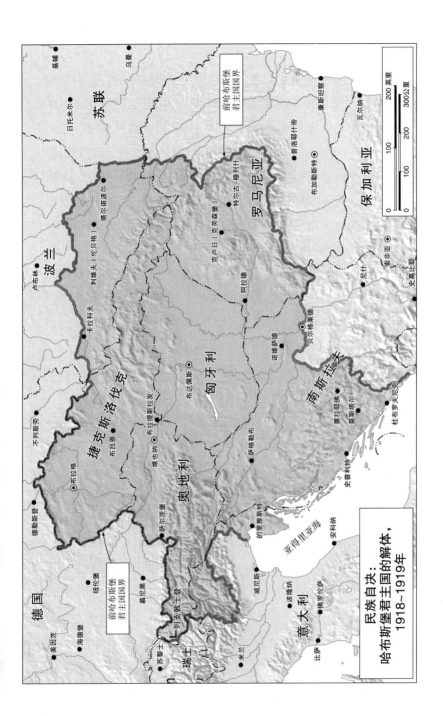

基辅
乌曼
苏联
日托米尔

波兰
卢布林
不列斯劳
卡拉科夫
利维夫（伦贝格）
塔尔诺波尔

前哈布斯堡
君主国国界

特尔古－穆列什
克卢日（克劳森堡）
罗马尼亚
阿拉德
普洛耶什蒂
布加勒斯特
保加利亚
康斯坦察
瓦尔纳

捷克斯洛伐克
布吕恩
布拉格
布拉迪斯拉发
维也纳
萨尔茨堡
匈牙利
布达佩斯
萨格勒布
诺维萨德
贝尔格莱德
南斯拉夫
尼什
索非亚
史高比耶

德国
美因茨
海德堡
纽伦堡
慕尼黑
前哈布斯堡
君主国国界

苏黎士
瑞士
因斯布鲁克
奥地利
的里雅斯特
威尼斯
塞拉耶佛
莫斯塔尔
史普利克
杜布罗夫尼克

波隆纳
佛罗伦萨
比萨
米兰
意大利
安科纳
亚得里亚海

200 英里
300公里
100
200
100

民族自决：
哈布斯堡君主国的解体，
1918~1919年

战争的最可怕的环境里，若听到切宁（胎死腹中的西克斯图斯事件的主导者）这番话，肯定会深表赞同，且遗憾于他无法阻止或结束这场战争。

一九一四年七月，老皇帝最后一次抽出他的剑，却惊骇地看着挥出的剑刃被挡开，反转，刺回他肚子里。哈布斯堡王朝没理由于一九一四年开战，却开了战，要自己人民在准备不周的攻势里送死，然后打起一场使已然衰弱的君主国必然垮掉的消耗战。在这场惨绝人寰的战争里，有太多错误和失算，而奥匈帝国一九一四年的决定堪称是其中最不明智且最应受斥责的。这场大战只是在我们的历史地图上赢得的一块黑色区域，而维也纳，和柏林一样，同是这块区域的核心。

注　释

前　言

1. Winston S. Churchill, *The World Crisis: The Eastern Front* (London: Thornton Butterworth, 1931), 32.

2. Ibid., 32.

导　论

1. Service Historique de l'Armée de Terre, Vincennes (SHAT), EMA, 7N 1128, Autriche, June 2, 1902, 2ème Bureau, "Magyarisme et pangermanisme."

2. A. J. P. Taylor, *The Habsburg Monarchy 1809–1918* (London: Penguin, 1948), 140.

3. Ibid., 142.

4. SHAT, AAT, 7N 1129, Vienna, March 29, 1905, "La langue de commandement dans les troupes hongroises."

5. SHAT, AAT, 7N 1129, Vienna, Feb. 8, 1905, "La politique hongroise et l'Armée."

6. Norman Stone, *World War One: A Short History* (New York: Basic Books, 2009), 50.

7. James Stone, *The War Scare of 1875* (Stuttgart: Franz Steiner Verlag, 2010), 184–185.

8. Taylor, *Habsburg Monarchy*, 140–141.

9. SHAT, AAT, EMA, 7N 1128, Vienna, April 22, 1902, "Le Ministère des Affaires Etrangères Austro-Hongrois"; Taylor, *Habsburg Monarchy*, 137.

10. David G. Herrmann, *The Arming of Europe and the Making of the First World War* (Princeton: Princeton University Press, 1996), 178.

11. Österreichische Rundschau, June 15, 1914, Politicus, "Imperialismus."

第一章　欧洲病夫

1. "Der Schlemihl," *Die Zeit*, Feb. 6, 1913; R. J. W. Evans, *The Making of the Habsburg Monarchy 1550–1700: An Interpretation* (Oxford: Oxford University Press, 1984).

2. Winston S. Churchill, *The World Crisis: The Eastern Front* (London: Thornton Butterworth, 1931), 24.

3. Arthur Ruhl, *Antwerp to Gallipoli: A Year of the War on Many Fronts—and Behind Them* (New York: Scribner's, 1916), 232.

4. Service Historique de l'Armée de Terre, Vincennes (SHAT), 7N 1127, Vienna, Oct. 1, 1889, "La question des nationalités dans l'armée Austro-Hongroise."

5. Geoffrey Wawro, *The Franco-Prussian War* (Cambridge: Cambridge University Press, 2003), 305–306.

6. Geoffrey Wawro, *The Austro-Prussian War* (Cambridge: Cambridge University Press, 1996), 281.

7. SHAT, 7N 1124, Vienna, Aug. 20, 1878, Cdt. Tour de Pin, "Aperçu politique."

8. SHAT, 7N 1124, Vienna, Mar. 1878, Capt. de Berghes, "Composition et recrutement du corps d'officiers dans l'Armée Austro-Hongroise."

9. Kriegsarchiv, Vienna (KA), Militärkanzlei Franz Ferdinand (MKFF) 206, Sarajevo, Feb. 7, 1914, FZM Potiorek to Archduke Franz Ferdinand.

10. SHAT, 7N 1123, Vienna, July 15, 1875, Capt. Brunet, "Voyage tactique de l'infanterie en Bohème."

11. SHAT, 7N 1123, Vienna, May 28, 1873, Col. de Valzy.

12. SHAT, AAT, EMA, 7N 851, Vienna, Jan. 1923, Gaston Bodart, "Etude sur organisation générale, politique et administrative."

13. Gunther E. Rothenberg, *The Army of Francis Joseph* (West Lafayette, IN: Purdue University Press, 1976), 109.

14. Ibid., 141–142.

15. SHAT, AAT, EMA, 7N 1129, Austria, Feb. 8, 1904, "Les scandales de la Cour de Vienne."

16. SHAT, EMA, 7N 1128, Vienna, Oct. 14, 1897, Cdt. Berckheim, "Notes sur le haut commandement en Autriche."

17. Otto Pflanze, *Bismarck and the Development of Germany,* vol. 2, *The Period of Consolidation, 1871–1880,* 2nd ed. (Princeton: Princeton University Press, 1990), 376.

18. Christopher Clark, *The Sleepwalkers: How Europe Went to War in 1914* (New York: Harper, 2013), 66–73; Lothar Höbelt, "'Well-Tempered Discontent': Austrian Domestic Politics," in Mark Cornwall, ed., *The Last Years of Austria-Hungary* (Exeter: Exeter University Press, 2002), 48; A. J. P. Taylor, *The Habsburg Monarchy 1809–1918* (London: Penguin, 1948), 157.

19. SHAT, AAT, EMA, 7N 1128, Austria, April 30, 1902, "Les allemands d'Autriche."

20. SHAT, AAT, EMA, 7N 1128, Vienna, May 20, July 14 and 30, 1897, Cdt. Berckheim to Minister of War.

21. Rothenberg, *Army of Francis Joseph,* 121.

22. Carl E. Schorske, *Fin-de-Siècle Vienna: Politics and Culture* (New York: Vintage, 1981), 128–140.

23. National Archives and Records Administration, Washington, DC (NARA), M695, roll 22, Vienna, Sept. 10, 1924, Carol Foster, "The Culture of Austria."

24. *Die Judenfrage* (1908), 5–22.

25. Rothenberg, *Army of Francis Joseph,* 128.

26. Ibid., 78, 85.

27. *Der "Militarismus" in Österreich-Ungarn* (Vienna, Seidel, 1902), 9.

28. Norman Stone, "Army and Society in the Habsburg Monarchy, 1900–1914," *Past and Present* 33, no. 1 (1966): 96–97.

29. Rothenberg, *Army of Francis Joseph,* 132–136, 162; KA, B/677:0-10, 4 (Auffenberg), Sarajevo, Nov. 1910, "Stellung und Aufgaben eines nächsten Kriegsministers"; SHAT, EMA, 7N 1129, Austria-Hungary, Dec. 22, 1903, "L'armée austro-hongroise: indications relatives à sa force de cohesion et à sa fidélité."

30. SHAT, AAT, EMA, 7N 1129, Autriche, 2ème Bureau, July 18 and Aug. 14, 1903, "L'Autriche et le conflit hongrois."

31. KA, B/232, Karton 514, "Baron Pitreich und die Armee."

32. KA, B/677:0-10, 4 (Auffenberg), Sarajevo, Nov. 1910, "Stellung und Aufgabe-neinesnächsten Kriegsministers"; Carl Freiherr von Bardolff, *Soldat im alten Österreich: Erinnerungen aus meinem Leben* (Jena: Eugen Diederichs, 1938), 93.

33. SHAT, EMA, 7N 1129, Autriche-Hongrie, 2ème Bureau, "Le victoire du parti politique hongrois—Sa répercussion en Autriche"; Samuel R. Williamson Jr., *Austria-Hungary and the Origins of the First World War* (New York: St. Martin's, 1991), 46–47, 52; Rothenberg, *Army of Francis Joseph,* 130, 150; Stone, "Army and Society in the Habsburg Monarchy," 103–104.

34. *Das Vaterland,* Nov. 18, 1910.

35. British National Archives, Kew (BNA), Foreign Office (FO) 371/1899, Vienna, Mar. 26, 1914, Bunsen to Grey.

36. NARA, M 862, roll 568, Vienna, June 22, 1907, Charles Francis to Root.

37. SHAT, EMA, 7N 1128, Vienna, Dec. 20, 1898, Cdt. Berckheim, "Attitude de l'Armée en Bohème."

38. NARA, M 862, roll 568, Vienna, Nov. 17, 1908, Rives to Root; Dec. 3, 1908, Francis to Root. Also, roll 942, Vienna, Sept. 23, 1908, Rives to Root, "Racial Riots in Austria"; Reichenberg, Sept. 26, 1908, Harris to Asst. Sec. of State, "Demonstrations of Germans Against Bohemians in Reichenberg"; Prague, Oct. 21, 1908, Joseph Brittain to Asst. Sec. of State. Also, Rothenberg, *Army of Francis Joseph,* 130; Robert Musil, *The Man Without Qualities* (New York: Vintage, 1996 [1930–1933]), 2:730.

39. Manfried Rauchensteiner, *Der Tod des Doppeladlers: Österreich-Ungarn und der Erste Weltkrieg* (Graz: Verlag Styria, 1993), 28–33.

40. Musil, *Man Without Qualities,* 2:730.

41. In 1913, 770 million crowns were spent in Cisleithania alone for internal administration. *Salzburger Volksblatt,* Jan. 23, 1914; Österreichische-Ungarische Heeres-Zeitung, Feb. 1, 1913, "Der Moloch Staatsbeamtentum"; KA, B/677:0-10 (Auffenberg), Sarajevo, July 1910, "Geist und innere Verfassung der Armee 1910"; SHAT, 7N 1131, Vienna, Jan. 2, 1912, "Les delegations austro-hongroises."

42. BNA, FO 120/907, Vienna, Aug. 9, 1913, Cuninghame to Cartwright, F C v H, Boer, 7; Moritz Freiherr von Auffenberg-Komarów, *Aus Osterreichs Hohe und Niedergang: Eine Lebensschilderung* (Munich: Drei Masken Verlag, 1921).

43. SHAT, 7N 1127, Vienna, Oct. 1, 1889, "La question des nationalités dans l'armée austro-hongroise"; Josef Pfeiffer, *Slovenische Militär-Sprache: Ein Handbuch* (Vienna: Seidel, 1896).

44. SHAT, EMA, 7N 1129, Vienna, Nov. 18, 1903, "La pénurie d'officiers hongrois pour l'encadrement de l'armée hongroise—les causes de cette pénurie."

45. *Fremden-Blatt,* Dec. 18 and 19, 1913, "Österreich ohne die Nationalitäten nicht Österreich wäre."

46. *Wien Zukunft,* Oct. 1, 1913; *Die Zeit,* Oct. 28, 1910.

47. SHAT, EMA, 7N 846, 2ème Bureau, Rome, April 13, 1916, Col. François, "Cohesion de l'armée austro-hongroise"; 7N 1124, Vienna, Mar. 1878, Capt. De Berghes, "Composition et recrutement du corps d'officiers dans l'armée austro-hongroise."

48. The queue of officer aspirants was so long and promotion so slow that Auffenberg in 1912 recommended creation of a new rank in the army, *Majorleutnant* or *Vizemajor,* i.e., a senior captain. KA, B/677:0-10, 4 (Auffenberg), Vienna, Jan. 1, 1913, "Memorandum nach meiner Demission als Kriegsminister."

49. KA, B/677:0-10 (Auffenberg), Sarajevo, July 1910, "Geist und innere Verfassung der Armee 1910."

50. Bardolff, *Soldat im alten Österreich,* 72.

51. Ibid., 88–89.

52. Franz Conrad von Hötzendorf, *Aus Meiner Dienstzeit 1906–1918* (Vienna: Rikola, 1921–1923), 1:37–38.

53. SHAT, EMA, 7N 1129, Vienna, June 28, 1903, Cdt. Laguiche; Rudolf Jerabek, *Potiorek* (Graz: Verlag Styria, 1991), 27–45.

54. KA, MKFF 199, "Generalstab und Beförderungsvorschrift von einem Truppenoffizier."

55. KA, B/677:0-10, 4 (Auffenberg), Sarajevo, Nov. 1910, "Stellung und Aufgaben eines nächsten Kriegsministers."

56. KA, B/677:0-10 (Auffenberg), Bozen, Dec. 9, 1913, Brosch to Auffenberg.

57. KA, B/677:0-10 (Auffenberg), Bozen, Oct. 28, and Dec. 9, 1913, Brosch to Auffenberg: " . . . die gut dotierte Stelle."

58. NARA, M 862, roll 568, Vienna, Sept. 8 and Nov. 16, 1908, Rives to Root.

59. SHAT, AAT, EMA, 7N 1129, July 18 and Aug. 14, 1903, "La politique austro-hongroise"; "L'Autriche et le conflit hongrois"; Williamson, *Austria-Hungary and the Origins of the First World War,* 14.

60. KA, MKFF 199, copies of *La rivincita di Lissa,* an illustrated Italian weekly; KA, B/677:0-10, 4 (Auffenberg), Vienna, Jan. 1, 1913, "Memorandum nach meiner Demission als Kriegsminister."

61. NARA, M 862, roll 940, Vienna, Oct. 7, 1908, Rives to Root.

62. KA, B/1503:3 (Potiorek), 1913, "Regelung der Amts-und Unterrichtssprache Bosnien und der Herzegovina."

63. KA, B/1503:4, Sarajevo, Nov. 20, 1914, Ein hoher bosnischer Funktionär, "Promemoria über die actuelle Behandlung der serbischen Frage in Bosnien"; Vladimir Dedijer, *The Road to Sarajevo* (London: MacGibbon and Kee, 1967), 127–130.

64. Dedijer, *Road to Sarajevo,* 129.

65. SHAT, AAT, EMA, 7N 1124, Vienna, Oct. 22, 1878, Tour de Pin; Williamson, *Austria-Hungary and the Origins of the First World War,* 14.

66. SHAT, AAT, EMA, 7N 1128, Vienna, May 15, 1902, 2ème Bureau, "L'Hongrie et la dynastie."

67. Matthias Schulz, "Diary Rediscovered: Franz Ferdinand's Journey Around the World," *Spiegel Online,* Mar. 1, 2013; SHAT, AAT, 7N 1129, Autriche-Hongrie, May 1, 1905, "Nouvel aspect du problème de la Succession"; Dedijer, *Road to Sarajevo,* 98–99.

68. Clark, *Sleepwalkers,* 107–108; Auffenberg-Komarów, *Aus Osterreichs,* 228–229.

69. SHAT, AAT, EMA, 7N 852, "Organisation politique et administrative de l'Autriche-Hongrie"; Rothenberg, *Army of Francis Joseph,* 141; Auffenberg-Komarów, *Aus Osterreichs,* 226–227.

70. Dedijer, *Road to Sarajevo,* 121.

71. KA, B/232:119-22, Karton 516, "Programmfür den Thronwechsel, 1911."

72. "Franz Ferdinand und die Talente," *Die Fackel* 7, no. 400 (July 10, 1914): 1–4; Dedijer, *Road to Sarajevo,* 124; Stone, "Army and Society in the Habsburg Monarchy," 108.

73. *Deutsche-Tageszeitung* (Berlin), Sept. 22, 1913; *Vorwärts* (Berlin), Sept. 28, 1913; KA, MKFF 206/19, Jan. 12, 1909, "Bericht der k.u.k. Militäratttché in London über Unterredung Graf Mensdorff mit Mr. Noel Buxton."

74. SHAT, 7N 1131, Vienna, Feb. 2, 1913, "Le commandement des corps d'armée en Autriche-Hongrie."

75. SHAT, 7N 1128, 2ème Bureau, Autriche-Hongrie, Aug. 2, 1902, "L'empereur d'Autriche et l'heritier présomptif du trone."

76. Williamson, *Austria-Hungary and the Origins of the First World War,* 21; Rothenberg, *Army of Francis Joseph,* 142.

77. Williamson, *Austria-Hungary and the Origins of the First World War*, 37, 46.

78. KA, B/677:0-10, 4 (Auffenberg), Sarajevo, Nov. 1910, "Stellung und Aufgaben eines nächsten Kriegsministers."

79. Hötzendorf, *Aus Meiner Dienstzeit*, 1:43; Rothenberg, *Army of Francis Joseph*, 142–143; Dedijer, *Road to Sarajevo*, 122–123.

80. Rothenberg, *Army of Francis Joseph*, 129.

81. Norman Stone, "Moltke-Conrad: Relations Between the Austro-Hungarian and German General Staffs 1909–1914," *Historical Journal* 9, no. 2 (1966): 211; Hotzendorf, *Aus Meiner Dienstzeit*, 1:13–15, 53; Williamson, *Austria-Hungary and the Origins of the First World War*, 50–51.

第二章 犯错与愚蠢之间

1. Sean McMeekin, *The Russian Origins of the First World War* (Cambridge, MA: Belknap Press, 2011), 6–23; William C. Fuller Jr., *Strategy and Power in Russia 1600–1914* (New York: Free Press, 1992), 432–451; Bruce W. Menning, *Bayonets Before Bullets: The Imperial Russian Army 1861–1914* (Bloomington: Indiana University Press, 1992), 222–227.

2. Charles Emmerson, *1913* (New York: Public Affairs, 2013), 93.

3. Geoffrey Wawro, *Warfare and Society in Europe 1792–1914* (London: Routledge, 2000), 212.

4. Service Historique de l'Armée de Terre, Vincennes (SHAT), EMA 7N 1128, Vienna, Feb. 25, 1897, Cdt de Berckheim, "Péninsule Balkanique"; Barbara Jelavich, *History of the Balkans* (Cambridge: Cambridge University Press, 1983), 2:109–110.

5. National Archives and Records Administration, Washington, DC (NARA), M 862, roll 940, Oct. 11, 1914, "Interview with Prince Lazarevich-Hraselianovic"; Andre Mitrovic, *Serbia's Great War 1914–1918* (West Lafayette, IN: Purdue University Press, 2007), 59–60.

6. Mitrovic, *Serbia's Great War*, 62–63.

7. Hugo Hantsch, *Leopold Graf Berchtold* (Graz: Verlag Styria, 1963), 2:17–18.

8. Karl Kraus, "Franz Ferdinand und die Talente," *Die Fackel* 7, no. 400 (1914): 2: "Politik ist das, was man macht, um nicht zu zeigen was man ist."

9. *Reichspost*, Jan. 9, 1913.

10. NARA, M 862, roll 940, Mar. 1909, Robert Lansing, "Nationality and the Present Balkan Situation"; M 862, roll 940, Oct. 11, 1914, "Interview with Prince Lazarevich-Hraselianovic."

11. Norman Stone, "Army and Society in the Habsburg Monarchy, 1900–1914," *Past and Present* 33, no. 1 (1966): 107.

12. Georg von Alten, *Handbuch für Heer und Flotte* (Berlin: Deutsches Verlagshaus, 1909–1914), 6:639.

13. Ibid., 6:639–640.

14. Michael Stephenson, *The Last Full Measure: How Soldiers Die in Battle* (New York: Crown, 2012), 234–235.

15. Georg Markus, *Der Fall Redl* (Vienna: Amalthea Verlag, 1984), 43.

16. Gunther E. Rothenberg, *The Army of Francis Joseph* (West Lafayette, IN: Purdue University Press, 125–127); Franz Conrad von Hötzendorf, *Infanteristische Fragen und die Erscheinungen des Boerenkrieges* (Vienna: Seidel, 1903), 4.

17. Kurt Peball, "Der Feldzug gegen Serbien und Montenegro im Jahre 1914," *Österreichische Militärische Zeitschrift Sonderheft I* (1965): 20; Samuel R. Williamson Jr., *Austria-Hungary and the Origins of the First World War* (New York: St. Martin's, 1991), 63.

18. NARA, M 862, roll 940, Vienna, Oct. 4, 1908, O'Shaughnessy to Root, and Mar. 1909, Robert Lansing, "Nationality and the Present Balkan Situation"; *Boston Herald*, Oct. 9, 1908.

19. Kriegsarchiv, Vienna (KA), B/1503:4, Sarajevo, Oct. 19, 1914, Theodor Zurunic, "Promemoria."

20. KA, B/232:11, Sarajevo, Feb. 23, 1909, FML Appel to Ob. Brosch; British National Archives, Kew (BNA), FO 120/907, Vienna, Oct. 28, 1913.

21. Norman Stone, *The Eastern Front 1914–1917* (London: Penguin, 1998 [1975]), 122; Williamson, *Austria-Hungary and the Origins,* 44; Gunther E. Rothenberg, "The Austro-Hungarian Campaign Against Serbia in 1914," *Journal of Military History,* Apr. 1989, 128–129; Conrad, *Infanteristische,* 4–5; SHAT, 7N 1125, Vienna, July 1, 1882, Capt. Blanche, Vienna, Jan. 1914, 7N 846, 2ème Bureau, Paris, Mar. 29, 1913, Cdt. Girard, "L'Armée Austro-Hongroise"; Franz Conrad von Hötzendorf, *Aus Meiner Dienstzeit 1906–1918* (Vienna: Rikola, 1921–1923), 1:39–40.

22. KA, B/677:0-10, 4 (Auffenberg), Vienna, Jan. 1, 1913, "Memorandum nach meiner Demission als Kriegsminister."

23. Stone, *Eastern Front*, 123; Rothenberg, *Army of Francis Joseph*, 111.

24. KA, B/677:0-10 (Auffenberg), Sarajevo, July 1910, "Geist und innere Verfassung der Armee 1910"; BNA, FO 120/906, Vienna, Jan. 16 and Mar. 14, 1913, Maj. Thomas Cuninghame to Cartwright.

25. Wawro, *Warfare and Society*, 205–209; Lawrence Sondhaus, *Franz Conrad von Hötzendorf: Architect of the Apocalypse* (Boston: Humanities Press, 2000), 61–77.

26. Felix Prinz zu Schwarzenberg, *Briefe aus dem Felde 1914–18* (Vienna: Schwarzenbergisches Administration, 1953), 17.

27. Alfred Krauss, *Die Ursachen unserer Niederlage: Erinnerungen und Urteile aus den Weltkrieg*, 3rd ed. (Munich, 1923), 96–99.

28. Hötzendorf, *Infanteristische*, 1–3, 6, 14, 57–58, 89–90; BNA, FO 120/906, Vienna, Jan. 16 and Mar. 14, 1913, Maj. Thomas Cuninghame to Cartwright.

29. NARA, M 862, roll 940, Pera, Jan. 12, 1909, Rives to Root.

30. NARA, M 862, roll 940, Vienna, Oct. 4, 1908, O'Shaughnessy to Root.

31. NARA, M 862, roll 940, Bucharest, Mar. 12 and 17, 1909, Hutchinson to Bacon; Vienna, Apr. 3, 1909, Francis to Knox; Budapest, Oct. 5, 1908, translation of letter from Franz Joseph to Aerenthal.

32. NARA, M 862, roll 940, Bucharest, Mar. 17, 1909, Hutchinson to Bacon.

33. NARA, M 862, roll 940, Vienna, Oct. 4, 1908, O'Shaughnessy to Root; *Boston Herald*, Oct. 9, 1908.

34. NARA, M 862, roll 940, Paris, Mar. 26, 1909, White to Knox; Vienna, Apr. 3, 1909, Francis to Knox.

35. Christopher Clark, *The Sleepwalkers* (New York: Harper, 2013), 85–87; McMeekin, *Russian Origins,* 28–29, 36; Rothenberg, *Army of Francis Joseph*, 156; Winston S. Churchill, *The World Crisis: The Eastern Front* (London: Thornton Butterworth, 1931), 39–40.

36. Churchill, *World Crisis*, 28–29.

37. KA, B/232:11, Sarajevo, Feb. 18, 1909, GdI Appel to Col. Brosch.

38. NARA, M 862, roll 940, Vienna, Oct. 24, 1908, Rives to Root; Bucharest, Apr. 1, 1909, Hutchinson to Knox; M 862, roll 568, Vienna, Aug. 18, 1909, Rives to Knox; Williamson, *Austria-Hungary and the Origins,* 71.

39. Annika Mombauer, *Helmuth von Moltke and the Origins of the First World War* (Cambridge: Cambridge University Press, 2001), 118.

40. Norman Stone, "Moltke-Conrad: Relations Between the Austro-Hungarian and German General Staffs 1909–1914," *Historical Journal 9*, no. 2 (1966): 202–203; Mombauer, *Helmuth von Moltke*, 75–76; Rothenberg, *Army of Francis Joseph*, 157–158.

41. Wawro, *Warfare and Society*, 145–146; Rothenberg, *Army of Francis Joseph*, 143.

42. *Danzer's Armee Zeitung*, May 28, 1914, "Eine Lanze für das Bajonett."

43. Timothy C. Dowling, *The Brusilov Offensive* (Bloomington: Indiana University Press, 2008), 8–9.

44. Haus-, Hof- und Staatsarchiv, Vienna (HHSA), PA I, 810, Int. LXX/I, Belgrade, July 6, 1914, Storck to Berchtold, "Aktuelles über die *Narodna Odbrana*."

45. "Dies Österreich, es ist ein gutes Land," *Die Fackel 5*, 293 (Jan. 4, 1910) and 5, 368 (Feb. 5, 1913).

46. Vladimir Dedijer, *The Road to Sarajevo* (London: MacGibbon and Kee, 1967), 20; Jelavich, *History of the Balkans*, 2:111.

47. NARA, M 862, roll 940, Budapest, Oct. 5, 1908, trans. of letter from Franz Joseph to Burian; NARA, M 862, roll 940, Mar. 1909, Robert Lansing, "Nationality and the Present Balkan Situation."

48. Williamson, *Austria-Hungary and the Origins*, 73–74, 105.

49. Mitrovic, *Serbia's Great War*, 57–58.

50. NARA, M862, roll 940, Vienna, Feb. 27, 1909, Francis to Bacon; BNA, FO 120/906, Vienna, Jan. 1, 1913, Maj. Thomas Cuninghame to Sir Fairfax Cartwright.

51. NARA, M 862, roll 940, Vienna, Oct. 16, 1908, Rives to Root.

52. Ibid.

53. *Die Industrie*, Apr. 30, 1910, "Quo vadis, Austria?"; NARA, M 862, roll 933, Vienna, Sept. 2, 1908, Rives to Root.

54. NARA, M 862, roll 940, Vienna, Oct. 7, 1908, Rives to Root; Williamson, *Austria-Hungary and the Origins*, 78–79; *Reichspost*, Jan. 9 and 23, 1913; BNA, FO 120/906, Vienna, Jan. 16, 1913, Cartwright to Grey; Churchill, *World Crisis*, 49–53.

55. Moritz Freiherr von Auffenberg-Komarów, *Aus Österreichs Höhe und Niedergang: Eine Lebensschilderung* (Munich: Drei Masken Verlag, 1921), 170–174; Rothenberg, *Army of Francis Joseph*, 145, 152.

56. Sondhaus, *Franz Conrad von Hötzendorf*, 107.

57. SHAT, 7N 1131, Vienna, Jan. 16, 1912, "Le Général Schemua," and Vienna, Apr. 25, 1912, "Notes sur la politique balkanique austro-hongroise"; Sondhaus, *Franz Conrad von Hötzendorf*, 104–107.

58. Sondhaus, *Franz Conrad von Hötzendorf*, 117.

59. NARA, M 862, roll 940, Mar. 1909, Robert Lansing, "Nationality and the Present Balkan Situation."

第三章 巴尔干战争

1. National Archives and Records Administration, Washington, DC (NARA), M 862, roll 940, Constantinople, Nov. 10, 1908, Lewis Einstein, "Report on the Present Situation in the Near East."

2. *Die Zeit*, Nov. 15, 1912 and Apr. 17, 1913, "Dilettanten-Vorstellung."

3. *Neue Freie Presse*, Nov. 21, 1912, "Die Zukunft des Fez."

4. FML Otto Gerstner, "Albanien und die Balkan-Frage," *Neue Freie Presse*, Nov. 9, 1912.

5. Haus-, Hof- und Staatsarchiv, Vienna (HHSA), Politisches Archiv (PA) I 872, The Hague, May 19, 1915, Giskra to Burián; Kriegsarchiv, Vienna (KA), B/232:11, Sarajevo, Dec. 2, 1912, FML Appel to Col. Brosch.

6. Service Historique de l'Armée de Terre, Vincennes (SHAT), 7N 1131, Vienna, Jan. 25, 1912, Cdt. Levesque; Hugo Hantsch, *Leopold Graf Berchtold* (Graz: Verlag Styria, 1963), 1:7.

7. British National Archives, Kew (BNA), Foreign Office (FO) 120/907, Vienna, Aug. 26, 1913, Cartwright to Grey.

8. Winston S. Churchill, *The World Crisis: The Eastern Front* (London: Thornton Butterworth, 1931), 57.

9. KA, Armeeoberkommando (AOK), 1912, Chf d GS Ev.B. 3462, Vienna, Dec. 6 and 17, 1912, "Tagesbericht"; Christopher Clark, *The Sleepwalkers* (New York: Harper, 2013), 266–272; Samuel R. Williamson Jr., *Austria-Hungary and the Origins of the First World War* (New York: St. Martin's, 1991), 124, 128; Gunther E. Rothenberg, *The Army of Francis Joseph* (West Lafayette, IN: Purdue University Press, 1976), 166–167.

10. *Neue Freie Presse*, Nov. 21, 1912, and *Wiener Sonn-und Montagszeitung*, Jan. 6, 1913.

11. *Fremden-Blatt*, Dec. 16 and 18, 1913.

12. *Südslawische Revue*, Feb. 1913, 189.

13. KA, B/232:11, Sarajevo, Dec. 2, 1912, FML Appel to Col. Brosch.

14. KA, Militärkanzlei Franz Ferdinand (MKFF) 196, *Berliner Tagblatt*, Sept. 20, 1912, "Deutschland, England, Europa."

15. KA, B/677:0-10 (Auffenberg), Bozen, Oct. 28, 1913, Brosch to Auffenberg; SHAT, 7N 1131, Vienna, Mar. 16, 1912, "Le conflit militaire austro-hongrois"; Lawrence Sondhaus, *Franz Conrad von Hötzendorf: Architect of the Apocalypse* (Boston: Humanities Press, 2000), 120.

16. SHAT, 7N 1131, Vienna, Mar. 16, 1912, "Le conflit militaire austro-hongrois."

17. Rudolf Kiszling, "Alexander Freiherr von Krobatin," in *Neue Österreichische Biographie, 1815–1918* (Vienna: Amalthea, 1923–1987), 17:202–206.

18. Horst Brettner-Messler, "Die Balkanpolitik Conrad von Hötzendorfs von seiner Wiederernennung zum Chef des Generalstabes bis zum Oktober-Ultimatum 1913," *Mitteilungen des österreichischen Staatsarchivs* 20 (1967), 180–182.

19. *Reichspost*, Feb. 22, 1913; *Die Zeit*, Feb. 13, 1914, "Ein neues 1864"; Rothenberg, *Army of Francis Joseph*, 164.

20. Rothenberg, *Army of Francis Joseph*, 165, 168.

21. Moritz Freiherr von Auffenberg-Komarów, *Aus Österreichs Höhe und Niedergang: Eine Lebensschilderung* (Munich: Drei Masken Verlag, 1921), 250.

22. David Fromkin, *Europe's Last Summer* (New York: Vintage, 2005), 90–93; Fritz Fischer, *War of Illusions* (London: Chatto and Windus, 1975), 161–164.

23. Annika Mombauer, *Helmuth von Moltke and the Origins of the First World War* (Cambridge: Cambridge University Press, 2001), 138–144.

24. *Neue Freie Presse*, Nov. 26–Dec. 17, 1912.

25. "Wenn der Kaiser von Österreich reiten lassen will, wird geritten." KA, B/1503:5, Sarajevo, Dec. 21, 1912, Potiorek to Conrad.

26. SHAT, 7N 1131, Vienna, Feb. 23, 1913, "Notes sur la situation"; BNA, FO 120/907, Vienna, Aug. 9, 1913, Chung to Cartwright; *Neue Freie Presse*, Dec. 12 and 13, 1912, "Weltkrieg wegen des Korridors nach Durazzo?"

27. *Neue Freie Presse*, Dec. 14, 1912; Josef Ullreich, "Mortiz von Auffenberg-Komarów: Leben und Wirken," phil. diss., Vienna, 1961, 148–170.

28. Williamson, *Austria-Hungary and the Origins*, 132, 139; SHAT, AAT, 7N 1131, V, Dec. 18, 1912, "Situation militaire"; *Allgemeine Zeitung* (Munich), Jan. 25, 1913, "Politischer Morphinismus."

29. Clark, *Sleepwalkers*, 266–272; *Reichspost*, Jan. 10, 1913.

30. *Neue Freie Presse,* Dec. 12, 1912.

31. *Reichspost,* Jan. 27, 1913; *Neue Freie Presse,* Feb. 7, 1913.

32. *Österreichische Rundschau* 39 (1914), June 15, 1914, Politicus, "Imperialismus."

33. KA, B/677:0-10 (Auffenberg), Bozen, Nov. 1913, Brosch to Auffenberg.

34. KA, B/1503:5, Sarajevo, Dec. 21, 1912, Potiorek to Conrad.

35. Sean McMeekin, *The Russian Origins of the First World War* (Cambridge: Belknap, 2011), 21–22.

36. *Berliner Zeitung am Mittag,* Feb. 4, 1913; *Das neue Deutschland,* Jan. 7, 1913; *Tagespost* (Graz), Feb. 1, 1913.

37. Williamson, *Austria-Hungary and the Origins,* 134; BNA, FO 120/906, Vienna, Feb. 11, 1913, Cartwright to Grey; Mombauer, *Helmuth von Moltke,* 135–136.

38. *Neuen Wiener Journal,* May 30, 1913.

39. SHAT, 7N 1131, Vienna, June 1, 1912, "Le premier dreadnought autrichien inutilisable," and June 6, 1912, "Le dreadnought autrichien."

40. Clark, *Sleepwalkers,* 116; BNA, FO 120/906, Vienna, Apr. 18, 1913, Maj. Thos. Cuninghame to Cartwright; Sondhaus, *Franz Conrad von Hötzendorf,* 128.

41. *Neue Freie Presse,* May 26, 1913.

42. *Neuen Wiener Journal,* May 29, 1913.

43. Ibid., May 30, 1913.

44. *Neue Freie Presse,* May 30, 1914.

45. Georg Markus, *Der Fall Redl* (Vienna: Amalthea Verlag, 1984), 33–53.

46. Ibid., 188, 200–201.

47. *Arbeiter Zeitung,* May 29, 1913.

48. BNA, FO 120/906, Vienna, Apr. 18 and June 4, 1913, Maj. Thos. Cuninghame to Cartwright. Conrad's son had been implicated in the Jandric Affair in April, possibly as a spy, and certainly as a gullible enabler. Markus, *Der Fall Redl,* 75; István Deák, *Beyond Nationalism* (Oxford: Oxford University Press, 1990), 145.

49. *Fremden-Blatt,* May 30, 1913; *Neue Freie Presse,* May 31, 1913; *Wiener Mittagszeitung,* May 31, 1913; Sondhaus, *Franz Conrad von Hötzendorf,* 125; Markus, *Der Fall Redl,* 128–129; BNA, FO 120/906, Vienna, June 5, 1913, Maj. Cuninghame to Cartwright; Graydon Tunstall, *Planning for War Against Russia and Serbia: Austro-Hungarian and German Military Strategies 1871–1914* (New York: Columbia University Press, 1993), 106–107.

50. *Arbeiter Zeitung,* May 30, 1913, "Der Generalstabsobert als Spion"; *Die Zeit,* June 6, 1913.

51. *Neue Freie Presse,* May 31, 1913; *Reichspost,* May 31, 1913; *Arbeiter Zeitung,* May 31 and June 1, 1913; Markus, *Der Fall Redl,* 268.

52. SHAT, 7N 1131, Vienna, May 29 and June 12, 1913, "L'affaire du Col. Redl." Markus, *Der Fall Redl,* 75, 152.

53. BNA, FO 120/907, Vienna, Aug. 30, 1913, Maj. Cuninghame to Cartwright.

54. Moritz Freiherr von Auffenberg-Komarów, *Aus Österreichs Höhe und Niedergang: Eine Lebensschilderung* (Munich: Drei Masken Verlag, 1921), 232, 241–242; FML Johann Cvitkovic in the *Neue Freie Presse,* May 31, 1913.

55. *Budapester Tagblatt,* June 1, 1913.

56. Brettner-Messler, "Die Balkanpolitik," 213.

57. SHAT, Vienna, Feb. 25, 1897, Cdt de Berckheim, "Péninsule Balkanique."

58. Arthur Ruhl, *Antwerp to Gallipoli: A Year of the War on Many Fronts—and Behind Them* (New York: Scribner's, 1916), 153–155; Norman Stone, "Moltke-Conrad: Relations Between the Austro-Hungarian and German General Staffs 1909–1914," *Historical Journal* 9, no. 2 (1966): 212–213.

59. NARA, M 862, roll 940, Mar. 1909, Robert Lansing, "Nationality and the Present Balkan Situation"; *Budapest Hirlap*, Mar. 23, 1913.

60. Rudolf Jerabek, *Potiorek* (Graz: Verlag Styria, 1991), 75.

61. BNA, FO 120/906 and FO 120/907, Vienna, Mar. 14, 1913, Cuninghame to Cartwright, and Vienna August 9, 1913, Cuninghame to Cartwright; *Fremden-Blatt*, Dec. 13–14, 1913; Clark, *Sleepwalkers*, 99.

62. KA, MKFF 196, Dec. 22, 1912, "Übersetzung aus der 'Review of Reviews.'"

63. "Der Chef des Generalstabes," *Freudenthaler Zeitung*, Oct. 4, 1913; KA, B/677:0-10 (Auffenberg), Bozen, Nov. 1913, Brosch to Auffenberg.

64. *Wiener Sonn-und-Montagszeitung*, Sept. 21, 1913, "Die Lehren der Armee-Manöver."

65. BNA, FO 120/907, Vienna, Dec. 8, 1913, Maj. Thos. Cuninghame to Sir Maurice de Bunsen; Georg von Alten, *Handbuch für Heer und Flotte* (Berlin: Deutsches Verlagshaus, 1909–1914), 6:318–319.

66. Churchill, *World Crisis*, 30.

67. *Die Zeit*, Sept. 24, 1913; *Pester Lloyd*, Sept. 27, 1913; *Vorwärts* (Berlin), Sept. 28, 1913.

68. Sondhaus, *Franz Conrad von Hötzendorf*, 133.

69. KA, MKFF 198, *Budapest*, Sept. 30, 1913.

70. KA, B/677:0-10 (Auffenberg), Bozen, Oct. 28, 1913, Brosch to Auffenberg.

71. BNA, FO 120/907, Vienna, Oct. 29, 1913, Cartwright to Grey.

72. KA, MKFF 197, *Wiener Sonntag-und-Montagszeitung*, Jan. 6, 1913; Williamson, *Austria-Hungary and the Origins*, 154–155.

73. KA, B/677:0-10 (Auffenberg), Bozen, Dec. 9, 1913, "Der Dumme hats Glück!"

74. BNA, FO 120/907, Vienna, Oct. 28, 1913, Cartwright to Grey.

75. BNA, FO 120/906, Vienna, Jan. 1, 1913, Maj. Thomas Cuninghame to Cartwright; Sondhaus, *Franz Conrad von Hötzendorf*, 135.

76. Williamson, *Austria-Hungary and the Origins*, 186–187.

77. SHAT, 7N 1129, Vienna, Mar. 29, 1905, "La situation politique de la Croatie"; Vladimir Dedijer, *The Road to Sarajevo* (London: MacGibbon and Kee, 1967), 132–134.

78. KA, MKFF 202, Vienna, Winter 1910–1911, Brosch, Untertänigstes Referat.

79. Williamson, *Austria-Hungary and the Origins*, 181–182.

80. Mombauer, *Helmuth von Moltke*, 77; Gerhard Ritter, *The Schlieffen Plan* (Westport, CT: Greenwood Press, 1979), 74; Timothy C. Dowling, *The Brusilov Offensive* (Bloomington: Indiana University Press, 2008), 4–5. A Russian corps had 108 field guns in 1914, an Austrian corps 96.

81. KA, MKFF 196, Dec. 22, 1912, "Übersetzung aus der 'Review of Reviews.'"

第四章 萨拉热窝惩凶

1. Barbara Jelavich, *History of the Balkans* (Cambridge: Cambridge University Press, 1983), 2:110.

2. Kriegsarchiv, Vienna (KA), B/677:0-10 (Auffenberg), Bozen, Oct. 28 and Nov. 1913, Brosch to Auffenberg; Rudolf Jerabek, *Potiorek* (Graz: Verlag Styria, 1991), 77–78; Lawrence Sondhaus, *Franz Conrad von Hötzendorf: Architect of the Apocalypse* (Boston: Humanities Press, 2000), 133.

3. *Wien Zukunft*, Oct. 1, 1913; *Neue Freie Presse*, Oct. 3, 1913.

4. Österreichischen Bundesministerium für Heereswesen und vom Kriegsarchiv, *Österreich-Ungarns Letzter Krieg 1914–18*, ed. Edmund Glaise von Horstenau (Vienna: Verlag Militätwissenschaftlichen Mitteilungen, 1931–1938), 1:6–7; Jerabek, *Potiorek*, 98.

5. Graydon Tunstall, *Planning for War Against Russia and Serbia: Austro-Hungarian and German Military Strategies 1871–1914* (New York: Columbia University Press, 1993), 106.

6. KA, Neue Feld Akten (NFA) 2115, 36 I.D., Vienna, July 20, 1914, "Einiges über höhere Kommandos und Personalien der serbischen Armee."

7. Jerabek, *Potiorek*, 99–105.

8. KA, Militärkanzlei Franz Ferdinand (MKFF) 202, "Studie Sommer 1907: Operationen gegen Serbien."

9. Jelavich, *History of the Balkans*, 2:111.

10. Jerabek, *Potiorek*, 90.

11. Vladimir Dedijer, *The Road to Sarajevo* (London: MacGibbon and Kee, 1967), 9–10.

12. Jerabek, *Potiorek*, 84; Winston S. Churchill, *The World Crisis: The Eastern Front* (London: Thornton Butterworth, 1931), 64.

13. Christopher Clark, *The Sleepwalkers* (New York: Harper, 2013), 367–376; Sean McMeekin, *July 1914* (New York: Basic Books, 2013), 1–20; Dedijer, *The Road to Sarajevo*, 14–16.

14. Carl Freiherr von Bardolff, *Soldat im alten Österreich: Erinnerungen aus meinem Leben* (Jena: Eugen Diederichs, 1938): 90.

15. *Die Fackel* 7, no. 400 (July 10, 1914): 1–4, "Franz Ferdinand und die Talente."

16. Jerabek, *Potiorek*, 95.

17. KA, B/1503:5, Vienna, July 9, 1914, Conrad to Potiorek, *sehr geheim*; Clark, *Sleepwalkers*, 392.

18. KA, B/1503:6, Vienna, July 27, 1914, FZM Krobatin to FZM Potiorek.

19. KA, B/232:11, Karton 15, Sarajevo, July 25, 1914, GdI Appel to Col. Brosch-Aarenau.

20. Andre Mitrovic, *Serbia's Great War 1914–1918* (West Lafayette, IN: Purdue University Press, 2007), 17, 64.

21. Haus-, Hof- und Staatsarchiv, Vienna (HHSA), Politisches Archiv (PA) I, 810, Int. LXX/1, Belgrade, June 30, 1914, Storck to Berchtold.

22. McMeekin, *July 1914*, 109–116; Samuel R. Williamson Jr., *Austria-Hungary and the Origins of the First World War* (New York: St. Martin's, 1991), 192.

23. Annika Mombauer, *Helmuth von Moltke and the Origins of the First World War* (Cambridge: Cambridge University Press, 2001), 151–152; Gunther E. Rothenberg, *The Army of Francis Joseph* (West Lafayette, IN: Purdue University Press, 1976), 168.

24. Clark, *Sleepwalkers*, 381–403; Dedijer, *The Road to Sarajevo*, 289–291; Williamson, *Austria-Hungary and the Origins*, 193; Mitrovic, *Serbia's Great War*, 5–6.

25. HHSA, PA I, 810, Int. LXX/1, Vienna, July 7, 1914, GdI Conrad to Berchtold.

26. David Fromkin, *Europe's Last Summer* (New York: Vintage, 2005), 155.

27. Mitrovic, *Serbia's Great War*, 10.

28. Ibid., 11.

29. Norman Stone, "Hungary and the Crisis of July 1914," *Journal of Contemporary History* 1, no. 3 (1966): 161; Churchill, *World Crisis*, 53.

30. Mitrovic, *Serbia's Great War*, 10. Fromkin, *Europe's Last Summer*, 157.

31. Fromkin, *Europe's Last Summer*, 157.

32. Sean McMeekin, *The Russian Origins of the First World War* (Cambridge, MA: Belknap Press, 2011), 42–46; McMeekin, *July 1914*, 393–394; Churchill, *World Crisis*, 77.

33. David G. Herrmann, *The Arming of Europe and the Making of the First World War* (Princeton: Princeton University Press, 1996), 221.

34. Moritz Freiherr von Auffenberg-Komarów, *Aus Österreichs Höhe und Nieder-gang: Eine Lebensschilderung* (Munich: Drei Masken Verlag, 1921), 256.

35. Mombauer, *Helmuth von Moltke*, 194.

36. Churchill, *World Crisis*, 65.

37. Mitrovic, *Serbia's Great War*, 4.

38. Mombauer, *Helmuth von Moltke*, 191–192.

39. Clark, *Sleepwalkers*, 517; Fromkin, *Europe's Last Summer*, 156; Williamson, *Austria-Hungary and the Origins*, 195; Mombauer, *Helmuth von Moltke*, 103.

40. Service Historique de l'Armée de Terre, Vincennes (SHAT), AAT, EMA, 7N 847, Marseille, Mar. 22, 1917, 2ème Bureau, "2ème Bureau analysé des cahiers de notes d'un officier hongrois prisonnier de guerre."

41. Williamson, *Austria-Hungary and the Origins*, 198–199.

42. Stone, "Hungary and the Crisis of July 1914," 163.

43. HHSA, PA I, 810, LXX/1, Belgrade, July 8, 1914, Wilhelm Storck to Berchtold.

44. Auffenberg-Komarów, *Aus Österreichs*, 257.

45. Williamson, *Austria-Hungary and the Origins*, 203.

46. HHSA, PA I, 810, LXX/1, Vienna, July 20, 1914, Berchtold to Giesl; Stone, "Hungary and the Crisis of July 1914," 166.

47. KA, B/232:11, Karton 15, Sarajevo, July 25, 1914, GdI Appel to Col. Brosch-Aarenau.

48. McMeekin, *July 1914*, 181; Williamson, *Austria-Hungary and the Origins*, 203.

49. HHSA, PA I, 811, LXX/2, July 25 and 27, 1914, "Antwortnote"; Clark, *Sleep-walkers*, 423–430, 457–469.

50. Auffenberg-Komarów, *Aus Österreichs*, 259–260.

51. British National Archives, Kew (BNA), Foreign Office (FO) 371/1900, London, Sept. 1, 1914, Bunsen to Grey.

52. KA, Armeeoberkommando (AOK) 1914, Evidenzbureau (EVB) 3506, Vienna, Aug. 4, 1914; Kurt Peball, "Der Feldzug gegen Serbien und Montenegro im Jahre 1914," *Österreichische Militärische Zeitschrift* Sonderheft I (1965): 20–21; Jerabek, *Potiorek*, 22.

53. KA, MKFF 202, "Studie Sommer 1907: Operationen gegen Serbien"; General Jo-sef von Stürgkh, *Im Deutschen Grossen Hauptquartier* (Leipzig: Paul List, 1921), 158.

54. István Burián, *Austria in Dissolution 1915–18* (New York: George Doran, 1925), 8–9.

55. Norman Stone, "Moltke-Conrad: Relations Between the Austro-Hungarian and German General Staffs 1909–1914," *Historical Journal* 9, no. 2 (1966): 215.

56. McMeekin, *July 1914*, 252–255.

57. HHSA, PA I, 810, Int. LXX/1, Vienna, July 7, 1914, GdI Conrad to Berchtold.

58. *Österreich-Ungarns Letzter Krieg 1914–18*, 1:24.

59. Auffenberg-Komarów, *Aus Österreichs*, 262.

60. Stone, "Moltke-Conrad," 216–217.

61. Auffenberg-Komarów, *Aus Österreichs*, 264–265.

62. BNA, FO 371/1900, London, Sept. 1, 1914, Bunsen to Grey.

63. Herrmann, *Arming of Europe*, 214.

64. Capt. B. H. Liddell Hart, *The Real War 1914–1918* (Boston: Little, Brown, 1963), 31–2; Patricia Clough, "Found: The Secret of World War I," *Sunday Times*, Aug. 14, 1994; Jerabek, *Potiorek*, 108; Mombauer, *Helmuth von Moltke*, 106–107; Herrmann, *Arming of Europe*, 205–206, 217–218.

65. Geoffrey Wawro, *Warfare and Society in Europe 1792–1914* (London: Rout-ledge, 2000), 200–211; Herrmann, *Arming of Europe*, 200–201, 212; Mombauer, *Helmuth von Moltke*, 172.

66. HHSA, PA I, 837, Munich, Aug. 14, 1914, Vélics to Berchtold.

67. HHSA, PA III, 171, Berlin, May 16, 1914, Szögenyi to Berchtold; PA I, 842, Berlin, Oct. 6, 1915, Hohenlohe to Burián; PA I, 837, Munich, Aug. 5, 1914, Vélics to Berchtold.

68. Herrmann, *Arming of Europe,* 218.

69. BNA, FO 371/1900, London, Sept. 1, 1914, Bunsen to Grey; HHSA, PA I, 819, Vienna, Aug. 2, 1914, Tisza to Berchtold; KA, B/1503:6, Vienna, Aug. 6, 1914, GdI Arthur Bolfras to FZM Potiorek.

第五章　蒸汽压路机

1. Gunther E. Rothenberg, *The Army of Francis Joseph* (West Lafayette, IN: Purdue University Press, 1976), 177.

2. Charles Emmerson, *1913* (New York: Public Affairs, 2013), 115.

3. Alfred Knox, *With the Russian Army 1914–17* (London: Hutchinson, 1921), 1:xvii.

4. Service Historique de l'Armée de Terre, Vincennes (SHAT), EMA, 7N 846, 2ème Bureau, Rome, April 13, 1916, Col. François, "Cohesion de l'Armée Austro-Hongroise."

5. Georg Markus, *Der Fall Redl* (Vienna: Amalthea Verlag, 1984), 43.

6. SHAT, EMA, 7N 846, May 14, 1917, "Armée Autrichienne"; Rothenberg, *Army of Francis Joseph,* 113–114, 173–174, 182; Alfred Krauss, *Die Ursachen unserer Niederlage: Erinnerungen und Urteile aus den Weltkrieg,* 3rd ed. (Munich, 1923), 90–91.

7. Rothenberg, *Army of Francis Joseph,* 159.

8. Kriegsarchiv, Vienna (KA), Militärkanzlei Franz Ferdinand (MKFF) 202, Vienna, Winter 1910–1911, Brosch, Untertänigstes Referat; Österreichischen Bundesministerium für Heereswesen und vom Kriegsarchiv, *Österreich-Ungarns Letzter Krieg 1914–18,* ed. Edmund Glaise von Horstenau (Vienna: Verlag Militätwissenschaftlichen Mitteilungen, 1931–1938), 1:173; Nikolai N. Golovine, *The Russian Army in the World War* (New Haven: Yale University Press, 1931), 34.

9. Rothenberg, *Army of Francis Joseph,* 159.

10. Annika Mombauer, *Helmuth von Moltke and the Origins of the First World War* (Cambridge: Cambridge University Press, 2001), 114.

11. Scott W. Lackey, *The Rebirth of the Habsburg Army* (Westport, CT: Greenwood, 1995), 152; Rudolf Jerabek, *Potiorek* (Graz: Verlag Styria, 1991), 100–101; Rothenberg, *Army of Francis Joseph,* 158; Mombauer, *Helmuth von Moltke,* 81.

12. Norman Stone, "Moltke-Conrad: Relations between the Austro-Hungarian and German General Staffs 1909–1914," *Historical Journal* 9, no. 2 (1966): 205–208.

13. Graydon Tunstall, *Blood on the Snow: The Carpathian Winter War of 1915* (Lawrence: University Press of Kansas, 2010), 15; General Josef von Stürgkh, *Im Deutschen Grossen Hauptquartier* (Leipzig: Paul List, 1921), 23, 159.

14. Graydon Tunstall, *Planning for War Against Russia and Serbia: Austro-Hungarian and German Military Strategies 1871–1914* (New York: Columbia University Press, 1993), 148, 170, 174; Lawrence Sondhaus, *Franz Conrad von Hötzendorf: Architect of the Apocalypse* (Boston: Humanities Press, 2000), 145–146.

15. Winston S. Churchill, *The World Crisis: The Eastern Front* (London: Thornton Butterworth, 1931), 137.

16. "Eisenbahntechnisch nicht durchzuführen." Stone, "Moltke-Conrad," 219; Mombauer, *Helmuth von Moltke,* 102–103.

17. Norman Stone, "Hungary and the Crisis of July 1914," *Journal of Contemporary History* 1, no. 3 (1966): 163–164; Stone, "Moltke-Conrad," 217; Rothenberg, *Army of Francis Joseph,* 173.

18. *Österreich-Ungarns Letzter Krieg 1914–18*, 1:12–13.

19. Norman Stone, *The Eastern Front 1914–1917* (London: Penguin, 1998 [1975]), 76–77; Norman Stone, "Die *Mobilmachung* der österreichisch-ungarischen Armee 1914," *Militärgeschichtliche Mitteilung*, 1974, 70–71.

20. Graydon Tunstall, "The Habsburg Command Conspiracy: The Austrian Falsification of Historiography on the Outbreak of World War I," *Austrian History Yearbook* 27 (1996): 192–193.

21. Rothenberg, *Army of Francis Joseph*, 179.

22. KA, B/3 (Dankl): 5/1, Tagebuch (1), Aug. 2, 1914.

23. Moritz Freiherr von Auffenberg-Komarów, *Aus Österreichs Höhe und Niedergang: Eine Lebensschilderung* (Munich: Drei Masken Verlag, 1921), 265; Tunstall, *Planning for War*, 176–177; Sondhaus, *Franz Conrad von Hötzendorf*, 135.

24. Sondhaus, *Franz Conrad von Hötzendorf*, 147; Rothenberg, *Army of Francis Joseph*, 179.

25. KA, B/1503:6, Aug. 12, 1914, Sarajevo, Potiorek to Conrad.

26. Stone, *Eastern Front*, 77.

27. SHAT, AAT, EMA, 7N 846, Paris, March 1914, "Organisation de l'armée austro-hongroise sur le pied de guerre."

28. KA, Neue Feld Akten (NFA) 528, 9 ID, "Intendanz der k.u.k. 9. I-T-D, 26 Juli-8 Dez. 1914."

29. Stone, *Eastern Front*, 78–79.

30. Sondhaus, *Franz Conrad von Hötzendorf*, 152; Josef Redlich, *Schicksalsjahre Österreichs 1908–19: Das politische Tagebuch Josef Redlichs* (Graz: Verlag Böhlau, 1953), 1:247.

31. Redlich, *Schicksalsjahre Österreichs*, 1:247.

32. KA, B/1503:6, Sarajevo, Aug. 8, 1914, Potiorek to GdI Emil Woinovich.

33. James M. B. Lyon, "'A Peasant Mob': The Serbian Army on the Eve of the Great War," *Journal of Military History* 61 (July 1997): 483–484; Hew Strachan, *The First World War*, vol. 1, To Arms (Oxford: Oxford University Press, 2001), 343; Joseph Schön, *Sabac!* (Reichenberg: Heimatsöhne, 1928), 12–13.

34. Lyon, "Peasant Mob," 501.

35. KA, B/3 (Dankl): 5/1, Tagebuch (1), Aug. 10, 1914.

36. KA, NFA 1372, 11. Korps Kdo, Lemberg, Aug. 14, 1914, "Abschiebung unverlässlicher Elemente."

37. Haus-, Hof-, und Staatsarchiv, Vienna (HHSA), Politisches Archiv (PA) I, 837, Munich, Aug. 19 and Oct. 8, 1914, Vélics to Berchtold.

38. HHSA, PA I, 837, Munich, Oct. 8, 1914, Vélics to Berchtold.

39. Sean McMeekin, *The Russian Origins of the First World War* (Cambridge, MA: Belknap Press, 2011), 22; Knox, *With the Russian Army*, 1:43–45.

第六章　格格不入之人

1. Service Historique de l'Armée de Terre, Vincennes (SHAT), EMA, 7N 1128, Vienna, Oct. 14, 1897, Cdt. Berckheim, "Notes sur le haut commandement en Autriche."

2. Rudolf Jerabek, *Potiorek* (Graz: Verlag Styria, 1991), 110; Moritz Freiherr von Auffenberg-Komarów, *Aus Österreichs Höhe und Niedergang: Eine Lebensschilderung* (Munich: Drei Masken Verlag, 1921), 232.

3. R. G. D. Laffan, *The Serbs* (New York: Dorset Press, 1989 [1917]), 190.

4. Jaroslav Hasek, *The Good Soldier Svejk and His Fortunes in the World War*, trans. Cecil Parrott (London: Penguin, 1985 [1923], 433).

5. Kriegsarchiv, Vienna (KA), Neue Feld Akten (NFA) 529, Bijelina, August 9, 1914, 9; ITD, FML Scheuchenstuel; Hew Strachan, *The First World War*, vol. 1, To Arms

注 释 / 439

(Oxford: Oxford University Press, 2001), 336; Jerabek, *Potiorek*, 108–111; Manfried Rauchensteiner, *Der Tod des Doppeladlers: Österreich-Ungarn und der Erste Weltkrieg* (Graz: Verlag Styria, 1993), 128.

6. Carl Freiherr von Bardolff, *Soldat im alten Österreich: Erinnerungen aus meinem Leben* (Jena: Eugen Diederichs, 1938), 72.

7. SHAT, 7N 1127, Vienna, March 10, 1889, Capt de Pange.

8. Strachan, *First World War*, 341.

9. Gunther E. Rothenberg, *The Army of Francis Joseph* (West Lafayette, IN: Purdue University Press, 1976), 175.

10. Jerabek, *Potiorek*, 114.

11. Ibid., 9–45, 69–70.

12. KA, NFA 2115, 36 ID, 5 Armee Kommando to 36 ID, Brcko, Aug. 2, 1914, Op. Nr. 15; Rothenberg, *Army of Francis Joseph*, 103.

13. Kurt Peball, "Der Feldzug gegen Serbien und Montenegro im Jahre 1914," *Österreichische Militärische Zeitschrift Sonderheft* I (1965): 20; Jerabek, *Potiorek*, 116–117; Moritz Freiherr von Auffenberg-Komarów, *Aus Österreichs Höhe und Niedergang: Eine Lebensschilderung* (Munich: Drei Masken Verlag, 1921), 264.

14. James M. B. Lyon, "'A Peasant Mob': The Serbian Army on the Eve of the Great War," *Journal of Military History* 61 (July 1997): 486–478.

15. Ibid., 495–498.

16. Ibid., 499–500.

17. Groszen Generalstab, Serbien, *Der Grosze Krieg Serbiens zur Befreiung und Vereinigung der Serben, Kroaten und Slovenen* (Belgrade: Buchdruckerei des Ministeriums für Krieg und Marine, 1924–26), 1:32–34.

18. Lyon, "Peasant Mob," 491.

19. KA, Gefechtsberichte (GB) 24, 483 c/2, k.u.k. Warasdiner I.R. 16, "Gefechtsbericht Kurtovica am 12. August 1914"; Groszen Generalstab, Serbien, *Grosze Krieg*, 49–50.

20. KA, NFA 935, k.u.k. 72, Infanterie-Brigade-Kommando, Tagebuch, 13 Aug. 1914; NFA 1795, 8. KpsKdo, GdK Giesl, "Gefechtsbericht über die Zeit vom 12 bis 20 August."

21. Karl Kraus, ed., *Die Fackel* (Munich: Kösel-Verlag, 1968–76), "Die letzten Tage der Menschheit," 35 (1. Szene, 1. Akt).

22. Rothenberg, *Army of Francis Joseph*, 150; Krauss, "Bekleidung," 33–35.

23. KA, NFA 935, k.u.k. 72, Infanterie-Brigade-Kommando, GM Haustein, "Bericht über das Gefecht am 14 Aug. bei Dobric."

24. KA, GB 24, 484 b/5, I.R. 16, Col. Budiner, "Gefechtsbericht über das Gefecht von Kozjak und Dobric am 14. Aug. 1914."

25. KA, GB 24, 483 c/2, k.u.k. Warasdiner I.R. 16, "Gefechtsbericht Kurtovica am 12. August 1914"; Joseph Schön, *Sabac!* (Reichenberg: Heimatsöhne, 1928), 144.

26. KA, GB 24, 36 ITD, GM Haustein, "Bericht über das Gefecht am 14. Aug. bei Dobric," "Gefechtsbericht über das Gefecht auf Vk. Gradac und bei Jarebicka crvka am 16. Aug 1914."

27. Groszen Generalstab, Serbien, *Grosze Krieg*, 1:107, 172–173.

28. KA, NFA 1795, 8. KpsKdo, GdK Giesl, "Gefechtsbericht über die Zeit vom 12 bis 20 August."

29. KA, NFA 529, Vienna, Aug. 13, 1914, GM Kanik, Etappen-Oberkommando-Befehl Nr. 1.

30. KA, NFA 170, 17 Brig., GdK Giesl, Aug. 25, 1914, "Wahrnehmungen während der letzten Gefechte"; NFA 935, 72 Inf. Brig., Kosjak, Aug. 15, 1914, Ord. Off. Goriany to GM von Haustein.

31. Haus-, Hof- und Staatsarchiv, Vienna (HHSA), Politisches Archiv (PA) I, 819, Vienna, Aug. 15, 1914, Berchtold to Tarnowski.
32. Schön, *Sabac*, 127.
33. KA, Armeeoberkommando (AOK) 1914, Evidenzbureau (EVB) 3506, Evidenzbüro des Generalstabes B. Nr. 57./I.
34. Groszen Generalstab, Serbien, *Grosze Kriege*, 1:102–104.
35. Ibid., 1:139–142.
36. Schön, *Sabac*, 29, 131.
37. KA, B/1503:6, Sarajevo, Aug. 14, 1914, k.u.k. Armee-Kommando Op. 248; SHAT, EMA 7N 1129, Vienna, June 28, 1903, Cdt. Laguiche.
38. Groszen Generalstab, Serbien, *Grosze Krieg*, 1:320.
39. Schön, *Sabac*, 20.
40. Ibid., 133; Groszen Generalstab, Serbien, *Grosze Krieg*, 1:142–143.
41. Groszen Generalstab, Serbien, *Grosze Krieg*, 1:320–321.
42. KA, GB 17 (k.k. 21 LITD), Tellovica, Aug. 15, 1914, Landwehr I.R. 6, Capt. Rudolf Kalhous, "Gefechtsbericht über den Angriff und Einnhahme der Cer-Höhe am 14. August 1914"; Schön, *Sabac*, 99–100; Groszen Generalstab, Serbien, *Grosze Krieg*, 1:107–108.
43. KA, NFA 489, 42 Sch. Brig., Aug. 16, 1914, "Tagebuch"; NFA 170, 17 Brig., 5 Armee, Op. 402/15, Brcko, Aug. 22, 1914, GdI Frank; NFA 528, "9. ITD Abfertigung am 21. Aug. 1914"; GB 17, 21 LITD, Kdo. Op. Nr. 75/1 Bijelina, Aug. 22, 1914, FML Przyborski, "Bericht über das Gefecht am 16. Aug. 1914."
44. *Le Figaro*, Aug. 14, 1914.
45. Schön, *Sabac*, 25–26.
46. KA, B/1503:4, Sarajevo, Aug. 16, 1914, Potiorek to Bilinksi.
47. KA, NFA 528, 9 ITD, "Kurzer Gefechtsbericht für die Zeit vom 12. bis 20. August 1914"; KA, NFA 935, k.u.k. 72 Infanterie-Brigade-Kommando, Tagebuch, 13 Aug. 1914.
48. KA, NFA 528, 9 ITD, "Intendanz."
49. KA, NFA, 529, Aug. 21, 1914, 9 ITD, nr. 170, k.u.k. 5 Armee-Kommando, GdI Frank; Jerabek, *Potiorek*, 160.
50. KA, NFA 2115, 36 ID, 4 Baon to I.R. 16 Commando, Kozjak, Aug. 15, 1914.
51. Jerabek, *Potiorek*, 121.
52. KA, NFA 2159, Sarajevo, Aug. 13, 1914, 6 Armee-Kommando, FZM Potiorek.
53. Alfred Krauss, *Die Ursachen unserer Niederlage: Erinnerungen und Urteile aus den Weltkrieg*, 3rd ed. (Munich, 1923), 33–34; KA, NFA 528, "9. ITD Abfertigung am 21. Aug. 1914."
54. Jerabek, *Potiorek*, 121.
55. KA, B/1503:4, Sarajevo, Aug. 19, 1914, Potiorek to Bilinksi.
56. Krauss, *Die Ursachen unserer Niederlage*, 94–98; KA, GB 86, 1914–15, "Erfahrungen über den Kampf um befestigte Stellungen: Vorgang der Deutschen"; Felix Prinz zu Schwarzenberg, *Briefe aus dem Felde 1914–18* (Vienna: Schwarzenbergisches Administration, 1953), 17.
57. Schön, *Sabac*, 146.
58. Ströer, 15.
59. KA, NFA 1850, k.u.k. BH IR Nr. 3, Grabovci, Aug. 22, 1914, Obstlt. Panic.
60. Ströer, 18.
61. KA, G-B 21, 31 ITD, Aug. 29, 1914, FML Eh. Josef, "Gefechtsbericht über die Gefechte am 18. u. 19. August bei Sabac und Pricinovic"; GB 21, Op. no. 15/22, 31 ITD, Aug. 15, 1914, Maj. Wilhelm Jeskowski, "Bericht über meine Eindrucke in Sabac"; Schön, *Sabac*, 78–81; Groszen Generalstab, Serbien, *Grosze Krieg*, 1:214–215.
62. KA, NFA 2115, 36 ID, GdI Frank, Op. Nr. 403/20.

63. KA, NFA 528, G-B 21, 32. ITD, Op. Nr. 29/4, "Gefechtsbericht über das Gefecht sö Sabac am 18. Aug. 1914."

64. KA, NFA 1842, 32 ID, Aug. 25, 1914, Op. 27/3, "Verluste"; Groszen Generalstab, Serbien, *Grosze Krieg*, 1:208.

65. Groszen Generalstab, Serbien, *Grosze Krieg*, 1:323.

66. KA, NFA 1846, 32 ID, Aug. 19, 1914, "Tagebuch"; GB 21, 32 ITD, Op. 29/4, FML Griessler, "Gefechtsbericht über das Gefecht bei Cerovac am 19. Aug. 1914"; Schön, *Sabac*, 97; Groszen Generalstab, Serbien, *Grosze Krieg*, 1:208.

67. KA, NFA 1794, 4. Korpskdo, Sept. 5, 1914, GdK Tersztyánszky, "Bericht über die Kämpfe bei Sabac."

68. KA, GB 21, 31 ITD, Aug. 29, 1914, FML Eh. Josef, "Gefechtsbericht über die Gefechte am 18. u. 19. August bei Sabac und Pricinovic."

69. KA, NFA 1813, FML Eh Joseph, Aug. 29, 1914, "Gefechtsbericht über den Kampf bei Sabac am 23. Aug."

70. KA, B/1503:6, Sarajevo, Aug. 20, 1914, Potiorek to Bolfras; NFA 935, 36 ITD, Aug. 19, 1914, Col. Budiner to 36 ITD-Kommando.

71. KA, NFA 1787, Sambor, Sept. 4, 1914, 4 Korps-Kommando to 31 Infanterie-Truppen Division; Rothenberg, *Army of Francis Joseph*, 142; KA, NFA 1794, 4 Korpskdo, Sept. 5, 1914, GdK Tersztyánszky, "Bericht über die Kämpfe bei Sabac."

72. Jerabek, *Potiorek*, 125.

73. KA, GB 42, Han Glasinac, Aug. 27, 1914, Col. Konopicky, 4 Geb. Brig.

74. Schön, *Sabac*, 26.

75. KA, NFA 2116, 36 ID, Op. Nr. 77, Brcko, Aug. 5, 1914.

76. KA, GB 42, Han Glasinac, Aug. 27, 1914, Col. Konopicky, 4 Geb. Brig.; NFA 2159, Han Gromile, Aug. 27, 1914, 4 Geb. Brig., Abfertigung.

77. KA, GB 42, 7 Geb. Brig., "Gefechts-Bericht über den Angriff auf die Höhe Panos am 20. Aug. 1914"; NFA 2159, Han Glasinac, Aug. 27, 1914, k.u.k. 4 Gebirgsbrigade-Kommando, "Resumée der Auszeichgsanträge."

78. KA, GB 24, 36 ITD, "Gefechtsbericht über das Gefecht bei Zavlaka-Marjanovica am 18–21 Aug. 1914"; GB 74, k.u.k. 42 HID, Op. 200/I, Patkovaca, Sept. 3, 1914, "Gefechtsbericht über das Gefecht von Krupanj, 16. Aug. 1914."

79. KA, B/1503:7, Vienna, Sept. 26, 1914, Bolfras to Potiorek; NFA 2159, 18 ITD, 220/10, Aug. 20, 1914, FML Ignaz Trollmann, "Äussere Abfertigung."

80. Schön, *Sabac*, 25; Schwarzenberg, *Briefe aus dem Felde*, 15.

81. KA, NFA 2115, k.u.k. 13 Korps-Kommando, Op. Nr. 194/56.

82. Andre Mitrovic, *Serbia's Great War 1914–1918* (West Lafayette, IN: Purdue University Press, 2007), 67–68.

83. KA, MFA 528, 9 ID, "ITD Abfertigung am 21. Aug. 1914"; NFA 2159, 18 ITD, 220/10, Aug. 20, 1914, FML Ignaz Trollmann, "Äussere Abfertigung"; NFA 2115, 36 ID, k.u.k. XIII Korps Kommando to 36 ID, Dugopolje, Aug. 13, 1914.

84. R. A. Reiss, *Report on the Atrocities Committed by Austro-Hungarian Forces* (London, 1916); Jonathan Gumz, *The Resurrection and Collapse of Empire in Habsburg Serbia 1914–1918* (Cambridge: Cambridge University Press, 2009), 54–55; Laffan, *The Serbs*, 191–195.

85. Groszen Generalstab, Serbien, *Grosze Krieg*, 1:218–219.

86. Ibid., 1:245.

87. KA, GB 74, k.u.k. 42 HID, Op. 200/III, Patkovaca, Sept. 4, 1914, "Gefechtsbwericht über das Gefecht bei Bela-crvka 18. Aug. 1914."

88. KA, NFA 475, 41 Sch. Brig., Aug. 22 and 27, 1914, FML Przyborski.

89. KA, NFA, GB 12, k.u.k. 9 ITD Kdo Op. Nr. 221, "Kurze Gefechtsbericht für die Zeit vom 12. bis 20. Aug. 1914"; Peball, "Der Feldzug," 25.

90. Holger H. Herwig, *The First World War: Germany and Austria-Hungary 1914–1918* (London: Edw. Arnold, 1997), 88–89.

91. KA, GB 21, 32 ITD, Op. 29/4, FML Griessler, "Gefechtsbericht über das Gefecht bei Jevremovac am 23. Aug. 1914"; KA, GB 21, 31 ITD, Aug. 29, 1914, FML Eh. Josef, "Gefechtsbericht über den Kampf bei Sabac am 23. August."

92. KA, B/16 (FML Ferdinand Marterer), Tagebuch, Aug. 26, 1914.

93. KA, B/1503:6, Sarajevo, Aug. 20, 1914, Potiorek to Bolfras; Gumz, *Resurrection and Collapse, 55–58.*

94. KA, B/1503:6, Sarajevo, Aug. 13, 1914, Armee-Kommando-Befehl Nr. 1, "Soldaten der 6. Armee!"

95. KA, NFA 170, Pratkovica, Aug. 21, 1914, k.u.k. 17 Infantrie-Brigade-Kommando.

96. KA, B/1503:6, Sarajevo, Aug. 21, 1914, Potiorek to Bolfras.

97. Jerabek, *Potiorek,* 134–135.

98. Ibid., 136.

99. KA, AOK (1914/15) EVB 3510, "Die österreichisch-ungarische Kanaille," Aug. 27, 1914; Jerabek, *Potiorek,* 131.

100. KA, NFA 2115, 36 ID, Brcko, Aug. 31, 1914, 5 Armee Oberkommando to VIII and XIII Corps.

101. HHSA, PA I, 819, Sofia, Aug. 21, 1914, Tarnowski to Berchtold; Jenikoj, Aug. 22, 1914, Pallavicini to Berchtold; Sinaie, Aug. 23, 1914, Czernin to Berchtold; PA I, 845, Naples, Sept. 1, 1914, Egon Pflügl to Berchtold; Rome, Sept. 8, 1914, Karl Macchio to Berchtold; Milan, Sept. 30, 1914, Györgey to Berchtold.

102. HHSA, PA I, 819, "Communiqué vom 22. Aug. 1914."

103. KA, B/1503:6, Vienna, Aug. 25–26, 1914, Bolfras to Potiorek.

第七章　克拉希尼克

1. Haus-, Hof- und Staatsarchiv, Vienna (HHSA), Politisches Archiv (PA) I, 837, Munich, Aug. 14, 1914, Vélics to Berchtold.

2. Hew Strachan, *The First World War*, vol. 1, *To Arms* (Oxford: Oxford University Press, 2001), 290.

3. R. G. D. Laffan, *The Serbs* (New York: Dorset Press, 1989 [1917]), 195–196.

4. HHSA, PA I, 842, Berlin, Aug. 25, 1914, Prince Gottfried Hohenlohe to Berchtold.

5. Ibid.; Holger H. Herwig, *The First World War: Germany and Austria-Hungary 1914–1918* (London: Edw. Arnold, 1997), 92–93.

6. Österreichischen Bundesministerium für Heereswesen und vom Kriegsarchiv, *Österreich-Ungarns Letzter Krieg 1914–18,* ed. Edmund Glaise von Horstenau (Vienna: Verlag Militätwissenschaftlichen Mitteilungen, 1931–1938), 1:12.

7. Manfried Rauchensteiner, *Der Tod des Doppeladlers: Österreich-Ungarn und der Erste Weltkrieg* (Graz: Verlag Styria, 1993), 140–144.

8. HHSA, PA I 842, Munich, Sept. 8, 1914, Vélics to Berchtold.

9. *Österreich-Ungarns Letzter Krieg,* 1:176; C. R. M. F. Cruttwell, *A History of the Great War 1914–1918* (Chicago: Academy, 2007 [1934]), 52.

10. Gerard Silberstein, *The Troubled Alliance: German and Austrian Relations, 1914–17* (Lexington: University Press of Kentucky, 1970), 278.

11. Ward Rutherford, *The Tsar's Army 1914–1917,* 2nd ed. (Cambridge: Ian Faulkner, 1992), 24; Herwig, *First World War,* 89–90; Rauchensteiner, *Der Tod,* 135–136, 146.

12. Franz Conrad von Hötzendorf, *Mein Anfang* (Berlin: Verlag für Kulturpolitik, 1925), 9–18.

13. Otto Laserz, "Die Feuertaufe von einem Kaiserschützen, der sie August 1914 miterlebte," unpublished manuscript, Kriegsarchiv, Vienna (KA), Handbibliothek.

14. Ibid.

15. KA, Neue Feld Akten (NFA) 1787, 31 ID, Sambor, Sept. 4, 1914, FML Eh. Joseph: "Shooting at planes, whether our own or the enemy's, is strictly forbidden."

16. KA, NFA 909, Aug. 1914, "Instruktion für das Benehmen der Kommandos und Truppengegen über Luftfahrzeugen." Margin note in red: "Über haupt nicht schiessen!"

17. KA, NFA 1372, XI Korps Kdo Lemberg, Aug. 12, "Leistungsfähigkeit der Fliegerkomp."

18. Lawrence Sondhaus, *Franz Conrad von Hötzendorf: Architect of the Apocalypse* (Boston: Humanities Press, 2000),153.

19. Moritz Freiherr von Auffenberg-Komarów, *Aus Österreichs Höhe und Niedergang: Eine Lebensschilderung* (Munich: Drei Masken Verlag, 1921), 280–281.

20. Norman Stone, *The Eastern Front 1914–1917* (London: Penguin, 1998 [1975]), 80; Arthur Ruhl, *Antwerp to Gallipoli: A Year of the War on Many Fronts—and Behind Them* (New York: Scribner's, 1916), 283–284; *Österreich-Ungarns Letzter Krieg 1914–18*, 1:66, 168.

21. *Österreich-Ungarns Letzter Krieg 1914–18*, 1:168–169; Rutherford, *Tsar's Army*, 46.

22. General A. A. Broussilov, *Mémoires du General Broussilov: Guerre 1914–18* (Paris: Hachette, 1929), 51.

23. KA, NFA 1372, 11 Korps Kdo, Lemberg, Aug. 23, 1914, "Flieger Aufklärung."

24. Graydon Tunstall, *Planning for War Against Russia and Serbia: Austro-Hungarian and German Military Strategies 1871–1914* (New York: Columbia University Press, 1993), 228–234.

25. Sondhaus, *Franz Conrad von Hötzendorf*, 153.

26. Moritz Freiherr von Auffenberg-Komarów, *Aus Österreichs Höhe und Niedergang: Eine Lebensschilderung* (Munich: Drei Masken Verlag, 1921), 278, 283–284.

27. Alfred Knox, *With the Russian Army 1914–17* (London: Hutchinson, 1921), 1:97; Herwig, *First World War*, 90–91.

28. Auffenberg-Komarów, *Aus Österreichs*, 286, 288; Silberstein, *Troubled Alliance*, 253–256.

29. KA, B/3 (Dankl): 5/1, Tagebuch (1), Aug. 2, 1914; NFA 909, k.u.k. 4. Armeekommado, Aug. 11, 1914, GdI Auffenberg; Auffenberg-Komarów, *Aus Österreichs*, 265.

30. KA, B/3:14, Vienna, Jan. 24, 1914, Conrad, Generalbesprechung 1914.

31. Stone, *Eastern Front*, 26; Nikolai N. Golovina, *The Russian Army in the World War* (New Haven: Yale University Press, 1931), 11–13.

32. Rutherford, *Tsar's Army*, 31, 34–35.

33. Ibid., 27–28, 47.

34. *Österreich-Ungarns Letzter Krieg 1914–18*, 1:175.

35. Knox, *With the Russian Army*, 1:50.

36. Cruttwell, *History of the Great War*, 50; Stone, *Eastern Front*, 94; Rutherford, *Tsar's Army*, 25–26.

37. Stone, *Eastern Front*, 82–83.

38. Rutherford, *Tsar's Army*, 53; *Österreich-Ungarns Letzter Krieg 1914–18*, 1:177.

39. *Österreich-Ungarns Letzter Krieg 1914–18*, 1:177.

40. Timothy C. Dowling, *The Brusilov Offensive* (Bloomington: Indiana University Press, 2008), 8; Rutherford, *Tsar's Army*, 23.

41. Knox, *With the Russian Army*, 1:97–98.

42. Stone, *Eastern Front*, 82, 84–85.

43. KA, NFA 1840, k.u.k. IR Nr. 4, Tarnawatka, Aug. 24, 1914, Maj. Nauheim, "Gefechtsbericht über das am 15. August nördlich Podlesina stattgefundene Gefecht"; Auffenberg-Komarów, *Aus Österreichs*, 271–272.

44. *Österreich-Ungarns Letzter Krieg 1914–18*, 1:166–167.

45. KA, B/3 (Dankl): 5/1, Tagebuch (1), Aug. 13, 1914.

46. Auffenberg-Komarów, *Aus Österreichs*, 288.

47. *Österreich-Ungarns Letzter Krieg 1914–18*, 1:168–171.

48. Kasper Blond, *Ein Unbekannter Krieg: Erlebnisse eines Arztes während des Weltkrieges* (Leipzig: Anzengruber-Verlag, 1931), 8–9.

49. KA, NFA 1836, Wislowa, Aug. 28, 1914, GM Peteani, "Tätigkeit der 1. KTD in der Zeitvom 15 Aug bis 27 Aug 1914."

50. KA, B/3 (Dankl): 5/1, Tagebuch (1), Aug. 23, 1914.

51. KA, NFA 909, Przemysl, Aug. 19, 1914, GdI Eh. Friedrich.

52. KA, NFA 1845/2, Gefechts-Berichte der k.u.k. Infanterie-Regimenter Nr. 80–83, Sibiu, Dec. 1930, GM Leopold Hofbauer, "Erinnerungen an meine Regimentskommando-Führung beim k.u.k. I.R. Nr. 83."

53. KA, B/3 (Dankl): 5/1, Tagebuch (1), Aug. 23, 1914.

54. KA, NFA 1866, k.u. 74 Inf. Brig. Kdo, GM Cvrcek, "Aus führlicher Gefechtsbericht über das Gefechtzw. Andrrzejow und Wierzchowiska der 74. LW Inf. Brig. am 24. Aug. 1914."

55. KA, B/3 (Dankl): 5/1, Tagebuch (1), Aug. 24, 1914.

56. KA, NFA 1845/1, Gefechts-Berichte der k.u.k. Infanterie-Regimenter Nr. 71–79, Aug. 31, 1914, Col. Boeri, "Gefechtsbericht über das Gefecht bei Polichna am 23.8.1914."

57. KA, NFA 1845/1, Gefechts-Berichte der k.u.k. Infanterie-Regimenter Nr. 71–79, Sept. 2, 1914, Col. Felzer, "Gefechtsbericht betreffend das Gefecht bei Polichna am 23.8.1914."

58. *Österreich-Ungarns Letzter Krieg 1914–18*, 1:182–183.

59. KA, NFA 1845/2, Gefechts-Berichte der k.u.k. Infanterie-Regimenter Nr. 80–83, Sibiu, Dec. 1930, GM Leopold Hofbauer, "Erinnerungen an meine Regimentskommando-Führung beim k.u.k. I.R. Nr. 83."

60. Herwig, *First World War*, 91; Gunther E. Rothenberg, *The Army of Francis Joseph* (West Lafayette, IN: Purdue University Press, 1976), 107–108; KA, NFA 2115, 36 ID, Armeeoberkommando (AOK) Etappenoberkommando, Przemysl, Aug. 23, 1914, GM Kanik, "Grosser Verbrauch von Pneumatics."

61. KA, NFA 1845/2, Gefechts-Berichte der k.u.k. Infanterie-Regimenter Nr. 80–83, Sibiu, Dec. 1930, GM Leopold Hofbauer, "Erinnerungen an meine Regimentskommando-Führung beim k.u.k. I.R. Nr. 83."

62. KA, B/3 (Dankl): 5/1, Tagebuch (1), Aug. 24, 1914.

63. KA, Gefechtsberichte (GB) 86, Generalstab Nr. 8,069, "Kriegserfahrungen"; Stone, *Eastern Front*, 86.

第八章　科马鲁夫

1. Kriegsarchiv, Vienna (KA), Neue Feld Akten (NFA) 1877, Sept. 28, 1914, GdI Eh. Friedrich, "Erfahrungen aus den bisherigen Kämpfen."

2. KA, NFA 1868, GM Stipek, Bozen, Oct. 7, 1914, "Gefechtsbericht u. Belohnungsanträge über das Gefecht am 28. Aug. 1914."

3. KA, NFA 1868, Johann Komaromi, "Damals bei Budynin."

4. KA, Gefechtsberichte (GB) 86, Generalstab Nr. 8069, "Kriegserfahrungen, Taktik der Feinde," n.d.; Timothy C. Dowling, *The Brusilov Offensive* (Bloomington:

Indiana University Press, 2008), 7; Nikolai N. Golovine, *The Russian Army in the World War* (New Haven, CT: Yale University Press, 1931), 132.

5. Golovine, *Russian Army,* 126; Dowling, *Brusilov Offensive,* 6; Ward Rutherford, *The Tsar's Army 1914–1917,* 2nd ed. (Cambridge: Ian Faulkner, 1992), 24.

6. KA, NFA 1878, k.u.k. 2 Korps Kdo, Jan. 21, 1915, "Kriegserfahrung."

7. KA, NFA 1845/2, Gefechts-Berichte der k.u.k. Infanterie-Regimenter Nr. 80–83, Sibiu, Dec. 1930, GM Leopold Hofbauer, "Erinnerungen an meine Regimentskommando-Führung beim k.u.k. I.R. Nr. 83"; NFA 909, Aug. 17, 1914, "Einfetten der Wasserjacke vorgeschrieben."

8. KA, NFA 1845/2, Gefechts-Berichte der k.u.k. Infanterie-Regimenter Nr. 80–83, Sibiu, Dec. 1930, GM Leopold Hofbauer, "Erinnerungen an meine Regimentskommando-Führung beim k.u.k. I.R. Nr. 83."

9. KA, B/1438:18–28 (Paic), Beilage zum Aufmarschbefehl: "Russland—Charakteristik einiger Generale."

10. Österreichischen Bundesministerium für Heereswesen und vom Kriegsarchiv, *Österreich-Ungarns Letzter Krieg 1914–18* (Vienna: Verlag der militärwissenschaftlichen Mitteilungen, 1930–1938), 1:184.

11. KA, B/3:14 (Dankl), Karl Paumgartten, "Das Lied vom General Dankl."

12. *Österreich-Ungarns Letzter Krieg 1914–18,* 1:12–13.

13. Dennis E. Showalter, *Tannenberg: Clash of Empires* (North Haven, CT: Archon, 1991), 318–326; Arthur Ruhl, *Antwerp to Gallipoli: A Year of the War on Many Fronts—and Behind Them* (New York: Scribner's, 1916), 106–107.

14. KA, NFA 1807, 15 ID, Gefechtsberichte, k.u.k. 15 ITD Kdo, "Gefecht bei Pukarczow am 27. U. 28. Aug. 1914."

15. KA, NFA 1845/2, Gefechts-Berichte der k.u.k. Infanterie-Regimenter Nr. 80–83 Sibiu, Dec. 1930, GM Leopold Hofbauer, "Erinnerungen an meine Regimentskommando-Führung beim k.u.k. I.R. Nr. 83."

16. FML Rudolf Pfeffer, *Zum 10. Jahrestage der Schlachten von Zlocsow und Przemyslany, 26–30 August 1914* (Vienna: Selbstverlag, 1924), 42; *Österreich-Ungarns Letzter Krieg 1914–18,* 1:186.

17. Pfeffer, *Zum 10. Jahrestage,* 43.

18. *Österreich-Ungarns Letzter Krieg 1914–18,* vol. 1, 190; Moritz Freiherr von Auffenberg-Komarów, *Aus Österreichs Höhe und Niedergang: Eine Lebensschilderung* (Munich: Drei Masken Verlag, 1921), 293.

19. Josef Redlich, *Schicksalsjahre Österreichs 1908–19: Das politische Tagebuch Josef Redlichs* (Graz: Verlag Böhlau, 1953), 1:254, 259.

20. Auffenberg-Komarów, *Aus Österreichs,* 295–296.

21. KA, NFA 1840, k.u.k. IR Nr 5, Innsbruck, May 10, 1915, Maj. Koch, "Gefechtsbericht: Ereignisse vom 26–29 August 1914."

22. KA, NFA 1850, k.u.k. bh IR Nr. 1, Vienna, Oct. 30, 1914, "Gefechtsbericht," Capt. Nikolaus von Ribicey; Vienna, Oct. 25, 1914, Oberlt. Anton Viditz, "Gehorsamste Bitte."

23. KA, NFA 1850, Vienna, Dec. 6, 1914, Capt. Bruno Brelic, "Gefechtsbericht."

24. KA, Militärkanzlei Seiner Majestät (MKSM), MKSM-SR 95, Aug. 30, 1914, AOK to MKSM.

25. KA, NFA 1807, 15 ID, Gefechtsberichte, k.u.k. 15 ITD Kdo, "Gefecht bei Pukarczow am 27 und 28. Aug. 1914."

26. Ibid.; KA, NFA 909, 6. Korpskommando, Stubienko, Aug. 19, 1914, "Disposition"; NFA 909, Oleszyce, Aug. 28, 1914, GM Krauss.

27. Auffenberg-Komarów, *Aus Österreichs,* 296–297.

28. KA, NFA 1878, "Unzulänglichkeit unserer Friedenskader des Heeres."

29. KA, B/1438:29–37 (Paic), GM Paic, "Auszug aus dem Tagebuche des XIV. Korpskommandos für die Zeit vom 26. August bis 14. September 1914"; Österreich-Ungarns Letzter Krieg 1914–18, 1:199.

30. KA, B/677:11–22, June 1918, "Den Verlauf der Schlacht von Komarów."

31. Auffenberg-Komarów, Aus Österreichs, 295–297.

32. KA, MKSM-SR 95, Aug. 30, 1914, AOK to MKSM; Österreich-Ungarns Letzter Krieg 1914–18, 1:200.

33. KA, NFA 1868, Johann Komaromi, "Damals bei Budynin."

34. Auffenberg-Komarów, Aus Österreichs, 298.

35. Winston S. Churchill, The World Crisis: The Eastern Front (London: Thornton Butterworth, 1931), 29.

36. KA, B/677:11–22, June 1918, "Den Verlauf der Schlacht von Komarów"; Auffenberg-Komarów, Aus Österreichs, 301.

37. KA, NFA 1807, 15 ID, Gefechtsberichte, k.u.k. 15 ITD Kdo, "Gefecht bei Pukarczow am 27. und 28. Aug. 1914."

38. Churchill, World Crisis, 161.

39. C. R. M. F. Cruttwell, A History of the Great War 1914–1918 (Chicago: Academy, 2007 [1934]), 40; Norman Stone, The Eastern Front 1914–1917 (London: Penguin, 1998 [1975]), 85–86; Rutherford, Tsar's Army, 25–26.

40. KA, B/677:11–22, June 1918, "Den Verlauf der Schlacht von Komarów."

41. Rudolf Jerabek, "Die Brussilowoffensive 1916: Ein Wendepunkt der Koalitionskriegführung der Mittelmächte," dissertation, Vienna, 1982, 13.

42. KA, NFA 1868, Lt. Karl Popper, "Das Feldjaegerbattalion Nr. 6 im Weltkrieg 1914."

43. KA, NFA 1845/2, Gefechts-Berichte der k.u.k. Infanterie-Regimenter Nr. 80–83 Sibiu, Dec. 1930, GM Leopold Hofbauer, "Erinnerungen an meine Regimentskommando-Führung beim k.u.k. I.R. Nr. 83."

44. KA, NFA 909, Vienna, Aug. 25, 1914, FZM Krobatin, "Mitteilungen über Kriegsereignisse."

45. Stone, Eastern Front, 88; Auffenberg-Komarów, Aus Österreichs, 299.

46. KA, NFA 1372, 3. Armeekdo, Sambor, Aug. 20, 1914, GdK Brudermann, to corps, "Festigung der Disziplin"; Lemberg, Aug. 22, 1914, GdK Brudermann to corps, "Verbreitung unwahrer Gerüchte."

47. KA, NFA 1842, Przemysl, Aug. 30, 1914, Op. 1962, GdI Conrad.

48. KA, B/1438:18-28 (Paic), Beilage zum Aufmarschbefehl: "Russland—Charakteristik einiger Generale."

49. KA, B/677:11-22 (Auffenberg), n.d., Auffenberg, "Verlauf der Schlacht von Komarów"; Auffenberg, 314–316; Golovine, Russian Army, 143.

50. KA, B/677:11-22, June 1918, "Den Verlauf der Schlacht von Komarów."

51. KA, B/677:11-22 (Auffenberg), n.d., Auffenberg, untitled draft, Vienna, Dec. 1916, "Skizze aus den letzten drei Jahren meiner 43-jährigen Dienstzeit."

第九章　伦贝格与拉瓦鲁斯卡

1. Österreichischen Bundesministerium für Heereswesen und vom Kriegsarchiv, Österreich-Ungarns Letzter Krieg 1914–18 (Vienna: Verlag Militätwissenschaftlichen Mitteilungen, 1931–1938), 1:187.

2. Otto Laserz, "Die Feuertaufe von einem Kaiserschützen, der sie August 1914 miterlebte," unpublished manuscript, Kriegsarchiv (KA) Handbibliothek, n.d.

3. KA, Neue Feld Akten (NFA) 1803, 6. ITD, "Gefechtsbericht über die Gefechte bei Gologory und Turkocin in der Zeit vom 26 bis 31. Aug. 1914."

4. KA, NFA 1795, Lemberg, Aug. 29, 1914, GdK Kolossváry, "Bericht über das Gefecht am 26 und 27. Aug. 1914."

5. KA, NFA 1367, k.u.k. 3 Armeekommando, Lemberg, Aug. 26, 1914, GdK Brudermann to corps and division commands.

6. KA, NFA 1795, 11 Korps Kdo, Lemberg, Aug. 29, 1914, GdK Kolossváry, "Bericht über das Gefecht am 26 und 27. Aug. 1914."

7. KA, NFA 1372, k.k. österreichische Staatsbahndirektion, Lemberg, Aug. 28, 1914.

8. KA, NFA 1794, 3 Korpskdo, "Gefechtsbericht über die Gefechte vom 26 bis 31 Aug. 1914."

9. Ibid.; NFA 529, 9 ID, AOK Op. Nr. 1996, Sept. 16, 1914; KA, NFA 1842, Sept. 7, 1914, AOK to 32 ID.

10. KA, NFA 1794, 3 Korpskdo, "Gefechtsbericht über die Gefechte vom 26 bis 31 Aug. 1914," Fortsetzung des Angriffes.

11. KA, NFA 1367, Lemberg, Aug. 27, 1914, GdK Brudermann to corps and division commanders; Rudolf Pfeffer, *Zum 10. Jahrestage der Schlachten von Zlocsow und Przemyslany, 26–30 August 1914* (Vienna: Selbstverlag, 1924), 47–49.

12. KA, NFA 1803, 6 ITDskdo, "Gefechtsbericht über die Gefechte bei Gologory und Turkocin in der Zeit vom 26 bis 31. Aug. 1914."

13. KA, NFA 1794, 3. Korpskdo, "Gefechtsbericht über die Gefechte vom 26 bis 31 Aug. 1914."

14. Pfeffer, *Zum 10. Jahrestage,* 64; Franz Conrad von Conrad Hötzendorf, *Aus Meiner Dienstzeit 1906–1918* (Vienna: Rikola, 1921–23), 4:540–542.

15. Alfred Krauss, *Die Ursachen unserer Niederlage: Erinnerungen und Urteile aus den Weltkrieg,* 3rd ed. (Munich: 1923), 99–101.

16. KA, NFA 1795, Lemberg, Aug. 29, 1914, GdK Kolossváry, "Bericht über das Gefecht am 26 und 27. Aug. 1914."

17. KA, NFA 1795, Vienna, Nov. 14, 1914, GdI Meixner, "Die Tätigkeit des VII Korps."

18. Pfeffer, *Zum 10. Jahrestage,* 70, 89.

19. Ibid., 50.

20. General A. A. Broussilov, *Mémoires du General Broussilov: Guerre 1914–18* (Paris: Hachette, 1929), 55.

21. KA, NFA 1367, Lemberg, Aug. 30, 1914, GdK Brudermann to corps and division commanders.

22. KA, NFA 1842, Sept. 7, 1914, k.u.k. AOK to 32 ID, "Kampfweise der Russen."

23. KA, NFA 1877, Sept. 28, 1914, GdI Eh. Friedrich, "Erfahrungen aus den bisherigen Kämpfen."

24. KA, NFA 1845/2, Gefechts-Berichte der k.u.k. Infanterie-Regimenter Nr. 80–83, Sibiu, Dec. 1930, GM Leopold Hofbauer, "Erinnerungen an meine Regimentskommando-Führung beim k.u.k. I.R. Nr. 83."

25. KA, NFA 911, 4. Armeekommando, Dec. 14, 1914, GdI Eh. Joseph Ferdinand, "Protokoll aufgenommen am 11. Nov. 1914, Gefangennahme und Flucht des Zugsführers Josef Erlsbacher."

26. KA, NFA 1367, 3. Armee Kdo, Grodek, Aug. 31, 1914, GdK Brudermann to corps commanders; Pfeffer, *Zum 10. Jahrestage,* 92.

27. Broussilov, *Mémoires,* 56.

28. KA, NFA 1372, 3. Armeekdo, Sept. 4, 1914, GdK Brudermann to corps.

29. Pfeffer, *Zum 10. Jahrestage,* 76, 95.

30. Stanley Washburn, *On the Russian Front in World War I: Memoirs of an American War Correspondent* (New York: Robert Speller, 1982), 48–49.

31. Pfeffer, *Zum 10. Jahrestage*, 58–9; Hötzendorf, *Aus Meiner Dienstzeit*, 4:533.

32. Moritz Freiherr von Auffenberg-Komarów, *Aus Österreichs Höhe und Niedergang: Eine Lebensschilderung* (Munich: Drei Masken Verlag, 1921), 272, 304–305.

33. Holger H. Herwig, *The First World War: Germany and Austria-Hungary 1914–1918* (London: Edw. Arnold, 1997), 91; General Josef von Stürgkh, *Im Deutschen Grossen Hauptquartier* (Leipzig: Paul List, 1921), 40.

34. Stürgkh, *Im Deutschen Grossen Hauptquartier*, 40–41.

35. Gunther E. Rothenberg, *The Army of Francis Joseph* (West Lafayette, IN: Purdue University Press, 1976), 177; Stanley Washburn, *Field Notes from the Russian Front* (London: Andrew Melrose, 1915), 61.

36. KA, Militärkanzlei Franz Ferdinand (MKFF) 202, "Die Minimalkriegsfälle Winter 1910/11": "Zu viel und zu wenig! Es muss nicht immer wie 1866 sein! Dass man gleich den ganzen Aufmarsch auf eine unglückliche Politik basirt, das ist zu dumm!"

37. Fedor Stepun, *Wie war es möglich: Briefe eines russischen Offiziers* (Munich: Carl Hanser Verlag, 1929), 18–19.

38. KA, Militärkanzlei Seiner Majestät (MKSM-SR) 95, Lemberg, Sept. 6, 1914, Statthalter Galizien to Stürkgh. NFA 909, 4. Armeekommando, "Nationalitäten Galiziens"; NFA 1877, Sept. 28, 1914, GdI Eh. Friedrich, "Erfahrungen aus den bisherigen Kämpfen."

39. National Archives and Records Administration, Washington, DC (NARA), M 865, roll 22, Vienna, Sept. 10, 1924, Carol Foster, "The Culture of Austria."

40. Norman Stone, *The Eastern Front 1914–1917* (London: Penguin, 1998 [1975]), 89; Karl Kraus, ed. *Die Fackel* (Munich: Kösel-Verlag, 1968–1976), 6:3, "Wenn die Trompete statt der Kanone los ging, er könnte noch immer der tüchtigste Feldherr sein" (*Fackel* 366, Jan. 1913).

41. KA, NFA 909, k.u.k. 6. Korpskommando, Sept. 3, 1914, GdI Boroevic, "Alle drei Divisione."

42. KA, NFA 1367, 3. Armeekdo, Mosciska, Sept. 3, 1914, GdK Brudermann to corps. Auffenberg-Komarów, *Aus Österreichs*, 339.

43. KA, NFA 1868, Lt. Karl Popper, "Das Feldjägerbattalion Nr. 6 im Weltkrieg 1914."

44. KA, B/1438:29–37 (Paic), GM Paic, "Auszug aus dem Tagebuche des XIV. Korpskommandos für die Zeit vom 26. August bis 14. September 1914."

45. KA, B/1438:29–37 (Paic), July 31, 1929, "Die Armeegruppe Erzherzog Joseph Ferdinand während der Schlacht bei Rawa-Ruska-Lemberg."

46. Auffenberg-Komarów, *Aus Österreichs*, 307.

47. KA, B/677:11–22 (Auffenberg), Vienna, December 1916, "Skizze aus den letzten drei Jahren meiner 43 jährigen Dienstzeit"; NFA 909, 4. Armeekommando, Zakliczyn, Sept. 25, 1914, Armeebefehl. Auffenberg-Komarów, *Aus Österreichs*, 313.

48. KA, B/1438:29–37 (Paic), July 31, 1929, "Die Armeegruppe Erzherzog Joseph Ferdinand während der Schlacht bei Rawa-Ruska-Lemberg."

49. KA, NFA 1842, 32 ID, k.u.k. 2. Armee-Kdo, Dobromil, Sept. 13, 1914, GdK Böhm-Ermolli.

50. Auffenberg-Komarów, *Aus Österreichs*, 338.

51. KA, MKSM-SR 95, Tagesberichte AOK 1914.

52. KA, NFA 1367, 3. Armee Kdo, Mosciska, Sept. 4, 1914, GdK Brudermann to corps.

53. Service Historique de l'Armée de Terre, Vincennes (SHAT), EMA, 7N 1128, Vienna, Oct. 14, 1897, Cdt. Berckheim, "Notes sur le haut commandement en Autriche."

54. KA, B/96:3a (Brudermann), "Brief Sr. Kais. Hoheit des AOK GdI Eh. Friedrich an Se. Majestät Kaiser Franz Josef I."

55. Auffenberg-Komarów, *Aus Österreichs*, 344.

56. KA, MKSM-SR 95, Sept. 6, 1914, AOK to MKSM; Herwig, *First World War*, 94.

57. KA, NFA 1367, 3. Armeekdo, Oct. 2, 1914, "Folgende Beobachtungen und Erfahrungen aus der Front in den bisherigen Kämpfen."

58. KA, Gefechtsberichte (GB) 86, Generalstab Nr. 8069, "Kriegserfahrungen, Taktik der Feinde," n.d.

59. KA, NFA 1845/2, Gefechts-Berichte der k.u.k. Infanterie-Regimenter Nr. 80–83 Sibiu, Dec. 1930, GM Leopold Hofbauer, "Erinnerungen an meine Regimentskommando-Führung beim k.u.k. I.R. Nr. 83."

60. KA, NFA 1367, 3 Armee Kdo, Mosciska, Sept. 9, 1914, GdI Boroevic to corps.

61. Josef Redlich, *Schicksalsjahre Österreichs 1908–19: Das politische Tagebuch Josef Redlichs* (Graz: Verlag Böhlau, 1953), 1:270, Sept. 9, 1914.

62. Lawrence Sondhaus, *Franz Conrad von Hötzendorf: Architect of the Apocalypse* (Boston: Humanities Press, 2000), 159.

63. KA, NFA 1838, 15 Drag. Regt., Sept. 15, 1914, "Gefechtsbericht über das Gefecht am 8/9 bei M.H. Czana östl. Rzyczki;" SHAT, AAT, EMA 7N 848, 2ème Bureau, Section Russe, "Die Stärkeverhältnisse in den bedeutendsten Schlachten des Weltkrieges: Deutschland und Österreich-Ungarn."

64. KA, B/1438 (Paic): 29–37, GM Josef von Paic, "Die Kämpfe des 2. Regiments der Tiroler Kaiserjäger am 6. u. 7. September 1914." Most of this exposé has been destroyed or lost—only a few suggestive pages remain. Auffenberg-Komarów, *Aus Österreichs*, 339–341.

65. KA, NFA 1868, March 2, 1916, Maj. Beck, "Ereignisse am 6. u. 7. Sept. 1914"; Plesna, Sept. 28, 1914, "Bericht über das Gefecht bei Michalovko am 7. Sept. 1914."

66. KA, NFA 1868, Lt. Karl Popper, "Das Feldjaegerbattalion Nr. 6 im Weltkrieg 1914."

67. KA, B/1438:29–37 (Paic), GM Paic, "Auszug aus dem Tagebuche des XIV. Korpskommandos für die Zeit vom 26. August bis 14. September 1914."

68. KA, Armeeoberkommando (AOK) 1914/15, Evidenzbureau (EVB) 3510, Cracow, Dec. 17, 1914.

69. KA, NFA 911, 4. Armeekommando, Dec. 14, 1914, GdI Eh. Joseph Ferdinand, "Protokoll aufgenommen am 11. Nov. 1914, Gefangennahme und Flucht des Zugsführers Josef Erlsbacher"; Sondhaus, *Franz Conrad von Hötzendorf*, 75–76.

70. KA, NFA 1372, 3. Armeekdo, Moswiska, Sept. 6, 1914, GdK Brudermann to corps.

71. Broussilov, *Mémoires*, 58.

72. KA, NFA 909, k.u.k. AOK, Sept. 7, 1914, "Kampfweise der Russen."

73. KA, NFA 1813, 30 ITD, Gorlice, Oct. 3, 1914, FML Kaiser, "Gefechtsbericht über die Zeit vom 6–12 Sept. 1914."

74. KA, B/1438:29–37 (Paic), GM Paic, "Auszug aus dem Tagebuche des XIV. Korpskommandos für die Zeit vom 26. August bis 14. September 1914."

75. Sondhaus, *Franz Conrad von Hötzendorf*, 155.

76. Auffenberg-Komarów, *Aus Österreichs*, 358.

77. Ibid., 359.

78. KA, B/1438:29–37 (Paic), GM Paic, "Auszug aus dem Tagebuche des XIV. Korpskommandos für die Zeit vom 26. August bis 14. September 1914."

79. Auffenberg-Komarów, *Aus Österreichs*, 363.

80. Washburn, *On the Russian Front*, 51.

81. Arthur Ruhl, *Antwerp to Gallipoli: A Year of the War on Many Fronts—and Behind Them* (New York: Scribner's, 1916), 231; Washburn, *On the Russian Front*, 51.

82. KA, NFA 1367, 3. Armee Kdo, Mosciska, Sept. 11, 1914, GdI Boroevic to corps.

83. KA, NFA 1367, Przemysl, Sept. 13, 1914, Przemysl, GdI Boroevic to corps; Auffenberg-Komarów, *Aus Österreichs*, 364.

84. Timothy C. Dowling, *The Brusilov Offensive* (Bloomington: Indiana University Press, 2008), 14–16.

85. KA, B/1438:18–28 (Paic), "Der Fall Auffenberg."

86. Haus-, Hof- und Staatsarchiv, Vienna (HHSA), Politisches Archiv (PA) I, 842, Berlin, Aug. 25, 1914, Prince Gottfried Hohenlohe to Berchtold; Herwig, *First World War*, 92–93.

87. HHSA, PA I, 842, Berlin, Aug. 25, 1914, Hohenlohe to Berchtold, Sept. 7, 1914.

88. KA, NFA 909, 4. Armeekommando, Sept. 15, 1914, "Orientierung von Offizieren und Mannschaft über Aufgabe."

89. Washburn, *Field Notes*, 65.

90. KA, NFA 910, AOK, Oct. 15, 1914, GdI Eh Friedrich, "Versprengte—Massnahmen gegen dieselben"; NFA 1367, 3. Armeekdo, Przemysl, Sept. 15, 1914, GM Boog to corps.

91. KA, NFA 1367, 3. Armeekdo, Przemysl, Sept. 15, 1914, GM Boog to corps.

92. Auffenberg-Komarów, *Aus Österreichs, 369.*

93. KA, NFA 1367, 3. Armeekdo, Krosno, Sept. 20 and 21, 1914, GdI Boroevic to corps.

94. Auffenberg-Komarów, *Aus Österreichs, 370.*

95. Ibid., 374.

96. C. R. M. F. Cruttwell, *A History of the Great War 1914–1918* (Chicago: Academy, 2007 [1934]), 52; KA, MKFF 189, "Ein Bankerott."

97. Auffenberg-Komarów, *Aus Österreichs*, 377–378.

98. Ibid., 366–367.

99. KA, B/677:11–22, Berlin, n.d., Freiherr von Schönthan zu Pernwaldt, "Erinnerungen an den Sieger von 'Komarow'"; Auffenberg-Komarów, *Aus Österreichs*, 380, 389.

100. KA, NFA 910, 4. Armee Kdo, Zakliczyn, Oct. 2, 1914, GdI Auffenberg, "Offiziere und Soldaten der 4. Armee!"

101. I. S. Bloch, *The Future of War* (Boston: Ginn, 1897), 45.

102. KA, NFA 1367, 3. Armeekdo, Oct. 2, 1914, "Folgende Beobachtungen und Erfahrungen aus der Front in den bisherigen Kämpfen."

103. KA, B/677:11–22, Berlin, n.d., "Erinnerungen an den Sieger von 'Komarów'"; Winston S. Churchill, *The World Crisis: The Eastern Front* (London: Thornton Butterworth, 1931), 220.

104. Herwig, *First World War*, 75, 95.

105. KA, NFA 909, k.u.k. Kriegsministerium, Kriegsfürsorgeamt, Vienna, Sept. 20, 1914, FML Löbl, "Aufruf."

106. Herwig, *First World War*, 90.

107. KA, NFA 1367, 3. Armeekdo, Oct. 2, 1914, GdI Boroevic to corps. B/677:11–22, Berlin, n.d., "Erinnerungen an den Sieger von 'Komarów.'"

108. Washburn, 59; Ruhl, *Antwerp to Gallipoli*, 231.

109. KA, MKSM-SR 95, Sept. 29, 1914, AOK to MKSM.

第十章　死于德里纳河边

1. Rudolf Jerabek, *Potiorek* (Graz: Verlag Styria, 1991), 138–139, 151, 160–161.

2. Kriegsarchiv, Vienna (KA), B/1503:7, FZM Potiorek to Armeeoberkommando (AOK) and Militärkanzlei Seiner Majestät (MKSM), "Resüme der serbischen Truppenverteilung 31. August."

3. KA, B/1503:7, Sept. 2, 1914, Conrad to Potiorek; Jerabek, *Potiorek*, 136, 142.

4. KA, B/1503:6, Vienna, Aug. 14, 22, and 25, 1914 and B/1503:7, Vienna, Aug. 29, 1914, Bolfras to Potiorek; Jerabek, *Potiorek*, 133–134.

5. Jerabek, *Potiorek*, 137.

6. KA, AOK 1914, Evidenzbureau (EVB) 3506, k.u.k. 6 Armee-Kommando, Sarajevo, Aug. 25 and 26 and Sept. 1 and 3, 1914, Potiorek to MKSM; NFA 2115, 416/28, 5 Armee, Sept. 6, 1914, "Resumé über feindliche Lage"; James M. B. Lyon, "'A Peasant Mob': The Serbian Army on the Eve of the Great War," *Journal of Military History* 61 (July 1997): 492.

7. KA, Neue Feld Akten (NFA) 2115, 13. Korps-Kommando, Bijelina, Sept. 3, 1914, GdI Rhemen.

8. KA, NFA 2115, 36 ID, Bijelina, Sept. 3, 1914, GdI Rhemen, "Bermerkungen."

9. KA, NFA 475, 41 Sch. Brig., Seliste, Sept. 9, 1914, GdK Giesl.

10. KA, NFA 475, 41 Sch. Br., Jarak, Sept. 24, 1914, FML Krauss to GM Panesch. Op. Nr. 195/40, FML Krauss, "Direktiven für die nächsten Kämpfe."

11. KA, NFA 475, 41 Sch. Br., Jarak, Sept. 21, 1914, FML Krauss.

12. KA, MKSM-SR 95, Sarajevo, Sept. 7, 1914, Präsidialbureau Bosnien-Herzegovina to Potiorek.

13. Jerabek, *Potiorek*, 140–142; KA, B/1503:6, Op. Nr. 453, Sarajevo, Aug. 29, 1914, "Fliegermeldung"; KA, B/1503:7, Doboj, Sept. 3, 1914, Potiorek to Bolfras; Sept. 4, 1914, AOK to Potiorek.

14. Felix Prinz zu Schwarzenberg, *Briefe aus dem Felde 1914–18* (Vienna: Schwarzenbergisches Administration, 1953), 23.

15. KA, NFA 528, 9 ID, "Tagebuch II, 21. Aug-8-Okt. 1914"; GB 30, k.u.k. 17. Inf-Brig-Kdo, Vehino selo, Sept. 11, 1914, GM Daniel, "Gefechtsbericht über die Kämpfe an der Drina am 8. bis 9. Sept. 1914."

16. KA, NFA 2115, 5. Armee-Kommando, Brcko, Aug. 31, 1914, Frank to 36 ITD.

17. KA, Gefechtsberichte (GB) 24, 36 ITD, "Gefechtsbericht über Drinaforzierung von Megjasi am 8. Sept. 1914"; NFA 2115, 36 ID, I.R. Nr. 79, Col. Schöbl, "Gefechtsbericht für den 8. Sept. 1914"; GB 1, Jamena, Sept. 13, 1914, GdI Frank, "Gefechtsbericht Raca und Megjasi."

18. KA, NFA 475, 41 Sch. Brig., Sept. 10, 1914, Oblt. Sappe, "Gefechtsbericht für den 8–9 Sept. 1914"; 8 Korps-Kommando, Op. Nr. 511, Seliste, Sept. 9, 1914, GdK Giesl.

19. KA, NFA 475, 41 Sch. Br., Op. Nr. 195/40, Sept. 1914, FML Krauss, "Direktiven für die nächsten Kämpfe"; NFA 191, 18 Inf-Brig., k.u.k. 18 Inf-Brig-Kdo, Serb. Raca, Sept. 23, 1914.

20. KA, NFA 529, 9 ID, Raca, Oct. 2, 1914.

21. KA, NFA 529, 9 ID, Oct. 10, 1914, GM Daniel.

22. KA, GB 10, k.u.k. 4 Gebirgsbrigadekommando, "Gefechtsbericht 8. und 9. Sept. 1914."

23. Jerabek, *Potiorek*, 150–151.

24. KA, NFA 529, 9 I.D., 8 Korps-Kdo, Seliste, Sept. 4, 1914 and Grk Sept. 17, 1914, GdK Giesl.

25. KA, GB 10, k.u.k. 4 Gebirgsbrigade-Kdo, Debelsosaje, Sept. 26, 1914, "Gefechtsbericht über die Gefechte vom 13–16 Sept. 1914."

26. KA, NFA 170, 17 Brig., k.u.k. 8 Korps-Kdo, Grk, Sept. 18, 1914.

27. KA, GB 10, "Gefechtsbericht Landwehr 37, 8. September"; GB 42, 1 Geb. Brig., Jagodna, Sept. 25, 1914, "Gefechts-Berichte."

28. KA, GB 24, 36 ITD, "Gefechtsbericht über Drinaforzierung von Megjasi am 8. Sept. 1914"; Manfried Rauchensteiner, *Der Tod des Doppeladlers: Österreich-Ungarn und der Erste Weltkrieg* (Graz: Verlag Styria, 1993), 133.

29. Schwarzenberg, *Briefe aus dem Felde*, 19.

30. KA, NFA 2115, 36 ID, Megjasi, Sept. 12, 1914, Capt. Bubin, "Wahrnehmungen bei eigenen Truppen."

31. KA, NFA 475, 41 Sch. Brig., Jarak, Sept. 19 and 24, 1914, FML Krauss, "Abfertigung."

32. Arthur Ruhl, *Antwerp to Gallipoli: A Year of the War on Many Fronts—and Behind Them* (New York: Scribner's, 1916), 251.

33. KA, NFA 475, 41 Sch. Brig., Jarak, Sept. 29, 1914, FML Krauss, "Abfertigung."

34. KA, NFA 2115, 36 ITD-Kommando, "Nachrichten über den Feind."

35. Groszen Generalstab, Serbien, *Der Grosze Krieg Serbiens zur Befreiung und Vereinigung der Serben, Kroaten und Slovenen* (Belgrade: Buchdruckerei des Ministeriums für Krieg und Marine, 1924–1926), 2:261.

36. Haus-, Hof- und Staatsarchiv, Vienna (HHSA), Politisches Archiv (PA) I, 905, Budapest, Sept. 15, 1914, Tisza to Berchtold *per Telefon*.

37. KA, NFA 475, 5 Armee Etappenkommando, Sept. 9, 1914, Col. Ottokar Landwehr; NFA 1787, 2 A.K, Sambor, Sept. 6, 1914, "Beschiessen von Automobilen."

38. KA, NFA 475, 41 Sch. Brig., Sept. 21, 1914, FML Krauss, "Beitrag zur Abfertigung"; NFA 529, 9 ID, 6. Armee-Kommando Op. 601/OK, Sept. 23, 1914.

39. KA, NFA 529, 9 ID, 8 Korps-Kdo, Grk, Sept. 18 and Raca Sept. 27, 1914, GdI Frank.

40. KA, NFA 475, Vienna, Sept. 20, 1914, Kriegsministerium Erlass; GB 42, 6 Gebirgsbrigade-Kommando, Lipnica, Oct. 8, 1914, GM Goisinger, "Bericht über die Kämpfe um Jagodna."

41. KA, B/1503:7, Vienna, Sept. 20 and 26 and Oct. 8, 1914, Bolfras to Potiorek, "Hier gibt es keinen Hofkriegsrat."

42. KA, NFA 2115, 36 ID, Op. 663/OK, "französischer Kriegsschauplatz."

43. Jerabek, *Potiorek*, 155.

44. HHSA, PA I, 905, Sofia, Sept. 26, 1914, Mittag to Berchtold; Athens, Sept. 25, 1914, Szilassy to Berchtold; Jeniköj, Sept. 24, 1914, Pallavicini to Berchtold.

45. C. R. M. F. Cruttwell, *A History of the Great War 1914–1918* (Chicago: Academy, 2007 [1934]), 53; Holger H. Herwig, *The First World War: Germany and Austria-Hungary 1914–1918* (London: Edw. Arnold, 1997), 89.

46. KA, NFA 2115, Oct. 1, 1914, AOK to 13 Korps-Kommando, GdI Eh. Friedrich.

47. Jerabek, *Potiorek*, 156–158.

48. KA, AOK, EVB 3506, 96/B, 108/B, 112B, 115/B, 123/B, 131B. Sept. 12, 20, 21, 23, 25 and Oct. 1, 7, 1914. NFA 2115, 13 Korps-Kdo, Op. Nr. 225/7, Sept. 25, 1914, "Nachrichten über den Feind."

第十一章 华沙

1. General Josef von Stürgkh, *Im Deutschen Grossen Hauptquartier* (Leipzig: Paul List, 1921), 46, 132.

2. Octavian C. Taslauanu, *With the Austrian Army in Galicia* (London: Streffington, 1919), 75.

3. Graydon Tunstall, *Blood on the Snow: The Carpathian Winter War of 1915* (Lawrence: University Press of Kansas, 2010), 10.

4. Kriegsarchiv, Vienna (KA), Gefechtsberichte (GB) 1, "Die Kämpfe der Gruppe Hofmann in den Karpathen im Sept. und Okt. 1914."

5. KA, Neue Feld Akten (NFA) 910, Zakliczyn, Sept. 28, 1914, GM Krauss, "Widerrechtliche Benützung von Krankenzügen"; K.u.k. Kriegsministerium, Abt. 10, Vienna, Nov. 27, 1914, GM Urban, "Transporte, deren Abgehen."

6. Rudolf Jerabek, "Die Brussilowoffensive 1916: Ein Wendepunkt der Koalitionskriegführung der Mittelmächte," dissertation, Vienna, 1982, 12.

7. Holger H. Herwig, *The First World War: Germany and Austria-Hungary 1914–1918* (London: Edw. Arnold, 1997), 96.

8. Ibid., *95–96*.

9. Haus-, Hof- und Staatsarchiv, Vienna (HHSA), Politisches Archiv (PA) I, 837, Munich, Nov. 24 and Dec. 8, 1914, Oct. 11, 1915, Vélics to Berchtold.

10. HHSA, PA I, 837, Munich, Oct. 22, 1915, Vélics to Burián.

11. HHSA, PA I, 837, Munich, Nov. 24, 1915, Vélics to Burián.

12. HHSA, PA I, 842, Berlin, Oct. 6 and Nov. 8, 1914, Hohenlohe to Berchtold.

13. Norman Stone, *The Eastern Front 1914–1917* (London: Penguin, 1998 [1975]), 96; Jerabek, "Brussilowoffensive," 11.

14. Ward Rutherford, *The Tsar's Army 1914–1917,* 2nd ed. (Cambridge: Ian Faulkner, 1992), 72.

15. Stone, *Eastern Front,* 96; Alfred Knox, *With the Russian Army 1914–17* (London: Hutchinson, 1921), 1:139–140; Rutherford, *Tsar's Army,* 75–76.

16. John Morse, *In the Russian Ranks* (New York: Grosset and Dunlap, 1918), 258; Winston S. Churchill, *The World Crisis: The Eastern Front* (London: Thornton Butterworth, 1931), 85.

17. Winston S. Churchill, *The Unknown War* (New York: Scribner, 1931), 76.

18. Fedor Stepun, *Wie war es möglich: Briefe eines russischen Offiziers* (Munich: Carl Hanser Verlag, 1929), 22, 31.

19. Hew Strachan, *The First World War,* vol. 1, *To Arms* (Oxford: Oxford University Press, 2001), 359; Gunther E. Rothenberg, *The Army of Francis Joseph* (West Lafayette, IN: Purdue University Press, 1976), 181.

20. Stone, *Eastern Front,* 93; Knox, *With the Russian Army,* 1:xxix.

21. Manfried Rauchensteiner, *Der Tod des Doppeladlers: Österreich-Ungarn und der Erste Weltkrieg* (Graz: Verlag Styria, 1993), 146–148; Herwig, *First World War,* 107.

22. Jerabek, "Brussilowoffensive," 13–15, 18–22.

23. Annika Mombauer, *Helmuth von Moltke and the Origins of the First World War* (Cambridge: Cambridge University Press, 2001), 147–148.

24. Capt. B. H. Liddell Hart, *The Real War 1914–1918* (Boston: Little, Brown, 1963), 125; Jerabek, "Brussilowoffensive," 24.

25. Stone, *Eastern Front,* 94–97.

26. Harry Kessler, *Journey to the Abyss: The Diaries of Count Harry Kessler, 1880–1918,* ed. and trans. Laird M. Easton (New York: Knopf, 2011), 655.

27. C. R. M. F. Cruttwell, *A History of the Great War 1914–1918* (Chicago: Academy, 2007 [1934]), 80.

28. Rutherford, *Tsar's Army,* 78; Max Hoffmann, *The War of Lost Opportunities* (New York: International, 1925), 150.

29. Kessler, *Journey to the Abyss,* 657.

30. Morse, *In the Russian Ranks,* 118; Knox, *With the Russian Army,* 1:146.

31. Kessler, *Journey to the Abyss,* 653.

32. KA, NFA 1795, 7 KpsKdo, Dobromil, Oct. 31, 1914, GdI Meixner, "Geefechtsbericht über die Kämpfe bei Chyrow und Dobromil von 11 bis 24. Okt. 1914."

33. Rutherford, *Tsar's Army,* 77.

34. Knox, *With the Russian Army,* 1:xxxiii; Rutherford, *Tsar's Army,* 74.

35. KA, NFA 910, Krakau, Nov. 14, 1914, GdI Eh Joseph Ferdinand.

36. Jerabek, "Brussilowoffensive," 1.

37. KA, NFA 1367, 3. Armeekdo, Oct. 29, 1914, GdI Boroevic to corps. Jerabek, "Brussilowoffensive," 1.

38. KA, NFA 1794, 5 Korpskdo, Wachok, Oct. 28, 1914, Maj. Aladar von Kovacs, "Bericht über Situation, Zustand etc. der Truppen des 37. LITD."

39. Kessler, *Journey to the Abyss,* 654.

40. KA, NFA 1794, 1 Korpskdo, Chechlo, Nov. 15, 1914, GdK Kirchbach to GdK Dankl.

41. HHSA, PA I, 842, Dresden, Oct. 29, 1914, Braun to Berchtold.

42. Stürgkh, *Im Deutschen Grossen Hauptquartier,* 132–133.

43. Stone, *Eastern Front,* 101.

44. Stepun, *Wie war es möglich,* 22.

45. Stanley Washburn, *On the Russian Front in World War I: Memoirs of an American War Correspondent* (New York: Robert Speller, 1982), 96–97; Knox, *With the Russian Army,* 1:167.

46. KA, NFA 1868, Lt. Karl Popper, "Das Feldjägerbattalion Nr. 6 im Weltkrieg 1914."

47. KA, NFA 1151, 19. ITD Kdo, Jaroslau, Oct. 28, 1914, Divisionskdobefehl Nr. 10, FML Lukas.

48. Herwig, *First World War,* 108; Stone, *Eastern Front,* 123.

49. KA, NFA 911, AOK, Nov. 16, 1914, "Schilderung der Meldentaten einzelner Truppenkörper und Personen für die Jugend."

50. HHSA, PA I, 842, Berlin, Nov. 12 and 17, 1914, Hohenlohe to Berchtold.

51. Cruttwell, *History of the Great War,* 82; Morse, *In the Russian Ranks,* 130, 155.

52. Liddell Hart, *The Real War,* 109; Max Hoffmann, *War Diaries* (London: Secker, 1929), 1:46.

53. Henry Norman, *All the Russias* (London: William Heinemann, 1902), 3; HHSA, PA I, 837, Munich Dec. 29, 1915, Vélics to Burián; PA I, 842, Berlin, Aug. 11, 1914, Szögeny to Berchtold.

54. HHSA, PA I, 842, Dresden, Oct. 29, 1914, Baron Karl Braun to Berchtold

55. Jerabek, "Brussilowoffensive," 34–35; Cruttwell, *History of the Great War,* 84.

56. Liddell Hart, *The Real War,* 110.

第十二章　细长的灰线

1. Haus-, Hof- und Staatsarchiv, Vienna (HHSA), Politisches Archiv (PA) I, 837, Munich, Nov. 24 and Dec. 8 and 17, 1914, Vélics to Berchtold.

2. Alfred Knox, *With the Russian Army 1914–1917* (London: Hutchinson, 1921), 1:214.

3. HHSA, PA I, 842, Berlin, Nov. 4, 1914, Braun to Berchtold.

4. John Morse, *In the Russian Ranks* (New York: Grosset and Dunlap, 1918), 93.

5. HHSA, PA I, 837, Munich, Dec. 1, 4, 8, 1914, Vélics to Berchtold; PA I, 842, Berlin, Nov. 30, 1914, Braun to Berchtold.

6. Harry Kessler, *Journey to the Abyss: The Diaries of Count Harry Kessler,* ed. and trans. Laird M. Easton (New York: Knopf, 2011), 673.

7. Österreichischen Bundesministerium für Heereswesen und vom Kriegsarchiv, *Österreich-Ungarns Letzter Krieg 1914–18* (Vienna: Verlag Militätwissenschaftlichen Mitteilungen, 1931–1938), 1:173–174.

8. Timothy C. Dowling, *The Brusilov Offensive* (Bloomington: Indiana University Press, 2008), 6–7; Knox, *With the Russian Army,* 1:196, 217.

9. Knox, *With the Russian Army,* 1:xxxiii, 218.

10. HHSA, PA I, 837, Munich, Nov. 24 and Dec. 1, 8, 17, 20, 1914, Vélics to Berchtold, "Mannschaften vorwärts, Munition zurückhalten."

11. Knox, *With the Russian Army,* 1:229.

12. C. R. M. F. Cruttwell, *A History of the Great War 1914–1918* (Chicago: Academy, 2007 [1934]), 87.

13. Ward Rutherford, *The Tsar's Army 1914-1917,* 2nd ed. (Cambridge: Ian Faulkner, 1992), 75.

14. Kriegsarchiv, Vienna (KA), Neue Feld Akten (NFA) 911, k.u.k. 4. Armeekommando, Nov. 29, 1914, GdI Eh Joseph Ferdinand.

15. Fedor Stepun, *Wie war es möglich: Briefe eines russischen Offiziers* (Munich: Carl Hanser Verlag, 1929), 31-33.

16. Josef von Stürgkh, *Im Deutschen Grossen Hauptquartier* (Leipzig: Paul List, 1921), 100.

17. KA, NFA 911, 6 KK, "Abfertigung am 29/11"; K.u.k. Festungskommando in Krakau, Krakau, Nov. 27, 1914, "bürgerliches Wohnungsschutzkomite"; "Ganz besonderes wird über die ungarische Honvéd geklagt"; 1. Op.-Armeekdo, Dec. 1, 1914, "Requirierung-Plünderung und Standrecht"; KA, NFA 1868, Lt. Karl Popper, "Das Feldjägerbattalion Nr. 6 im Weltkrieg 1914."

18. Morse, *In the Russian Ranks,* 222.

19. Ibid., 219.

20. Rutherford, *Tsar's Army,* 87.

21. HHSA, PA I, 842, Berlin, Nov. 25, 1914, Braun to Berchtold; Holger H. Herwig, *The First World War: Germany and Austria-Hungary 1914-1918* (London: Edw. Arnold, 1997), 111.

22. Stürgkh, *Im Deutschen Grossen Hauptquartier,* 134.

23. John Reed, *Eastern Europe at War* (London: Pluto, 1994 [1916]), 98.

24. Knox, *With the Russian Army,* 1:181, 220.

25. Kessler, *Journey to the Abyss,* 666-667.

26. Morse, *In the Russian Ranks,* 223-224.

27. Herwig, *First World War,* 109-110; Cruttwell, *History of the Great War,* 86.

28. Rutherford, *Tsar's Army,* 88.

29. HHSA, PA I, 842, Berlin, Nov. 30, 1914, Braun to Berchtold.

30. Herwig, *First World War,* 108.

31. Graydon Tunstall, *Blood on the Snow: The Carpathian Winter War of 1915.* (Lawrence: University Press of Kansas, 2010), 7.

32. KA, NFA 911, k.u.k. 1. Op.-Armeekdo, Nov. 29, 1914, "Strafsache Partyka und Pawlina."

33. KA, NFA 911, k.u.k. 1. Op.-Armeekdo, "Erinnerung an Standrechtskundmachung"; "Choleraverdächtige"; KA, Armeeoberkommando (AOK) 1914/15, Evidenzbureau (EVB) 3510, 2 Armee-Kommando, k. Nr. 311, Sanok, Nov. 4, 1914, Col. Bardolff; AOK EVB Nr. 2674, Dec. 16, 1914.

34. Kasper Blond, *Ein Unbekannter Krieg: Erlebnisse eines Arztes während des Weltkrieges* (Leipzig: Anzengruber-Verlag, 1931), 22-24.

35. KA, NFA 911, AOK, Dec. 14, 1914, FM Eh Friedrich, "Verhalten höherer Kommandanten und Kriegsgefangener"; "einer solchen Gesinnungslosigkeit oder . . . Geschwätzigkeit."

36. KA, NFA 911, k.u.k. 4. Armeekdo, Dec. 11, 1914, GM Mecenseffy; Dec. 7, 1914, GdI Eh Joseph Ferdinand.

37. KA, B/1438:18-28 (Paic), Col. Theodor von Zeynek, "Aus meinen Tagebuch Notizen 1914."

38. KA, NFA 911, AOK, Dec. 9, 1914, "Gefechtsleitung, Zusammenwirken von Infanterie und Artillerie im Gefecht."

39. KA, NFA 911, Dec. 17, 1914, "1. Meldung."

40. KA, NFA 1868, Lt. Karl Popper, "Das Feldjägerbattalion Nr. 6 im Weltkrieg 1914."

41. Kessler, *Journey to the Abyss,* 664.

42. KA, NFA 170, k.u.k. 5 Armee-Kdo Nr. 602, Dec. 19, 1914, "Nachrichten"; Herwig, *First World War,* 110.

43. KA, B/1438:29–37 (Paic), GM Paic, untitled, undated study of Erzherzog Joseph Ferdinand.

44. KA, B/1450:124–125 (Conrad), Col. Rudolf Kundmann, Tagebuch Nr. 11, Berlin, Jan. 1, 1915; letter, Conrad to Bolfras.

45. KA, NFA 1868, Lt. Karl Popper, "Das Feldjaegerbattalion Nr. 6 im Weltkrieg 1914."

46. KA, B/1438:18–28 (Paic), Col. Theodor von Zeynek, "Aus meinen Tagebuch Notizen 1914."

47. KA, NFA 911, k.u.k. 1. Op-Armeekdo, Dec. 1, 1914, "Ausfassung von papierenen Fusslappen."

48. KA, NFA 1813, 32 ITD, Feb. 3, 1915, Unewel, GM Goiginer, "Gefechtsbericht über die Kämpfe bei Starasol von 10 Oct–6 Nov. 1914."

49. Stepun, *Wie war es möglich,* 20.

50. KA, NFA 1840, k.u.k. Inf Reg Nr. 4, 1 Feldbaon, Standort, Nov. 18, 1914.

51. KA, NFA 1151, 19 ITDKdo, Zaborow, Dec. 27, 1914, Divisionskdobefehl Nr. 13.

52. KA, NFA 911, AOK, Dec. 26, 1914, FM Eh. Friedrich, "Bemerkungen über Truppenführung."

53. KA, NFA 911, AOK, Dec. 15, 1914, GM Krauss, "Russische Spionage."

54. KA, NFA 2116, AOK Nr. 5033, Dec. 9, 1914, GdI Eh. Friedrich, "Gefechtleitung, Zusammenwirken von Infanterie und Artillerie im Gefecht."

55. Dowling, *Brusilov Offensive,* 24–25.

56. Arthur Ruhl, *Antwerp to Gallipoli: A Year of the War on Many Fronts—and Behind Them* (New York: Scribner's, 1916), 250.

57. Stepun, *Wie war es möglich,* 116–117.

58. Manfried Rauchensteiner, *Der Tod des Doppeladlers: Österreich-Ungarn und der Erste Weltkrieg* (Graz: Verlag Styria, 1993), 172–173.

59. KA, B/1438:18–28 (Paic), Col. Theodor von Zeynek, "Aus meinen Tagebuch Notizen 1914"; Lawrence Sondhaus, *Franz Conrad von Hötzendorf: Architect of the Apocalypse* (Boston: Humanities Press, 2000), 162–166, 180–182.

60. Service Historique de l'Armée de Terre, Vincennes (SHAT), AAT, EMA, 7N 851, n.d., "La Propagande en Autriche pendant la guerre mondiale."

61. Herwig, *First World War,* 110.

62. Ruhl, *Antwerp to Gallipoli,* 259–260.

63. Holger Afflerbach, *Falkenhayn: Politisches Denken und Handeln im Kaiserreich* (Munich: Oldenbourg, 1994), 249–254; Stürgkh, *Im Deutschen Grossen Hauptquartier,* 102–103.

64. HHSA, PA I, 837, Munich, Nov. 17, 1914, Vélics to Berchtold; "*Westminster Gazette* has called for 'a curtailment of the war'"; B. H. Liddell Hart, *The Real War 1914–1918* (Boston: Little, Brown, 1963), 69.

65. HHSA, PA I, 837, Munich, Nov. 10, 1914, Vélics to Berchtold, "streng vertraulich"; PA I, 842, Vienna, Dec. 3, 1914, Berchtold to Vélics; "Streng vertraulich: über die gefährliche Anglophobie der Stimmung in Deutschland."

第十三章　以塞尔维亚为献礼

1. C. R. M. F. Cruttwell, *A History of the Great War 1914–1918* (Chicago: Academy, 2007 [1934]), 90.

2. Haus-, Hof- und Staatsarchiv, Vienna (HHSA), Politisches Archiv (PA) I, 819, Tuzla, Oct. 25, 1914, Masirevich to Berchtold.

3. Kriegsarchiv, Vienna (KA), Neue Feld Akten (NFA) 170, 17 Brig., k.u.k. Oberkommando der Balkanstreitkräfte, Nov. 5, 1914, FZM Potiorek.

4. Groszen Generalstab, Serbien, *Der Grosze Krieg Serbiens zur Befreiung und Vereinigung der Serben, Kroaten und Slovenen* (Belgrade: Buchdruckerei des Ministeriums für Krieg und Marine, 1924–1926), 3:256, 6:80.

5. KA, B/1503:4, Sarajevo, Oct. 19, 1914, "Promemoria Sektionschef Theodor Zurunic," with margin notes by Bosnian Sektionschef Ludwig Thallóczy; Vienna, Oct. 22, 1914, Thallóczy to FZM Potiorek; HHSA, PA I, 819, Bern, Nov. 22, 1915, Gagern to Burián.

6. KA, NFA 2116, 36 ITD, Op. Nr. 134/24, Ljesnica, Nov. 9, 1914, FML Czibulka.

7. HHSA, PA I, 819, Tuzla, Oct. 23, 1914, Masirevich to Berchtold.

8. Felix Prinz zu Schwarzenberg, *Briefe aus dem Felde 1914–18* (Vienna: Schwarzenbergisches Administration, 1953), 24.

9. Ibid., 24–25; Joseph Schön, *Sabac!* (Reichenberg: Heimatsöhne, 1928), 83.

10. R. G. D. Laffan, *The Serbs* (New York: Dorset Press, 1989 [1917]), 199.

11. KA, NFA 475, 41 Sch. Br., Jarak, Oct. 24, 1914, FML Krauss.

12. KA, Gefechtsberichte (GB) 21, 29 ITD, Op. Nr. 102/10 and 114/17, "Gefechtsbericht für den 31. Okt. und 1. Nov. 1914" and "Gefechtsbericht für den 3. Nov. 1914"; NFA 475, Op. 199/127, Oct. 1, 1914, FML Krauss.

13. KA, B/1503:7, Vienna, Oct. 8, 1914, Bolfras to Potiorek.

14. KA, NFA 2116, 36 ID, Nov. 1, 1914, Trbusnica, IR 16 to 36 ITD.

15. KA, Armeeoberkommando (AOK) 1914, Evidenzbureau (EVB) 3506, k.u.k. Evidenzbureau des Generalstabs, 123/B, 131/B, 148/B, 158/B, 166/B, 178/B, 179/B, Oct. 1, 7, and 23 and Nov. 2, 10, 22, and 23, 1914.

16. KA, GB 42, 4 GB, "Gefechtsbericht über den 6. bis 16. November 1914."

17. KA, NFA 1845/1, Gefechts-Berichte der k.u.k. Infanterie-Regimenter Nr. 71–79, "Die Erstürmung des Gucevo-Rückens durch das I.R. 78."

18. Andre Mitrovic, *Serbia's Great War 1914–1918* (West Lafayette, IN: Purdue University Press, 2007), 70.

19. KA, NFA 911, AOK, Nov. 17, 1914, Potiorek via GdI Eh Friedrich; Groszen Generalstab, Serbien, *Der Grosze Krieg*, 3:454.

20. HHSA, PA I, 819, 2a, FPA 305, Feb. 12, 1915, FML Krauss to k.u.k. Kriegsüberwachungsamt.

21. KA, NFA 528, 9 I.D., Oct. 20, 1914, GM Daniel.

22. KA, B/1503:7, Tuzla, Nov. 15 and 16, 1914, FZM Potiorek to Bolfras; NFA 528, 9 ID, Nov. 10–13, 1914, "Disposition."

23. Groszen Generalstab, Serbien, *Der Grosze Krieg*, 3:346.

24. KA, NFA 2116, 36 ITD, Moni Bogovagya, Nov. 18, 1914, Col. Müller.

25. KA, NFA 2160, 4 Geb. Brig., Jagodna, Nov. 6, 1914, "Abfertigung"; NFA 170, 17. Brig., k.u.k. 8 Korps-Kommando Res. Nr. 936, Bogatic, Nov. 4, 1914.

26. KA, NFA 2116, 36 ID, Op. Nr. 128/6, Koviljaca, Nov. 3, 1914, FML Czibulka; HHSA, PA I, 819, 2a, FPA 305, Feb. 12, 1915, FML Krauss to k.u.k. Kriegsüberwachungsamt.

27. KA, NFA 2160, 4 Gebirg, Brig., Nov. 29, 1914, "Intendanz."

28. KA, NFA 1840, k.u.k. IR 6, Baon 1, n.d., "Kämpfe um den Gradjenik com 23–25 Nov. 1914."

29. HHSA, PA I, 819, Tuzla, Nov. 12 and Koviljaca, Nov. 28, 1914, Konstantin Masirevich to Berchtold; KA, B/1503:7, Tuzla, Nov. 18–19, 1914, Potiorek to Bolfras; PA I, 819, Teschen, Nov. 25, 1914, Friedrich Wiesner to Berchtold; Laffan, *The Serbs*, 200.

30. KA, NFA 2116, 36 ID, "Zeitungsnachrichten vom 21. Nov. 1914"; NFA 2161, Nov. 10, 1914, "Neuste Nachrichten."

458 / 哈布斯堡的灭亡

31. HHSA, PA I, 872, Sofia, Nov. 6, 1914, Tarnowski to Berchtold.

32. KA, B/1503:7, Vienna, Nov. 25, 1914, Bolfras to Potiorek.

33. KA, B/1503:4, Sarajevo, Nov. 20, 1914, Ein hoher bosnischer Funktionär, "Promemoria über die actuelle Behandlung der serbischen Frage in Bosnien."

34. HHSA, PA I, 819, Vienna, Nov. 17, 1914, Berchtold to Potiorek.

35. KA, B/1503:7, Tuzla, Nov. 29, 1914, Potiorek to Kriegsminister.

36. KA, B/1503:7, Tuzla, Nov. 19, 1914, FZM Potiorek, Op. Nr. 2529/OK.

37. KA, NFA 1840, k.u.k. IR 6, Baon 1, nd, "Kämpfe um den Gragjenik com 23–25 Nov. 1914."

38. KA, AOK (1914), EVB 3506, k.u.k. Evidenzbureau des Generalstabs, 183/B, 186/B, 189/B, 190/B, 192/B, Nov. 27, 30 and Dec. 3, 4, 6, 1914; HHSA, PA I, 819, Vienna, Dec. 15, 1914, Berchtold to Vladimir Giesl.

39. KA, NFA 1840, k.u.k. IR 6, Baon 1, "Eiziehen der serb. Fahne am 2. Dez. 1914 am Kalimedgan."

40. HHSA, PA I, 819, Munich, Dec. 3, 1914, Ludwig Vélics to Berchtold.

41. HHSA, PA I, 819, Teschen, Nov. 25, 1914, Wiesner to Berchtold.

42. Groszen Generalstab, Serbien, Der Grosze Krieg, 3:424–425.

43. Mitrovic, Serbia's Great War, 73–74.

44. Ibid., xv.

45. KA, B/16, Beilage 2, "Aus den persönlichen Vormerkungen des Generals der Infanterie Oskar Potiorek vom 17. Nov. 1914."

46. Rudolf Jerabek, Potiorek (Graz: Verlag Styria, 1991), 168–170.

47. KA, NFA 529, 9 ID, Nov. 30, 1914, "Abfertigung"; NFA 170, 17 Brig., 5 Armee-Etappen Kommando, Nov. 24, 1914, Col. Ottokar Landwehr, "Verlautbarungen"; Jan. 1915, "Merkblatt über Erfrierung und Kälteschutz"; KA, NFA 2116, 36 ITD, Celije, Nov. 21, 1914, IR 16 to 36 ITD.

48. KA, NFA 2160, 4 Gebirg, Brig., Nov. 24, 1914, "III/69 meldet."

49. Holger H. Herwig, The First World War: Germany and Austria-Hungary 1914–1918 (London: Edw. Arnold, 1997), 111; KA, NFA 170, 17 Brig., Bogatic, Nov. 4, 1914.

50. KA, NFA 2160, 4 Gebirg, Brig., Nov. 29, 1914, "Intendanz"; NFA 2116, 36 ITD, Op. Nr.173, Becinen, Dec. 18, 1914, 36 ITD to 13 Korps-Kdo; Jerabek, Potiorek, 177.

51. HHSA, PA I, 819, Bucharest, Dec. 31, 1914, Szent-Ivany to Berchtold; KA, NFA 2160, 4 Gebirg, Brig., Nov. 25–28, 1914, "Intendanz"; Jerabek, Potiorek, 183.

52. KA, NFA 2160, 4 Gebirg, Brig., Nov. 30, 1914, "Deckadressen"; Kurt Peball, "Der Feldzug gegen Serbien und Montenegro im Jahre 1914," Österreichische Militärische Zeitschrift Sonderheft I (1965): 28; Groszen Generalstab, Serbien, Der Grosze Krieg, 5:2.

53. KA, B/1503:7, Koviljaca, Nov. 30, 1914, FZM Potiorek, Op. Nr. 3068/OK; NFA 2116, 36 ID, k.u.k. AOK Op. Nr. 5102 v. 1914 an das k.u.k. Oberkommando der Balkanstreitkräfte, "Verhalten höherer Kommandanten und Kriegsgefängener"; HHSA, PA I, 819, Vienna, Dec. 2, 1914, Berchtold to Potiorek.

54. Groszen Generalstab, Serbien, Der Grosze Krieg, 6:2–3, 80–83.

55. KA, NFA 2116, 36 ID, k.u.k. AOK Op. Nr. 5102 v. 1914 an das k.u.k. Oberkommando der Balkanstreitkräfte, "Verhalten höherer Kommandandten und Kriegsgefängener."

56. John Reed, Eastern Europe at War (London: Pluto, 1994 [1916]), 22–23.

57. HHSA, PA I, 819, Tuzla, Oct. 25, 1914, Masirevich to Berchtold.

58. Arthur Ruhl, Antwerp to Gallipoli: A Year of the War on Many Fronts—and Behind Them (New York: Scribner's, 1916), 251.

59. KA, GB 86, GM Heinrich Pongracz, k.u.k. 53 ITD, Sept. 19, 1915, Op. 244, "Erfahrungen in diesem Kriege."

60. Groszen Generalstab, Serbien, *Der Grosze Krieg*, 6:86–91.

61. Ibid., 6:103–104.

62. Ibid., 6:152–157.

63. Ibid., 6:157–158.

64. HHSA, PA I, 819, 2a, FPA 305, Feb. 12, 1915, FML Krauss to k.u.k. Kriegsüberwachungsamt.

65. Groszen Generalstab, Serbien, *Der Grosze Krieg*, 6:316.

66. Ibid., 6:321.

67. KA, NFA 1845/1, Gefechts-Berichte der k.u.k. Infanterie-Regimenter Nr. 71–79, GM Stracker, "Gefechtsbericht über das Gefecht den 5. Dez. 1914 südostl. Burovo."

68. Groszen Generalstab, Serbien, *Der Grosze Krieg*, 6:403–404.

69. Ibid., 7:108.

70. Ibid., 6:351.

71. KA, NFA 1840, Inf Baon 1/1 to 1 Geb. Brig., Nikinci, Dec. 8–12 and 15, 1914.

72. Groszen Generalstab, Serbien, *Der Grosze Krieg*, 6:351–352.

73. KA, NFA 1866, 42. k.u. Landwehr Inf Div, "Gefechtsbericht über den Kampf am 7. Dec. 1914."

74. KA, GB 29, k.u.k. 13 IB, Dobrinica, Dec. 28, 1914, GM Karl Stracker, "Gefechtsbericht für den 5. Dezember."

75. KA, GB 74, Ruma, Jan. 2, 1915, "Gefechtsbericht über den Kampf am 3. Dec. 1914"; GB 67, "Gefechtsbericht für die Zeit von 2. bis 14. Dez. 1914," k.u. I.R. 4 GB 67, Surcin, Dec. 18, 1914, "Gefechtsbericht über die Verwendung k. ung. LS I.R. 6 bei Sabac 8–9 Dez. 1914."

76. Service Historique de l'Armée de Terre, Vincennes (SHAT), AAT, EMA, 7N 847, 2ème Bureau, "Journal de Marche d'un officier autrichien depuis le debut de la guerre jusqu'au 19 Juillet 1915."

77. HHSA, PA I, 819, 2a, FPA 305, Feb. 12, 1915, FML Krauss to k.u.k. Kriegsüberwachungsamt; Gunther E. Rothenberg, *The Army of Francis Joseph* (West Lafayette, IN: Purdue University Press, 1976), 108.

78. KA, NFA 170, 9 ITD, Ó Futak, Jan. 1, 1915, GM Schön; KA, GB 29, k.u.k. 13 IB, Dobrinica, Dec. 31, 1914, GM Karl Stracker, "Gefechtsbericht für den 7 Dezember 1914"; KA, GB 29, k.u.k. 13 IB, Jan. 4, 1915, GM Karl Stracker, "Gefechtsbericht für den 13. Dezember"; Laffan, *The Serbs*, 202.

79. National Archives and Records Administration, Washington, DC (NARA), M 695, roll 21, Chicago, June 14, 1917, D. Fisher and J. Smetanka to Lansing.

80. KA, NFA 2116, 36 ITD, 72 I.B., Zeleznik, Dec. 13, 1914, Col. Lexardo; KA, NFA 2116, 36. ID, Op. Nr. 184/4, Dec. 29, 1914, "Standes-und-Verlust-Nachweisung"; KA, GB 10, 1 ITD, Res. Nr. 349, n.d.; Jerabek, *Potiorek,* 185.

81. HHSA, PA I, 819, Nov. 1914, FML Schleyer to Berchtold.

82. KA, NFA 2162, 4. Gebirgsbrigade, Vlasenica, Dec. 31, 1914, "Frührapport"; NFA 191, 18 IB, 5. Armee Etap-Kdo, Res. Nr. 4987, Dec. 10, 1914; KA, GB 86, GM Heinrich Pongracz, k.u.k. 53 ITD, Sept. 19, 1915, Op. 244, "Erfahrungen in diesem Kriege."

83. KA, B/1503:7, Dec. 9, 1914, FZM Potiorek to MKSM, AOK, KM, LVM; Jerabek, *Potiorek,* 187.

84. KA, NFA 2162, 4. Gebirgsbrigade, Nr. 257/13, Vlasenica, Dec. 27, 1914, GM Konopicky.

85. HHSA, PA I, 819, Teschen, Dec. 13, 1914, Giesl to Berchtold; Jerabek, *Potiorek,* 188, 196.

86. KA, NFA 170, 17 Brig., Dec. 16, 1914, FPA Nr. 305, FZM Potiorek.

87. HHSA, PA I, 819, Peterwardein, Dec. 18, 1914, Kinsky to Berchtold; KA, B/1503:7, Vienna, Dec. 12, 1914, Bolfras to Potiorek.

88. HHSA, PA III, 171, Berlin, Dec. 12, 1914, Hohenlohe to Berchtold.

89. HHSA, PA I, 819, Dresden, Dec. 22, 1914, Braun to Berchtold; Herwig, *First World War,* 112.

90. Karl Kraus, ed., *Die Fackel* (Munich: Kösel-Verlag, 1968–1976), 5:12 (Jan. 4, 1910).

91. KA, AOK (1914), EVB 3506, k.u.k. Evidenzbureau des Generalstabs, 205/B, Dec. 19, 1914.

92. KA, B/16, Beilage 7, Brief Potiorek an Bolfras, Dec. 12, 1914.

93. KA, B/16, Teschen, Dec. 14, 1914, Conrad to Bolfras.

94. KA, B/1503:7, Dec. 14, 1914, GdI Conrad, "Beurteilung der Lage."

95. Gunther E. Rothenberg, "The Austro-Hungarian Campaign Against Serbia in 1914," *Journal of Military History,* April 1989, 144.

96. General Josef von Stürgkh, *Im Deutschen Grossen Hauptquartier* (Leipzig: Paul List, 1921), 110.

97. HHSA, PA I, 845, Milan, Dec. 12, 1914, Ladislaus Györgey to Berchtold; KA, GB 86, 3 Korps Kommando, 1917, "Die kriegswirtschaftliche Lage Italiens."

98. KA, B/1503:7, Vienna, Dec. 20, 1914, Bolfras to Potiorek; Jerabek, *Potiorek,* 40, 201.

99. KA, NFA 2116, 36. ITD, Op. Nr. 320/8, Dec. 20, 1914, GdI Rhemen; NFA 170, 8. Korps-Kdo, Res. Nr. 72, Jan. 11, 1915, FML Scheuch.

100. Herwig, *First World War,* 113.

101. KA, NFA 2116, 36 ID, Op. Nr. 184/9, Kraljevo, Dec. 29, 1914, FML Czibulka, "Ausbildung."

102. Herwig, *First World War,* 129–130.

103. Österreichischen Bundesministerium für Heereswesen und vom Kriegsarchiv, *Österreich-Ungarns Letzter Krieg 1914–18* (Vienna: Verlag Militätwissenschaftlichen Mitteilungen, 1931–1938), 1:762.

104. HHSA, PA I, 837, Munich, Nov. 11, 1914, Vélics to Berchtold; 819, Stuttgart, Dec. 19, 1914, Koziebrodski to Berchtold.

第十四章 雪人

1. Kriegsarchiv, Vienna (KA), Armeeoberkommando (AOK) 1914–1915, Evidenzbureau (EVB) 3510, Dec. 22, 1914, "Italien: Auszüge aus Attache- und Kundschaftsberichten"; Haus, Hof- und Staatsarchiv, Vienna (HHSA), Politisches Archiv (PA) III, 171, Berlin, Dec. 5, 1914, Hohenlohe to Berchtold; Vienna, Dec. 7, 1914, Hoyos to Hohenlohe.

2. HHSA, PA I, 819, Sofia, Dec. 13, 1914, Tarnowski to Berchtold; Pera, Dec. 15, 1914, Pallavicini to Berchtold; *Times* clipping in Copenhagen, Dec. 17, 1914, Szechenyi to Berchtold.

3. General Josef von Stürgkh, *Im Deutschen Grossen Hauptquartier* (Leipzig: Paul List, 1921), 112–113.

4. Rudolf Jerabek, *Potiorek* (Graz: Verlag Styria, 1991), 193.

5. HHSA, PA I, 837, Munich, Feb. 20, 1915, Vélics to Burián.

6. KA, B/1450: 124–125 (Conrad), Col. Rudolf Kundmann, Tagebuch Nr. 11, Berlin, Jan. 1, 1915.

7. Nikolai N. Golovine, *The Russian Army in the World War* (New Haven: Yale University Press, 1931), 37.

8. Ibid., 127–128.

9. HHSA, PA I, 837, Munich, Jan. 25, 1915, Vélics to Burián; Timothy C. Dowling, *The Brusilov Offensive* (Bloomington: Indiana University Press, 2008), 6; Fedor Stepun, *Wie war es möglich: Briefe eines russischen Offiziers* (Munich: Carl Hanser Verlag, 1929), 83.

10. HHSA, PA I, 837, Munich, Dec. 30, 1914, Vélics to Berchtold; Norman Stone, *The Eastern Front 1914–1917* (London: Penguin, 1998 [1975]), 122; B. H. Liddell Hart, *The Real War 1914–1918* (Boston: Little, Brown, 1963), 70.

11. Alfred Knox, *With the Russian Army 1914–17* (London: Hutchinson, 1921), 1:235.

12. Stone, *Eastern Front*, 112.

13. Ward Rutherford, *The Tsar's Army 1914–1917,* 2nd ed. (Cambridge: Ian Faulkner, 1992), 28; Knox, *With the Russian Army*, 1:219–220.

14. Knox, *With the Russian Army*, 1:237.

15. Stepun, *Wie war es möglich, 35–36, 41–44, 49.*

16. Gunther E. Rothenberg, *The Army of Francis Joseph* (West Lafayette, IN: Purdue University Press, 1976), 177; Stone, *Eastern Front*, 42.

17. Harry Kessler, *Journey to the Abyss: The Diaries of Count Harry Kessler, 1880–1918,* ed. and trans. Laird M. Easton (New York: Knopf, 2011), 669.

18. Graydon Tunstall, *Blood on the Snow: The Carpathian Winter War of 1915* (Lawrence: University Press of Kansas, 2010), 11.

19. KA, Neue Feld Akten (NFA) 1868, Lt. Karl Popper, "Das Feldjaegerbattalion Nr. 6 im Weltkrieg 1914."

20. KA, NFA 1803, 5 ITD Kdo, Góry, Jan. 15, 1915, "Gefechtsbericht über die nächtliche Unternehmung gegen Zakrzów."

21. KA, B/1450:124–125 (Conrad), Col. Rudolf Kundmann, Tagebuch Nr. 11, Berlin, Jan. 1, 1915, letter, Conrad to Bolfras; Stepun, *Wie war es möglich*, 43, 65.

22. Stürgkh, *Im Deutschen Grossen Hauptquartier*, 115–116.

23. KA, B/1450:124–125 (Conrad), Maj. Rudolf Kundmann, Tagebuch Nr. 11, Teschen, Feb. 3, 1915.

24. Stone, *Eastern Front*, 114.

25. Arthur Ruhl, *Antwerp to Gallipoli: A Year of the War on Many Fronts—and Behind Them* (New York: Scribner's, 1916), 267.

26. Generalleutnant August von Cramon, *Unser Österreich-Ungarischer Bundesgenosse im Weltkriege* (Berlin: Mittler u. Sohn, 1920), 9.

27. HHSA, PA I, 837, Munich, Feb. 20, 1915, Vélics to Burián; Dowling, *Brusilov Offensive*, 22–24.

28. Kessler, *Journey to the Abyss*, 672.

29. KA, NFA 2116, 36 ID, AOK Nr. 2096, GM Höfer, Dec. 16, 1914; NFA 170, 17 Brig., Etappen-Kdo, Dec. 31, 1914, Ob. Ottokar Landwehr.

30. Stone, *Eastern Front*, 122.

31. KA, NFA 170, k.u.k. 8 Korps-Kdo, Op. Nr. 617/28, Dec. 21, 1914, FML Scheuchenstiel.

32. KA, NFA 1866, 13 Korps Kdo, March 3, 1915, FML Salis, "einen Rudel demoralisierter Mannschaft."

33. KA, NFA 1845/2, Gefechts-Berichte der k.u.k. Infanterie-Regimenter Nr. 80–83, "Die 81er im Osterkampf um die Kobila."

34. KA, NFA 1878, "Kriegserfahrungen," 6 Auflage, "Taktik der Feinde: Russen."

35. Stepun, *Wie war es möglich, 80–81.*

36. KA, NFA 1868, Maj. Lunzer, Amniowa, April 3, 1915, k.u.k. FJ Baon Nr. 9, "Bericht über die Tätigkeit der Gruppe Maj. Von Lunzer vom 2/III bis 29/III"; NFA 1878, AOK, Oct. 15, 1915, "Ursachen und Vermeidung grosser Verluste."

37. KA, NFA 1878, k.u.k. 1. Armeekdo, March 2, 1915, "Verwendung von Handgranaten."

38. KA, NFA 1868, Sattel 993, May 8, 1915, Maj. Heinich von Lunzer, "Gefechts-bericht über den Angriff auf Jawornik 6./5.1915."

39. NFA 1845/2, Gefechts-Berichte der k.u.k. Infanterie-Regimenter Nr. 80–83 "Die 81er im Osterkampf um die Kobila."

40. Stepun, *Wie war es möglich*, 113.

41. KA, B/1450:124–125 (Conrad), Col. Rudolf Kundmann, Tagebuch Nr. 11.

42. Beiblatt der "*Muskete*," Vienna, March 11, 1915.

43. Stepun, *Wie war es möglich*, 115.

44. Tunstall, *Blood on the Snow*, 12.

45. KA, NFA 1868, k.u.k. 1 Regt. Der Tiroler Kaiser Jäger, March 13, 1915, Col. Mollinary, "Bericht über das Gefecht von Sekowa am 8. März."

46. Stone, *Eastern Front*, 314.

47. Stürgkh, *Im Deutschen Grossen Hauptquartier*, 116–117.

48. Rudolf Jerabek, "Die Brussilowoffensive 1916: Ein Wendepunkt der Koalitions-kriegführung der Mittelmächte," dissertation, Vienna, 1982, 1:6–8.

49. Stone, *Eastern Front*, 114.

50. Stanley Washburn, *On the Russian Front in World War I: Memoirs of an American War Correspondent* (New York: Robert Speller, 1982), 89.

51. HHSA, PA I 842, Leipzig, Dec. 4, 1915. Includes copy of "Die 28er—Armee-Befehl de dato 25 April 1915."

52. Tunstall, *Blood on the Snow*, 12, 20–21.

53. Golovine, *The Russian Army*, 58.

54. Stürgkh, *Im Deutschen Grossen Hauptquartier*, 140; Golovine, *The Russian Army*, 48–54.

55. John Morse, *In the Russian Ranks* (New York: Grosset and Dunlap, 1918), 252; Dowling, *Brusilov Offensive*, 7, 26. Of the 5 million Russians under arms in 1915, only 650,000 to 1.2 million (there were various estimates) actually had a rifle. See Knox, *With the Russian Army*, 1:267–270; Ruhl, *Antwerp to Gallipoli*, 266.

56. KA, B/677:23, Manfred Beer, March 1993, "General von Auffenberg-Komarów nach 70-jährigen Attacken posthum rehabilitiert"; Josef Ullreich, "Moritz von Auffenberg-Komarów: Leben und Wirken," dissertation, Vienna, 1961, 148–150.

57. KA, NFA 911, 4 Armee Kdo, Cracow, Nov. 16, 1914, "Beurlaubung Mitglieder des ungarischen Reichstages."

58. Rothenberg, *Army of Francis Joseph*, 184–185; Stone, *Eastern Front*, 124.

59. Replies to the *Frage-Bogen* and additional *Fragepunkte* here: KA, Gefechts-berichte (GB) 86, Standort der Brigade, Mar. 17, 1915, GM Balberitz; Standort, March 18, 1915, Feld-Jäger Battalion Nr. 17; Standort, Mar. 20, 1915, 50 Inf-Brig. Kommando.

60. KA, NFA 1878, Allgemeine Erfahrungen, 1914–1915. See reports throughout this *Karton*.

61. KA, GB 86, 93 ITD, July 1915, GM Adolf Boog, "Nervenstörungen"; Ruhl, *Antwerp to Gallipoli*, 256.

62. Dowling, *Brusilov Offensive*, 24.

63. HHSA, PA I, 905, Copenhagen, Sept. 30, 1914, Dionys Széchenyi to Berchtold.

64. Stürgkh, *Im Deutschen Grossen Hauptquartier*, 118–120.

65. Ruhl, *Antwerp to Gallipoli*, 244, 248, 252–257.

结 语

1. Kriegsarchiv, Vienna (KA), Neue Feld Akten (NFA) 1878, Kriegsministerium, March 20, 1915, "Ursachen und Ziele des Weltkrieges 1914/15."

2. KA, B/1503:5, Sarajevo, Dec. 21, 1912, Potiorek to Conrad.

3. KA, NFA 1878, "Fragen die dem Kpskmdo bis 31./1 1915 erschöpfend zu beantworten sind"; A. J. P. Taylor, *The Habsburg Monarchy 1809–1918* (London: Penguin, 1948), 254.

4. General Josef von Stürgkh, *Im Deutschen Grossen Hauptquartier* (Leipzig: Paul List, 1921), 148.

5. B. H. Liddell Hart, *The Real War 1914–1918* (Boston: Little, Brown, 1963), 305.

6. Richard DiNardo, *Breakthrough: The Gorlice-Tarnow Campaign 1915* (Santa Barbara: Praeger, 2010), 48–49.

7. Alfred Knox, *With the Russian Army 1914–17* (London: Hutchinson, 1921), 1:349–350.

8. Fedor Stepun, *Wie war es möglich: Briefe eines russischen Offiziers* (Munich: Carl Hanser Verlag, 1929), 129; Harry Kessler, *Journey to the Abyss: The Diaries of Count Harry Kessler, 1880–1918*, ed. and trans. Laird M. Easton (New York: Knopf, 2011), 685.

9. Nikolai N. Golovine, *The Russian Army in the World War* (New Haven: Yale University Press, 1931), 221.

10. Kessler, *Journey to the Abyss*, 687.

11. Golovine, *Russian Army*, 145.

12. Haus-, Hof- und Staatsarchiv, Vienna (HHSA), Politisches Archiv (PA) I, 837, Munich, Oct. 22 and 28, 1915, Vélics to Burián.

13. HHSA, PA I, 837, Munich, Nov. 30, Dec. 22, 1915, Vélics to Burián.

14. Liddell Hart, *Real War*, 368–369.

15. William de Hevesy, "Postscript to the Sixtus Affair," *Foreign Affairs* 21, no. 3 (April 1943).

16. Taylor, *Habsburg Monarchy*, 254–255; Géza Andreas von Geyr, *Sándor Wekerle* (Munich: Oldenbourg, 1993), 353, 378–379, 396–397.

17. David Stevenson, *Cataclysm* (New York: Basic Books, 2004), 304; Alan Sked, *The Decline and Fall of the Habsburg Empire 1815–1918* (London: Longman, 1989), 259; Holger H. Herwig, *The First World War: Germany and Austria-Hungary 1914–1918* (London: Edw. Arnold, 1997), 369–370.

18. A. Scott Berg, *Wilson* (New York: Putnam, 2013), 538; Sked, *Decline and Fall*, 260; Taylor, *Habsburg Monarchy*, 268–271.

19. KA, NFA 1878, AOK, Oct. 15, 1915, "Ursachen und Vermeidung grosser Verluste." "Jünglinen und alternden Männern."

20. Golovine, *Russian Army*, 48–49.

21. Service Historique de l'Armée de Terre, Vincennes (SHAT), EMA 7N 846, Jan. 30, 1916, "La Situation Militaire: L'état actuel de l'Autriche-Hongrie." Mission Russe, Paris, March 24, 1917, Col. Ignatieff.

22. KA, B/75 (Bolfras), Frühjahr 1916, Anon. letter to Kaiser Franz Joseph I.

23. KA, NFA 1878, AOK, Oct. 15, 1915, "Ursachen und Vermeidung grosser Verluste."

24. HHSA, Allgemeines Verwaltungsarchiv (AVA), MdI Präs., Karton 1733, Prot. Nr. 1511, Jan. 20, 1915, Kriegsüberwachungsamt to Interior Minister.

25. HHSA, AVA, MdI Präs., Karton 1733, Prot. Nr. 8797, Apr. 27, 1915, Statthalter Graz to Interior Minister.

26. KA, Gefechtsberichte (GB) 86, March 17, 1915, GM Balberitz.

27. Arthur Ruhl, *Antwerp to Gallipoli: A Year of the War on Many Fronts—and Behind Them* (New York: Scribner's, 1916), 244.

28. KA, GB 86, 4 Armee Etappenkommando, "Allgemeine Direktiven für die Errichtung von Militärfriedhofen im Felde, Juni 1915"; Stanley Washburn, *On the*

Russian Front in World War I: Memoirs of an American War Correspondent (New York: Robert Speller, 1982), 59.

29. KA, NFA 1877, AOK, Feb. 4, 1916, GO Conrad.

30. KA, B/96:3a, AOK to Militärkanzlei Seiner Majestät, July 26, 1916; Bolfras to Brudermann, Aug. 21, 1916.

31. Geoffrey Wawro, "Morale in the Austro-Hungarian Army," in *Facing Armageddon*, ed. Hugh Cecil and Peter Liddle (London: Leo Cooper, 1996), 399–410; SHAT, EMA 7N 845, Paris, Oct. 13, 1917, "Renseignements sur les 'troupes d'assaut' de l'Armée Austro-Hongroise d'après enquête faite au camp de prisonniers de Bagnaria-Arsa."

32. Rudolf Jerabek, "Die Brussilowoffensive 1916: Ein Wendepunkt der Koalitionskriegführung der Mittelmächte," dissertation, Vienna, 1982, 2:308–9.

33. Timothy C. Dowling, *The Brusilov Offensive* (Bloomington: Indiana University Press, 2008), xv.

34. KA, NFA 1795, 4. Armeekdo, June 26, 1916, GenObst Tersztyánszky to 10 KpsKdo.

35. SHAT, AAT, EMA 7N 846, 2ème Bureau, May 14, 1917, "Armée Autrichienne."

36. Golovine, *Russian Army*, 74.

37. Dowling, *Brusilov Offensive*, xix–xx.

38. KA, GB 1, k.u.k. 10 Armee Korps-Kdo, Oct. 8, 1917, "Gefecht bei Carzano–Verrat am 18. Sept. 1917"; Liddell Hart, *Real War*, 128.

39. SHAT, AAT, EMA 7N 846, 2ème Bureau, Oct. 13, 1918, "Recrutement."

40. Dresden, Sächsiches Kriegsarchiv, Zeitgeschichtliche Sammlung 127, "Zwei politische Aufsätze, 1917."

41. John Reed, *Eastern Europe at War* (London: Pluto, 1994 [1916]), 92.

42. Golovine, *Russian Army,* 122.

43. Ibid., 67, 77, 93.

44. I was told this anecdote by Prof. Lothar Höbelt of the University of Vienna.

45. Norman Stone, "Army and Society in the Habsburg Monarchy, 1900–1914," *Past and Present* 33, no. 1 (1966): 111.

46. Gunther E. Rothenberg, *The Army of Francis Joseph* (West Lafayette, IN: Purdue University Press, 1976), 128.

47. Norman Stone, *World War One: A Short History*, (New York: Basic Books, 2009), 22.

参考文献

档 案

AUSTRIA
Vienna
HHSA Haus-, Hof- und Staatsarchiv
AVA Allgemeines Verwaltungsarchiv
PA Politisches Archiv
KA Kriegsarchiv
AOK Armeeoberkommando
B Nachlässe
GB Gefechtsberichte
MKFF Militärkanzlei Franz Ferdinand
MKSM Militärkanzlei Seiner Majestät
NFA Neue Feld Akten
EVB Evidenzbureau

FRANCE
Vincennes
SHAT Service Historique de l'Armée de Terre

GERMANY
Dresden
Sächsiches Kriegsarchiv

UNITED KINGDOM
Kew
BNA British National Archives
FO Foreign Office
WO War Office

UNITED STATES
Washington, DC
NARA National Archives and Records Administration

出 版 物

Afflerbach, Holger. *Falkenhayn: Politisches Denken und Handeln im Kaiserreich.* Munich: Oldenbourg, 1994.

Alten, Georg von. *Handbuch für Heer und Flotte.* 6 vols. Berlin: Deutsches Verlagshaus, 1909–1914.

Auffenberg-Komarów, Moritz Freiherr von. *Aus Österreichs Höhe und Niedergang: Eine Lebensschilderung.* Munich: Drei Masken Verlag, 1921.

Bardolff, Carl Freiherr von. *Soldat im alten Österreich: Erinnerungen aus meinem Leben.* Jena: Eugen Diederichs, 1938.

Bloch, I. S. *The Future of War.* Boston: Ginn, 1897.

Blond, Kasper. *Ein Unbekannter Krieg: Erlebnisse eines Arztes während des Weltkrieges.* Leipzig: Anzengruber-Verlag, 1931.

Brettner-Messler, Horst. "Die Balkanpolitik Conrad von Hötzendorfs von seiner Wiederernennung zum Chef des Generalstabes bis zum Oktober-Ultimatum 1913," *Mitteilungen des österreichischen Staatsarchivs* 20 (1967).

Brosch-Aarenau, Alexander von. *Der militärische Ausgleich.* Vienna: k.u.k. Hofbuchdruckerei, 1909.

Broussilov, A. A. *Mémoires du General Broussilov: Guerre 1914–18.* Paris: Hachette, 1929.

Brusilov, A. A. *A Soldier's Notebook.* London: Macmillan, 1930.

Buchanan, Meriel. *The Dissolution of an Empire.* London: Murray, 1932.

Burián, István. *Austria in Dissolution 1915–18.* New York: George Doran, 1925.

Churchill, Winston S. *The World Crisis: The Eastern Front.* London: Thornton Butterworth, 1931.

———. *The Unknown War.* New York: Scribner, 1931.

Clark, Christopher. *The Sleepwalkers.* New York: Harper, 2013.

Cornwall, Mark, ed. *The Last Years of Austria-Hungary.* Exeter: University of Exeter Press, 2002.

Cramon, August von. *Unser Österreich-Ungarischer Bundesgenosse im Weltkriege.* Berlin: Mittler u. Sohn, 1920.

Cruttwell, C. R. M. F. *A History of the Great War 1914–1918.* Chicago: Academy, 2007 [1934].

Danilov, Yuri. *La Russie dans la Guerre Mondiale.* Paris: Payot, 1917.

Deák, István. *Beyond Nationalism.* Oxford: Oxford University Press, 1990.

Dedijer, Vladimir. *The Road to Sarajevo.* London: MacGibbon and Kee, 1967.

Der "Militarismus" in Österreich-Ungarn. Vienna: Seidel, 1902.

DiNardo, Richard. *Breakthrough: The Gorlice-Tarnow Campaign 1915.* Santa Barbara: Praeger, 2010.

Dowling, Timothy C. *The Brusilov Offensive.* Bloomington: Indiana University Press, 2008.

Emmerson, Charles. *1913.* New York: Public Affairs, 2013.

Fischer, Fritz. *Germany's Aims in the First World War.* New York: Norton, 1968.

———. *War of Illusions.* London: Chatto and Windus, 1975.

Fraccaroli, A. *La Serbia nella sua terza Guerra.* Milan, 1915.

Fromkin, David. *Europe's Last Summer.* New York: Vintage, 2005.

Fuller, William C., Jr. *Strategy and Power in Russia 1600–1914.* New York: Free Press, 1992.

Golovine, Nikolai N. *The Russian Army in the World War.* New Haven: Yale University Press, 1931.

Groszen Generalstab, Serbien. *Der Grosze Krieg Serbiens zur Befreiung und Vereinigung der Serben, Kroaten und Slovenen.* 7 vols. Belgrade: Buchdruckerei des Ministeriums für Krieg und Marine, 1924–1926.

Gumz, Jonathan. *The Resurrection and Collapse of Empire in Habsburg Serbia 1914–1918.* Cambridge: Cambridge University Press, 2009.

Hagen, Mark von. *War in a European Borderland: Occupations and Occupation Plans in Galicia and Ukraine 1914–1918.* Seattle: University of Washington Press, 2007.

Hantsch, Hugo. *Leopold Graf Berchtold.* 2 vols. Graz: Verlag Styria, 1963.

Hasek, Jaroslav. *The Good Soldier Svejk and His Fortunes in the World War.* Trans. Cecil Parrott. London: Penguin, 1985 [1923].

Herrmann, David G. *The Arming of Europe and the Making of the First World War.* Princeton: Princeton University Press, 1996.

Herwig, Holger H. *The First World War: Germany and Austria-Hungary 1914–1918.* London: Edw. Arnold, 1997.

Hötzendorf, Franz Conrad von. *Aus Meiner Dienstzeit 1906–1918.* 4 vols. Vienna: Rikola, 1921–1923.

———. *Infanteristische Fragen und die Erscheinungen des Boerenkrieges.* Vienna: Seidel, 1903.

———. *Mein Anfang.* Berlin: Verlag für Kulturpolitik, 1925.

Hoffmann, Max. *The War of Lost Opportunities.* New York: International, 1925.

———. *War Diaries.* 2 vols. London: Secker, 1929.

Jelavich, Barbara. *History of the Balkans.* 2 vols. Cambridge: Cambridge University Press, 1983.

Jerabek, Rudolf. "Die Brussilowoffensive 1916: Ein Wendepunkt der Koalitionskriegführung der Mittelmächte." 2 vols. Dissertation, Vienna, 1982.

———. *Potiorek.* Graz: Verlag Styria, 1991.

Kerensky, A. F. *The Catastrophe.* New York: Appleton, 1927.

Kessler, Harry. *Journey to the Abyss: The Diaries of Count Harry Kessler, 1880–1918.* Ed. and trans. Laird M. Easton. New York: Knopf, 2011.

Knox, Alfred. *With the Russian Army 1914–17.* 2 vols. London: Hutchinson, 1921.

Kraus, Karl, ed. *Die Fackel.* 12 vols. Munich: Kösel-Verlag, 1968–1976.

Krauss, Alfred. *Die Ursachen unserer Niederlage: Erinnerungen und Urteile aus den Weltkrieg.* 3rd ed. Munich 1923.

Lackey, Scott W. *The Rebirth of the Habsburg Army.* Westport: Greenwood, 1995.

Laffan, R. G. D. *The Serbs.* New York: Dorset Press, 1989 [1917].

Liddell Hart, B. H. *The Real War 1914–1918.* Boston: Little, Brown, 1963.

Ludendorff, Erich. *My War Memoirs.* New York: Harper, 1919.

Lyon, James M. B. "'A Peasant Mob': The Serbian Army on the Eve of the Great War." *Journal of Military History* 61 (July 1997): 481–502.

Markus, Georg. *Der Fall Redl.* Vienna: Amalthea Verlag, 1984.

McMeekin, Sean. *July 1914.* New York: Basic Books, 2013.

———. *The Russian Origins of the First World War.* Cambridge, MA: Belknap Press, 2011.

Menning, Bruce W. *Bayonets Before Bullets: The Imperial Russian Army 1861–1914.* Bloomington: Indiana University Press, 1991.

Mitrovic, Andre. *Serbia's Great War 1914–1918.* West Lafayette, IN: Purdue University Press, 2007.

Mombauer, Annika. *Helmuth von Moltke and the Origins of the First World War.* Cambridge: Cambridge University Press, 2001.

Morse, John. *In the Russian Ranks.* New York: Grosset and Dunlap, 1918.

Musil, Robert. *The Man Without Qualities.* 2 vols. New York: Vintage, 1996 [1930–1933].

Neue Österreichische Biographie, 1815–1918. 22 vols. Vienna: Amalthea, 1923–1987.

Norman, Henry. *All the Russias.* London: William Heinemann, 1902.

Österreichischen Bundesministerium für Heereswesen und vom Kriegsarchiv. *Österreich-Ungarns Letzter Krieg 1914–18.* 7 vols. Ed. Edmund Glaise-Horstenau, Rudolf Kiszling, et al. Vienna: Verlag der militärwissenschaftlichen Mitteilungen, 1930–1938.

Paléologue, Maurice. *An Ambassador's Memoirs.* London: Hutchinson, 1933.

Peball, Kurt. "Der Feldzug gegen Serbien und Montenegro im Jahre 1914." Österreichische Militärische Zeitschrift Sonderheft I (1965).

Pfeffer, Rudolf. *Zum 10. Jahrestage der Schlachten von Zlocsow und Przemyslany, 26–30 August 1914.* Vienna: Selbstverlag, 1924.

Pflanze, Otto. *Bismarck and the Development of Germany.* 2nd ed. 3 vols. Princeton: Princeton University Press, 1990.

Rauchensteiner, Manfried. *Der Tod des Doppeladlers: Österreich-Ungarn und der Erste Weltkrieg.* Graz: Verlag Styria, 1993.

Redlich, Josef. *Schicksalsjahre Österreichs 1908–19: Das politische Tagebuch Josef Redlichs.* 2 vols. Graz: Verlag Böhlau, 1953.

Reed. John. *Eastern Europe at War.* London: Pluto, 1994 [1916].

Regele, Oskar. *Feldmarschall Conrad.* Vienna: Herold, 1955.

Reiss, R. A. *Report on the Atrocities Committed by Austro-Hungarian Forces.* London, 1916.

Ritter, Gerhard. *The Schlieffen Plan.* Westport: Greenwood Press, 1979.

Rothenberg, Gunther E. *The Army of Francis Joseph.* West Lafayette, IN: Purdue University Press, 1976.

———. "The Austro-Hungarian Campaign Against Serbia in 1914." *Journal of Military History,* April 1989: 127–146.

Ruhl, Arthur. *Antwerp to Gallipoli: A Year of the War on Many Fronts—and Behind Them.* New York: Scribner's, 1916.

Rutherford, Ward. *The Tsar's Army 1914–1917.* 2nd ed. Cambridge: Ian Faulkner, 1992.

Schorske, Carl E. *Fin-de-Siècle Vienna: Politics and Culture.* New York: Vintage, 1981.

Schwarzenberg, Felix Prinz zu. *Briefe aus dem Felde 1914–18.* Vienna: Schwarzenbergisches Administration, 1953.

Shanafelt, Gary W. *The Secret Enemy: Austria-Hungary and the German Alliance 1914–18.* New York: East European Monographs, 1985.

Schön, Joseph. *Sabac!* Reichenberg: Heimatsöhne, 1928.

Showalter, Dennis E. *Tannenberg: Clash of Empires.* North Haven: Archon, 1991.

Silberstein, Gerard. *The Troubled Alliance: German and Austrian Relations, 1914–17.* Lexington: University Press of Kentucky, 1970.

Sked, Alan. *The Decline and Fall of the Habsburg Empire 1815–1918.* London: Longman, 1989.

Sondhaus, Lawrence. *Franz Conrad von Hötzendorf: Architect of the Apocalypse.* Boston: Humanities Press, 2000.

Stepun, Fedor. *Wie war es möglich: Briefe eines russischen Offiziers.* Munich: Carl Hanser Verlag, 1929.

Stevenson, David. *Armaments and the Coming of War: Europe 1904–14*. Oxford: Clarendon Press, 1996.

———. *Cataclysm*. New York: Basic Books, 2004.

Stone, Norman. "Army and Society in the Habsburg Monarchy, 1900–1914." *Past and Present* 33, no. 1 (1966).

———. *The Eastern Front 1914–1917*. London: Penguin, 1998 [1975].

———. "Hungary and the Crisis of July 1914." *Journal of Contemporary History* 1, no. 3 (1966).

———. "Die *Mobilmachung* der österreichisch-ungarischen Armee 1914." *Militärgeschichtliche Mitteilung,* 1974.

———. "Moltke-Conrad: Relations Between the Austro-Hungarian and German General Staffs 1909–1914." *Historical Journal 9*, no. 2 (1966): 201–28.

———. *World War One: A Short History* (New York: Basic Books, 2009).

Strachan, Hew. *The First World War,* vol. 1, *To Arms*. Oxford: Oxford University Press, 2001.

Stürgkh, General Josef. von. *Im Deutschen Grossen Hauptquartier*. Leipzig: Paul List, 1921.

Taslauanu, Octavian C. *With the Austrian Army in Galicia*. London: Streffington, 1919.

Taylor, A. J. P. *The Habsburg Monarchy 1809–1918*. London: Penguin, 1948.

Tunstall, Graydon. *Blood on the Snow: The Carpathian Winter War of 1915*. Lawrence: University Press of Kansas, 2010.

———. "The Habsburg Command Conspiracy: The Austrian Falsification of Historiography on the Outbreak of World War I." *Austrian History Yearbook* 27 (1996): 181–198.

———. *Planning for War Against Russia and Serbia: Austro-Hungarian and German Military Strategies 1871–1914*. New York: Columbia University Press, 1993.

———. *The Verdun of the East: Fortress Przemysl in World War I*. Bloomington: Indiana University Press, 2011.

Ullreich, Josef. "Moritz von Auffenberg-Komarów: Leben und Wirken." Dissertation. Vienna, 1961.

Washburn, Stanley. *Field Notes from the Russian Front*. London: Andrew Melrose, 1915.

———. *On the Russian Front in World War I: Memoirs of an American War Correspondent*. New York: Robert Speller, 1982.

Wawro, Geoffrey. *The Austro-Prussian War*. Cambridge: Cambridge University Press, 1996.

———. *The Franco-Prussian War*. Cambridge: Cambridge University Press, 2003.

———. *Warfare and Society in Europe 1792–1914*. London: Routledge, 2000.

Wildman, Allan K. *The End of the Russian Imperial Army*. 2 vols. Princeton: Princeton University Press, 1987.

Williamson, Samuel R., Jr. *Austria-Hungary and the Origins of the First World War*. New York: St. Martin's, 1991.

索 引

（以下页码为原书页码，即本书边码）

图书在版编目（CIP）数据

哈布斯堡的灭亡：第一次世界大战的爆发和奥匈帝国的解体／（美）瓦夫罗（Wawro, G.）著；黄中宪译. -- 北京：社会科学文献出版社，2016.7（2019.8 重印）

书名原文：A Mad Catastrophe：the Outbreak of World War I and the Collapse of the Habsburg Empire

ISBN 978 - 7 - 5097 - 8883 - 7

Ⅰ.①哈…　Ⅱ.①瓦…　②黄…　Ⅲ.①奥匈帝国 - 历史　Ⅳ.①K521.41

中国版本图书馆 CIP 数据核字（2016）第 051808 号

哈布斯堡的灭亡
—— 第一次世界大战的爆发和奥匈帝国的解体

著　　者／〔美〕杰弗里·瓦夫罗（Geoffrey Wawro）
译　　者／黄中宪

出 版 人／谢寿光
项目统筹／段其刚　董风云
责任编辑／冯立君　李　洋

出　　版／社会科学文献出版社·甲骨文工作室（分社）（010）59366527
　　　　　地址：北京市北三环中路甲 29 号院华龙大厦　邮编：100029
　　　　　网址：www. ssap. com. cn
发　　行／市场营销中心（010）59367081　59367083
印　　装／北京盛通印刷股份有限公司

规　　格／开本：880mm × 1230mm　1/32
　　　　　印张：15.25　字数：353 千字
版　　次／2016 年 7 月第 1 版　2019 年 8 月第 7 次印刷
书　　号／ISBN 978 - 7 - 5097 - 8883 - 7
著作权合同
登 记 号　　　／图字 01 - 2015 - 2654 号
定　　价／69.00 元